国家出版基金项目
NATIONAL PUBLICATION FOUNDATION
国家出版基金资助项目
“十一五”国家重点图书规划项目
《生态文明与绿色低碳经济发展论丛》
刘思华　主编

# 和谐生态经济发展

杨文进　著

中国财政经济出版社

**图书在版编目（CIP）数据**

和谐生态经济发展/杨文进著．—北京：中国财政经济出版社，2010.12
（《生态文明与绿色低碳经济发展论丛》论丛/刘思华主编）
国家出版基金资助项目　“十一五”国家重点图书规划项目
ISBN 978－7－5095－2520－3

Ⅰ.①和…　Ⅱ.①杨…　Ⅲ.①生态经济－经济发展－研究－中国
Ⅳ.①F124.5

中国版本图书馆 CIP 数据核字(2010)第 193667 号

责任编辑：卢关平　　　责任校对：张　凡
美术编辑：朱　江　　　版式设计：董生萍

中国财政经济出版社 出版

URL：http：//www.cfeph.cn
E－mail：cfeph@cfeph.cn

社址：北京市海淀区阜成路甲 28 号　邮政编码：100142
发行处电话：88190406　财经书店电话：64033436
北京富生印刷厂印刷　　各地新华书店经销
787×1092 毫米　16 开　25 印张　339 000 字
2011 年 12 月第 1 版　2011 年 12 月北京第 1 次印刷
定价：46.00 元
ISBN 978－7－5095－2520－3/F·2144
（图书出现印装问题，本社负责调换）
本社质量投诉电话：010－88190744

国家出版基金资助项目

“十一五”国家重点图书规划项目

# 《生态文明与绿色低碳经济发展论丛》编委会

# 总 序

## 建设生态文明·发展绿色经济·构建和谐社会

### ——论发展中国特色社会主义“三大法宝”

党的十六大以后，以胡锦涛为总书记的党中央，科学分析我国全面参与经济全球化的新机遇、新挑战，全面认识工业化、信息化、生态化、市场化、国际化深入发展的新形势、新任务，正确把握当今世界和当代中国发展的面临的新课题、新矛盾；不仅认真总结发展中国特色社会主义的实践经验，而且高度重视世界各国发展的实践经验，从而提出科学发展观、构建和谐社会、建设生态文明、发展绿色经济[①]等一系列崭新发展理念和重大战略思想，集中体现了新世纪新阶段我们党、国家、政府在中国特色社会主义发展与经济发展问题上重大理论与实践的双重创新。因此，用科学发展观统领建设生态文明、发展绿色经济、构建和谐社会，这是以胡锦涛为总书记的中央领导集

① 本书所说的发展绿色经济是广义的，不仅是指广义的绿色产业，而且包括低碳经济、循环经济、清洁能源与可再生能源经济、碳汇经济以及其他节约能源资源与保护环境生态的经济等。

体的伟大创造。从理论层面上说，这三大重要战略思想，是中国特色社会主义发展理论与经济发展理论的基本观点，是胡锦涛为总书记的中央领导集体对中国特色社会主义理论的丰富和发展，所作出的特有的重大理论贡献，开辟了马克思主义发展理论在当代中国创新与发展的新境界，谱写了马克思主义中国化、时代化、大众化的新篇章。从实践层面上看，我们按照科学发展观的客观要求，建设生态文明、发展绿色经济、构建和谐社会的伟大实践，是中国特色社会主义实践的基本形式，应该说是21世纪中国发展的主旋律；甚至可以说，它们是21世纪发展中国特色社会主义的“三大法宝”，必将展现出中华文明发展所追求的中国生态经济社会有机整体绿色、和谐、协调、可持续发展的最高境界。“十一五”国家重点图书规划项目《生态文明与绿色低碳经济发展论丛》（以下简称《论丛》），是新中国成立以来最大的生态经济学哲学社会学出版工程，它力图从新兴交叉学科视角反映中国特色社会主义发展与经济发展的理论和实践双重创新。因此，本论丛的每部著作，都是选择发展中国特色社会主义的某个重大理论与实践问题进行双重探索，都有所创新。这就涉及发展中国特色社会主义的理论与实践问题很多，在此，仅把其中10个重大问题特意推出并加以简论，是为序。

一

科学发展观是建设生态文明、发展绿色经济、构建和谐社会的理论前提和生命线。党的十七大最终确立了社会主义生态文明观，这是把科学社会主义同中国基本国情与具体实践相结合得出来的马克思主义论断。建设生态文明，是中国特色社会主义的应有之义和重要内涵。它必然成为科学发展观的重要内涵与组成部分，是科学发展观的新发展的重要标志，使我们党的发展理论和文明理论由原来局限于

"社会的世界"扩展到"自然的世界",反映了当今世界和人类文明的最新发展理念。它不仅是对人类经济社会发展的经验,而且是对生态自然发展的经验的深刻总结与高度概括。这是科学发展观具有划时代意义的根本含义。因此,以人为本的科学发展观的完整内涵和精神实质具有两层含义:一是在经济社会领域里,处理人与人的社会关系是以人为本;二是在生态自然领域里,处理人与自然的生态关系是以生态为本。在此,广义的"生态",既是科学发展、和谐发展的核心要义,也是衡量科学发展、和谐发展的根本标志。因此,我们完全可以说,科学发展观是以人为本和以生态为本的双重价值取向的内在统一,是经济社会发展观和生态自然发展观的有机统一观。这就是科学发展观的核心内涵与基本要求的内在统一。因为,在21世纪建设生态文明、发展绿色经济、构建和谐社会的世纪,无论是全面发展,还是协调发展,尤其是可持续发展,都是与自然生态环境良性循环不可须臾分离的绿色发展,离开了人与自然和谐统一的生态发展即绿色发展就没有全面、协调、可持续发展可言。当然,也就没有科学发展可言。由此,我们必然得出一个合乎逻辑的结论:科学发展是以绿色发展、和谐发展为核心的全面、协调、可持续发展。这充分体现了科学发展观的绿色发展属性和特征。

科学发展观作为发展着的科学理论,它的理论内涵,不仅涵盖了建设生态文明的思想观念,而且涵盖了发展绿色经济的思想观念。如果说,生态文明与和谐发展是科学发展观和中国特色社会主义的应有之义与重要内涵,那么完全可以说绿色经济与绿色发展也是科学发展观和中国特色社会主义的应有之义与重要内涵。尤其是人与自然和谐协调发展,是生态文明的核心理念,也是生态自然发展观的核心理念;绿色经济的实质是经济生态和谐协调发展;和谐社会的本质是社会生态和谐协调发展。正是从"生态—经济—社会"有机整体的生态和谐协调发展意义上说,生态和谐协调已经成为当今中国和谐协调发展的根本基础。它是科学发展观在生态经济社会有机整体发展现实中的具体体现，也是社会主义和谐社会的一个最基本特征。正是在这个意义上说，在哲学层面上，科学发展观是中国特色社会主义生态文明观；在经济学层面上，是生态自然发展观和经济社会发展观有机统一的绿色经济发展观；在社会学层面上，则是中国特色社会主义和谐社会发展观。

## 二

发展是我们党执政兴国的第一要务。那么，发展的终极目的与价值尺度又是什么呢？尤其“三大法宝”实践选择的终极目的与价值尺度是什么呢？这是新世纪新阶段发展中国特色社会主义要解决的首要的重大理论与实践问题。党的十七大以后，传统或纯哲学社会科学理论，当然也包括传统或纯马克思主义经济学理论在内，都仍然认为，发展尤其是经济发展的终极目的与价值尺度，只是为了人的生存与发展的需要和利益，把非人类生命物种生存与发展的需要与利益，排斥在人的经济社会实践的终极目的和价值尺度之外。国际国内学术界都是如此。西方学者有句名言：“人类保护自然是出于保护自己的目的。”近几年来，学术界在阐明以人为本的科学发展观，纠正了过去把人作为工具和手段来实现经济增长的目的的错误观念，认为科学发展观的以人为本是指发展的出发点和落脚点，是为了人的生存与发展的需要和利益，人的发展是目的，即坚持把人民群众作为发展的终极目的和价值尺度。这是理论上一大进步。一些著名学者和权威刊物发表文章说：“建设生态文明，归根结底是为了人类自身的利益，也正是我们建设生态文明的归宿”。“注重生态价值和呵护好生态利益，归根到底为了人类利益，是为了更好坚持以人为本”。这种解说实际上是沿着极端人类中心主义和工业文明的思路来诠释建设生态文明，仍然没有摆脱工业文明发展的窠臼；把自然作为工具和手段来实现经济增长和最大限度地占有物质财富的目的。“三大法宝”的伟大实践，就向这种单一的终极目的和价值尺度发出了挑战。理论与实践都充分表明，工业文明是反人性（社会）和反自然（生态）的文明形态，工业文明时代的黑色经济是反人性（社会）和反自然（生态）的现代经济，资本主义工业社会是反人性（社会）和反自然（生态）的现代社会。当今我们建设社会主义生态文明、和谐社会和发展绿色经济，是人性化和生态化的崭新的现代文明、现代社会和现代经济，既要保证满足全体人民可持续生存与全面发展的需要和利益；又要保证满足非人类生命物种的生存健康与安全发展的需要和利益。这就是“三大法宝”实践选择的两重终极目的和价值尺度，这是自然、人、社会有机整体和谐协调为导向的生态文明、绿色经济、和谐社会的理论与实践的基本价值取向，更是我们探索中国特色社会主义发展与经济发展道路的理论与实践宗旨。因此，我们重构马克思主义经济学双重价值取向理论，寻找马克思主义经济学与当代人与人的发展问题和自然与生态发展问题之间的有机联系，使两者回归马克思主义经济学视野，确立它们在马克思主义经济学基本价值维度的地位。于是，我们把人和自然都是发展的终极目的的双重价值取向理论，运用到建设生态文明，发展绿色经济，构建和谐社会中来，不仅是经济智慧的升华，而且是生态智慧的升华；不仅是生存智慧的升华，而且是发展智慧的升华，必将引起包括新兴、交叉科学在内的哲学社会科学尤其会给马克思主义经济学研究带来革命性变革。

## 三

建设生态文明，构建和谐社会，都必须也应当大力发展绿色经济，形成生态和谐、社会和谐和经济和谐一体化的绿色经济形态。这是因为，绿色经济既是生态文明时代全新的经济形态与发展模式，又是和谐社会的最佳经济形态与发展模式。

马克思主义生态文明观认为，生态文明作为一种后工业文明，是社会形态和经济形态内在统一的全新的文明形态。从文明形态对人与自然发展关系的影响来说，工业文明是人与自然分裂与冲突的不和谐发展，可以称之为“黑色文明”，生态文明是人与自然内在统一与和谐共生的和谐发展，可以称之为“绿色文明”。因而，从生态与经济的发展关系而言，工业文明的经济形态是“黑色经济”，生态文明的经济形态是绿色经济。21世纪是建设生态文明、发展绿色经济、构建和谐社会的世纪。这个新世纪的社会形态的主导形态是生态文明或绿色文明，它们也是和谐社会的主导社会形态，这个新世纪的经济形态的主导形态是生态经济或绿色经济，它们在本质上是可持续发展经济，也是和谐社会的主导经济形态。首先，从绿色经济本质属性来看，我曾作过这样的概括：“绿色经济是可持续经济的实现形态和形象概括。它的本质是以生态经济协调发展为核心的可持续发展经济。”① 这就确认了绿色经济的生态经济属性，揭示了它的可持续经济的本质内涵。正是从这个意义上说，绿色经济作为生态文明时代的经济形态，是生态经济形态的现实象征与生动概括。其次，从现时代的经济发展实践来看，绿色经济正在朝着成为人类社会文明发展继农业文明的农业经济、工业文明的工业经济与知识经济之后的崭新经济形态的方向发展，并且现实已成为建设生态文明、构建和谐社会的重要经济发展模式。再次，从人类社会的经济形态演变的客观进程来看，生态文明是一种后工业文明形态，绿色经济是一种后工业经济形态；而包括信息经济在内的知识经济，既是工业文明高度发达的突出表现，又是在此基础上发展起来的一种后工业经济，是从工业文明的黑色经济向生态文明的绿色经济转型的经济形态，必然充当了工业文明

① 刘思华主编：《绿色经济论》，中国财政经济出版社2001年版，第3页。

和生态文明、黑色经济和绿色经济的中介。正是这个意义上，我们对绿色经济重新界定为：以生态文明为价值取向，以生态、知识、智力资本为基本要素，以人与自然和谐发展和生态与经济协调发展为根本目标，实现生态资本增殖的可持续经济。正因如此，2009 年 11 月，欧盟正式提出了新的战略构想，其核心要素就是发展绿色经济，要在未来的 10 年内，将欧盟打造成为一个“绿色知识经济体”。

社会主义和谐社会是一个自然生态和社会经济有机整体可持续发展的社会，这就决定了和谐社会的经济形态与发展模式，必然也应当是绿色经济。我曾在一些论著中提出“社会主义和谐社会是生态经济可持续性发展的社会”的新论点，此论准确地反映了和谐社会的生态经济属性和可持续发展经济的经济特征。因此，现在，我们完全可以说，发展绿色经济，铸造绿色经济形态，是对社会主义和谐社会生态经济属性和可持续经济特征的最充分体现。首先，社会主义和谐社会的科学命题，是对中国特色社会主义社会的生态与生态经济本质的最充分表达。因为社会和谐是中国特色社会主义的本质属性；生态和谐是构建社会主义和谐社会的生态基础，也是中国特色社会主义的本质属性；经济和谐是构建社会主义和谐社会的经济基础，当然是中国特色社会主义的本质属性。尤其是对于生态文明时代的现代社会主义社会，是自然生态关系和社会经济关系内在统一与和谐共生的生态经济社会有机整体。正是自然生态属性和社会经济属性的内在统一与和谐共生，才构成中国特色社会主义的本质。这种本质集中体现在人、社会、自然之间形成和谐、协调、可持续发展的关系。因此，社会主义和谐社会是一个生态经济可持续本质的社会。其次，建设生态文明、构建和谐社会，是对工业文明社会的人与自然相分裂、个人与社会相脱离、自然与社会互损而付出双重代价的基本特征的否定，是要真正实现人与自然双盛、个人与社会双强、社会与自然双赢，达到人、社会、自然和谐共生，共同繁荣与可持续发展的至高境界，最终创造一个自然生态和社会经济有机整体和谐协调可持续发展的社会。这是建设生态文明的真谛，也是构建和谐社会的要旨。再次，能够满足上述要求的只能是也应该是符合建设生态文明与构建和谐社会要求的绿色经济；只有发展绿色经济，才能建设生态和谐与经济和谐相统一的和谐经济。从自然生态意义上说，大力发展绿色经济是为和谐社会发展提供生态基础；从社会经济意义上说，大力发展绿色经济是为和谐社会发展提供经济基础。因此，大力发展绿色经济已成为当今世界经济社会发展和人类文明进步的一大趋势；绿色发展与绿色崛起更是当代中国经济社会发展、中华文明进步的势不可挡的大趋势。

## 四

建设生态文明、发展绿色经济、构建和谐社会，必须实施生态主导型的发展战略。这是发展中国特色社会主义的新战略，也是21世纪中国现代化发展的基本战略。这是建设生态文明和构建和谐社会的客观要求。(1) 生态文明是21世纪人类社会文明的主导文明形态，它是人与自然、人与人、人与社会、人自身四大和谐协调发展的现代文明。生态文明的这种总体特征，也是构建和谐社会的基本内容与根本目标，将成为21世纪现代经济发展和人类文明进步的主旋律和大趋势。而社会主义和谐社会的科学内涵内含着“四大和谐协调发展”，因此，建设社会主义生态文明的主旨，同构建社会主义和谐社会的主旨完全一致，这种一致性要求实施生态主导型的现代化发展战略。(2) 从我国实践来看，进入21世纪以来，我国一些地区大力提倡生态优先的发展理念，实施“生态立市（省）、环境优先”的发展战略，使一些城市、地区在走中国特色的新型工业化道路过程中，不仅在克服工业文明的弊端，而且超越工业文明，正在朝着建设生态文明社会方面前进，这实质上体现了“生态主导型的现代化发展”的基本战略。(3) 当然，从当今中国的总体上看，生态危机还在加深，它在本质上不仅是当代中国的发展危机，而且是当代中国的生存危机，是中华民族的生存方式的危机，真正缓解和克服生态危机的根本出路就在于从根本上改变现行的现代化的基本战略，实施生态主导型的现代化发展战略。(4) 全面贯彻落实科学发展观，必须把不断追求和递进实现“四大和谐协调发展”作为建设生态文明、发展绿色经济、构建和谐社会的价值原则、根本目标和运作航标，就必须要求实施自然生态、社会生态、人体生态一体化的生态文明发展战略，它在本质上是生态主导型的现代化发展战略。这种绿色发展与绿色崛起应当视为胡锦涛为总书记的中央领导集体实施科学发展战略的核心。因此，用绿色崛起带动和平崛起，走绿色和平发展道路，这是中华文明伟大复兴的必由之路。(5) 实施生态主导型的现代化发展战略，在经济领域内，就是实施绿色经济与绿色发展战略。这是21世纪可持续发展战略的集中体现。实现绿色经济发展战略，是加快转变经济发展方式、大力调整经济结构，走生态文明发展道路，从根本上促进中国生态经济社会有机整体和谐协调发展的根本大计，是具有全局性和战略性的重大战略。

## 五

建设生态文明、发展绿色经济、构建和谐社会的战略目标，就是把我国建设成为富强民主文明和谐的社会主义现代化国家，在发展中国家率先跨入生态文明社会，即可称之为生态社会或绿色社会。人类文明发展到今天，随着工业文明高度发达，人类社会生产与生活过程和自然界的生态过程已经完全相互交织与相互融合而浑然一体。当今维系人类生命和非生命形式的这个濒临失衡的球体上，客观存在的只是自然生态系统和社会经济系统互相依存、互相制约、互相作用、互相转化的生态经济社会有机整体。当今社会主义也是这样的有机整体，应该是人与自然、人与人、人与社会、人自身和谐共生共荣的社会有机整体发展形态。这就决定了“三大法宝”的战略目标和根本任务在实质上是完全一致的，甚至可以说，建设社会主义生态文明和构建社会主义和谐社会的目标和任务，是同一个问题的两个方面。

首先，不管是狭义还是广义的生态文明之说，建设社会主义生态文明，都必须是牢固地建立在马克思主义人、社会、自然有机整体和谐协调发展理论的基础上，推进人与自然、人与人、人与社会、人与自身和谐共生共荣、生态自然和经济社会的全面协调发展，实现生态经济社会有机整体的科学发展、和谐发展、绿色发展。只有这样，才能把中华文明建设成为人与自然、人与人、人与社会、人自身和谐协调发展的现代文明形态。这是建设社会主义生态文明的主旨，是实践马克思主义人、社会、自然有机整体和谐协调发展理论的生动体现。

其次，生态文明时代的绿色经济同工业文明时代的黑色经济的本质区别，就在于后者是建立在人与自然相分裂、社会与自然相互损的基础上；前者是建立在人与自然内在统一、社会与自然和谐共生的基础上。因此，绿色经济发展是以人与自然和谐发展、生态与经济协调发展为根本目标，是人、社会、自然和谐共生共荣的现代经济，是把中国特色社会主义经济发展的生态环境代价和社会经济成本减少到最低限度的可持续性的和谐经济。

再次，社会主义和谐社会必须是经济、政治、思想文化、生态环境等社会领域，各种要素及各个关系之间互相协调、相互融合的和谐发展状态。笔者曾把这种发展状态概括为：是“以人为主体的社会和谐发展状态，它包括人与人之间的和谐、人与自然之间的和谐、人与社会之间的和谐、人自身关系和谐四个方面的基本内涵”[1]。因此，构建和谐社会，实际上是人们不断追求和递进实现人与自然、人与人、

① 刘思华：《生态马克思主义经济学原理》，人民出版社2006年版，第484页。

人与社会之间关系的和谐发展，并最终达到人自身关系和谐发展，实现人、社会、自然有机整体和谐协调发展。正如胡锦涛同志所指出的："我们要构建的社会主义和谐社会，是经济建设、政治建设、文化建设、社会建设协调发展的社会，是人与人、人与社会、人与自然整体和谐的社会，要贯穿于建设中国特色社会主义的整个历史过程。"①

由上可知，在科学发展观的统领下，建设生态文明，就是建设生态和谐、经济和谐、社会和谐相统一的现代文明；发展循环经济，就是发展生态效率、经济效率、社会效率相统一的现代经济；构建和谐社会，就是构建生态公平、经济公平、社会公平相统一的现代社会。这样的现代文明形态和经济社会状态，就标志现代中国跨入了生态文明社会。从国内外学术界对后工业社会的研究，生态文明社会可以概括为生态社会或绿色社会。

在1994年出版的《当代中国的绿色道路》一书中，笔者明确提出："生态社会是现代经济社会发展的远景"，"农业社会——工业社会——生态社会并列为人类社会文明递进的发展序列"。在2006年出版的《生态马克思主义经济学原理》一书中，进一步指出："生态社会是和谐社会的理想模式"，揭示了绿色社会模式同和谐社会、生态文明的内在统一性。在国际上，许多学科学者的后工业社会或后现代社会的主张同笔者的主张基本相同。自20世纪90年代以来，先是西方生态学家试图以系统整体观和生态中心主义思想为基础，来构造全盘改造工业文明社会的方案，提出了"最终建立一种无等级差别的理想的生态社会"的主张。生态自治主义者对后现代社会的设想是一个在人与自然和人与社会关系上都消灭了统治、征服与压抑的绿色社会，是一个合作和谐的社会。英国学者伊恩·莫法特在《可持续发展》一书中，描述了可持续发展社会的景象，并称之为绿色社会模

① 引自《科学发展观重要论述摘编》，中央文献出版社2008年版，第72页。

式。日本经济学家在1999年提出了生态发展的共生与社会发展的共生相统一的“生态社会发展理论”。尤其是美国社会生态学者和生态社会主义学者，都设想了未来的生态社会的总体轮廓，提出了他们的生态社会观。生态社会主义理论对未来社会主义或共产主义社会发展模式的构想，就是构建一种超越资本主义和现实社会主义模式，按照生态可持续性原则，形成的人与自然、人与社会（人）、人自身和谐发展的新型社会主义社会，在这个总目标下，未来生态社会主义发展蓝图，也就是绿色社会模式。这同笔者所说的绿色社会模式，不仅是生态社会模式的形象概括，而且是“四大和谐有机整体”的生态社会的绿色概括，是完全一致的。在此，我还要特别强调的是，美国生态后现代主义的奠基人查伦·斯普瑞特克在2006年作了“生态社会的分析和展望”的演讲，指出“生态社会的选择正在高涨，并且正在成功地融入主流”，他用现实事实说明转向“生态社会的紧迫性”，还对中国给予厚望：“参与到生态社会的世界观中去，中国的社区和地区就可能在种种超越现代性的意识形态，走向绿色未来的道路上成为典范。”①

综上所述，在当代中国建设生态文明、发展绿色经济、构建和谐社会的终极目标，就是努力探索一个当今农业、工业、生态文明并存的“三元文明结构”的社会主义大国，实现中国特色社会主义文明形态超越发展，建设成为绿色经济强国、生态文明富国，在发展中国家率先把十几亿人口带进生态社会或绿色社会，即是生态（绿色）社会主义的和谐社会。这是在21世纪把我国建设成为富强民主文明和谐社会主义现代化国家的最高层次含义。

① ［美］查伦·斯普瑞特克著，张妮妮译：《生态后现代主义对中国现代化的意义》，《马克思主义与现实》2007年第2期。

## 六

建设生态文明、发展绿色经济、构建和谐社会的双重战略任务，这是中国的基本国情和21世纪中国特色社会主义发展的特殊规律所决定的。在人类文明发展史上，西方发达国家用了近300年时间，才实现工业化，使10亿人口进入工业社会。而我国仅用了60年就阔步进入工业化中后期，把13亿人口带进工业社会。但工业化的任务还没有最终完成，要继续进行工业文明建设。就在此进程中，我们又提出了建设生态文明的重大战略任务。这就是说，我们要遵循当今世界文明发展的普遍规律和共同思想，即人类文明发展正在进入生态时代，必须按照生态文明的要求进行工业文明建设，完成工业化的任务；发达国家是实现了工业化、建成高度发达的工业文明之后，才提出建设后工业文明，而中国特色社会主义则在建设工业文明的过程中就要正视建设生态文明问题。这如实反映了21世纪中国特色社会主义文明发展的特殊规律。社会主义中国作为世界上最大的发展中国家，必须坚持把发展作为党执政兴国的第一要务。因此，我们背负着建设工业文明、实现工业化和建设生态文明、实现生态现代化的双重战略任务；既面临着克服、消除工业文明的黑色经济形态与发展模式的黑色弊端，将其改造成为绿色经济形态，又面临着构建与生态文明发展相适应的绿色经济形态与发展模式的双重压力与双重应对。这是21世纪中国发展与经济发展的最根本的特殊性。根据这种特殊性来探索中国特色社会主义发展道路，使我们找到了“三大法宝”，它们充分体现了中国特色社会主义发展与经济发展应对双重压力和完成双重任务的时代步伐和客观进程。

正确认识和理解“三大法宝”尤其是建设生态文明与发展绿色经济同新型工业化的辩证关系，赋予新工业文明理论特质与新的实践导向，这是把中国经济切实转移到科学发展轨道上来所要解决的一个重大理论与实践问题。因为，（1）党的十六大确定的新型工业化道路，只是赋予了新工业文明的信息化内涵与信息经济的特征。新工业文明只有信息维度。这种工业化与信息化融合，只是表明工业化由大机器生产力发展到信息生产力，这是工业文明发展的新阶段。由于它缺乏生态内涵，使新型工业化在本质上仍然属于工业文明形态。(2) 工业化和信息化融合难以克服传统工业化的弊端。这种弊端在人与自然的生态关系方面，是资源短缺、环境污染、生态恶化；在人与人的社会经济关系方面，是贫富悬殊、缺乏经济社会公平。我们探索新型工业化道路以来的7年间，不仅环境污染和生态破坏日益严重，而且为富不仁、劳资对立、贫富差距也变得越来越严重。从学理上说，信息化是应当获得资源消耗低的效果，但是这7年间资源高消耗没有得到缓解。对此，不少学者认为，我国探索新型工业化道路并没改变我们在传统工业文明发展老路上前行的步伐，没有达到新型工业化和建设生态文明的一致性。(3) 只有信息维度的新型工业化的主旨，主要是对传统工业文明的弊端加以限制，不会改变工业文明整体的反人性、反生态性质和不可持续性，是不能使新型工业化直接成长为生态文明的。因此，新型工业化道路在本质上是建设工业文明的发展道路；建设生态文明，是生态文明发展道路，不能把两者混为一谈。因此，在实践中推进新工业文明同生态文明有机结合与融合发展，这必须将走新型工业化道路综合为生态文明发展道路的内在环节，使建设新工业文明纳入建设生态文明之中，使它成为中华文明由工业文明向生态文明转型的过渡性文明形态。为此，我们必须对新型工业化的理论特质与实践导向重新界定。（4）按照“三大法宝”尤其建设生态文明的新要求，赋予新型工业化生态内涵，确立新工业文明信息化维度和生态化维度的有机统一，开启新工业文明的生态视阈，为我国现代工业体系和产业结构的知识化（包括信息化）与生态化的相互协调与融合发展提供理论前提。（5）笔者曾在《生态马克思主义经济学原理》一书中提出：探索新型工业化道路，应当从一个基本点升华为两个基本点，"以信息化带动工业化，以工业化促进信息化：以生态化优化工业化，以工业化推动生态化，走出一条科技含量高、经济效益好、资源消耗低、环境污染少、人力资源优势得到充分发展的新型工业化路子。"① 因此，新工业文明不仅要大量推进信息化与工业化融合，而且要大力推进生态化与工业化融合。它不仅是实现工业化，建设高度发达工业文明的过程；而且是这种过程同信息化与生态化并行不悖且相互融合，从而推进工业文明向生态文明转型的跃迁过程。

## 七

加快转变经济发展方式，形成与建设生态文明、构建和谐社会相适应的绿色经济发展模式，这是21世纪现代经济发展模式的伟大革命，是生态文明与可持续经济发展理论研究的一个历史性课题，也是中国特色社会主义经济发展理论研究的一场攻坚战。首先，党的十七大明确指出，"经济增长的资源环境代价过大"，"建设生态文明；基本形成节约能源资源和保护生态环境的产业结构、增长方式、消费模式。"这表明我们建设生态文明需要由高昂代价的黑色经济发展方式向最低代价的绿色经济发展方式转变，形成最低代价的可持续的绿色经济发展模式。长期以来，我国学界对我国经济发展的创新理论模式的研究，显得十分薄弱，尤其是近年来，对建设生态文明、构建和谐社会的经济发展"模式化"问题研究，可以说还没有破题。大家知道，党的十四届五中全会制定了经济体制和增长方式两个根本转变的战略方针，时至今日，经济体制的根本转变基本实现而增长方式的转变没有实现，并且粗放型增长方式更加强化，使在工业文明发展过程

① 刘思华：《生态马克思主义经济学原理》，人民出版社2006年版，第541页。

中形成的缺乏生态内涵的经济增长方式与经济发展模式仍然处于主导地位。因此，彻底改变、超越工业文明发展的经济模式，形成生态文明发展的经济模式，这是中国特色社会主义道路的战略重点和发展思路，也是建设生态文明与构建和谐社会的极其重大的难题。我们可以说，中国现代化建设和改革开放能否取得最终成功，将取决于我们能否成功地实现工业文明发展的经济模式向生态文明发展的经济模式转变。

其次，可持续发展经济学及它的马克思主义形态的生态马克思主义经济学，全方位论证了生态是21世纪现代经济运行和经济发展中的内生变量，探讨了生态发展规律及其对经济发展和运行效率的影响，构建了最低代价生态内生经济发展模式的基本框架。绿色经济发展模式，就是这种模式的现实形态，也就是说，绿色经济发展在本质上是最低代价生态内生经济发展模式。历史与现实都表明，工业文明发展的经济模式，是“大量生产、大量消耗、大量消费、大量废弃”的不可持续的黑色经济发展模式。这种经济模式在我国工业文明发展中，形成“高开采、高投入、高消耗、高污染、低利用、低产出、低质量”的粗放型经济增长方式，这是目前我国最高代价生态外生经济发展模式的基本实现形态。因此，改革开放30年来，我国经济快速高速增长，可以说是完全被工业文明的经济发展模式所浸透。这就迫切要求我们必须创造一种与自然生态相和谐协调的科学发展模式，这已成为当今中国现代化建设的当务之急。党的十七大标志着中华文明中一个建设社会主义生态文明的新时代正在到来，建设生态文明与构建和谐社会的经济发展“模式化”，就是要形成与社会主义生态文明、和谐社会发展相适应的绿色经济模式。这就是中国特色的绿色经济发展模式，应该是超越资本主义经济模式，其本质内涵应当是最低代价的、生态内生的生态经济和谐协调可持续发展模式，即是生态自然和经济社会和谐协调可持续发展双赢发展模式。

再次，从学理上说，绿色经济是生态文明时代的崭新经济形态，从实践层面上说绿色经济是生态文明发展的全新经济模式，无论是前者还是后者，其现实的具体的实现形式，都具有多样性，其中最基本的形态，或者说主要经济技术模式，就是以低能耗、低污染、低排放为基础的低碳经济和减量化、再利用、资源化为特征的循环经济，它们都属于绿色经济范畴，都是绿色经济模式的现实体现。

## 八

深化经济体制改革，建立社会主义生态市场经济体制，为建设生态文明、发展绿色经济、构建和谐社会提供制度基础和体制环境。这是中国经济体制的第二次革命，即经济体制的生态革命。我国经济改革与发展，实行两个具有全局意义的根本性转变之所以呈现逆向运动，其中一个根本原因就在于，我国初步建立起的社会主义市场经济体制，未能摆脱传统计划经济体制的窠臼，仍然保留着生态与经济相脱离、人与自然不和谐的基本特征，甚至可以说，还是一个以牺牲生态环境和以牺牲大多数平民百姓的利益（包括人的生命安全与心身健康）为代价而使一部分人富起来的经济体制，它实质上是建设工业文明的经济体制。正是从这个意义上说，改革开放30年来，我国经济体制改革，基本上是沿着工业文明发展"体制化"的方向前行。所以，现行的社会主义市场经济体制克服工业文明发展那种牺牲生态环境和大多数平民百姓利益的制度与机制，显得勉为其难和无能为力。

在当今世界，无论是发达国家还是发展中国家，各国市场经济体制及运行机制，基本上是以人与自然、生态与经济相分裂与对立为特征的，使现代经济运行与发展往往不能反映生态学真理。正如一位德国学者所指出的："迄今为止，还没有一个国家拥有围绕关注环境而组织的市场经济，德国也不例外。”[①] 因此，当今世界各国的现代市场经济体制尤其是发达国家的自由市场经济体制，不仅是当今有效需求不足的国际金融危机与全球资本主义经济危机的体制原因，而且更是生态资本有效供给不足的全球生态危机的体制原因。在改革开放30年间，我国坚持资源配置市场化的改革方向，从根本上改变了高度集中的计划经济体制，建立了社会主义市场经济体制，带来了空前的经济繁荣，创造了世界经济发展的奇迹，使我国物的世界大大发展，初步实现由贫穷向富裕的根本转变。但是，初步建立起的现代市场经济体制即没有克服当今世界各国的现代市场经济体制的根本缺陷，这就是没有超越人与自然、生态与经济相分裂与对立的根本特征，仍然是一种生态外生的非持续发展经济体制。这是我国现行的社会主义市场经济体制还很不完善的一个根本方面。它还存在着排斥市场经济体制与运行机制的生态要素，以及市场主体的厂商追求效用最大化、利润最大化与环境保护、生态建设与发展的尖锐矛盾；从而经济运行不能反映生态学真理，在创造物质生产力、使我国经济发展、日益富裕的同时，消灭了生态生产力，使我国生态资本有效供给不足、生态贫困越来越严重。国内外现代市场经济运行与发展正反两方面事实充分表明，中国特色的社会主义市场经济体制，应该是市场对资源配置的基础性调节作用同国家宏观调控与政府监督对经济社会的主导性调控作用相结合的政府主导型市场经济，这是一方面；另一方面，建立和完善社会主义市场经济必须内在地具有可持续发展的生态机制，使生态环境真正成为现代经济良性运行与可持续发展的内生要素与内在机制，就能表现出超越发达资本主义市场经济的制度优势。这是完善社会主义市场经济市场体制即现代市场经济体制创新的一个根本方向。

因此，符合生态文明发展的绿色经济发展、和谐社会发展要求的

① 吴晓东等译：《人类需要多大的世界 MIPS——生态经济的有效尺度》，清华大学出版社2003年版，第146页。

经济体制，是生态与经济一体化的生态内生经济体制，这就是以生态可持续性为核心的可持续发展经济体制。它要求我们必须推进生态掠夺型的工业文明经济体制向生态发展型的生态文明经济体制转变。唯有如此，才能使我国社会主义市场经济既能反映经济学的真理，又能反映生态学真理。这是建设生态文明和构建和谐社会尤其是发展绿色经济“体制化”的正确方向和重大任务，更是完善社会主义市场经济体制的正确方向与重大任务。

早在10多年前，我在《可持续发展经济学》一书中批判了传统经济体制的根本缺陷与主要弊端，深刻论述了可持续发展经济体制的本质内涵与基本特征，提出了我国经济体制改革的本身应当实现两个根本转变：一是从传统计划经济体制向现代市场经济体制的根本转变，即建立社会主义市场经济体制：二是从现代市场经济体制向可持续发展经济体制的根本转变。这种体制的要义应是基于生态关怀和人文关怀的生态可持续性，在此基础上构建全新的生态内在现代市场经济体制，即中国特色的社会主义可持续发展经济体制，它实质上是中国特色的社会主义生态市场经济体制，是对现行的现代市场经济的现实超越与理论超越。因此，实践“三大法宝”都内在要求现行市场经济体制和运行机制，克服自身的根本缺陷，使之具有生态向度和人文向度及其统一性，真正建立起生态与经济一体化的、生态内在的可持续发展经济体制。这种经济体制才是符合生态文明发展、绿色经济发展、和谐社会发展的崭新的经济体制。这是一个新的历史跨越、新的伟大实践。在理论上，尤其在实践上，这是个21世纪中国改革与发展的难题。

## 九

建设生态文明、发展绿色经济、构建和谐社会，都需要一场彻底的生态革命，形成整个社会主义社会运行与发展机制的全面生态化即全面绿化。20世纪下半叶以来，发达国家的工业文明高度发达，把现代人类逼进了生态危机的深渊，现今全人类还处于大规模的生态灾难之中。它不仅吞噬着自然生态（即人身外的自然），而且毁坏着人体生态（即人自身的自然），使现存的人类生存方式具有毁灭性。这是资本主义工业文明和自由市场经济的反生态和反人性的集中表现。这种人类生存方式危机的深刻根源，就是人们经济社会活动的价值观念、行为方式、社会经济、政治文化、科学技术机制的反生态化和人性化。因此，当今人类可持续生存与全面发展，需要一场深刻的生态革命，推进人类生存与发展的生产方式和生活方式的生态化转型，实现人类生存方式的全面绿化；其关键又在于现代经济领域里必须进行一场彻底的生态革命，实现现代经济运行与发展的全面绿化。生态革命要求现代经济社会活动必须按照反映自然生态规律的自然生态原则去实现世界系统运行的生态合理性，也就内在要求经济、科技、文教、政治、社会活动等经济社会运行与发展的全面绿化，当代中国的生态革命的根本目标，就是追求生态经济社会有机整体内部机制的生态化，形成社会主义生态市场经济体制机制，使中国特色的社会主义经济社会体系运行朝着人性化与生态化的方向发展，这是科学发展观和社会主义生态文明对工业文明的时代性扬弃和实践超越。生态文明、绿色经济、和谐社会是生态化和人性化内在统一的现代文明、现代经济、现代社会。因此，实践“三大法宝”，都内在要求现代经济社会运行与发展机制的人性化与生态化，实现自然生态、社会生态和人体生态的和谐协调发展。

进行经济社会的彻底生态革命，不仅要用生态理性绿化现代经济和现代社会，更重要的是而且首先是用生态理性绿化思想观念，进行彻底的思想观念的生态革命。近年来，世界各国应对国际金融危机和气候变化的过程，正如李克强同志所说：“是人们思想革故鼎新的过程，也是世界经济创新发展的过程。”在今日之中国，实践“三大法宝”的过程，确实是中国特色社会主义创新发展的过程，是推动中国特色社会主义经济发展从要素驱动向创新驱动转变的过程，这是首先要创新思想观念。从根本上说，应当是革工业文明思想观念之故，鼎生态文明思想观念之新。然而，不要说包括当代中国在内的发展中国家，就是当代发达国家已经发展到后工业社会，进入“后工业文明时代”，但人们的价值观、财富观、发展观、实现观还停留在工业文明社会，基本处于工业文明时代。正如美国学者 H. 梅多斯所说的：“生活在今天的人们是很难理解工业革命是如何深刻改变人类思想的，因为我们自己一直都在运用工业革命的思维模式进行思考。”① 因而需要一场彻底的思想观念生态革命。建设生态文明、发展绿色经济、构建和谐社会，当务之急就是进行新一轮的思想解放，其主旨是思维模式的生态革命。这就是从建设工业文明观念、思想、理论的禁锢下解放出来，树立和践行建设社会主义生态文明的价值观、财富观、发展观、实现观和政绩观，才能保证中国特色社会主义经济社会运行与发展朝着生态化与人性化方向发展。

## 十

建设生态文明、发展循环经济、构建和谐社会的最大难题和严峻挑战，就是今日之中国“资本的逻辑”已差不多成为支配社会生活一切的逻辑。“资本的逻辑”是同“三大法宝”的“劳动的逻辑”相对立的，尤其是与生态和谐、经济和谐、社会和谐不相容。因此，如何克服、摆脱“资本的逻辑”的束缚，构建和谐生态、和谐经济、和谐社会，并推进当代中国生态经济社会有机整体和谐协调发展，这是发

① ［美］唐标勒·H. 梅多斯等著，赵旭等译：《超越极限》，上海译文出版社 2001 年版，第 231 页。

展中国特色社会主义的“歌德巴赫”猜想。

首先，马克思主义对资本主义社会的批判，就是对资本逻辑的批判。在资本主义私有制下，建设工业文明是通过发展市场经济（从总体上看，主要表现为自由市场经济）来创建资本主义工业文明。于是“资本霸权逻辑”就成为资本主义工业文明和市场经济的内在性的社会经济属性。它们就完全被资本主义制度的反人性和反自然的本质特征所浸透，使反人性和反自然成为它们的内在特质。马克思曾经强调指出，资本家是“人格化的资本”，贪婪和惟利是图是他们的本性，在他们看来，世界上没有一样东西不是为了金钱而存在，他们活着就是为了赚钱。因此，资本[①]的惟一价值取向，就是要使自身不断增殖，以赚钱为本，追求资本利益最大化，最大限度地获取经济利益，实现赚钱发财的目的。这种资本的本性支配着企业乃至整个社会生活，它们就围绕利润最大化这一核心运转，在这种“资本霸权逻辑”支配下，资本主义工业文明与市场经济发展，就必然以牺牲精神道德为代价，以牺牲生态环境为代价，以牺牲人的生命安全与心身健康为代价，尤其是掠夺自然，破坏环境，蹂躏生态，成为“资本霸权逻辑”支配、主宰自然的必然逻辑。当今发达国家资本主义文明在“资本霸权逻辑”的支配下，不仅发生金融危机与经济危机；而且是生态经济社会极不公平、不和谐、极度片面发展的现代文明。可见，资本逻辑确实是与生态文明、绿色经济、社会和谐相对立的，资本的价值取向和生态的价值取向是相对抗的。

其次，当今之中国，处于社会主义初级阶段，改革开放初步建立起社会主义市场经济，已从排斥资本变为接纳资本，甚至允许资本扩张。在我国是以公有制为主体的多种所有制并存，个体经济、民营经济、外资经济等私人资本在数量可能超过国有资产；加之私营企业家也可以入党，以赚钱为主旨的人们无疑已成为中国社会的中坚。这样

① 这里所说的资本，是指物质资本，即是马克思《资本论》中所说的资本概念。

"资本的逻辑"已差不多成为支配中国经济社会运行的主导逻辑。从我国前段时期利用资本所带来的负效应来看，出现了许多企业见利忘义、惟利是图，道德滑坡，不择手段牟取非法暴利，官商勾结，权钱交易，腐败现象日益严重。贫富差距日益扩大，生态环境日益恶化，制造出癌症村越来越多等破坏经济和谐、生态和谐、社会和谐，使我国发展陷入了"挤资源求发展"、"有发展无幸福"的困境。这是新自由主义经济学在实践中酿成的必然恶果，其罪魁祸首，就是"资本的逻辑"。2008年的山西溃坝事件和三鹿奶粉事件的罪魁祸首也正是"资本的逻辑"。因而，在我们面前出现了这样一个世界难题，中国现代化事业尤其经济发展离不开资本的扩张，发展私营资本经济，而在我国现阶段又难以消解、改变资本的本性，社会主义市场经济和工业文明，又不能克服市场经济和工业文明的反人性和反生态的特性，那么我们究竟如何破解这个难题呢？

再次，丰富和发展中国特色社会主义理论，消除马克思主义生态文明与和谐社会理论同我国工业文明发展与市场经济发展实践之间的尖锐矛盾，这就必须把建设工业文明纳入建设生态文明的轨道，探索中国特色社会主义生态文明、绿色经济、和谐社会发展道路。按照马克思主义观点，社会主义的最终目标，是要消灭私有经济，逐步克服、消除"资本霸权逻辑"。然而，今日之中国资本存在具有合理性，但不能认为只有等到资本的合理性完全丧失殆尽以后再去考虑超越资本。因此，"为了确保经济的发展和社会的稳定，国家不能让资本权力无限地张扬，而是通过国家的调节，以缓解资本与社会的对抗。"这就是说，"在现阶段，我们需要资本，但必须限制资本的霸权，这就是基本结论。"① 所以，我们为了建设生态文明、发展绿色经济、构建和谐社会，"我们不仅要利用资本与限制资本结合在一起，还要把

① 详见孙承叔：《真正的马克思》，人民出版社2009年版，第398—400页。

利用资本与超越资本结合在一起。”① 这就是我们要实行利用、改造、限制、超越资本的“八字”方针。利用资本发展经济，使物质生产力高度发展；改造资本就是利用资本绝对不能拜倒在资本的脚下而自由放任，而要逐步改变它的反人性和反生态性的负面影响；限制资本就是绝对不能任凭资本逻辑的横行霸道，不能让资本权力无限张扬，必须采取种种限制措施，把资本增殖、追求利润最大化，以“三个牺牲”为高昂代价降到最低限度；超越资本就是摆脱“资本的逻辑”束缚，逐步扬弃资本原则。只有这样，我们探索中国特色社会主义发展道路，才能实现生态和谐、经济和谐、社会和谐，使中华文明发展走向生态经济社会有机整体和谐协调可持续发展的理想境界，最终建设成为富强民主文明和谐的社会主义现代化国家。

最后，我还要指出的是，自党的十七大以来，建设生态文明问题已成为我国学术理论界的研究热点，引起多学科学者的极大兴趣，发表了大量的论文，出版了不少著作，国家社科基金也立项了多项课题。然而，令人遗憾的是，运用马克思主义的立场、观点、方法，研究生态文明理论，真正认识建设社会主义生态文明问题的学者（如像陈学明教授那样）却是少数；多数学者没有真正认识生态文明本身所特有的基本范畴、基本理论及其发展规律；甚至有些学者把西方经济学的环境污染治理思想，这种西方工业文明发展先污染后治理的理论表现，也归纳成为生态文明理论，这是把工业文明和生态文明混为一谈，在理论上是很不科学的。所以，我认为，在今日之中国，对建设生态文明理论的马克思主义研究，还是刚刚起步。因此，目前和今后加强对建设社会主义生态文明与和谐社会、发展中国特色的绿色经济及其相互关系研究，是中国特色社会主义生态经济社会发展理论研究的一场硬战。虽然说，本论丛存在着不少值得商榷之处，但它的出版，会为我国学术理论界更深层次的研究，提供有益的丰富的思想材

① 陈学明：《生态文明论》，重庆出版社2008年版，第63页。

料，必将推动中国特色社会主义生态经济社会理论与实践的不断探索与日益发展。

刘思华

2010年11月于湖北恩施

# 目　录

# 第一章
# 绪　论

实施可持续发展战略，发展绿色经济，建设和谐社会，是我国当前和今后相当时期的主要任务。分析它们的经济学内容①，探索实现途径，将是本书的努力目标。

## 第一节　视　角

"和谐社会"这一美好的人类理想，可以说从人类社会产生以来，就是一切阶级和群体所追求的共同目标，但对于什么样的社会才算是和谐社会，以及如何在现有基础上达到这个目标，却是众说纷纭。

我们知道，人类历史上出现过各种"和谐社会"的理想目标，如中国儒家的"大同"、"小康"社会，老子的"小国寡民"社会，陶渊明的"桃花源"社会等；古希腊社会柏拉图的"理想国"，中世纪意大利康柏

① 这说明本书并不是对这些内容进行全方面的探讨，而仅是从经济学的角度进行分析。

内拉的“太阳城”，英国“工业革命”时期莫尔的“乌托邦”，法国圣西门的“空想社会主义”，马克思的“共产主义社会”等等，但是，这些理想社会却并没有一个能够有效地在现实社会中实现。自中国共产党中央提出建设“和谐社会”以来，我国学者从中外思想中挖掘了众多有关和谐社会的论述和思想，提出了林林总总的各种和谐社会的原则、要求以及达到目标的实现途径等，但其中的绝大部分都延续了新中国成立以来理论分析中重现状描述、强调原则要求而缺乏机理分析的弊端，致使其中具有实践可操作性的建议难觅。

作为和谐社会内容之一的人与自然关系的和谐，也是资本主义产生以来人们关注的重点，但在第二次世界大战（以下简称“二战”）之前，人们（包括马克思等社会主义经典作家）还只是从不同角度对资本主义进行局部性的批判；真正揭示资本主义产生以来人与自然严重对立，资本主义生产方式难以持续下去的，是美国学者福格特 1949 年出版的《生存之路》[①]，如他指出：“人类由于生育过度和滥用土地已陷入了生态陷阱。由于偏重实用科学，人类一直是在靠借债度日。现在整个世界的债款即将到期。偿还势难久延。所幸我们在偿债和全世界惨告破产之间还有抉择的可能。勒紧裤带接受一个长期而艰苦的重建时期，总比等待灾难来临毁灭我们的文明要明智得多。在残酷无情的事实面前，我们没有别的选择。……除了我们坚决而勇敢地掌握自己的命运外，其他一切都无济于事。为我们的文明重新获得生态自由是一项繁重的任务，需要经常采取难于实行和给人们带来不便的措施，要花许多许多钱。……采取严厉的措施是不可避免的。最最要紧的是，我们必须改变我们的思想。要想免于毁灭，就必须放弃为自己而生活的一切思想。……我们必须同样放弃任何‘只顾今天——’的哲学。我们正在为昨天的愚蠢付出代

① 关于现代最早揭示环境危机的代表著，人们往往认为是美国著名科普作家、海洋生物学家蕾切尔·卡森 1962 年发表的《寂静的春天》。福格特应该是最早以全球眼光来认识人与环境相互关系的人，他指出，资本主义产生以来，世界各地分隔遥远的人们就形成了一种相互依存的关系。

价，同时也在为明天作准备。今天吃的白面包，明年春天可能会在堤坝上冲开一个缺口而淹没新奥尔良。……我们必须发展我们的时间观，不但要为本星期六着想，而且要为我们的老年时代，为我们子孙的青年时代想到每一个星期六是不是可以吃到牛排。参议员可以无情地询问'后代到底为我们做了些什么'的日子早已过去了。我们的后代以及他们将要在其中生活的世界，都将由我们一手造成。……我们——全体男女老幼——必须重新调整我们与环境的关系。必须学会用人类生存和标准来衡量每天的新闻。必须从造成世界现状的水和土壤，草和森林来理解我们的过去，我们的历史。"① 不过，如何有效地做到人与自然关系的和谐，福格特除了发出呼吁外，并没有提出有效的可能措施。同时很遗憾的是，该书出版的时间正处于二战后的重建时期，人类社会关注的是人们的衣食住行，环境问题则被忽视，以致该书没有得到应有的重视。

如果说卡森1962年发表的《寂静的春天》开始引起了人们对环境问题的关注，那么罗马俱乐部1972年发表的《增长的极限》才真正引起人类社会对经济增长与生态环境和资源容量关系的重视，由此这方面的著作就如雨后春笋般涌现。但令人遗憾的是，这些分析中的绝大部分，仅仅是从技术角度分析资源与经济增长之间关系，然后在此基础上呼吁人们改变技术方式（包括相应的生活方式），分析的深度绝大部分还不如福格特。被认为在生态经济和可持续发展研究方面取得杰出成绩而具有较大影响的美国学者莱斯特·R. 布朗的研究，可以说是这方面的典型代表。布朗在其出版的众多关于生态经济和可持续发展的著作中，对环境和资源的容量、可采用的技术、应改变的生产和生活方式等进行了详细的分析，并在此基础上提出了所谓的"B模式"②，也就是人类社会应该从传统的过度消耗自然资本，对生态环境和资源的攫取超过地球供给能力的"A模式"，转换到人类社会对自然资源的获取与生态环境供给能力相适应的模式，但他的分析也同样停留在简单的技术描述与道德呼吁，

① ［美］威廉·福格特著：《生存之路》，商务印书馆1988年版，第267—269页。

② 参见［美］莱斯特·R. 布朗著：《B模式》，东方出版社2003年版。

至于这种结果产生的社会原因以及如何在激烈的资本主义竞争社会中实现这个目标，则未作任何分析。我们知道，技术方式是由社会制度（包括文化）及其体现的生产方式决定的，不涉及社会制度和生产方式的改变，想要改变人类社会对生态环境和资源的利用方式，是根本不可能做到的。这正如罗马俱乐部报告《增长的极限》提出后，虽然引起了整个人类社会的深刻反思，由此还产生了全球性的环境保护运动和可持续发展战略等等，同时在该期间，技术进步尤其是节约资源和保护环境的技术进步速度不断加快，但几十年来，人类社会对生态环境的破坏和对自然资源的攫取却不仅没有减轻，反而更加强化了，如今天的资源消耗量和碳排放量等，是罗马俱乐部报告提出时的数倍甚至数十倍，以致温室效应不断加强、江海污染日益严重等，就充分说明，仅仅技术角度的分析、变革和单纯的道德呼吁是不足以扭转“A模式”的趋势的，更不可能建立起生态环境和资源与经济增长相互适应的“B模式”。这是因为，所谓的“A模式”，不过是一定文化伦理基础上的资本主义制度在特定历史条件下的运行结果，不对资本主义制度及其经济运行机制进行研究，不揭示出资本主义制度的合理内核及其缺陷，从而提出对资本主义制度的改造途径，仅仅从技术层面进行分析，并寄希望于在现有资本主义制度框架内实现模式的转换，只能是痴人说梦。

理论的分析，尤其是涉及对当代关系人类生存发展重大问题的研究，仅仅停留于现状描述和道德呼吁，显然是不够的，必须对其中的原因及其作用机制进行深刻的分析，揭示出内在规律，然后才可在此基础上提出改进的意见，进而才有可能达到一定的目的。所以，与这些仅仅进行简单的现状描述与技术分析的角度不同，本书将对当今社会不和谐，也就是人与人和人与自然之间严重对立状况的产生原因及其演进过程进行分析，然后在此基础上提出在现行社会中相对可行的对策建议。

自然，如何建立起人与人和人与自然之间和谐相处的社会，是一项极其复杂的系统工程，涉及人类社会的方方面面；同时人类社会在许多诉求方面存在着鱼与熊掌不可兼得的矛盾，因此，在和谐社会内容及其性质的认识上，不同视角的答案是各不相同的，同时甚至是针锋相对的，所以，对和谐社会内容的分析，不可能是一个人或一个学科所能独立完成的。理论（体系）要求的逻辑性，决定了任何人或任何学科都只能从某个特定角度来分析和谐社会的内容及其性质，因而不可避免地会带有片面性，反映的只是一家之说，本书自然避免不了这种结果。

本书是从经济学视角来认识生态或绿色和谐社会的性质与内容的。经济学的角度，就是从人们之间的物质利益关系（广义）来认识社会再生产活动，同时将再生产过程中的一切活动都转化为价值，以投入产出的比较，即成本与收益的分析，来判断人类活动是否有效率和效益。由于将再生产过程中的一切活动都抽象成了价值，这使得经济学成为社会科学中抽象（或者说简单化）程度最高的学科。因此，从理论上说，本书也应该是一部逻辑严谨的理论著作，这也正是作者追求的目标。但由于再生产过程中的许多因素还无法市场化，因此，对它们的价值计量无法在不同文化、阶级和经济发展水平背景的人们之间达成一致（在理论上，对任何因素进行价值确定或定价都是没有问题的，关键是以某种标准进行的定价可能达不到不同价值偏好人们的普遍赞同），所以，对许多问题，如生态环境变化等的分析，还只能局限在定性的基础上，这必然会损害理论体系逻辑的严谨程度。

一种理论要保持逻辑的高度一致性，主体对象的惟一性是必不可少的条件。主体对象不同，看问题的角度也就不同，因此，不可能在多个主体对象并存的基础上建立起逻辑严谨的理论体系。然而，在民族国家存在及其相互之间存在利益矛盾的基础上，在生态经济、可持续发展、和谐社会等研究领域，要做到主体对象的惟一性却是不可能的。因为从理论上说，可持续发展、生态经济、和谐社会等目标要得到实现，只能是全球性的，这正如当代世界中的一些发达国家，20 世纪 80 年代以来某些内容的生态环境在经济发展过程中得到明显改善，然而却正是它们推动可持续发展成为全球共识的，原因就是在生态环境全球性的作用下，没有任何一个国家能够脱离其他国家的配合而实现可持续发展的目标；

然而民族国家存在及其相互之间激烈的利益竞争，却又不允许我们成为一个单纯的世界公民，由此不可避免地会导致做这方面研究的人在世界公民与国家公民之间摇摆，所以，这方面研究主体的二重性是难以避免的。这种情况决定了这方面的研究成果在体系上不可能做到纯经济学那样严谨的逻辑关系。本书主要是从国家角度来看待生态文明下的和谐社会建设的。

## 第二节 基本观点

任何社会现状都是一定文化伦理指导下的历史发展结果，有它的历史必然性和合理性，但同时也有它的历史局限性，由此决定了历史上任何社会制度和生产方式都会随着时间的流逝而改变。在人类历史上，资本主义是一个人性解放，科学技术和物质生产力空前发展，人类的物质文化生活水平达到空前高度的伟大时代，但过度的物欲追求，却又使人类面临有史以来最严重的生存危机；被人类视为解决各种问题灵丹妙药的科学技术，实际上它在资本主义制度下的运用正是导致当今灾难的元凶；人类如果既要保住长期发展的成果，又要避免生存发展不可持续的结果，就必须立刻行动起来，对资本主义制度进行合理的扬弃，建立起人与人和人与自然之间和谐相处，同时在相当时间内能够兼容市场经济和资本性质的新兴社会制度。

人类社会的核心问题始终是经济利益，因此经济利益关系的变化将左右人类社会的发展方向。要实现人类社会的可持续发展目标，建立收入分配相对公平的社会制度是关键。

只要是从人的角度来看待世界，那么人类中心主义的倾向就不可避免，但人作为自然界的一个有机组成部分和生命之网中的一个环节，其生存发展是依赖于生态环境和生命之网的完整性和良好性的。同任何物种的最大福利是种族的繁衍与持续生存一样，人类的最大福利也是种族的繁衍与持续生存，这种能力是与生命之网中的所有生命的持续生存能力密切相关的，所以，为了实现自身的最大利益，人类社会不仅要有心系民生安危、百姓福祉的人文关怀，而且要有关爱自然安全和生态福祉的生态关怀，并且做到两者之间的一致性。笔者始终认为，人与人和人与自然的关系，不过是同一事物的两个方面，即人与自然的严重对立，其反映的一定是人与人之间的严重对立，而良好的社会和谐，一定伴随着良好的人与自然关系，所以，人文关怀与生态关怀的建设必须同步进行。

市场经济和资本，本身是没有伦理道德的，它对人类社会的实际影响，完全取决于人类社会施加其上的伦理道德及相应的制度安排，因此，在建设和谐生态经济，也就是生态文明指导下的和谐经济社会方面，完全可以发挥市场经济和资本的作用。同时在市场经济和资本性质内部，或者说它们的作用机制本身就具有实现资源优化配置和社会公共富裕化，从而对资本主义制度不断进行异化的强大功能，所以，在建设我国的和谐生态经济中，应该充分发挥市场经济和资本的作用。

作为对中世纪过度注重精神文化需求的否定，资本主义是以物欲满足追求为主的社会，但同以前几种社会形态转换中的否定之否定总是矫枉过正一样，资本主义的这种转换也是严重矫枉过正的。对物欲的过度追求，虽然促进了传统生产力的发展，使人类摆脱了有史以来的物质匮乏，但过度的物质追求，不仅使资源供给难以为继，而且使生态环境遭到严重破坏，使人类社会经济难以持续，以至人类在享受空前物质福利的同时，面临的生存危机也同样严重。具有强烈讽刺意味的是，人类对许多物质产品的消费，尤其是食品消费，早已超过了身体的正常所需，以至许多人每消费 1 元的食品支出，却要花费数元甚至数十元的价值来消除其副作用，这种情况反映，人类在许多物质消费领域的边际效用早已为负，但人类却仍然没有停止对更大物欲满足的追求，以至对经济增长的追求完全失去了应用的价值。在物质需求过度而导致负效用的同时，人类的许多需要，如生态需要、精神文化需要等却没有得到应有的满足，而人的最大幸福，是各种需要得到均衡的满足；各种需要之间的严重失调，不仅反映生产与需要之间的严重脱节，资源配置的低劣化，而且反映人类社会各方面关系的严重失衡，所以，要实现人类社会的最大福利目标，就必须对传统资本主义的伦理文化和生产方式进行改造，建立起人与自然、人与人、人与社会、人自身内部各部分之间和谐相处，人的各种需要得到均衡满足的和谐生态经济社会。

为达到这样一种目标，笔者认为我国和谐生态经济的战略模式，应该是以充分体现和谐生态经济精神实质的伦理文化为灵魂，制度建设为保证，新兴公有制为基础，市场机制为手段，生产方式和消费模式转换为核心，公平与效率相统一，社会调节为后盾的这么一种模式体系。这种模式，显然还不是一种完全理想化的社会形态，而只是在现有生产力发展水平和历史条件下的一种相对可行的过渡模式。

## 第三节　结构安排

本书正文由八章即第二章至第九章组成。结构安排，是在严格界定有关范畴内涵的基础上，首先从总体上确定研究对象的内容与性质，然后对其中的主要内容进行分析，最后进行总结，得到我国实施和谐生态经济的战略模式。

下面是各章的主要内容：

第二章“主要范畴的界定”，主要是对本书有关主要范畴，如生态文明、可持续经济发展、生态经济、生态资本、生态需要、和谐社会与和谐经济、和谐生态经济等的内涵进行界定。这是因为，作为一门新学科，许多概念还没有形成相对一致或公认的认识，为了避免引起误解或产生歧义，所以，对这些概念进行界定是十分必要的。本书将生态文明指导下的绿色和谐经济定义为和谐生态经济，它是绿色经济与和谐经济的有机统一。和谐生态经济的内容与性质，与可持续经济发展的内容与性质是极其相似的。因为，可持续经济发展就包含了绿色经济或绿色发展、社会经济和谐的内容，所以，在某种程度上两个范畴可以等量齐观。

第三章“生态文明制度下的绿色和谐经济本质”，首先证明和谐生态经济的提出及其实施标志着人类社会在各方面正发生重大的转折，或者说对传统资本主义的社会文化进行重大的扬弃，人类社会正从对物欲的追求，转向对生态、精神、社会与物质等四种需要统一和均衡的追求，实现人本性的真正回归，所以，和谐生态经济发展是一个生态、经济和社会建设相统一的过程。

第四章“和谐生态经济的经济学内容”，是从经济学角度解读和谐生态经济的内容，指出同一切经济形态的核心本质是经济利益关系一样，和谐生态经济在本质上也是反映某种特殊利益关系的经济形态。不过，与一般经济形态中的利益关系不同的是，和谐生态经济有一种特殊的利益关系，也就是人与自然的利益关系。正是资本主义工业文明产生以来这种关系的日益恶化，使得人类的持续生存受到严重威胁，因此，具有浓厚生态关怀精神的可持续发展和绿色经济等才会在当今世界方兴未艾。和谐生态经济的内容体现在再生产过程中的各个环节。公平与自由，是实现和谐生态经济目标的最大保证。

第五章“市场经济与和谐生态经济”，旨在证明当今社会经济的不可持续发展虽然与市场经济有密切关系，但罪魁祸首却是资本主义制度与文化。作为一种组织资源配置的体制，市场经济的核心内容只是资源配置效率，它本身没有伦理道德判断标准，因此它对社会会造成什么样的影响，完全取决于社会施加其上的反映社会伦理道德的制度安排。所以，完全可以通过良好的制度安排来利用市场经济的功能，达到和谐生态经济的目标。自然，在实际过程中，由于公共产权界定的困难，市场经济仍然会产生一些消极影响。

第六章“资本性质与和谐生态经济”，通过对资本性质的分析，证明资本（积累）具有促进社会公共富裕、经济发展的功能，能够不断地对自身和资本主义进行异化，促进社会形态发展转换的积极功能，从而是实现和谐生态经济的最重要手段之一。作为一种逐利工具，资本同市场经济一样是没有伦理道德标准的，需要社会将自身的伦理道德标准施加其上，由此决定它对社会作用性质的运动方向。根据这种性质，一个社会完全可以利用资本来发展绿色经济。资本在法律上的归属形成生产资料所有制。生产资料公有制只是公有制体系中的一个组成部分，并且是层次最低、作用最小的部分。层次更高和作用更大的，是产品分配的公平化、产品与剩余产品的公有制、资源配置的公有制等。我国的生产资料公有制和国营企业已经彻底异化，要实现和谐生态经济建设的目标，就必须重建社会主义公有制。

第七章“资源节约的经济发展之路”，在将“资源”范畴的内涵限定在自然资源及其产品的基础上，从经济学的角度分析了“两型社会”的涵义，指出“资源节约型”社会建设的核心内容是资源利用效率，而在提高资源利用效率方面最有效的手段，就是充分发挥市场机制的功能；“环境友好型”社会的建设，从经济学的角度看，则是一个产品分配问题，或者说只有做到产品分配的公平化（相对），才有可能实现人与自然的和谐，所以，“两型社会”建设的核心，是一个社会“公平与效率”关系的统筹问题。这个问题是对当今人类智慧的重大考验。从长期的经济增长角度看，传统经济增长方式基础上的资源节约意义是有限的。要彻底解决经济增长与资源和生态环境约束的矛盾，只有改变消费模式及相应的社会伦理文化，也就是从单纯地追求物欲满足为主的资本主义生产方式和消费方式，转换到四种需要相互平衡并适当节制物欲的新的生产方式和消费方式上来，这既是保证资源和生态环境约束基础上经济持续增长的条件，也是实现人与自然和谐的前提。最后分析了循环经济的经济内涵，指出循环经济的实施是有条件的，它是一个随着经济发展和产业演进而不断加强的过程。

第八章“和谐生态经济社会中的国际经济关系”，主要分析国际经济关系对一国建设和谐生态经济的重要性，指出资本主义的产生使得全球不同地区的人们真正成为一个整体，彼此间的命运紧密相关，任何国家或社会的持续发展都离不开其他国家的协助。然而，现行的国际政治经济关系，却严重阻碍着各国和谐生态经济的建设，所以，改革不合理的国际政治经济关系，是建设和谐生态经济社会的必要条件。

第九章“我国和谐生态经济的战略模式”，在介绍和谐生态经济的战略内容的基础上，结合前面所有的分析，提出建设我国和谐生态经济的战略模式，也就是“以充分体现和谐生态经济精神实质的伦理文化为灵魂，制度建设为保证，新兴公有制为基础，市场机制为手段，生产方式和消费模式转换为核心，公平与效率相统一，社会调节为后盾的这么一种模式体系”。最后提出如何推进我国和谐生态经济建设的对策、建议。

作为一部新研究领域跨学科的探索性著作，虽尽了努力，但其中仍不免会存在各方面的问题，为此欢迎各方面的专家和读者批评指正，共同推进我国和谐生态经济研究与建设。

# 第二章
# 主要范畴的界定

由于是一个新的研究领域，因此，对有关范畴的内容进行界定，以免产生不必要的误解或歧义，也就成为该学科研究首先要做的工作。

## 第一节　生 态 文 明

生态文明是可持续发展的哲学基础和制度保证，和谐社会则是可持续发展的重要内容之一，因此，了解和揭示生态文明的内涵也就十分必要，所以，我们的研究就从对生态文明的认识开始。

### 一、文明的涵义

作为人类文明组成部分的生态文明，它的内容显然是人类文明一般内涵在生态社会领域的具体体现。这说明，要认识生态文明，必须首先认识文明的涵义。

## （一）文明定义

从严格的意义上说，文明就是人类从与自然的斗争中取得绝对统治地位，或者说在自然界没有了竞争对手，为保持人类进化所必需的内外部压力而转向以追求差别性生产关系为主的内部斗争后，为规范人类竞争行为而出现的一系列规范与制度。正因为这样，所以，人们都认为广义的文明，就是指人类社会在政治、经济、文化等各方面，相对于“野蛮社会”或“蒙昧状态”而展现出的某种社会进步状态，就反映了文明的这种本质。从这个意义上说，文明是人类内部出现生产关系差别，即出现了人与人之间不平等后的产物。那些至今仍为人们赞叹不已的精美的古代艺术品和建筑，都是为了满足这种差别性生产关系需要的产物，并且这些产品的精美程度越高，或者是宏伟程度越大，其所代表的社会生产关系差别也越大，当今人类对各种产品质量精美的追求，也同样是这种差别性生产关系需要的产物（人们穿不同品牌的服装、住不同价格的房子等，只是代表人们不同的社会地位，这些不同质量或品牌商品满足的功能却是相同的）。追求在这种不平等关系中的较高地位，成为推动人类社会（文明）进步的基本动力，而文明则不断地根据社会环境的变化来规范这种竞争行为。

作为文明，总是相对于某种标准而言的。文明的发展程度，也是与一定的环境密切相关的，在某种环境条件下先进的文明，在另一种环境条件下却可能成为阻碍社会进步的文明，因此，文明与不文明，都是相对于特定的环境而言的。如一些原始部落社会，在我们这些生活在所谓现代文明社会中的人看来，其文明是非常落后的，但他们那种人与自然和人与人之间和谐相处的文化或生态伦理，却正是现代社会所追求的，是可持续发展所要达到的重要目标，从这个方面看，他们的文明是先进的，而我们的文明是野蛮落后的。所以，从理论上说，不存在绝对先进与落后的文明，只存在相对于一定社会环境下的文明的先进与落后。

显然，作为一定环境产物的文明，会随着环境的变迁而不断变化，文明先进与否，也就是看原来与社会环境相对应的文明，是否能够随着环境的变化而改变，并且是否能够促进社会环境向好的方向发展。那些能够适应环境变迁而进化的文明，也就是先进的文明；那些不能适应环境变化并且阻碍环境向好的方向变迁的文明，则是落后的文明。

（二）文明内容

文明，作为满足人类社会需要的一种产物，从其性质看，包含以下三个方面的内容。一是人类对世界的认识，既包含着人类对自然世界的认识，也包括对人类自身的认识。与这方面内容相对应的，主要有世界观、伦理道德等内容，这些内容是社会文明的灵魂，支配着人类文明的其他方面。二是与世界观和伦理道德相适应的制度安排，如政治制度安排、法律制度安排、经济制度安排等等，这些方面的内容是社会文明的集中体现。三是人类满足自身在各方面需要的能力。人类从事社会经济活动的目的，是为了满足自己在各方面的需要，追求文明的进步就是为了提高满足自身需要的能力。对各项文明的理解或认识，也应该从这三个方面进行。

人类文明或人类社会文明，从需要的角度看，可分为物质文明、精神文明、制度文明与生态文明四种。

物质文明，指一个社会认识物质世界以及相应的满足人民物质需要的能力。由于习惯上将人们对物质世界的认识作为精神文明的内容，因此，物质文明的内容主要体现在满足人们物质需要的制度安排及其能力上面。

精神文明，就是一个社会（占主导地位）的对待自然与自身的认识和态度以及在此基础上满足人民精神需要的能力。一般而论，精神需要包含四个方面的内容：一是满足人们对精神文化享受的需要，其中有相当部分属于社会性的精神文化需要；二是满足人的智力和劳动技能提高的需要，以增加人们获取物质财富的能力；三是满足人类对自然世界和人类社会认识兴趣的需要，尤其是能正确地对待人与自然关系，实现人与自然的和谐相处，满足人类持续生存和发展的需要；四是为了维持社会稳定而产生的行为规范等方面的需要，其中包括社会伦理道德等内容。

制度文明，指一个社会在管理社会，满足人们对制度性产品需要方面所达到的供给水平。制度文明主要由政治文明、法制文明、体制文明等有关社会组织与结构等方面的内容所组成，其中政治文明居于最重要的地位。一个社会在满足人们对制度性产品需要方面能力的高低，成为衡量一个社会制度文明水平的重要标志。而满足社会对制度性产品需要的能力，则在很大程度上取决于一个社会领导集体统治艺术技巧的成熟程度，这也是关系到统治阶级集团整体利益的实现状况和政权运作稳定性的重要基础。

生态文明，就是社会在正确认识人与自然关系基础上，通过一定的制度安排使生态环境满足人类对生态产品需要的持续能力。

在文明体系中，生态文明是基础，物质文明是手段，精神文明是灵魂，制度文明是保证。人类社会的持续进步，要求这四种文明相互促进。

## 二、生态文明

作为文明体系中的基础，生态文明的重要意义是不言而喻的。

### （一）生态文明定义

关于生态文明①，人们之间的认识是不完全相同的。有人认为，生态文明是指人类遵循人、自然、社会和谐发展这一客观规律而取得的物质与精神成果的总和；有人则认为，生态文明是指人与自然、人与人、人与社会和谐共生、良性循环、全面发展、持续繁荣为基本宗旨的文化伦

① 据刘思华考证，在我国最早提出“生态文明”概念的是叶谦吉教授，他在1987年的“全国生态农业问题讨论会”上，提出“大力提倡生态文明建设”，会后接受《中国环境报》记者采访时阐述了“生态文明”的概念，认为：“生态文明是人类既获利于自然，又还利于自然，在改造自然的同时又保护自然，人与自然之间保持着和谐统一的关系。”（刘思华：《刘思华文集》，湖北人民出版社2003年版，第520页）

理形态；有人则将其定义为是人类文明的一种形式等等①。这些定义，虽然从不同角度反映了生态文明的主要内容，但却都带有不同程度的片面性，因为，如上面对文明内容分析中指出的那样，文明的内容，不仅包含人类社会对人与自然关系的认识，即文化伦理等，而且还包含相应的制度安排和人类满足自身在生态需要方面的能力等，所以生态文明的内容也包含这三个方面的内容，由此我们将生态文明定义为："社会在正确认识人与自然关系基础上，通过一定的制度安排使生态环境满足人类对生态产品需要的持续能力。"

人既是物质、精神和社会的，更是生态的，由此也就自然会产生相应的生态需求，所以，社会在客观认识人与自然关系基础上，满足人类这方面需要的能力，也就是该社会的生态文明。

（二）生态文明内容

由于当今人类对生态环境的影响能力已空前强大，因此，生态环境满足人类对其产品需要的程度，不仅取决于生态环境对生态产品的再生产能力，而且取决于人类对生态环境的态度，或者说对生态环境的保护与创新能力，这可能是更为主要的，由此才会出现生态文明这个范畴。因为，"文明"是人类社会的特有范畴，所以，作为文明范畴的"生态文明"，自然也属于人类社会的范畴，它的文明程度也就是人类的文明程度。生态文明的具体内容，包括在人类长期作用下所形成的生态环境现状、生态环境生产和再生产可满足人类需要的生态产品的能力、人类对生态环境的态度和认识程度、人类对生态环境的保护措施和投资力度、生态环境的变化趋势等内容。

从生态文明所包含的人类对自身及其与自然关系的态度的内容看，

① 我国著名生态经济学家和可持续发展经济学家刘思华，对"生态文明"是这样定义的："生态文明是一种超越工业文明的现代文明建设模式。它从'人—社会—自然'复合系统的整体性出发，以人类与其生存生态环境的协同进步与协调发展为价值取向，来建设现代新文明。它必须是，也应该是三大文明建设高度统一与协调发展的，只有这种发展才能促进'生态—经济—社会'复合系统健康运行与可持续发展。"（刘思华：《刘思华文集》，湖北人民出版社2003年版，第525页）

生态文明首先是一种世界观，是人类伦理价值的一个组成部分。它一方面反映人与自然的关系，即人类如何看待和对待自然；另一方面反映人与人之间的关系。笔者曾反复强调，人与自然的关系，是人与人之间关系的映衬，同时在一定程度上，人与自然的关系也在一定程度上决定了人与人之间的关系。当人与自然关系紧张，如一定的自然资源和生态环境承载不了已有的人口数量时，就会产生人与人之间关系的对抗。历史上这种对抗，不仅引起社会内部周期性的剧烈动荡，而且促使一个社会向外扩张，人类历史上参战国家和涉及人口最多的发生在20世纪上半叶的两次世界大战也是因此引起的；当今发生在许多国家之间的冲突与战争等，有许多也是因为人与自然关系紧张，如水资源短缺造成不同国家之间在这上面分配不均所产生的。所以，生态文明不仅仅是人与自然的关系，而且是人与人之间关系的反映。在一个人与人之间关系紧张的社会，是不可能真正建立起人与自然之间关系和谐的生态文明来的。同样，在一个人与自然关系紧张的社会，也是建立不起人与人之间关系和谐的精神文明与制度文明来的。

不同内容的生态文明，反映了人类对自身及其与自然关系认识的不同。以基督教为基础的资本主义生态文明，是建立在人与自然对立，或者说凌驾于自然之上，自然只是被人类利用的对象，与此对应的则是人与人之间的激烈竞争。正是这种生态文明观，导致了资本主义产生以来生态环境的日益恶化，其结果不仅严重阻碍经济的持续发展，而且严重威胁人类自身的生存。与此相反，建立在可持续发展和生态学基础上的生态文明，虽然仍然是以人类为中心，但却不是人类凌驾于自然之上，而是人与自然和谐相处、相互协调、共同发展的一种新型文明。为实现这种文明，不仅要求人类改变对自然的认识，认识到人与其他生物处于同一个生命之网中，其中任何一个网结的破坏，都可能导致整个生命之网的瓦解，因此，人类要实现自己的利益，就必须尊重并且保护其他生命的利益；而且要求改变人类对人与人之间关系的认识，认识到人类不仅是一个整体，而且所有的人都只是地球之舟上的乘客，要驶向并到达理想的彼岸，需要所有人的同舟共济，部分人的不合作甚至破坏，都有可能会导致地球之舟的毁灭，所以，必须建立起“公平、公正和共同参与”的社会新秩序。

生态文明是一种制度安排。这正如物质文明和精神文明都包含有实现这种文明的制度安排一样。如果仅仅有一种观念而没有相应的制度安排生态文明是不可能得到实现的，这正如人类很早就产生了各种不同形式的理想社会，如中国古代的“大同”、“小康”社会，西方古代的“理想国”、“乌托邦”等，但由于没有形成相应的制度安排，因此它们只是一种理想甚至是空想，不能真正成为实际的社会文明。一种文明要得到实现并成为一个社会占主流的伦理价值和意识形态，就必须在制度上得到落实才有可能真正实现。现代或较高级的反映可持续发展和生态学要求的生态文明的制度安排①，包含了各种保护生态环境、满足人类生态需要和实现“人口—经济—社会—生态”协调发展的制度安排，如保护野生动物和生物多样性的法律与制度；保护环境的法律和制度；节约自然资源的法律和制度；满足人类生态需要的法律和制度；协调人与人之间关系，实现公平、公正与共同参与的法律与制度等等。从某种程度上可以说，相对于人们对自身与自然关系的认识来说，人类社会在这方面的实际制度安排更能反映该社会的生态文明程度。虽然说一个社会在某个方面的制度安排，总是建立在该社会对一定事物认识的基础上，因此，“认识”决定了制度安排，但实际上却是制度安排决定或体现了一个社会在这方面占普遍地位的认识。因为，一定的观念要上升到制度安排，必须符合占统治地位集团和阶级的意愿与利益，否则是不可能成为社会主流的伦理价值与意识形态的，这正如上面讲到的各种“理想社会”在这方面的情况一样，它们只是一种社会思潮。只有当一种社会观念在制度上得到体现和实践时，它才会真正成为社会的主流意识形态和伦理价

① 作为一种反映人与自然关系认识的生态文明，对任何社会或任何发展阶段的社会来说，有差别的只是文明程度的高低，而不存在有没有生态文明的问题，即它是一种程度问题，而不是有无的问题。

值。在许多情况下，对相当部分的人来说，一种观念往往是由一定的制度安排强加于他们头上的，这正如新加坡市民良好的环境卫生意识，是由政府所推行的高额罚款等一系列强制性制度安排所形成的，我国企业目前日益增强的环保意识也是由政府所强制推行的环境保护政策的结果等等。所以说，制度安排在生态文明中占有更重要的地位。我国与西方发达国家之间在这方面的差别也反映了这点。

生态文明不仅是一种社会意识和制度安排，而且是一种生态创新和满足社会对生态产品需要的能力。这正如物质文明反映的是一个社会在生产物质产品满足人们物质需要方面的能力，文明程度的大小反映了一个社会在这方面的能力高低一样。但要注意的是，这种满足人类对生态产品需要的能力，并不是人类对自然界的一种单纯的索取，而是一种在协调人与自然关系的过程中，不断地进行生态创新，加强生态环境的资本存量和再生产能力的一个过程。如果是单纯的索取，那么这种能力就只能在极短的时间内存在，一旦生态环境被索取过度而生产力下降，那么不管人类在这方面的索取手段如何强大，其满足人们生态需要的能力都会下降。这正如当海洋渔业资源被过度捕捞时，捕捞能力越大，人类得到的渔业资源（在一个稍长的时期）就越少一样。所以，生态文明的生产能力是一个社会加强生态环境建设的能力，是加强生态环境对生态产品再生产的能力，是促使人类与自然相互促进共同发展的能力。它同时也说明，生态文明不是一种单纯的自然界对人类生态产品的供给能力，而是包含人类有意识地主动地调节和改造自然，使它符合人类长期利益需要的能力。所以说，生态文明不仅包含良好的生态环境意识和制度安排，而且包含人类有较强的协调人与自然关系、满足人类对生态产品需要的能力，实现人类与生态环境相互促进的目标。从这方面看，虽然在一些具有良好生态环境的封闭社会中，人们有良好的生态环境意识和制度安排，并且人们的生态需要得到较大满足，但由于他们只是被动地适应自然，本身缺乏主动协调人与自然关系的手段，因此，这些社会算不上生态文明高度发达的社会，只能算是生态文明良好的社会。

不过要注意的是，协调手段的强弱本身并不代表生态文明程度的高低，这正如当今人类具有历史上最强的协调人与自然关系的手段，但由于我们并没有有效地利用这种手段，甚至利用这种手段来破坏自然，因此使得我们面临有史以来最严峻的生态危机。这说明，生态文明虽然与科学技术的发展水平等因素有密切关系，但科学技术手段和单纯的生产力并不代表生态文明本身，它取决于我们如何利用这种手段，正是在这种意义上，我们说生态意识和生态制度安排，是比手段本身更重要的生态文明内容。所以说，生态意识、生态制度与生态手段的有机统一才真正形成生态文明。

## 三、生态创新

生态创新，是指一个社会通过努力不断改变生态环境状况，使它更符合人类持续发展需要的这么一种过程，或者说是为了满足人类社会持续发展及其产生的对生态产品不断增长的需要，在尊重和认识自然生态规律并建立起人与自然和谐相处的新型关系基础上，通过对现有各种社会关系和技术手段的创新，不断提高生态系统的生态产品生产能力，同时做到人类社会经济发展与生态环境和生态资本相互促进的这么一种过程。

从理论上说，生态创新属于生态文明中一个社会满足人民群众对生态需要满足能力的体现或组成部分，由于这种能力不仅与生态技术有关，而且与制度安排和思想观念等也密切相关，因此，在某种意义上可以说，生态创新也就是生态文明的重塑过程或深化提高过程，从而可以将它视为生态文明本身。从这个角度看，生态创新系统包括人类社会的生态文化创新、生态制度创新、生态组织创新、生态科技创新、生态系统创新、生态产业创新、生态资本创新、生态经济创新、生态社会创新等内容的有机统一。

生态文化创新，是指以生态学思想为基础，以可持续发展为指导，在尊重自然和自然规律的基础上，重新塑造人类社会对人与自然以及人与人之间关系的认识，或者说对原有的建立在人与自然以及人与人之间对立基础上的世界观进行变革，建立起人与自然是地球之舟上相互依存的组成部分，所有人的生存都取决于其是否与他人相互合作、与自然是否和谐相处的思想观念以及相应的社会文化。上面讲到，人的观念是决定生态文明处于什么阶段和向什么方向转变的决定性因素，因而是整个生态文明的基础，所以，生态文化创新是整个生态创新体系的基础。

生态制度是指为满足社会生态需要和可持续发展要求这一目的有关的各种制度安排，如保护野生动植物、减少大气与水污染、清洁生产的法律、制度（包括激励机制等）和各种社会规范等等。因此，生态制度创新，也就是将生态学和可持续发展的原理与要求相结合并渗透到一切与人类生态需要满足和可持续发展有关的制度和文化中，或者说一切与生态学和可持续发展要求不相符合的制度都必须进行改革，以符合生态学原理和可持续发展的要求。生态制度创新是生态创新中最核心的内容，是生态创新能否实现的根本保证。这是因为，人的行为，尤其是市场经济条件下人的具体行为，是由一定的制度安排决定的，一种保护生态环境的制度安排，会使人们的行为符合生态经济的要求；而一种与生态经济要求不相符合的制度安排，则会使一些具有良好生态理性认识的人们的实际行动违反生态经济的要求。

生态组织是指与生产生态产品和生态环境保护等有关的各种组织，如企业、科研教育机构、生态管理部门等。生态组织创新，也就是这些组织为加强生态创新，提高社会对生态产品的生产能力等而进行的组织结构、组织文化、管理方式等方面的创新活动。

生态科技创新，是指生态科学与生态技术创新的统一。生态科学就是人类对生态环境、生物、动物等对象和本质及其联系等一系列具有规律性的新认识和新发现。生态科学创新，就是人类通过探索而不断加深对自然生态规律的认识，从而不断更新已有科学知识的过程。从理论上讲，生态技术就是生态科学在生态经济中的具体运用，因此，生态技术创新，也就是不断地将生态科学创新的内容运用到整个社会再生产的实践过程。不过，根据现有技术创新的内容和定义，技术创新不仅是新的科学知识的运用，它还包括生产经营系统和组织的创新、开辟新市场、推出新产品、进行金融创新等方面的内容，因此，它是一种比单纯地将生态科学创新的内容运用到社会再生产中更为复杂的过程。生态科技创新，则是生态科学创新与生态技术创新的有机统一。生态科技创新，是保证生态创新目标实现的手段，同时还是实现生态文化创新和生态制度创新的重要基础。因为，只有对生态系统和自然规律的认识得到加深，人们对人与自然之间关系的认识才会更加正确，从而建立起正确的世界观；只有在生态技术方面取得较大进展，相应的制度安排才可能出现并且得到较有效地执行，所以说，生态科技创新是保证生态创新实现的主要手段。

生态系统（指相对狭义的生态系统，即自然界）创新，就是以生态学原理为指导，以生态科技创新为手段，对生态系统进行改造，使它向更加健康、与人的关系更加协调、生产力更高的方向运动，以满足可持续发展和人类对不断增加的生态产品的需要。之所以要进行生态系统创新，是因为单纯的自然生产过程满足不了人类日益增长的生态产品需要。实际上，人类进入文明社会以来就在不断地进行生态系统创新，农业与畜牧业的革命与进化是这方面创新的典型代表。不过要特别注意的是，生态系统创新，虽然可以满足人类在一定时间内增长的生态需要，但它对生态环境从而人类社会到底会产生什么样的影响，却是人类现有的知识所难以预测的。

生态产业，在我国往往被定义为环保产业，主要指环保科技的开发、环保设备的生产、制造，以及利用这种设备与技术进行环境污染控制、处理与服务的产业总称。这种定义显然是极其狭隘的。从理论上说，生态产业也就是一切与生产生态产品与生态环境和自然资源保护（它们的本质实际上也是服务于生态产品生产的）有关的一切生产活动。它包括生产各种狭义的生态产品产业部门（如植树造林部门、旅游服务部门等)、从事环境保护的部门(如环境保护科研与生产部门)等等。生态产业创新,也就是所有这些生态产业部门向更加符合生态学和生态经济要求,向提高生态产品生产效率方向运动的过程。生态产业创新的内容,不仅包括生态产业部门中各种技术的创新,而且同样包括生态生产观念、制度等各方面内容的创新,是一切有关生态产品生产与生态环境保护等有关内容向加强人与自然和谐相处和提高生态系统生产能力方向转变和深化过程的统一。

虽然资本作为一种价值形态,从理论上讲,它只具有量的大小而不会有质的变化,但由于一定的生态资本是与一定的生态财富或生态要素结合在一起的,而生态财富或生态要素是有质的特征的,因此,从这种意义上说,生态资本也具有一定的质的特征。这正如经济资本由于对应于不同技术水平的生产资料时具有不同质的特征,从而具有不同的生产与盈利能力一样。所以,要提高一个社会在生态产品上的生产能力,就必须不断地改进其拥有的生态资本的质量和组织,这也就是生态资本的创新过程。具体讲,生态资本创新,就是通过引进新的生态科技、新的生态产品(应注意的是,生态资本首先是由一定的生态产品或生态产品价值转化而来的)的组织方式、新的生态观念、新的生态制度等,在加强生态资本积累的同时,不断提升它的质量和在生态生产过程中资源配置的效率,以达到改善生态环境(这也同时就是生态资本积累的过程)和提高生态产品生产能力的目的。

生态经济,狭义看也就是生态产业的活动,广义看则是整个国民经济的生态化过程,即通过生态文明的创新,使整个社会再生产过程都符合生态学和生态经济的要求,以实现可持续发展的要求。这里的生态经济创新就是这种广义上的生态经济创新。具体地说,生态经济创新,就是用生态学原理和生态经济及可持续发展的要求,对整个国民经济进行改造,不断提高整个国民经济的绿色程度和资源配置效率,以保证人类三种需要之间的均衡增长,实现人类的最大经济福利。同生态产业创新一样,生态经济创新也是一个与生态经济有关的文化观念、制度、技术等方面创新内容的统一过程。从经济学的角度看，上面所有的创新内容及其效果，都要体现或归结到生态经济创新中来，只有在生态经济上达到目标，这些创新，如生态文化创新、生态制度创新、生态科技创新、生态产业创新、生态资本创新等才算取得了效果；否则，这些创新将没有任何的实际意义，在实践中也难以得到有效执行。

生态社会创新，是指将生态观念、生态经济思想、可持续发展要求等思想和文化引进并渗透到整个的人类社会组织和一切活动中，不断地改变社会组织和文化，使其不断地向符合生态学和可持续发展要求的方向变动，实现人与自然、人与人和谐相处的目标，以实现人类的最大福利目标的这么一种过程。从理论上讲，生态社会创新是生态创新的最高层次。正如生态经济创新前面的所有创新都要归结到生态经济创新中来一样，生态社会创新前面的所有创新也都要归结到生态社会创新中来，并以生态社会创新的效果来衡量其他各种方面的生态创新。只有实现了生态社会创新，其他各种方面的生态创新才算得到实现并且有保证。如只有实现了人类社会中人与人之间在各方面的平等，人与自然和谐相处的平等关系才能真正确立，从而生态制度、生态组织、生态经济、生态文化等方面的创新才能真正实现。所以，加强生态社会创新，是实现生态创新的最主要内容。

由于各种创新都是生态创新系统中的有机组成部分，因此，它们之间存在着相当程度的相互重叠部分，也正因为如此，要实现生态创新的目标，就必须对其中的各个部分进行有机地协调，使它们之间相互适应，否则，将会因为系统的失衡而使整个的生态创新目标不能正常实现①。

生态创新的本质，是要不断地改变原有生态系统的平衡状况，以提高其生产力来满足人类持续发展对它的需要。这是因为平衡系统的生产力对人类的需要来说是很低的，而人类对生态产品的需求却是随着经济的发展而不断增长的，平衡系统的生态环境显然不能满足这种需求，所

① 这些概念及其解释引自柳杨青：《生态需要的经济学分析》一书（中国财政经济出版社2004年版，第239—245页），本人参与了该书的构思等。

以，为了满足人类不断增长的需求，就必须对生态系统进行创新。自然，这种创新是要推动生态环境不断进化，使它在动态过程中实现一种相对的稳定。人们知道，从生态系统产生以来它就不是平衡的，而是在不断地发生改变，并在这种改变中不断地进化的，人类自身也是这种进化的产物。近几百年来，人类对生态环境的影响日益明显，并且基本上使生态环境朝退化的方向发展，如生态环境质量近几百年来一直在不断恶化，人类在得到更多物质产品的同时，却面临着有史以来最严峻的生态危机，生态创新就是要改变这种状况，以使人类得到数量不断增加和质量不断改善的生态产品的同时，保证生态环境向进化的方向运动，使生命支持系统不断加强和完善，以实现人类持续发展的目标。我们知道，作为一个物种来说，人类的最大福利就是种族的繁衍和发展，而这依赖于生态系统的状况，依赖于其他物种的生存和发展状况，所以，要实现人类的最大福利，就必须不断地对生态系统进行创新，使它更符合人类的利益需要。这说明，生态创新的核心内容，就是要彻底改变传统上人与自然的对抗关系，建立人与自然和谐相处的新型关系和相应的伦理价值，使环境支持系统或生命支持系统不断向良性的方向发展，实现人类社会的最大福利。

上面讲到，虽然从特定的经济角度看，生态环境是作为可持续发展系统的一个组成部分存在的，但在实质上作为人类社会特有的可持续发展系统则是它的一个组成部分。作为既是可持续发展系统组成部分又是其载体的生态环境系统来说，其状况和变化对可持续经济发展起着决定性的作用。生态创新的内容，就是要保证生态系统能够支撑经济的可持续发展，其中最主要的是能够容纳并净化人类社会向生态系统排放的各种废弃物，保证生命支持系统不发生退化，从而在保证人类永续生存的同时，又满足可持续经济发展对各种生态资源和自然资源的需求，以满足人类不断增长的经济福利要求。所以，生态创新是可持续经济发展的物质基础和生存保证。

## 第二节 可持续经济发展

本论丛的一个重要目标，就是探索可持续发展①的实现之路，因此，确定可持续发展与可持续经济发展的内涵也就十分必要。从某种意义上说，生态文明指导下的绿色和谐经济建设，就是可持续经济发展建设。

### 一、可持续经济发展

可持续经济发展或可持续发展经济是可持续发展的一个方面，从理论上说，可持续经济发展概念应该与可持续发展概念保持逻辑上的一致，所以，这里将“可持续经济发展”定义为：在一定资源基础上取得尽可能多的当代人经济福利的同时，能保证后代人所得到的经济福利不小于当代人所享受的经济福利水平；或者是在一定资源基础上，取得尽可能大的当前收入，并能保证以后的收入不减少且能持续增长②。从纯经济的意义上看，它应该是在资源、环境持续利用的基础上达到国内生产净值的最大化，同时人类社会福利应随着时间推移不断增长，至少能做到下一代同前一代持平。在这里，可持续经济发展不仅应该是生态代价和社会成本最低的经济，而且其发展的限度不能超过自然和环境的更新能力，

① 在我国，“可持续发展”这个概念被滥用，几乎所有领域和事物被都冠之于“可持续发展”，然而，“可持续发展”本质上却是个宏观范畴，甚至是个全球范畴，部门、（小）区域、企业等，是不适宜使用“可持续发展”概念的。部门或企业等，只能使用“持续性增长”这个概念。

② 在我国比较早的由刘思华教授主编的《可持续发展经济学》（湖北人民出版社 1997 年版，第 18 页）一书中，将可持续经济发展或可持续发展经济定义为：可持续发展经济，应该是经济发展的生态代价与社会成本最低的经济。它由两个关键部分构成：一是资源环境持续利用达到国民生产净值的最大化；二是人类社会福利应随着时间转移不断增长，至少能做到下一代同前一代持平。

即它的发展是在保证资源和环境的可持续性基础上实现的。

可持续经济发展虽然是可持续发展系统中的一个子系统，但可持续发展的内涵却同样全部体现在可持续经济发展方面，即可持续经济发展决不仅仅限于经济的持续增长，它同样包括了可持续发展的全部内容。这是因为，当观察的对象由可持续发展转变为可持续经济发展时，原来作为可持续发展系统的各子系统，在系统性的作用下必然会影响可持续经济发展的内容，因此变成可持续经济发展系统中的内生因素，如生态环境等，或者是作为既定的外生变量，如伦理道德、制度等等而存在，所以，可持续发展的内涵必然会全部体现在可持续经济发展上面。这意味着，可持续经济发展并不仅仅是经济总量上的持续增长和经济结构与质量的变化，它同样是社会文化、制度、需要等方面内容的变化。这也是可持续经济发展不同于传统经济发展的重大区别之一。这说明，虽然可持续经济发展包含了资源、环境、人口和社会，即它的内容几乎与可持续发展的内容一样，因此，从形式上看，它似乎不像是可持续发展系统中的一个组成部分，倒像它本身就是可持续发展系统一样，但这是看问题角度不同而形成的现象。

由于可持续经济发展的重要特点之一，就是强调经济的持续增长，因此，经济的持续增长是可持续经济发展的最主要目标。虽然从理论上看，尤其是从资源供给与经济增长的关系方面看，在长期中如果将经济增长理解为产品量的增长的话（这是西方主流经济学对经济增长的理解），那么受资源约束，将是不可能做到的；但如果将经济增长理解为一定生产关系基础上的以货币量表示的经济增长，则是有可能实现的。因为，在这种基础上，一个社会可以通过提高产品的附加值，同时将生产重心转向精神产品与生态产品，而不是通过增加物质产品的数量来实现，那么这种持续增长就有可能实现。所以，只要人口的数量得到有效控制，同时将社会的消费重心由传统的物质产品转向精神、生态与社会产品，那么以货币量表示的经济持续增长目标是可以实现的。显然，这意味着人类生产与消费重心的转移。20 世纪后期出现的知识经济和生态运动，是这种转换的明显标志。

## 二、可持续经济发展与经济发展的关系

可持续经济发展显然包含经济发展的内容，但两者之间的区别却又是十分明显的。

1. 可持续经济发展是在资源和环境限定，在不破坏它们持续利用基础上的发展；而经济发展则没有这种限制。

2. 可持续经济发展强调代际之间的平等，当代人的福利不能以牺牲后代人福利的方式来实现，或者说当前的经济发展不能以破坏经济的持续发展为代价；而传统的经济发展则没有这种限制。所以，经济发展并不一定会产生经济的可持续发展，可持续经济发展条件下的发展则能保证这种发展的实现。

3. 由于可持续经济发展强调代际之间的利益平衡和自然资源与生态环境的持续利用，因此，它包含了社会生产方式和生活方式的变革，包含了人类在经济发展过程中对人与自然关系认识及态度的改变，它是将人类作为生态系统中的一个成员来看待，强调人与自然的协调和谐，以人的持续生存和发展作为经济发展的最大福利目标；而经济发展则将人看做是自然界的对立面，将征服自然，创造尽可能多的物质财富作为目标，其结果将使人类处于非常危险的境地。

4. 可持续经济发展包含了社会制度、经济体制、社会文化等方面变革的内容，它不将任何一种制度看做是永恒不变的，它本身在某种程度上就是新制度即将产生或正在产生的产物，因此，它是一种促进社会不断进步和变革的力量；传统的经济发展，虽然也包含一定程度的制度变革，但它却是在传统资本主义社会内部的变革，或者说它是将已有的社会制度作为一种永恒不变的体制，经济发展只是完善这种体制，所以，从本质上讲，经济发展只是维护已有的社会经济制度，而不是像可持续经济发展那样促进社会制度间的变革和转换。这一点，从以促进经济发

展为目标的发展经济学可得到充分证明。这种区别，说明可持续经济发展同可持续发展一样，不仅包含了经济制度等方面的内容，而且包含了社会哲学、伦理道德、自然资源、生态环境、人口和社会制度及其变革等方面的内容，从而可持续经济发展的内容要比经济发展的内容更广泛和深刻。

要指出的是，可持续经济发展概念虽然得到社会的普遍接受，但它却不像经济发展概念那样在逻辑上清晰和在实践中容易把握，它存在许多问题。如自然的涵容能力究竟由哪些因素决定？这些因素是怎样随时间和空间而变化的？如何理解公平的内涵？如何对资源进行定义和测量等等目前尚没有在理论和实践中得到解决的问题，这使得可持续经济发展量度不像经济发展量度那样容易。

从以上内容可以看到，可持续经济发展作为对传统经济发展的扬弃，它既包括了经济发展的一些主要内容，如经济总量的增长及质量改进等，但也舍弃了其中一些可能会导致生态环境破坏和资源耗竭、分配不公等会破坏经济持续发展的内容，或者说对这种经济发展施加了许多限制条件，同时将自然资源、生态环境、社会经济制度及其变革等内容包含进了经济发展过程中，所以，它拓展和丰富了经济发展的内容。由于传统经济发展忽视了对自然资源和生态环境的保护，同时不注意社会制度等因素对经济发展的作用，因此，经济发展并不一定会导致经济的可持续发展，但可持续经济发展则一定要建立在经济发展或经济增长的基础上。

## 第三节　生态经济

可持续经济发展的一个重要基础或手段，就是生态经济的实施。没有生态经济做基础，可持续发展就是一种幻想。这是因为，可持续发展思想的提出，就是缘于资源和环境承载不了传统发展方式重负，所以，只有实施生态经济，才有可能保证经济可持续发展。

## 一、生态经济内涵

一般地说，生态经济[①]就是整个国民经济的生态化。所谓国民经济的生态化，是指以生态学和经济学基本原理来共同组织整个经济活动，以达到最优的资源配置。这也就是说，作为一项经济活动，在满足生态学基本原理的同时，还必须满足经济学的基本要求，即收益必须大于或等于成本，以取得最优的生态经济效益[②]。

与传统经济不同的是，生态经济中的收益与成本，不仅包括传统经济意义上的通过市场交易体现的成本与收益，而且还包括目前还未体现在市场交易中的生态成本与生态收益等，通俗地说，也就是必须把一些影响到人类持续福利的外部影响包含在内，以核算整个活动的成本与收益，实现人类社会的最大幸福[③]。

既然生态环境作为内生变量进入经济系统，并且以生态学的眼光来

---

① "百度百科"中对"生态经济"，有这样几种定义："指在生态系统承载能力范围内，运用生态经济学原理和系统工程方法改变生产和消费方式，挖掘一切可以利用的资源潜力，发展一些经济发达、生态高效的产业，建设体制合理、社会和谐的文化以及生态健康、景观适宜的环境。""生态经济是实现经济腾飞与环境保护、物质文明与精神文明、自然生态与人类生态的高度统一和可持续发展的经济。""生态经济，'社会—经济—自然'复合生态系统，既包括物质代谢关系、能量转换关系及信息反馈关系，又包括结构、功能和过程的关系，具有生产、生活、供给、接纳、控制和缓冲功能。"

② 在我国的生态经济学中，将生态经济系统理解为经济系统与生态系统的统一或复合，这也就意味着，他们认为传统经济学中的经济系统是不包含生态系统的。这种理解显然是不客观的。传统经济学中的经济系统，并非不包含生态系统，只是在考察经济活动时，将生态系统作为一个外生因素对待，正如其曾经将科学技术、社会分工等作为外生因素对待一样，只不过受方法的限制等，没有完全考虑生态环境在经济增长和社会福利中的作用，而只是将它们统称为"外部性"，由此说明，传统经济学中是包含生态系统的。在这方面，生态经济学与传统经济学之间的区别，只是看问题角度的不同，在传统经济学中被认为是外生因素的生态系统，在生态经济学中则变成了内生因素，同时生态环境的边界也更大；最主要的是，它是带着生态学的眼光来看待整个经济活动的，由此得到的结论自然也就不同于传统经济学。

③ 在福利经济学中，福利与幸福往往是等同的。

看待经济活动，那么生态环境也就像其他要素一样具有经济价值①。这是因为，人作为生态环境的一个组成部分，其生存和福利状况等都依赖于生态环境的好坏，如从生态学的角度看，人只是整个食物链中的一个环节，其生存和发展都取决于整个食物链的完整状态；人的精神状态及其满足程度，也取决于生态环境的完好程度及其提供的美感等，同时我们知道，生态环境与传统上的各种经济性资源是具有替代性的，所以说，无论从哪个方面看，生态环境都具有经济价值。

生态环境的价值，通过两种方式来体现：一是作为生产要素进入生产系统，其价值通过生态资本形式得到反映；二是作为满足人类物质与精神文化需求的消费品进入经济系统，其价值通过生态消费得到反映。

## 二、生态资本

生态资本，也就是存在于自然界可用于人类经济社会的自然资产。不过要注意的是，虽然生态资本是自然资产，但不能完全将其理解为“自然的恩赐”，这是因为在当今的生态资本中，包含着许多人类劳动和投资的产物，即当今的生态资本有相当部分是人造资产或人造资本与自然资本结合的产物，如当今各国都将相当部分的支出用于环境的恢复和保护、植被的重建等。

从资本的性质看，生态资本也就是通过生态环境自我活动和在人类合作下的活动而能生产出满足人类需要的各种产品的能力或价值量。这意味着，一个社会生态资本的价值量，可通过它为整个社会再生产出的各种能满足人类福利的生态自然产品的数量和质量的高低来决定。

---

① 所谓价值，就是能给人或人类带来利益的一切东西。就价值理论来说，可分为反映个人（包括阶级和集团等个体）利益的个别价值理论与反映整个社会利益的社会价值理论，传统的价值理论都属于前者。个别价值理论的作用，是反映人们之间的相对利益关系，因此，价值就是那些能给人们带来特殊利益的一切来源。社会价值理论的作用，是反映整个社会作为一个整个的利益关系，因此，一切能给整个社会带来利益的来源都有价值。生态经济的价值理论，是以后者为基础的。

生态资本主要由以下四个部分组成：一是能够直接进入当前社会生产与再生产过程的资源环境，即自然资源的总量（可更新的和不可更新的所有自然资源总量）和环境消纳并转化废物的能力；二是自然资源（及环境）的质量变化和再生量变化，即生态潜力；三是生态环境质量，它主要指生态系统的水环境质量、大气环境质量等各种生态因子为人类生命和社会生产消费所必需的环境资源；四是生态系统作为一个整体的使用价值，这是呈现出来的各环境要素的总体状态对人类社会生存与发展的有用性，如美丽的风景及向人们提供的美感、娱乐休息、满足人类精神文明和道德需求等生态服务功能。生态资本的这四个组成部分，是相互依存和互为制约的。如自然资源的总量和质量，决定着生态资源的再生产潜力；资源的再生产潜力同时决定着生态环境消纳并转化废物的能力；这种能力反过来也决定了生态环境的质量；它们之间的有机统一，决定了生态系统对人类的总体使用价值；该使用价值的大小，则决定了人类对生态环境的态度和投资的大小，从而反过来决定了其他三个方面的内容。

生态环境或生态资本，由传统经济学研究中的外生变量转化为内生变量，是生态环境在社会经济系统中作用不断提高的结果。从生态经济再生产理论知道，不管社会经济形态关系如何，任何社会生产与再生产所需要的物质和能量，无一不是直接或间接来源于生态环境系统，所以，社会经济系统的物质财富和人力财富最终都是来源于自然生态财富。在商品经济条件下，社会生产与再生产，是人类经济活动将自然物质变换成适应人类需要的经济物质，这既是物质财富不断形成和增加的自然过程，又是价值不断形成和增殖的社会过程，是人类经济活动把生态资本变换成物质资本进而（通过消费）形成人力资本或知识资本的过程，这个过程，决定了生态环境和生态资本必然是社会经济过程中的内生变量，是社会资本的形式之一。

一个社会的生态资本与物质资本和知识资本[①]的结合，也就是该社会的资本总量。由于一个社会的未来收入是由该社会现有的资本存量决定的（所谓资本，就是能带来未来收益的价值），因此，社会资本总量的大小也就决定了该社会今后持续收入的大小，其积累量或积累速度则决定着今后一般时期该收入的变化或增长速度，从而决定着该社会经济可持续发展的能力。

从三种资本都是经济可持续发展系统的组成部分来讲，它们之间存

① 关于“知识资本”的确切内容和范围，至今仍然没有一个公认的答案。如最先提出知识资本概念的加尔布雷思认为，知识资本是一种知识性的活动，是一种动态的资本，而非固定的资本形式。斯图尔特认为，知识资本是企业组织和国家最有价值的资产，以潜在的方式存在，体现在员工的技能和知识、顾客忠诚及企业的组织、文化、制度和动作所包含的集体知识中。埃德文森和沙利文认为，知识资本是企业市场价值和账面价值之间的差距，是企业物质资本和非物质资本的合成。斯维比等研究者则认为，知识资本是企业和组织的一种以相对无限的知识为基础的无形资产，是企业的核心竞争能力，但不包括有形资产部分。从这些内容知道，西方学者对知识资本的内容，主要是从企业的角度去认识的。知识资本也就是人力资本加上企业的无形资产。在我国一些经济学家眼中和舆论中的知识资本，则主要是个人拥有的各种专业知识，如有人提出，在知识经济中，是知识要素成为其他各要素的雇佣者，作为这种性质的知识资本，显然只能是个人性质的；同时作为一种要素来说，它只能是归个人所有，所以，知识资本必然是个人性质的。笔者认为，不同主体的知识资本内容是不相同的。在社会生产中，个人是作为生产要素被纳入到企业的生产体系的，而企业生产又只是社会生产的一部分，即前者都只是后者的构成要素，所以后者的内容必然会包含前者的全部内容，即它们是小逻辑与大逻辑，或小范畴与大范畴的关系。对个人来说，知识资本也就是人力资本与能为个人带来利益的归个人所有的已编码或被外化的各种知识。对企业来说，知识资本则不仅包括企业内部的人力资本总和，而且包括由于人力资本之间的组合及其与其他要素组合所产生的各种知识性企业协作资本，如归企业所有的专有技术（保密的和公开但受法律保护的专利技术等）、管理诀窍、组织结构、制度规范、组织文化、生产能力、技术创新能力、市场开拓能力、企业财务状况、企业的信誉、商标、员工的知识和忠诚、顾客对企业的认同感、经营关系、市场营销方式等各种能影响企业协作力的因素，从价值或资本方面看，它就是企业的市场价值与财务资本之间的差额。从整个社会看，知识资本就是所有企业知识资本的总和（从整个社会看，超过个人人力资本的归个人所有的各种已编码的知识资本已包含在整个社会的企业资本中），再加上各企业和个人在知识再生产过程中产生的外溢性的那部分知识，即一般知识所形成的社会性知识资本，再加上一个社会长期积累的社会性的那部分知识资本，如一个社会的平均文明程度、长期积累的基础性知识、文化传统、宗教、法制的完善程度、历史形成的人们之间的关系或处理各种关系的方式、民族性格、对待自然的态度和方式、民族凝聚力、适应外界变化的能力等各种决定一个社会经济发展的知识性能力所形成的无形资本。一个社会知识资本的大小及其增殖能力，决定着一个社会经济的可持续发展。这种资本具有极强的遗传能力，它不像物质资本那样容易受到战争和各种自然灾害的破坏而损毁。如果要给知识资本下定义，可将其理解为经济主体拥有的人力资本与那些能给其带来利益的各种知识及其产品。

在着一定的转换关系，如通过大量使用生态资本可节约物质资本的使用，或者通过再分配将生态资本应补偿的价值转化为物质资本的积累或知识资本的积累；在再生产过程中，生态资本的利用，如各种自然资源的利用可转化为物质资本的积累，或者人们直接消费生态资本，如到以生态资本为主的地区的旅游、疗养等，生态资本也可直接转化为人力资本或知识资本。同样，在再生产过程中以物质资本和知识资本（包括人力资本）来替代生态资本，可减少生态资本的耗费；对生态环境的保护和再生产过程中，物质资本和知识资本可以直接转化为生态资本。在实际过程中，通过社会生产力的组合效应和合理的社会分配，三种资本是可以共同增长的，这正是经济可持续发展和和谐社会的要求。自然，在实际过程中也可以出现三种资本之间非均衡的运动。如我国三种资本之间的关系，长期以来一直呈现物质资本与知识资本增长，而生态资本不断下降的情况，这种情况已成为严重阻碍我国经济可持续发展的瓶颈因素。

如果不考虑三种资本之间质的区别，从价值形态看，似乎只要一个社会的总资本量不断增长，就能保证一个社会经济可持续发展目标的实现，但实际情况却并非如此。如果三种资本之间的比例不协调，就可能出现这种结果。如一个社会积累了大量的物质资本，但缺少必要的人力资本和知识资本，这些物质资本就得不到有效利用，积累了的物质资本就很可能在再生产过程中被浪费或耗费掉，经济的可持续发展就不可能实现。如果在社会总资本大量增加，物质资本与知识资本之间的比例也保持协调，但生态资本的总量降低到某一程度时，其仍然不可能实现经济的可持续发展，这正如当前我们积累了空前的物质资本与知识资本，人们也享受到了前所未有的经济福利，但经济可持续发展所受到的威胁和人类面临的生存和发展危机也是前所未有的一样，正是在这种矛盾面前，可持续发展思想才被提出并被人们普遍接受，如果没有这种矛盾，也就不会产生被世界普遍接受的可持续发展思想潮流。之所以会出现这种情况，是因为人们发现，三类资本之间的替代性是受到很大限制的，或者讲它只能在一定的范围内有效，超过该范围，不同资本之间的替代，尤其是物质资本和知识资本与生态资本之间的替代是有严格限制的。这是因为生态环境的不可逆性是普遍存在的，许多自然资源的开发利用都具有不可逆性，难以被人造资本替代，如一种物种消失，以再多的人造资本都弥补不了其损失。所以说，生态资本的非减性或增殖性，是人类持续生存和经济可持续发展的基本条件。只有在这个基础上，社会总资本的增加才能推进经济的可持续发展。

人们知道，在自然环境没有价值的思想指导下，为了取得更多的经济利益，人类长期以来一直采用以牺牲生态财富来换取经济财富的做法，结果虽然使人类的物质财富和物质享受达到空前的程度，但却导致了严重的生态危机，并且使传统的经济增长方式难以持续下去，迫使人类不得不改变生产方式和消费方式，即由原来的以牺牲生态环境来推动经济增长和消费增长的做法，转为当今的以保护生态环境、节约自然资源的做法来推动经济增长，在此过程中，甚至可以牺牲或降低部分经济增长和物质消费的做法来保护生态环境，以实现生态可持续性、经济可持续性、社会可持续性之间相互适应与协调发展的目标，从而取得人类社会的最大福利。

## 三、生态需要

生态环境价值得到体现的第二个方面，就是它对人类消费的满足功能。我们将人类对生态产品的需要，定义为生态需要。

### （一）生态需要内涵

生态需要[①]就是人类为了获得包括持续生存和满足发展需要等方面内容在内的最大福利而产生的对生态产品的需要。

---

① 生态需要这个概念，在我国最早是由刘思华教授1984年首先提出的，其后曾反复对该概念的内涵进行分析。但对该范畴进行系统分析的是其博士研究生——浙江工商大学的柳杨青在《生态需要的经济学分析》一书中进行的；本人曾参与该书的设计和研究。本部分的内容主要来自该书。

生态需要有狭义与广义之分。广义的生态需要，包括人类为满足自身生存和发展的一切需要。这是因为人作为物质、精神、社会与生态（狭义）四位一体的生态系统，四种需要都是维持人这个生态系统必不可少的有机组成部分，所以都属于生态需要的范畴。生态需要的本质，就是维系人的内在平衡及其与生存环境之间的稳定生态关系，保证人类的持续生存和实现人类的最大福利。狭义的生态需要，则是除物质需要、精神需要和社会需要外的那部分生态需要。由于这里将生态需要作为与物质需要、精神需要与社会需要并列的一种需要，因此其性质是狭义的。

如同任何需要都是通过对特定产品的消费实现的一样，生态需要同样是通过对生态产品的消费实现的。生态产品不仅包括那些可见和我们能够直接感觉到的由自然界自然生产的产品，如空气、水、自然景观、生活和生产中的空间大小等，而且还包括许多无形和我们不能直接感觉的生态产品，有些内容很可能只有我们的灵魂才能感觉到，如对构成完整生态系统或生命之网的依赖等。人是自然的产物，人的灵魂源于自然，因此，只有在自然中才能得到真正的安宁与幸福。人类灵魂归宿的自然条件的任何骚动，轻则会引起人类灵魂的不安，重则会导致人类的毁灭，所以要实现人的幸福，就一定要维持人生存的生态系统的完好性。这正如马克思所说的："从理论领域来说，植物、动物、石头、光等等，一方面作为自然科学的对象，一方面作为艺术的对象，都是人的意识的一部分，是人的精神的无机界，是人必须事先进行加工以便享用和消化的精神食粮；同样，从实践领域说来，这些东西也是人的生活和人的活动的一部分。人在肉体上只有靠这些自然产品才能生活，不管这些产品是以食物、燃料、衣着的形式还是以住房等等的形式表现出来。在实践上，人的普遍性正是表现为这样的普遍性，它把整个自然界——首先作为人的直接的生活资料，其次作为人的生命活动的对象（材料）和工具——变成人的无机的身体。自然界，就它本身不是人的身体而言，是人的无机的身体。人靠自然界生活。这就是说，自然界是人为了不致死亡而必须与之处于持续不断的交互作用过程的、人的身体。所谓人的肉体生活和精神生活同自然界相联系，不外是说自然界同自身相联系，因为人的自然界的一部分。”①就充分说明了生态需要不仅是对满足人类维持基本生理需要的各种生态产品的需要，而且包括对维持人这个生态系统保持完好状态并且能够持续生存的各种生态产品的需要。

如同人类在物质需要和精神需要方面的情况一样，生态需要不仅指由人的生态性所产生的自然性生态需要，而且包括后天发展起来的各种社会性生态需要，这也是人与动物之间的最大区别之一。随着社会的进步，社会性生态需要的比重会不断上升。

自然性生态需要的内容，主要有对洁净水和空气的需要、对良好的自然和社会景观的需要、对优美的生活与工作场所环境（包括宁静）的需要、对一定量居住、工作及休闲活动空间的需要、对保证人类持续生存所需的生物多样性和生态平衡（包括稳定的大气和气候环境等各种保持生态稳定的内容）的需要等等。社会性生态需要的内容，主要是人际关系本身以及维系并决定人们之间相互关系的宗教、家庭、亲友、文化制度等一系列社会性因素。这两种需要之间是相互联系的。因为，人与人之间的关系与人与自然的关系是相互影响和决定的。这正如上一章中讲到的，在“小国寡民”社会，人们之间的依存关系非常紧密，因此，无论是产品的分配还是人与人之间的关系也较公平，同时受地理区域的严格限制，必然会产生人与自然关系的紧密和和谐相处。进入资本主义社会后，人与人之间的关系松散，竞争造成的生产关系差别巨大，这种关系必然使人与自然处于对立的状态中。这种关系说明，要使人的生态需要得到满足，不仅需要提供良好的自然生态产品，而且必须提供良好的社会性生态产品，即必须不断地完善社会生产关系。可持续发展理论中提出或倡导的公平和共同参与思想，是这方面内容的部分反映。由于本书将这些社会性生态需要的内容作为社会需要对待，因此，本书生态需要的范围仅仅局限于生理性生态需要。

① 马克思：《1844年经济学哲学手稿》，人民出版社2000年版，第56—57页。

我们知道，生态需要是最近才被重视的，原因在于以前的生态环境比较良好，达到一定质量的生态产品供应相对丰裕；同时在人的三种需求中，生态需要既是最基本，但却又是较高层次的需求，在维持生存的物质需求没有得到满足时，这种需求的重要性是显示不出来或不被人们所特别重视的。因为，虽然种族的繁衍是人类的最大福利，生态需求的满足是实现这种目标的重要或最基本的条件，但种族的繁衍是以人的眼前生存为条件的，在人类的繁衍中，眼前的生存价值要大于未来价值，在特定的条件下，为了维持眼前的生存，人类有时会以破坏自己生存基础的方式来使其实现。如果人类连目前的生存都维持不了，奢谈种族的繁衍是没有什么价值的。正由于此，一些生态环境恶劣地区的人们，才会以破坏自己生存基础或生态环境的做法来维持一时之生存，这也是人类实现自己最大利益的做法。自然，这种做法只有在人类没有其他方法能够维持自己生存时，才是合理的。当生产力超过人类维持基本生存需要而采取这种做法时，人类从中得到的福利就很可能弥补不了损失，此行为就可能是慢性自杀。在基本生存需求得到满足后，人类必然会对生态需求的实现或满足产生强烈的愿望。

人是物质、精神与生态的统一体，使得这三个方面的需要就像鼎立的三足一样，缺少任何一方面需要的满足，都会导致鼎的倾斜或坍塌。人类从事社会再生产，是为了满足和提高自己的福利，而福利是否得到满足和提高，不仅在于这三个方面的需要是否得到满足，也不仅在于得到多少具体的物质与精神文化产品，而且在于它们之间是否平衡，如果不平衡，即使其中的某种或某两种需要得到满足和提高，人类的福利却可能受损。因为，当人类的基本生存需求得到基本满足后，随着某类产品数量的增长，其边际效用是不断下降的，总效用的增加不仅远远慢于所消费的产品数量的增长，而且有可能是不增加甚至减少的，而那些需要却未得到，或者得不到满足的产品的效用却是很大的，随着它们之间满足程度差距的扩大，这种边际效用间的反方向变化是非常明显的，在这种边际效用间的非均衡变化中，人类从中得到的福利是扩大还是变小，是值得认识研究的。

众所周知，人一直被看做是物质与精神的统一体，其生态性被长期忽视，在满足人的需要方面，也一直是将物质与精神文化方面的满足作为社会生产的目标，忽视了人的生态需要。虽然人们也时常讲到，人们对性的需要，就像对食物、空气和水的需要一样自然，从而也在某种程度上认识到生态需要对人的重要性是同物质产品一样的，但在经济分析和社会政策中，却很少考虑这种需要的满足，也不将这方面的资源配置纳入经济分析之中，结果不仅导致生态环境被严重破坏，而且导致三种需要之间的严重失衡，以至人类在得到越来越多物质和精神产品的同时，却因生态需要未得到满足而使人类的整体福利受到严重损害，并使人类面临空前的生存危机。正是在这种危机面前，生态需要才被社会重视而进入公共政策领域。

（二）生态需要性质

生态需要从性质上讲，它既是一种最基本的需要，但同时又是一种高级的需要①。

生态需要之所以是一种最基本的需要，是因为人本身是个生态系统，同时又是整个生态系统中的一个有机组成部分，因此，保证一定的自然性生态需要的满足是维持人这个生态系统必不可少的条件，如人呼吸不到必要含氧量的空气或喝到一定量的淡水，就会死亡。由于自然界直接提供了满足这种需要的产品，因此，在一般情况下人们是不太关心这种需要及其满足程度的。只有在物质需要和精神需要得到满足，同时生态产品在传统经济发展过程中因生态环境破坏而变得短缺和质量严重恶化时，人们才会关心生态需要。这时生态需要的满足程度不仅关系到人们的生存安全，而且因稀缺而成为衡量人们生活质量和社会地位高低的标

① 参见刘思华：《理论生态经济学若干问题研究》（广西人民出版社 1989 年版）、《当代中国的绿色道路》（湖北人民出版社 1994 年版）、《论生态经济需求》、《经济研究》1988 年第 4 期等论著；尹世杰：《消费经济学原理》（经济科学出版社 2000 年版）、《论生态需要与生态产业》（《湖南师范大学学报（社会科学版）》1998 年第 5 期）、《生态需要与后工业社会》（《求索》1998 年第 2 期）。

志，因此使它成为一种高级需要。

正由于对人类社会来说“稀缺的就是有价值的”，因此本属于人类最基本需要的生态需要，在今天已经逐渐成为一种较高层次的需要。人类具有的“失去的就是有价值的”天性，使生态产品在供给丰富时，生态需要往往并不成为人们关心的问题，似乎只有相对稀缺的物质和精神需要才是人类最主要的需要；可当物质需要和精神需要在持续的经济增长中得到较大程度的满足，人类因此开始关心生态需要的时候，生态产品的供给却因在此过程中被严重破坏而由原来的丰裕变得稀缺，要得到较高质量的生态产品就必须付出高昂的代价。如日前杭州临西湖且植被环境良好地段的房子价格已达数万元甚至数万美元，且有价无房，是城中心黄金地段房价的数倍甚至数十倍；大城市的人们想要呼吸到新鲜的空气和见到洁净的水和蓝天，必须耗巨资长途跋涉到边远的山区乡村，因此，高质量生态需要的满足已成为一个高层次的消费需要。稀缺程度越高的产品需求，在消费层次中也就占有越高的地位，也就越是人们努力追求的并且是社会中心或政府所必须努力满足的目标，同时该过程也就是经济增长的过程。因为一旦生态产品变得稀缺，它对人类社会的经济价值就会凸显，不仅个人在这方面的支出会不断增加，而且由于生态需要具有非常强的公共性，所以，为了满足这种需要，公共财政在这方面的支出比重会以更快的速度增长。

（三）生态需要特点

生态需要具有以下三个方面的特点：

1. 生态需要具有明显的公共性，即不具有明显的排他性，或者说排斥的成本太高。这正如在面对大气污染时有人指出的那样，不管是穷人还是富人，他们呼吸的空气是一样的，就说明了这种公共性。生态需要的公共性说明，生态产品供给中的大部分必须由社会中心或公共财政来满足。如生态需要中对洁净空气和水的需求、对良好景观的需求、对浓厚文化氛围和社会关系的需求等等，都不是通过狭隘的市场能够完全提供的，而必须通过范围不等的社会，如居住小区的生态景观、文化氛围和社会关系等，必须由小区内的所有居民和物业管理者的共同行动来提供。一个城市的生态需要产品则须由城市政府和各种社会性组织来提供，正由于此，保护生态环境，增加生态产品供给，不仅是每个人的义务，而且是政府的主要职责。生态需要的公共性，决定了政府和各种社会性组织是生态产品的最主要供给者。由于生态需要既是一种基本需要，同时又是一种高级需要，因此，随着经济发展过程中社会对生态需要满足程度要求的提高，各级政府用在满足生态需要方面支出的比重会不断提高，这也正是当今各国政府正经历的事情。

2. 生态需要的满足具有很强的外部性，即在消费生态产品时，除自己得到满足外，还能给其他人带来生态需要满足。如人们美化自己的庭院，能给邻居带来很大的满足；江河流域进行防止水土流失和美化景观的植树造林，会极大地改善下游地区人民的生态需要状况；城市小区美化环境的行动，会使整个城市的人们因生态环境改善而受益；一个国家改善空气质量的行动，如像我国为减少硫、氮化物排放的洁净空气行动，会改善世界的空气质量，从而对世界性生态需要的满足作出贡献。这种情况同时还说明，生态产品的生产也具有明显的外部性。如人们种花养草，不仅可以给自己和他人带来美感，而且能够改善生态环境，如给昆虫提供了食物、净化了空气等等。自然，有时生态需要的满足也具有明显的外部不经济性后果，如使用空调制冷和制热而使自己生活舒适，对能源的消耗会产生各种污染；清洁活动中产生的垃圾会对垃圾堆放地的环境产生严重的破坏等等。不过一般地说，生态需要的外部经济性要强于其外部不经济性。生态需要满足的这种特点，使一个社会可以通过鼓励人们增加对生态产品的生产和消费来提高整个社会的生态需要满足程度。

3. 生态需要的消费具有极强的可持续性。因为生态资源或生态资本对生态产品的生产具有持续不断的再生产能力，只要对它的消耗不超过这种能力，它就能够不断地向人类提供生态产品，而且在此过程中，往往还具有自我增殖能力，所以，生态消费对生态资本或生态资源的损耗很小，甚至还会在此过程中增加生态资本的积累，使后代人受益。一般地说，人们对生态产品的消费越多，意味着生态产品的生产也越多，从而生态资本的积累就必须越大，因此社会的可持续发展能力也就越强，子孙后代的福利就越有保障。这是生态需要的消费区别于物质产品消费最明显的地方之一。物质产品的生产，不仅会消耗资本存量，而且会消耗大量的自然资源和对生态环境造成破坏，所以，对物质产品的消费越多，社会资本（包括生态资本和精神资本等各种资本）存量的消耗也就越多，可持续经济发展的能力就越弱。所以，加强生态需要的满足，适当减少或抑制人们的物质消费，是实现可持续发展的重要保证。

## 四、生态需要与生态资本的关系

从上面的内容可以知道，生态需要与生态资本之间存在着密切的依存关系。如生态需要是生态资本存在的基础和目的，而生态资本则是满足生态需要的重要手段。

从价值理论（杨文进，2006）知道，一切价值都来自于人的需要，也就是说，人的需要及其满足是“物”具有价值的源泉。不能满足人的需要的物品，是没有任何价值的。生态环境具有价值并能转化为资本，就是因为它具有这种特殊功能。

不过要注意的是，虽然能够满足人的需要是一种物品具有价值的前提条件，但却还不是充分条件，充分条件是它具有稀缺性并引起人们的普遍关注。生态环境能满足人的需要的功能，从人类诞生之时就存在了，但长期以来人们却并不承认或意识到它有经济价值，原因就是它的供给极其丰裕，一种物品要成为价值品，不仅需要有使用价值功能，而且要给特定的人或阶级带来利益，而只有稀缺品才具有这种功能，所以，生态环境的价值只有在生态产品的供给由丰裕变成相对稀缺时才会显现。人类社会的许多资源都经历了这个过程，如土地、海洋资源等等。

随着生态环境在经济发展过程中的恶化和生态产品供给的日益短缺，

生态环境的价值也就日益显现，相对地看，日益丰裕的传统经济产品的价值则相对贬值，由此，人类社会也相应地经历原来以牺牲生态环境换取传统经济产品价值，变为以传统经济价值换取生态环境和生态产品的转换。伴随这个过程的，是生态资本或生态财富在社会再生产和人们生活中作用的加强，它不仅表现为一定量生态资源和良好生态环境的市场价格不断提高，而且人们的生产和生活会越来越依赖于良好的生态环境。对良好生态环境的追求，成为当今人们生活中的一个重要目标，如在许多地方，贫富人们之间在居住方面的差距已主要不是表现在住房面积的大小上，而是表现在居住环境质量的不同上，从而单位面积市场价值的高低上。生态环境质量也成为决定一个社会存量资本大小的重要因素。如在今天，在一些国际经济组织和一些国家中，生态环境和生态资源已进入国民经济核算体系，它们的质量和储量正成为一国财富大小的组成部分，并决定一国经济的持续发展能力。这个过程之所以会发生，既是因为良好的生态环境日益稀缺，更为重要的则是，人不仅是物质和精神的统一，而且是生态的，是它们三者的统一。作为生态的人，他必然要产生对良好生态产品的消费需求，因此会促使社会增加这方面产品的生产和资本积累。

资本是带来未来收益的价值，因此，生态资本的丰裕状况，也就决定了生态产品供给能力的大小变化。随着社会对生态产品需求的不断增加以及生态需要在整个社会中地位的上升，人类社会必然会不断加强生态资本的积累，提高生态资本在整个社会总资本中的地位和作用。

生态资本在社会总资本中地位的提高、生态产品生产不断纳入社会再生产过程、人类对生态产品需求重视程度的不断提高，说明了人类正在由传统社会那种过度注重物质消费而造成自身畸形的做法，变为恢复自己本性的“复原过程”，从而使自己成为真正的“人”。长期以来，由于人类忽视了自己是生态环境的一部分，是生物圈的成员之一，过于注重物质财富的消费，忽视了生态消费，不仅导致了自己的畸形，使自己付出了高昂成本而得到的福利却很有限，而且造成生态环境的严重破坏，导致其他生物物种的大量消失，最终威胁到自己的生存。在这种生存危机和生态产品日益不能满足需要的情况下，人类终于觉醒，开始向着恢复自己本来面目的方向迈进。当人类开始正确认识自己的本质，从而向恢复自己生态性转变的时候，也就是生态环境开始得到保护和恢复的时候，是人类重新恢复自己与自然之间和谐关系的时候，从而是生态资本积累开始大量增加或重新恢复的时候，这也是人类自救的开始，但愿它来得还不是太晚，从而生态系统的不可逆性和不可预测性还没有达到会毁灭人类和整个生态圈这个临界点，但愿人类今后不再犯这样的错误。

## 五、生态经济与绿色经济的关系

绿色经济、绿色产业、绿色发展等，成为时下最为流行的术语，以此为对象的著作也如雨后春笋般涌现，但绿色经济的内涵到底如何，它与生态经济和可持续发展经济的关系如何，则并没有形成统一认识。

在国外，绿色经济的内容基本等同于可持续发展经济，如大卫·皮尔斯等在《绿色经济的蓝图——绿化世界经济》一书中基本上是把绿色经济理解为实现可持续发展的经济，也就是经济运行在自然环境和人类自身可承受的条件下进行①。这种意义上的绿色经济，在某种意义上，与我国的生态经济的内容基本相似。

我国最早系统研究绿色经济的刘思华，不仅将绿色经济等同于可持续发展经济，而且等同于生态经济，如他在《绿色经济论——经济发展理论变革与中国经济再造》一书中，是这样定义绿色经济的："绿色经济是可持续经济发展经济的实现形态和形象概括。它的本质是以生态经济协调发展为核心的可持续发展经济。生态经济协调发展的根本之点在于，它使人们绿洲活动与发展行为在不危害生态环境的前提下寻求当代经济发展与生态环境相协调的发展途径，主要解决自然资源和环境质量

① 参见［英］大卫·皮尔斯、阿尼尔·马肯亚：《绿色经济的蓝图——绿化世界经济》，北京师范大学出版社1996年版，第10页。

能够保障当代经济发展。而可持续经济发展是把现代经济发展建立在生态良性循环的基础上，不仅承担当代经济发展，而且要使人们的经济活动与发展行为在不危害后代人的资源环境需要的前提下，寻求满足当代人对资源环境需要的发展途径，以解决当代经济发展和后代经济发展的协调关系。”所以，“绿色经济是以生态经济为基础，知识经济为主导的可持续发展经济模式”①。在《绿色经济导论》一书中，刘思华更是直接将绿色经济等同于可持续经济发展经济，如他说：绿色经济就是“以生态经济为基础，知识经济为主导的可持续经济发展的实现形态和形象体现，是环境保护和社会全面进步的物质基础，是可持续经济发展的代名词”②。

张兵生先生认为，绿色经济就是以生态文明为根本取向，以生态资本为基础要素的可持续经济。从广义角度看，绿色经济就是以生态资本为前提和基础，知识资本为主导和关键，物质资本为支撑和杠杆，社会资本为保障和助力，在良性互动和相互协调的过程中转变人类生产、生活方式，并以整体提高人类生活质量为目的的可持续经济形态。从狭义角度看，绿色经济就是指在生产、消费、管理等环节中，以生态资本的保护、合理开发和及时修复为前提，以知识经济为依托，以循环经济为主要经济技术手段的经济模式。根据这一定义，绿色经济实际上是取代传统工业经济和知识经济的一种全新的经济形态，是一种主体性、主导性经济形态。

张春霞教授认为，绿色经济是一种发展模式，如她说：“绿色经济是一种以节约自然资源和改善生态环境为必要内容的经济发展模式。它是以经济的可持续发展为出发点，以资源、环境、经济、社会的协调发展为目标，力求兼得经济效益、生态效益和社会效益，实现三个效益统一

---

① 刘思华：《绿色经济论——经济发展理论变革与中国经济再造》，中国财政经济出版社 2001 年版，第 3 页。

② 刘思华：《绿色经济导论》，同心出版社 2004 年版，第 3 页。

的经济发展模式。”[1]

夏光认为，绿色经济是指那些同时产生环境效益和经济效益的人类活动。绿色经济具有两项外延：一是对原有经济系统进行“绿化”或生态化改造；二是发展对环境影响小或有利于改善环境的产业[2]。

此外，还有人将绿色经济理解为环保经济或洁净经济，也就是没有污染的经济。

总体而言，从大部分人对绿色经济的定义看，绿色经济与生态经济、可持续发展经济的内容是非常相似的，因此，可以被认为是生态经济和可持续发展经济的通俗化或形象化的代名词。因为对大部分人来说，生态经济和可持续发展经济，都是一些涵义深奥而难以理解的学术化名词，而绿色经济则是一种非常形象和直观的大众化语言，容易被社会大众理解和接受，所以，绿色经济概念提出后，社会上的普及程度远远高于生态经济和可持续发展经济。

不过，虽然大部分人将绿色经济与生态经济或可持续发展经济等量齐观，但严格起来，它们之间还是存在明显区别的。

笔者认为，生态经济是个比绿色经济涵义更为广泛的范畴，即生态经济是个大范畴，而绿色经济是个小范畴，是生态经济概念中的一个分支[3]。这是因为，生态经济中的“生态”内容，是包含整个人类生存发展的生态环境，人类自身及其活动也是其中的一部分，所以，生态经济是一个所有人类经济活动中包含内容最为广泛，从而是口径最大的一个范畴。绿色经济只是人类在特定历史时期为实现特定目标而实施的一种经济形态或经济手段，所以，它必然是一个比生态经济更为狭义的范畴。同时从内容上看，生态经济包含人与人和人与自然两个方面的关系，而从大部分人对绿色经济的定义和实际理解看，反映的仅仅只是人与自然

---

① 张春霞：《绿色经济发展研究》，中国林业出版社2002年版，第3页。

② 夏光：《怎样理解绿色经济概念?》,《中国环境报》2010年6月3日。

③ 也有一些人认为绿色经济是个更多的范畴，其中包含生态经济。有人则认为两者完全一致。参见夏光：《怎样理解绿色经济概念?》。

的关系，这种性质决定了它必然是个比生态经济更狭隘的范畴。

## 第四节　和谐社会与和谐经济

可持续发展的重要体现和实现方式，就是和谐社会。这也就是说，和谐社会既是可持续发展实现的表现形式和目标，同时又是它的实现手段，或者说可持续发展社会一定是和谐社会，而要实现可持续发展，就一定需要和谐社会，因此可以说，可持续发展与和谐社会是同一事物的两个方面。

### 一、和谐社会

从字面上理解，“和谐社会”是“和”与“谐”相统一的社会。“和”者，口中衔禾，意指有饭吃，推而广之就是丰衣足食；“谐”者，人皆可言，也就是广开言路的民主制度，两者的结合，也就是丰衣足食而政治民主的社会。然而，从下面的分析中可知，事情并非如此简单。

社会和谐，是一切社会的共同愿望；而建立和谐社会，更是人类社会产生以来所不懈追求的目标。历史上的各种理想社会，如中国道家的“小国寡民”社会；儒家的“大同”、“小康”社会；康帕内拉的“太阳城”，莫尔的“乌托邦”、马克思的“共产主义”社会等，其核心内容都是社会和谐，其中最典型的“大同”社会的“大道之行也，天下为公，选贤与能，讲信修睦。故人不独亲其亲，不独子其子，使老有所养，壮有所用，少有所长，鳏寡孤独废疾者，皆有所养，男有分，女有归，货，恶其弃于帝也，不必藏于己，力恶其出于身者，不必为己；故谋闭而不兴，盗窃乱贼而不做，是故，外户而不闭，是谓大同”。就对和谐社会做了详细的论述，其中包含了人类社会政治、经济、伦理、法律等各方面的和谐。

刘思华教授提出和谐社会包含四个方面的内容：人与自然的和谐、人与人的和谐、人与社会的和谐、人自身的和谐，其中人与自然的和谐是后三者的基础。因为“按照生态经济可持续发展的观点，自然界是人类生存与发展的基础，生态环境是经济社会发展的基础，这是人类文明发展的普遍规律。因此，现代人类生存与经济社会发展必须以自然生态为基础，必须以良性循环的生态系统与生态资源的持久、稳定的供给能力为基础，使现代人类生存与经济社会发展绝对建立在生态基础之上。正是在这个意义上看，人与自然的生态和谐是社会和谐的基础条件，生态和谐是构建社会主义和谐社会的基础”。刘思华将“人与自然的和谐”定义为：“社会生产力与自然生产力相和谐、社会经济系统与自然生态系统相和谐，自然的人化与人的自然化相和谐、人的身外自然与人自身自然相和谐，尤其是人类经济活动的需求增长与生态系统供给能力相适应，社会生产和生活排放废物量与生态系统净化能力及环境容量相适应，实现自然生态系统和社会经济系统的良性循环，真正形成人与自然共同生息与和谐、协调发展。”“人与社会的和谐”，是“个人依赖社会与社会约束个人相适应，个人自由与社会认同相适应，个人利益与需要的满足和整体社会利益与需要的实现相适应，人的能力发挥与社会公平、公正相适应；各社会阶层在共同利益的基础上实现劳动合作和利益共享相适应，人民和政府之间的权力平等和利益分享相适应”。“人自身的和谐”，则是“人的身心健康即心态和谐，它包括生理和谐、心理和谐以及生理与心理和谐，这既是人的各种器官、功能的完好程度，又是人与各类物理、生物、社会和自然环境的协同进化和谐关系。因此，人自身必须和谐发展，首先要有健康的人身，应该实现人的有机身体和无机身体的和谐发展；还必须要有健全的人格，正确的世界观、人生观、价值观和发展观，能正确处理个性和谐与自然、他人、社会的和谐关系，真正融入自然和社会，推动人、自然、社会之间的和谐发展”①。

自我国政府提出建设和谐社会后，人们从不同方面对“和谐社会”给出了解释。《中共中央关于构建社会主义和谐社会若干重大问题的决定》在“构建社会主义和谐社会的指导思想、目标任务和原则”中指出：“我们要构建的社会主义和谐社会，是在中国特色社会主义道路上，中国共产党领导全体人民共同建设、共同享有的和谐社会。必须坚持以马克思列宁主义、毛泽东思想、邓小平理论和‘三个代表’重要思想为指导，坚持党的基本路线、基本纲领、基本经验，坚持以科学发展观统领经济社会发展全局，按照民主法治、公平正义、诚信友爱、充满活力、安定有序、人与自然和谐相处的总要求，以解决人民群众最关心、最直接、最现实的利益问题为重点，着力发展社会事业、促进社会公平正义、建设和谐文化、完善社会管理、增强社会创造活力，走共同富裕道路，推动社会建设与经济建设、政治建设、文化建设协调发展。”我国理论界基本上是以此为基础，而从不同角度对其进行解释。

要特别指出的是，虽然人们从多角度对和谐社会的内容、原则和要求等内容进行了程度不同的研究，提出了林林总总的和谐社会模式等，但对如何达到或实现和谐社会目标，却并没有提出令人信服的理由。

上面讲到，在中国古代社会的理想中，如果能够实现丰衣足食和政治民主，和谐社会也就实现了。这些条件，在当今的许多社会都已经具备，可和谐社会却仍然是个遥不可及的梦想。如从物质文明方面看，当今社会的物质丰富程度，不仅能够保证所有人做到丰衣足食（如果产品分配更加合理的话），而且已经超过人类曾经有过的一切理想社会所祈望的水平，如无论是中国古代儒家的“大同”“小康”社会，还是古希腊的“理想国”，或者文艺复兴时期的“乌托邦”或“太阳城”，甚至近代马克思的“共产主义”社会等等，他们理想中社会的物质丰富程度都远达不到当今社会的富裕程度，这种富裕程度甚至都超过了20年前世界上

① 刘思华：《生态经济学视角下的和谐社会》，《大连日报》2005年11月21日。

最富想象力的科幻作家的想象。从政治民主来说，不仅许多国家做到了言论自由，而且实现了政治民主，普通民众通过选票也能够影响政治决策，各级领导人是通过能力竞争而不是出身竞争来产生，使得各阶层有能力的人都可能成为社会的政治领导人。从这些内容看，和谐社会的条件早已满足，但人类社会实现了社会和谐吗？答案显然是否定的。无论各国的政治民主和物质文化水平达到何种程度，都距离社会和谐极其遥远。如美国被认为是当今世界生产力发展水平最高，个人自由和信仰最强烈，社会政治民主制度也比较完善的社会，但其距离社会和谐却仍然十分遥远，如贫富差距巨大、种族间隔阂强烈、各阶级和各阶层之间的对立突出、犯罪现象普遍、环境问题层出不穷等，都昭示美国并不是一个和谐社会。

从形式上看，欧洲尤其是西欧的社会和谐程度要比美国高，如其贫富差距更小，严重犯罪率更低，社会保障程度也更低等，但欧洲的排外倾向却更严重，因高福利产生的效率下降、内部分裂等问题也日益突出，因此，其距社会和谐的目标同样遥远。

之所以如此，是因为进入文明起始的那一刻，标志着人类在与自然的斗争中取得了绝对的优势地位（从经济学的角度看，则意味着人类从此解决了绝对稀缺问题，即人类解决了满足人类最基本需求的物质生产，由此开始转向追求“精”“美”等这些反映人们社会生产关系的需求），由此人类就从与自然为主的斗争转向内部为主的争斗，即每个人都以追求在社会关系中的优势地位为目标而斗争（人类必须找到自己矛盾的对立面，才能维系社会的稳定，从而才有生存下去的理由）。如果说人与自然的斗争是一种绝对关系的话，那么人类内部以追求优势地位为主的斗争，则是一种相对关系，对相对关系的追求是没有止境的，因为一些人地位的改善，也就意味着另一些人地位的相对恶化——不管其绝对地位有没有发生变化，所以，对这种相对优势地位的追求是永远没有止境的。正因为文明反映的是这种人类自身内部争斗的关系，所以，社会主义经典作家认为文明并不是一种“善”，而是一种“恶”，如恩格斯说：“文明时代所由以开始的商品生产阶段，在经济上有下列特征：（1）出现了金属货币，从而出现了货币资本、利息和高利贷；（2）出现了作为生产者之间的中介阶级的商人；（3）出现了土地私有制和抵押制；（4）出现了作为占统治地位的生产形式的奴隶劳动。与文明时代相适应并随着它而彻底确立了自己的统治地位的家庭形式是一夫一妻制、男子对妇女的统治，以及作为社会经济单位的个体家庭。国家是文明社会的概括，它在一切典型的时期毫无例外地都是统治阶级的国家，并且在一切场合在本质上都是镇压被压迫被剥削阶级的机器。此外，文明时代还有如下的特征：一方面，是把城市和乡村的对立作为整个社会分工的基础固定下来；另一方面，是实行所有者甚至在死后也能够据以处理自己财产的遗嘱制度。……

“以这些制度为基础的文明时代，完成了古代氏族社会完全做不到的事情。但是，它是用激起人们的最卑劣的动机和情欲，并且以损害人们的其他一切秉赋为代价而使之变本加厉的办法来完成这些事情的。卑劣的贪欲是文明时代从它存在的第一日起直至今日的动力；财富，财富，第三还是财富，——不是社会的财富，而是这个微不足道的单个的个人的财富，这就是文明时代惟一的、具有决定意义的目的。如果说在这个社会内部，科学曾经日益发展，艺术高度繁荣的时期一再出现，那也不过是因为在积累财富方面的现代一切成就不这样就不可能获得罢了。

“由于文明时代的基础是一个阶级对另一个阶级的剥削，所以它的全部发展都是在经常的矛盾中进行的。生产的每一进步，同时也就是被压迫阶级即大多数人的生产状况的一个退步。对一些人是好事的，对另一些人必然是坏事，一个阶级的任何新的解放，必然是对另一个阶级的新的压迫。这一情况的最明显的例子就是机器的采用，其后果现在已是众所周知的了。如果说在野蛮人中间，像我们已经看到的那样，不大能够区别权利和义务，那末文明时代却使这两者之间的区别和对立连最愚蠢的人都能看得出来，因为它几乎把一切权利赋予一个阶级，另方面却几乎把一切义务推给另一个阶级。

"但是，这并不是应该如此的。凡对统治阶级是好的，对整个社会——统治阶级是把自己与整个社会等同起来的——也应该是好的。所以文明时代愈是向前进展，它就愈是不得不给它所必然产生的坏事披上爱的外衣，不得不粉饰它们，或者是否认它们，——一句话，是实行习惯性的伪善，这种伪善，无论在较早的那些社会形式下还是文明时代第一阶段都是没有的，并且最后在下述说法中达到了极点：剥削阶级对被压迫阶级进行剥削，完全是为了被剥削阶级本身的利益；如果被剥削阶级不懂得这一点，甚至举行叛乱，那就是对行善的人即对剥削者的一种最卑劣的忘恩负义行为。"① 虽然恩格斯的说法也许过于偏激，当它反映了文明时代以来的基本社会制度的重大缺陷，即以追求相对优势生产关系的社会制度，不管生产力发展到什么水平，物质财富有多丰富，都避免不了人类社会内部之间的不平等，存在着压迫与被压迫的生产关系。

人类社会的一个矛盾是，如果没有生产关系差别，那么人类社会就没有前进的动力，社会政治、经济、文化等就不可能得到发展，人类也会因为在自然界的绝对优势地位而没有自然进化的动力，那么最终会在"物竞天择，适者生存"的进化规律中被自然淘汰；有生产关系差别，人类虽然因此获得了发展的动力，但内部的争斗将永无止息，人类社会完全和谐的目标因此将不可能实现。如何协调两者的关系，成为考验人类智慧的重要标准。

在这方面，有一点是需要特别指出的，就是在理论分析和社会实践中，我们都喜欢做"扬长避短"的事，即分析事物问题存在的原因，然后找到解决问题的办法，这样就能保存优点而克服缺陷。然而，这样的好事是不存在的，因为它违反辩证法的矛盾规律。根据矛盾规律，作为对立面，"好"与"坏"是相互依存又相互斗争的，各自都以对方的存在为自己存在的条件，并且力量的大小也都依对立力量的大小而相应改变，当一方消失后，另一方也将不存在，所以，绝不存在所谓的"扬长

① 《马克思恩格斯选集》第4卷，人民出版社1972年版，第172—174页。

避短”现象。这正如马克思揭示了市场经济的矛盾或弊端，然其提出的“扬长避短”方案——计划经济，在实践中所带来的问题，远比它所解决的问题要严重得多，就充分说明了这点。所以，当我们针对某个问题提出所谓的“扬长避短”解决方案时，必须对该方案的利弊进行细致分析，否则，其弊端很可能大于优势，最终导致南辕北辙的结果。

认识到这一点，那么我们对“和谐社会”就不能抱过大的期望。同时从进化的角度看，人类还处在非常幼稚的阶段，由此决定了当前我们正建设或要建设的“和谐社会”，并不是人类理想中的那种尽善尽美的社会，而仍然是一种在各方面都存在矛盾和弊端的社会，如国家与国家之间的矛盾、阶级与阶级之间的矛盾、阶级或集团内部的矛盾、种族之间的矛盾、宗教信仰之间的矛盾、人与自然之间的矛盾等等，但在“和谐社会”，这些矛盾将被控制在一定范围内，不会引发激烈的社会对抗，人们尤其是弱势群体对社会和现行制度等方面的不满，有正常的诉求渠道并且能够被社会所重视；强势阶级或集团对社会的控制能够被限制在一定的范围内，不致引起弱势群体的激烈反抗而导致社会分裂；最主要的是，不同阶级和阶层之间的成员交流是开放的，人与自然的矛盾未严重到阻碍可持续发展的实现等。同时可以肯定的是，人类是会从幼稚走向成熟的，因此决定了“和谐社会”的建设是一个不断完善的过程，是一个从低级不断向高级运动的无止境的过程。

很显然，“和谐社会”的建设是一项复杂的系统工程，涉及政治、经济、伦理道德、宗教信仰、文化、生态环境等方面的协同建设，其具体内容就是要做到上面讲到的“民主法治、公平正义、诚信友爱、充满活力、安定有序、人与自然和谐相处”，是一个各种关系相对和谐但又充满活力的系统。

在这里，我们对“和谐社会”给出一个并不成熟的定义：和谐社会是一种以占社会绝大多数成员的社会群体（即中产阶级占人口的绝大部分）为主导，以社会公正和兼爱为伦理导向，政治上实行民主法制，但弱势群体的利益及其诉求能够得到尊重，阶级或阶层之间的交流及人员流动是充分开放的，阶级或阶层之间的政治、经济斗争能够在平和的环境中进行；其制度设计，能够保证人们各尽所能，人们在社会中的相对地位与社会福利等由他们的能力大小决定，但人们之间能够相互尊重，老弱病残等丧失劳动能力的人能够获得保障且人格得到尊重；它不仅能够激发人们的爱心，而且能够有效地将人们的利己行为转化为促进整个社会福利和共同富裕的利他结果，社会给所有人提供了改善命运的希望和机会；尊重自然规律，正视自身在自然界地位，具有深厚生态关怀的这么一种社会，因而是一种包含政治和谐、经济和谐、生态和谐、社会和谐、国际关系程度等和谐相统一的社会形态。

## 二、和谐经济

和谐经济是和谐社会的一个有机组成部分，不过，两者之间又不完全是大系统与小系统的关系，而是视角不同的结果。如整个人类社会，从全视角的角度看，是人类社会的再生产过程，是一个社会系统；但从经济利益的角度看，则是个经济系统。

对和谐经济最先进行系统分析的，是法国经济学家弗雷德里克·巴斯夏。他在《和谐经济论》这一巨著中，详细分析了和谐社会的内涵及其实现方式等，核心思想就是“彼此必然和谐的利益，应由自由来解决；相互必然对抗的利益，而需借助强制来解决。对于前者，不加干预即可；对于后者，则必须加以阻挠”。他认为，自由和由社会普遍规律支配的社会必然带来社会利益的和谐，而自由基础上的“利益法则”则具有和谐性、宽慰性、宗教性和可行性等。在产权确定的基础上，自由竞争和商品交换能够使财富的生产具有强烈的放大效应，由此“在孤立状态中，我们的需要大于能力，在社会状态中，我们的能力大于需要”，同时在“孤立状态中，富裕的人们互不相容，通过交换，富裕的人们互相帮助”，以致“每个人的幸福能增进全体的幸福，全体的幸福能增进每个人的幸福”。“随着资本的增长，资本从总产品中绝对提取额增加了，而它的相对份额降低了。相反，劳动从中提取的绝对额和相对份额都增加了”。这是因为“价值是社会产权，产生于努力和阻碍。随着障碍的减少，努力、价值或产权领域也随着减少。给予每一次满足之后，产权总是向后退缩，而共同体则不断前进”（指技术进步的成果，在竞争中绝大部分被外部化——引者注），因此“社会每一成员获得满足的总和远远高于他通过自身努力所能得到的总和”。协作和竞争，能够使每个人做到“各尽所能”。最终巴斯夏得出：“我们看到在占有和自由两个原则中孕育着一切社会和谐，而社会的不和谐则是与其对立的另外两个原则——掠夺和压迫——发展的结果。占有和自由表明了同一思想的两个方面。从经济角度讲，自由与生活活动有关，占有与产品有关。既然价值属人类行为，因此可以说，自由导致并包含着占有。压迫对掠夺者来说也一样。总之，自由是和谐原则，压迫则是不和谐原则，这两种力量的争斗构成了全部人类历史。”①也许巴斯夏对如何实现和谐经济的论述过于极端，不被其他学派或带有左倾色彩的经济学家所接受，但他却是第一个系统分析和谐经济内涵及其实现途径的经济学家，而且在许多方面，尤其是实现途径方面，至今未有人超越。

自2005年提出建设和谐社会以来，我国理论界就开始了对和谐经济的研究，但大部分研究都局限于对和谐经济内涵、主要内容的解释及与其他因素关系的分析上。有些人更是用中央领导的讲话来定义和谐经济，如朱其训就在其《和谐经济论》中将胡锦涛《在省部级主要领导干部提高构建和谐社会能力专题研讨班上的讲话》中的“经济发展不仅要持续快速，而且要协调健康，这是人民群众不断提高生活水平的重要保证，也是人民群众对发展前景充满信心的重要保证。要始终坚持发展是硬道理的战略思想，紧紧抓住发展这个党执政兴国的第一要务，坚持以科学发展观统领经济社会发展全局，推动我国经济社会发展不断迈上新台阶”

① ［法］弗雷德里克·巴斯夏：《和谐经济论》，中国社会科学出版社1995年版，第35页、41页、100页、118页、120页、212页、231页、313页等。

作为和谐经济的内涵①。

由于仅仅是从经济学的角度来看待和谐经济，而经济学则又是从人的经济利益，并且将人看做是利己的，因此和谐经济的内容也就比较单纯而较容易界定②。

我们认为，和谐经济具有以下特征：

和谐经济是一种能够充分发挥每个人积极性，也就是能够做到各尽所能的经济。这意味着和谐经济是一种充满活力，能够持续增长的经济。我们知道，追求经济的持续发展，是当今各种社会形态和发展模式的共同目标，而要实现持续发展的目标，就必须有足够的动力机制，而让每个人能够充分发挥自己的能力，将是和谐经济实现经济持续增长最主要的动力保证。

和谐经济是一种社会共同富裕的分享经济。只有共同富裕（不是平均富裕），各方面的经济关系才能和谐。

和谐经济的共同富裕是靠市场机制实现的，而不是靠行政干预或社会中心的再分配实现。如果是靠强制力量实现，那么那些被强制剥夺的人，就会产生强烈的反社会行为，和谐也就无法产生。只有靠经济过程中的内在机制实现，人们能够安于现状，和谐才有可能。这也就是说，和谐经济中存在着这么一种机制，每个人追求自身利益的行为最终会导致整个社会的共同富裕；同时它能保证富裕的人的所得收入不被用于个人消费，而是将其转化为推动经济发展和社会共同富裕的行为。由此，和谐经济将是一种虽然存在一定程度的收入分配差距，但消费结果相对

---

① 因历史原因，我国理论界长期以来只是政治的一个玩偶与摆设，主要充当现行政策的辩护者和解释者，因此，不是理论家成为政治家的智慧来源，反而是政治家成为理论家的智慧来源，这种情况在对外开放程度如此之高的今天仍然普遍存在，显然是极不正常的，是理论家人格和自尊缺失的表现。人们经常问，中国什么时候能出文学和经济学诺贝尔奖获得者？答案是中国的文学家和经济学家不再缺失人格和自尊之时。

② 巴斯夏指出："政治经济学的主题是人。但是，政治经济学并不研究人的一切。宗教感情、父爱和母爱、孝心、爱情、友谊、爱国心、慈爱、礼貌等等，凡是涉及人的同情心的和富有感染力的领域都属于伦理学，它留给姐妹学科政治经济学的只是个人利益这个冷冰冰的领域。"（巴斯夏：《和谐经济论》，中国社会科学出版社 1995 年版，第 69 页）

公平的社会经济，从而不存在明显的仇富心理。

和谐经济是一个充分竞争但又相互协作的经济。只有竞争，才有活力，经济发展才有持续的动力保证；有协作，才会产生整体（生产力）的放大功能。虽然受技术因素的影响，一定程度的垄断将不可避免，但社会会充分保证竞争的活力，将垄断局限在尽可能小的程度。在这个社会中，人们的选择将能够充分地反映其偏好，由此取得一定资源配置基础上尽可能大的个人福利和社会福利①。

和谐经济是一个内部经济效果不断外部化，而外部不经济日益内部化的经济体系。这意味着，为了保证充分的动力机制，和谐经济中的产权虽然是清晰的，但随着社会经济的发展，产权的范围及其力量却是不断被弱化的，它们产生的利益将不断地转化为公共利益，这也就是巴斯夏所说的"共同体的不断扩大"。显然，在外部不经济日益内部化和内部经济外部化的过程中，人与人之间的经济利益关系和人与自然的关系将日益和谐。

和谐经济是一种人的四种需要，即物质需要、精神需要、生态需要和社会需要得到满足并相对协调的经济体系。人类从事生产的目的是为了满足自己的消费需要，消费是目的，是动力，这正如巴斯夏所说："因此，不管从何种角度看，消费是政治经济学的最终目标，善与恶，道德与不道德，和谐与不和谐，一切均在消费者身上化解，因为他代表整个人类。"② 而资本主义是一种消费需求极端畸形的社会，主要重视物质需要，忽视精神需要，基本不考虑生态需要的一种社会，因而是难以持续，要被更高级的社会形态所取代。注重人的生态需要和各种需要的平衡，是可持续发展与和谐经济区别于其他经济形态的重要标志，也是实现人

① 在各种政论和理论文章中，经常看到"社会福利最大化"的用语，而实际上，该词只具有政论意义而没有任何的理论意义。因为一个社会是由不同利益诉求、价值偏好的人们所组成，他们对一定量资源配置带来的福利评价是不相同的，而福利作为个人的主观感受，是不能相互加总成一个无差异的总量的，所以在社会内部，是得不到"社会福利最大化"的评价标准和结论的。

② 巴斯夏：《和谐经济论》，中国社会科学出版社1995年版，第331页。

与自然和谐的重要保证。不注重人的生态需要，也就不会注重保证生态环境，由此人与自然的和谐也就不可能实现。

和谐经济不仅是一种注重资本积累的经济，而且是一种注重三种资本积累相互协调的经济。从后面的分析中看到，资本积累是市场机制保证人们，尤其是富裕的人将自身的利己行为转化为促进整个社会共同富裕的重要途径，是促使内部经济不断外部化的最重要机制，也是保证收入分配差距转化为消费公平的必由之路。高度充分的竞争机制则是促进资本积累的制度保证。在注重资本积累的同时，还必须加强三种资本积累之间的协调。可持续发展思想与和谐社会的提出，主要原因之一就是在物质资本和知识资本日益积累的同时，生态资本却被大量消耗，以致最终威胁人的持续生存和发展，所以，三种资本积累的协调，是可持续发展与和谐经济实现的重要保证。

和谐经济能够促进和谐社会的建设。虽然经济学研究的仅仅是个人利益这个冷冰冰的领域，并不直接涉及“宗教感情、父爱和母爱、孝心、爱情、友谊、爱国心、慈爱、礼貌等等”这些“涉及人的同情心的和富有感染力的领域”，但作为和谐社会的一个有机组成部分，它应该能够有力地促进社会和谐。由于在当代社会，经济活动成为整个社会活动最重要的部分，它是否和谐成为整个社会是否和谐的基础，正所谓“温饱足而知礼仪”，因此，和谐经济必须能够促进和谐社会的建设。

根据以上特征，我们将和谐经济定义为：和谐经济是一种所有人都能够各尽所能而充满活力，既充分竞争又相互协助，具有促使人们的利己行为转化为促进整个社会共同富裕的强大作用机制，因此具有将内部经济外部化和外部不经济内部化的能力，能够不断地推进资本积累并保证不同资本积累间的平衡，能够使人的四种需要得到均衡满足而实现福利最大化，能够推进和谐社会建设的经济形态。

## 第五节　和谐生态经济

本书将“生态文明指导下的绿色和谐经济”简称为生态和谐经济或和谐生态经济。

上面分别定义了生态经济与和谐经济。指出生态经济就是以生态学基本原理来组织整个经济活动，以达到最优的资源配置的经济形态。这个定义虽然简单，但其中蕴涵的内容却十分丰富。首先，作为食物链中的一环，人类与其攫取的食物和各种自然资源的数量，必须保持在一定范围内，因而人口数量的控制也必须严格保持在自然界的容量限制范围内，如果超过这个限制，最终会遭到自然界的猛烈报复，这正如北极地区的狐兔，如果发生爆炸式的增长，最终会因食物不足而发生普遍性的营养不良而导致大量死亡，需要多年才能恢复到正常数量。其次，作为生命之网中的一环，人的整个生存和发展，不仅要服从食物链的层次规律，而且与整个生命系统的完好程度息息相关，不能像有些科学家单纯从食物链角度出发，认为人类如果直接从藻类中获取食物，那么地球对人口数量的承载能力能够达到1000亿。显然，在这之前，人类赖以生存的生命之网早就瓦解了（地球上的生命系统仍然会存在，但适合人类生存的生态系统将不复存在，这正如恐龙灭绝时的生态系统瓦解导致恐龙灭绝，但生命系统仍然在延续一样，因此，有科学家认为，人类活动是不能左右生命系统的），为此，人类必须善待被利用的其他生命及整个环境，保持生态系统的良好状态，以实现人与自然的和谐目标。这说明，不仅被人类直接利用的自然资源有价值，而且整个生态系统也有价值，价值还是无限大的。再次，在组织经济活动中，必须像生态系统的物质循环那样做到资源的充分利用——自然生态系统没有废弃物，使各种资源不仅做到循环利用，而且不对自然界造成损害，如有可能还必须不断地改善（已被人类严重破坏的）生态系统。最后，整个经济活动必须满足人类经济利益所要求的收益大于成本的原则，也就是所进行的经济活动必须增进人类的利益。同一切生物一样，人类所从事的一切有目的的活动，最终目的是为了满足自己的利益需要，这种利益需要的满足及满足的程度，在当今是通过货币计量的成本与收益，并以收益是否大于成本来表示，只有当收益大于成本时，人们或人类才能从中得到一定的利益；如果收益小于成本，则表示人们从事的活动是得不偿失的。作为利用生态学原理来组织的生产，且自然界没有废弃物，那么生态经济必然是最有效率的经济组织方式。只不过在这里，生态经济计算成本与收益的核算体系和计价标准，与传统经济（学）是不同的。在生态经济这里，它的价值理论是生态经济价值理论或可持续发展价值理论。这种价值理论的特点：一是将整个自然界或生态系统纳入价值计量和核算体系，即一切能够增进人类利益的来源或源泉都具有价值，因此，自然资源和生态系统必然是有价值的；二是它不是从个人利益，而是从人类作为一个整体的利益来看待价值的，那些可增进个人利益但会损害整体经济的行为，不仅不被看做是增加价值的活动，反而被认为是一种减少社会价值的活动。自然，要实现生态经济的目标，还需要一系列社会政治经济制度等方面的变革，它不仅是一种生产组织方式，更是一种社会制度和文化，没有后者的变革，生态经济目标是不可能实现的。

和谐经济被定义为“一种所有人都能够各尽所能而充满活力，既充分竞争又相互协助，具有促使人们的利己行为转化为促进整个社会共同富裕的强大作用机制，因此具有将内部经济外部化和外部不经济内部化的能力，能够不断地推进资本积累并保证不同资本积累间的平衡，能够使人的四种需要得到均衡满足而实现福利最大化，能够推进和谐社会建设的经济形态”。如上面分析的那样，和谐经济的内涵同样是十分丰富的，它既要求保持足够的强大动力机制，又要求做到各方面利益关系的协调，为此需要的机制将是十分复杂的。

和谐生态经济，也就是生态经济与和谐经济的有机统一（不是简单相加)。实际上，生态经济与和谐经济，彼此间有很大部分是相互重叠的。如两种经济组织方式或经济制度都包括人与自然的和谐，各种经济利益关系的相互协调（也就是人与人之间的和谐)，都必须遵从基本的经济利益和人的福利最大化原则等。自然，两者之间也有一定的差异，如生态经济强调整个社会生产必须遵从生态学原理，而和谐经济则对此并不十分强调（经济原则与生态学原则毕竟是存在很大差异的)，一定量废弃物的排放，在和谐经济这里是允许的；同时，生态经济并不强调推动经济增长的动力机制，它要求的核心内容是保持人与自然和人与人之间的平衡，所以并不特别强调经济增长（整个生态系统达到较高级阶段时，是处于一种稳定状态的)。

在这里，我们将和谐生态经济定义为“能够发挥所有人的潜能，经济增长的动力机制强劲，同时又符合生态学的基本原理，并且能够不断推进人与自然和人与人之间关系和谐，最终实现人类最大福利的这么一种经济形态或制度”。这也就是说，相对于生态经济，和谐生态经济增加了保持经济增长的动力机制；相对于和谐经济，和谐生态经济增加了比一般满足四种需要所需的人与自然关系和谐更加严格的生态学原理限制，即不能对生态环境造成严重的破坏，必须保证生态环境在现有基础上不断向良性的方向发展。

从和谐生态经济的定义及其内容看，它与可持续发展经济的内容是十分相似的，在某种意义上甚至可以说，两者是完全相同的，如都强调人与人和人与自然的和谐，都强调要特别保护自然资源和生态环境，强调社会公平与公正等。不过严格地说，两者之间也存在细微的差别。可持续发展经济侧重于运动过程，而和谐生态经济则注重实际状态。

## 第六节　若干范畴的解释

在可持续发展经济学、生态经济学与和谐社会等的研究中，经常会面临“和谐经济与经济和谐、和谐社会与社会和谐、和谐生态与生态和谐、建设生态文明与生态文明建设”术语之间的混用，而实际上，这些对应的词汇之间是存在差别的，为了区别这些差别，防止术语混用造成的问题，下面将对它们进行界定。

## 一、和谐社会与社会和谐

和谐社会与社会和谐之间，既有联系，但也存在明显的区别。

从上面的分析中知道，和谐社会是一种社会理想，是一个社会奋斗的目标，是一种为达到这个目标而设计的一套制度安排及其演进过程，是一个社会政治经济文化的变迁过程，是每个人和社会福利不断深化的过程，是整个人类与自然不断和谐的过程等。这也就是说，和谐社会是一种社会目标、一种制度、一种社会变迁过程等等，并且这些都会随着社会进步而不断进化。

与此相反，社会和谐则是一种状态，反映社会各方面的关系处在相对协调的状态，如资源配置处在优化状态，个人意愿与社会需要得到较好的结合，人与自然的关系比较融洽等等。从某种意义上说，社会和谐程度是和谐社会建设完好程度的反映。显然，社会不和谐，反映的必然是和谐社会建设的不顺利。

各自的内容，决定了它们之间的联系与区别。如就联系来说，两者都服从于同一个目标，反映的内容相同，同时作为一个大范畴，和谐社会包含了社会和谐的内容，而社会和谐则反映了和谐社会的建设程度及其制度设计的完好程度等。区别则主要表现在，和谐社会是个大范畴，社会和谐是个小范畴，因此，和谐社会包含的内容更多，同时是一个动态的过程；社会和谐反映的则是前者在某个特定阶段的静态状态等。

## 二、和谐经济与经济和谐

和谐经济与经济和谐之间的关系，相似于和谐社会与社会和谐之间的关系。

和谐经济，是一种人类社会在经济活动中的理想目标，是一种为达到这个理想目标而设计的一套制度安排及其演进过程，是一个社会的经济体制和文化的变迁过程，是一个社会经济福利不断深化的过程等等。这也就是说，同和谐社会一样，和谐经济也是一种社会的理想目标、一种社会经济制度变迁、一种社会经济变动过程、一个社会的经济福利深化过程等方面的统一，并且这个过程是没有止境的。也就是说，没有最好，只有更好。因为人类的理想永远不会止步，所以对和谐经济的追求程度也是没有止境的。

同社会和谐一样，经济和谐也是反映实际经济完好程度的状态，或者说反映和谐经济建设程度及其制度设计和执行好坏的实际状态，是一种（相对）静态指标，反映实际的资源配置状况，如生产、交换、分配与消费过程的资源配置状况。一般地说，经济和谐反映实际的资源配置状况达到较为满意的程度，各方面的经济利益关系处于相对融洽状态，由此反映一个社会的和谐经济建设取得较好的成绩。

不过要注意的是，经济和谐的程度较好，有时并不意味着和谐经济也处在理想状态。这是因为，和谐经济作为一种不断进步的动态过程，它需要保持足够的动力机制，而动力机制与绝对和谐是不相容的，正如人们常说的“公平与效率”[①]不能完全兼容一样，过于和谐，则推动和谐经济前进的动力机制会被扼杀，所以，过度的经济和谐并不代表和谐经济建设达到完善的程度。这正如西欧的社会和谐比美国高，但它也因此丧失了较多的动力机制功能，致使在与美国的竞争中处于日益不利的地位，这种不利反过来会影响社会与经济的和谐。西欧目前动荡不安的社会骚乱和罢工潮，就充分反映了这一点。这同时也说明，和谐社会的

① 公平与效率的关系是极其复杂的，并不存在简单的线性关系，当产品分配处在较大程度的不公平状态时，提高产品分配的公平程度将明显地提高效率；只有当产品分配的公平程度超过一定范围后，公平与效率之间才存在明显的反比关系。这方面较为详细的分析，请参见杨文进《论宏观公平与效率的关系》一文（《当代财经》1997年第6期）。

建设是一个前途虽好但路途艰辛的过程。

## 三、和谐生态与生态和谐

和谐生态与生态和谐的关系，同样是一种社会目标及其建设过程与建设状态的关系。

和谐生态的内容，主要指人类社会为了达到理想中的“天人合一”境界，即人与自然和谐相处，实现人类社会的可持续发展目标等，进行的制度设计、生态文明建设、人类社会的生态福利满足及其深化等一系列促使人与自然和谐相处的过程及其机制，是一个社会的生态文明不断深化的过程，同时也是人类生态福利不断得到满足的过程，更是一个社会制度文化的变迁过程，总之，是一个目标，一套制度，一种战略规划，再加上整个社会的行动过程等，它们的结合也就构成了一个社会人与自然的关系不断向和谐方向运动的过程。

同社会和谐和经济和谐反映和谐社会和和谐经济建设的状态关系一样，生态和谐反映的也是和谐生态建设在某个阶段的状态关系。其具体状态，可以用“生态和谐程度”来反映。对此，可以设计出一套反映和谐生态建设程度的指标体系来体现。

显然，和谐生态与生态和谐，反映的都是人与自然的和谐关系，但内容却是不完全相同的，和谐生态反映的是一个社会在人与自然关系上发展目标和制度变迁等一系列内容；而生态和谐则只是反映该过程的发展状态，因此，前者是个范围更大、涵义也更深的动态范畴，而生态和谐则是个意义浅显的静态范畴。

## 四、建设生态文明与生态文明建设

建设生态文明与生态文明建设的内容及其相互关系，与上面几对范畴之间的内容及其相互关系是相似的。

上面讲到，所谓生态文明，就是“社会在正确认识人与自然关系基础上，通过一定的制度安排使生态环境满足人类对生态产品需要的持续能力”。它包含三个方面的内容：首先是世界观和伦理价值，一方面反映人与自然的关系，即人类如何看待和对待自然；另一方面反映人与人之间的关系。其次是一种制度安排，一种文明要得到实现并成为一个社会占主流的伦理价值和意识形态，就必须在制度上得到体现才有可能真正实现。最后是生态创新和满足社会对生态产品需要的能力，生态文明不仅包含良好的生态环境意识和制度安排，而且包含人类有较强的协调人与自然关系以满足人们对生态产品需要的能力，实现人类与生态环境相互促进的目标，这也就是说，生态文明是生态意识、生态制度与生态手段的统一。

建设生态文明，相应地也就是加强以上这三个方面的建设。不过，它一般指在一个相对缺乏生态文明的社会，建立起与生态和谐相对应的生态文明，因此是一个社会文化制度的创新过程。其主要内容包括建立起与新的社会文化等相适应的反映人与自然和谐关系的生态伦理和文化，建立与生态文明相适应的制度及政策措施，培养与生态文明相适应的满足人类生态需要的生态创新能力等，由此促使社会由非生态文明向生态文明转化，最终达到生态文明要求的生态和谐状态。在现代，建设生态文明，更多的是指将长期占支配地位的人与自然对立的资本主义物质文明社会，转换到人与自然和谐的绿色时代的生态文明社会，因此它是一个破旧立新的过程。

与建设生态文明这种破旧立新、构建整个生态文明框架的工程相比，生态文明建设，则是在既定的框架内如何更好地使这个蓝图变为客观实际的过程，虽然其中也包括加强生态文明建设、完善有关法律制度等方面的内容，但并不是一种完全的创新过程，只是在建设生态文明确定的蓝图中添加具体的笔划，是实践建设生态文明的过程。

这种关系决定了建设生态文明与生态文明建设是不能相互脱离的，没有建设生态文明勾画的蓝图作指引，生态文明建设就可能陷于盲人摸象的窘境；没有生态文明建设实践，建设生态文明将永远处在蓝图阶段，只有两者有效地结合，生态文明时代才能真正到来，人类社会的可持续发展目标才有可能实现。

# 第三章 生态文明制度下的绿色和谐经济本质

生态文明、和谐社会与和谐经济、绿色发展等等最近涌现出的新名词，是社会追赶时髦的表现，还是社会正在发生明显的蜕变，这就是本章竭力回答的问题。

## 第一节　和谐生态经济标志着人类社会的质变

一种新思想的提出，尤其是一种新思想观念提出后很快被社会普遍接受并上升到政策，一定有深刻的社会背景，它或者是社会处于危难之中急需寻找新的出路，或者是社会发展处于十字路口而徘徊不前，因此需要新的思路和发展方式来帮助社会摆脱困境或找到更好的发展道路。

在拙著《可持续发展经济学教程》中，笔者曾指出，可持续发展思想的提出及其很快被发展水平迥异的国家共识，反映社会各方面正在发生明显的深刻变革；作为可持续发展目标之一的和谐社会与和谐经济，以及实现这个目标手段之一的绿色经济和绿色发展，也就是和谐生态经济提出后很快所形成的社会共识，同样反映了这种性质的变化。

## 一、哲学角度的社会质变

从哲学或伦理学的角度看，生态文明指导下的绿色和谐发展思想的提出，预示着人类正从传统的人与自然对立的发展观念，转变为人与自然和谐相处、协调发展的社会发展观。

之所以如此，是因为人类在长期的发展实践中，尤其是工业革命以来对生态环境破坏所产生的严重后果中认识到，人类虽然是地球的主宰，但却同其他生物一样，只是生命之网中的一个环节，其生存和发展状况完全依赖于其他生物和环境的完好程度，人类如果为了一时之利而牺牲生态环境，将会遭到它的严惩，甚至可能导致人类自身的毁灭。这正如人类当今虽然享受着空前的物质福利和（狭义的）精神福利，但由于它是以生态环境的破坏为代价实现的，因此，人类面临的存亡威胁也同样是空前的。人类作为一个物种的最大福利，就是物种的持续生存和发展，那种为一时之利而牺牲整个物种生存的做法显然是得不偿失的，由此迫使人类重新审视人与自然的关系和传统的发展观，从而产生出生态文明及其相适应的可持续发展和绿色和谐社会的思想和行动。这说明，生态和谐发展思想虽然不否定经济增长，但却要求这种增长被限制在生态环境和自然资源能够永续支撑的范围内。

随着生态环境破坏程度的日益严重和动植物灭绝速度的加快，不同观点的人们之间加强了对人与动植物关系的争论，有人坚持人类中心主义，有人则坚持平等思想，还有人持生态中心主义倾向。实际上，只要是从人的角度来看待这个问题，无论何种思想，都避免不了人类中心主义的倾向。这正如生态学中的环境，总是指以某种主体为中心的环境，而环境所包含的因素，也总是随所指的主体而决定的，这也就是说，离开了主体的环境是没有内容的，同时也是毫无意义的。既然是从人的角度来考察生态环境以及人与其他动植物之间的关系，就避免不了人类中心主义这种倾向。所以，核心问题不是人是否处于“中心”，而是如何理解“人”及“人的本质”。理解不同，得到的人与自然关系的认识也就不同。

我们知道，在基督教或西方传统哲学中，人是上帝的儿子，是地球的主宰，人类周围的一切都是被人类利用的，正是这种人类中心主义的哲学催生了以物欲为中心的资本主义。而资本主义产生的工业革命，则极大地强化了人类对自然的利用强度，使得数十亿年逐渐进化而成的生态系统在资本主义产生以来的短短数百年间遭到近乎严重破坏。然而，人与自然的关系毕竟不是资本主义伦理中的那种对立关系，生态环境被破坏而产生的人类生存危机，迫使西方哲学重新审视人与自然的关系。人与自然的平等观念，甚至生态中心主义的产生，就是这种审视的部分结果。然而，这种审视虽然是种进步，但却又是矫枉过正的。因为，离开人类这个主体来谈论环境或其他物种将是毫无意义。设想没有了人类，那么无论地球上动植物的生存状况如何完善，对我们人类来说都是毫无意义的。所以说，人类中心主义本身并没有错，错误的是将人与自然完全对立起来。

与以人类中心主义为代表的西方传统哲学不同，以中国道教为代表的东方哲学，以及崇拜鬼神和自然力量的南美洲和非洲等原始部落的图腾崇拜，将人与自然看做是和谐统一的关系，“天人合一”是这种思想的集中反映。这种思想，强调人的活动必须顺应自然（“无为”即“顺应自然”，是这种思想的集中体现），因为人来源于自然并统一于自然，如老子讲：“故道大、天大、地大、人亦大。域中有四大，而人居其中焉。”就反映了人虽然是万物的中心，但却不是凌驾于自然的，而是与自然相统一的。这是因为，从道家朴素的哲学观出发，他们认为人与自然是同根共祖的，如老子讲：“道生一、一生二、二生三、三生万物。”（《老子》第四十二章）人与自然，都是源于“道”，因此才会产生：“人法地，地法天，天法道，道法自然。”（《老子》第二十五章）“四大”居中的人，只有尊重自然规律，与自然和谐相处，才能达到“甘其食，服其美，安其居，乐其俗”的境界。

这种情况说明，在对待人与自然关系的问题上，关键不是是否将人类作为中心来看待，而是如何看待“人”及其本质。如果像我国古代哲学那样认识人，即使人被看做是高于其他物种的中心，人类仍然不能够恣意地对待自然，而必须像保护自己的眼睛一样珍惜自然，与自然和谐相处，人类因此才能够得到真正的幸福。我们知道，虽然通过所谓的“技术进步”，在以生态环境损害为代价的过程中，人类使自己的物质需要得到空前的满足，甚至使人的寿命得到明显的延长，这似乎证明人类可以独立或相对独立于生态环境而存在，然而在这种表象的后面，却是人类日益明显的生存危机，真正反映人类持续生存或再生产能力的一些指标，如男性每日生产的精子数量或每毫升精液的精子数量及活动率、不育女性比例、以健康状况和体质衡量的人种质量的下降等，都昭示人类极其可怕的前景，以至于在人口数量空前增加的同时，竟出现了“保留人种”的呼声①。这正说明了人的生态本性。这种本性要求人类在再生产过程中，不仅必须得到营养学家所强调的“卡路里”和“蛋白质”等营养物质，而且要求保持其生态性良好状态的生态环境，使人的内生态能够与外生态保持稳定的均衡关系。

对幸福的追求是人类一切努力的最终目标，而幸福却仅仅是人的一种心理感受。这种感受不仅受到物质产品需要与精神产品需要满足程度的影响，而且受到生态产品满足程度的影响。生态环境变化引起的人体内外部生态系统紊乱或变化，对人的精神和心理感受的影响是非常明显

① 很多年前，人们就发现男人精液中每毫升精子的数量在不断下降，而根据英国2004年1月5日公布的调查显示，男性精子数量在过去十余年里下降了近三分之一。研究人员说，他们从1989年到2002年调查了苏格兰7500名男性后获得了上述令人担忧的结论。通过分析精液样本，他们发现精子数量浓度正常（每毫升精液中精子的数量超过2000万）的男性，10余年里精子数量平均减少了29%。这项调查的领导人西拉迪泰亚·巴塔查里亚说，这可能是一些生活方式方面的因素导致的，同时环境中的杀虫剂及其他化学药品可能也对此有影响（资料来源：2004年1月7日新浪网·新闻）。

的，如它们不仅使人致病而引起极大痛苦，而且会引起人们情绪的不稳定而使人寝食难安，人类一些无名的情绪烦躁，很大部分原因就是生态环境变化引起的人体内分泌失调的结果。这说明，人的本源是与自然界相通的。有些科学家从总物质生产量来分析地球对人口的承载能力，这种能力超过了100亿甚至400亿（有人甚至估计能达到1000亿以上，但其食物只是藻类），但如果人口真的达到了这个水平，那么这很可能就是人类的毁灭之日。因为一旦达到了这个极限，那么地球上将没有其他任何野生动物的生存环境，大部分植物也将因生存空间的丧失而毁灭，届时人类将成为地球上的孤家寡人，它必然会在崩溃的生命之网中毁灭，所以，人类的生存不仅有维持其生命的物质需要，而且有保持其内部生态稳定的生态环境需要，只有两者达到平衡，人类的持续生存才有可能实现。正是对此过程的反思，才产生出了反映人与自然和谐相处要求的生态文明和绿色和谐社会思想。

## 二、社会学角度的社会变革

绿色和谐社会思想及其实践的产生，意味着人类社会的社会道德伦理正在发生重大的变化。

这种伦理道德的变化不仅表现在人与动植物之间的关系上，更主要表现在人与人之间的关系上。因为人与自然的关系，不过是人与人之间关系的反映，所以，人与自然之间相互关系的变化，只是人与人之间关系变化的一种表现形式。与传统那种注重个人或家庭或集团等自身利益的伦理价值不同，生态文明指导下的绿色和谐发展的伦理价值，要求人们像关心自己利益一样关心他人的利益，甚至以他人的利益高于自己的利益为价值选择，并且在实际行动中，不以追求与他人之间利益的差别为目标，富裕人们应以关心如何使穷人达到像自己一样富裕为基本的价值选择，其中包括减少自己的收入或财富的方式。这是因为，要使具有公共性特征的生态环境和自然资源做到可持续性，从而实现人类作为一个物种生存与发展的可持续性，就必须做到可持续发展要求的全体人民在各方面，尤其是利益分配方面的公平与公正，即公正与公平是实现可持续发展的前提条件，要做到人们在各方面的公平，就不能像在资本主义生产关系中那样以追求差别性的利益优势为目标，而应以追求公平与公正为目标，这就要求人们将“利他”像“利己”一样作为伦理道德的基本选择，才有可能实现代内公平与代际公平的统一，可持续发展才能够真正实现。

## 三、社会制度角度的变革

从社会制度方面看，可持续发展标志着人类基本社会制度的变化。

从表面看，可持续发展和绿色和谐社会思想的主要内容是自然资源与生态环境保护方面的，但其核心内容却是制度和文化的变革。因为，人类的行为方式是由一定的制度安排（制度安排则主要是由文化或价值伦理决定的）决定的，在资本主义发展方式下，人们以牺牲生态环境和消耗大量自然资源的方式来满足自己一定的需要，是一定制度安排的结果；当今人们要改变发展方式，在保护生态环境和自然资源的基础上来满足自己的需要，同样是对新制度选择的结果，所以，制度变革才是可持续发展中最核心的内容。制度安排决定了人们以什么样的方式来满足自己的需要，如人们经常提到的产品经济与市场经济这两种不同的经济体制，由于（激励）制度的不同，导致了两者实现利益方式的不同，因此决定了两者发展方式的不同。如市场经济的制度安排，是通过市场竞争以满足社会需要而获得利润的这种形式来实现人们的利益，所以，它能促进技术不断进步和劳动生产率的提高；产品经济的制度安排，则是鼓励人们追求数量扩张方式来实现自己的利益，结果也就导致了有增长但无发展的结果。在不同文化和制度安排不同的国家与地区之间，如中国与日本，由于各自对生态环境和自然资源的文化和制度不同，使得各自人民这方面的行动也迥异，结果是两国之间生态环境的质量明显不同。

可持续发展思想的提出，意味着长期被视为推动经济发展和人类福利提高的传统资本主义制度，已不适应新条件下的人类社会发展，必须被代表人类新曙光的更高级的社会制度所替代。

生态文明指导下的绿色和谐发展，将改变人类社会原来以经济增长为目标的单一倾向，转向追求社会、经济、环境、人口之间相互协调的综合发展。单纯的经济发展，虽然给人类带来了空前丰富的物质福利，但却因两极分化而产生了严重的社会对抗、自然资源被严重消耗和浪费、生态环境严重恶化、人口与资源的比例关系严重失调等一系列严重的社会问题，不仅使传统的经济增长难以持续，而且威胁着人类的持续生存，由此促使人类对传统的发展方式进行反思，由追求单纯的经济发展，转向追求各方面协调发展，以实现人类社会的最大福利。这种促使人类对传统世界观进行的深刻反思，必然产生出与可持续发展相适应的新的世界观。这种转变，不仅反映了人类对人与自然关系的重新认识，而且在对世界的认识上，也由原来简单地以形而上学的眼光看世界，转变成以普遍联系和辩证的观点看世界。其在社会发展观上，表现为由单纯的经济发展转变成各方面相互协调的发展。

## 四、需要角度的变革

从人类社会的角度看，生态文明指导下的绿色和谐发展，表示人类由原来单纯地追求物质享受，转向追求物质需要、精神需要、生态需要与社会需要等四种需要相互协调，而且生态需要优先的选择。

前面讲到，生态需要是指人类为了获得包括维持生存和满足发展需要等方面内容在内的最大福利需要而产生的对生态产品的需求。生态需要的本质，是维系人的内在平衡及其与生存环境之间的协调，保证人类的持续生存，以实现人类的最大福利。虽然从形式上看，经济发展方式转变的原因是经济发展与自然资源供给之间的矛盾，但最根本的原因却是生态需要或者说生态产品供给与人类持续生存要求之间的矛盾。因为当今人类面临的最主要问题，并不是一些维持生存的基本物质产品得不到满足，而是保持人类持续生存的生态需要得不到满足，环境的破坏、动植物物种的大量减少、自然生态系统中一些食物链的断裂等，威胁的并不是当代人的福利，而是人类的持续生存，如就一些生态指标，如寿命的长短等来衡量，当代人的生态福利应该得到了极大的改善，但它的代价却很可能是人类持续生存能力的丧失。同时就单纯的主要经济性资源来说，通过价格的调节和技术进步，人类总是有足够的智慧找到更丰裕的资源来替代短缺的资源，同时对大部分经济发展水平达到一定程度后的国家来说，满足生存所需的物质需要早已得到解决，所以生态需要必然会成为这些社会关注的焦点；然而，构成生态需要的许多内容却又不是当今的技术和金钱能够解决的，如物种的减少、环境破坏产生的生命之网的瓦解等都不是当今的技术和价格能够解决的，这使得当今人类在得到空前的物质与精神享受的同时，却也面临同样空前的生存危机，因生态需要得不到基本满足而造成的内在失衡也空前突出，良好的生态环境正成为越来越多人可望而不可即的奢侈品等等，都充分说明了这点。当前世界各地出现的环境保护主义运动，甚至生物中心主义，说到底并不是人的利己本质发生了根本的变化，而是生态环境的破坏严重威胁到人的持续生存。人虽然通过“文明进步”脱离了动植物界，但却改变不了仍然是生命之网上的一个环节的生态本性。这正如目前一些动植物的灭绝，并不直接影响到我们人类各种直接需要的满足，在短期内甚至会增加我们人类物质需要的满足，如在畜牧地区大型食肉动物的减少或灭绝，将增加肉类的供应，但每一次这样的报道都会引起人类灵魂的震撼。其原因不仅在于这些物种的灭绝会瓦解生命之网，在混沌原理的作用下，我们不知道这会对人类的长期生存产生什么样的影响，更主要的原因在于，人是自然的产物，人的灵魂源于自然，因此，人只有在自然中才能得到真正的安宁与幸福。人类灵魂归宿的自然界的任何骚动，轻则会引起人类灵魂的不安，重则会导致人类的毁灭。因为作为生态系统的一个有机组成部分，人自身这个系统的内外都是与构成其环境的整个生态系统紧密相关的，除了一些人类有形的感官，如眼、鼻、耳、口等能够感觉到的环境变化的影响外，还有许多我们外部感官不能直接感觉，而是由我们身体内部的无形感官才能感觉的环境变化，如微生态系统变化产生的流感病毒引起的人的感冒，大气中一些元素的增减引起的人的身体或精神的变化，气候的变化会引起人身体内部生态系统的变化等等，这些变化不仅会影响人的身体，而且会影响人的精神甚至生命。中国古代哲学中朴实的“天人合一”思想，是这种人与环境关系的真实反映。它反映了生态系统的任何变化，都会影响人本身这个生态系统，要实现人的幸福目标，就一定要维持人类生存的生态系统的完好性。所以，人对环境观念的变化，仍然是人类自私思想的体现。设想某一天，生态环境实现了根本的好转，各种濒危野生动植物恢复到非常丰富的地步，人类肯定要对它们加以利用（甚至食用），以满足自己在各方面的需要。所以说，对生态需要满足的追求，是绿色和谐发展最重要的内容之一。

## 五、经济学角度的理论质变

可持续发展和绿色和谐发展的要求与实践，意味着在经济理论和实践中，传统的经济理论面临重大的变革，生态环境和自然资源必将作为内生因素进入经济分析系统，因此价值和分配理论面临重大革命，作为经济学基础的前提假设“经济人”的内涵也将做重大修正，以当代人和当事人的最大利益为标准衡量的最优化的资源配置行为，将被以人类持续生存和发展，即以代际公平与效率相统一的资源优化配置标准所取代。

以上内容说明，生态文明指导下的绿色和谐发展所预示的变革是全面的，标志着人类社会的发展正处在重要的转折过程中，表明人与人和人与自然的关系必须由文明产生以来的对立转向和谐与博爱，从而传统的资本主义制度正在被新兴的社会制度所取代，从某种意义上可以说，可持续发展或绿色和谐发展目标的实现之日，也就是马克思设想的共产主义实现之日。因为，这种社会与马克思设想的“共产主义是私有财产即人的自我异化的积极的扬弃，因而是通过人并且为了人而对人的本质的真正占有；因此，它是人向自身、向社会的即合乎人性的人的归复，这种归复是完全的，自觉的和在以往发展的全部财富的范围内生成的。这种共产主义，作为完成了的自然主义=人道主义，而作为完成了的人道主义=自然主义，它是人和自然界之间、人和人之间的矛盾的真正解决，是存在和本质、对象化和自我确证、自由和必然、个体和类之间的斗争的真正解决。它是历史之谜的解答，而且知道自己就是这种解答”①的理想社会是完全一致的。

## 第二节 需要平衡要求是社会变革的根本原因

人类的一切活动，都是为了满足人类自我的需要，任何社会的重大变革，追根溯源，都一定来自于人的需要不能有效地满足。可持续发展和生态文明指导下的绿色和谐发展，也同样来自于这些原因。

### 一、人的四种需要

从人的本质看，人具有四种属性，即物质、精神、社会与生态属性，为了维持这四种属性的存在，就会产生相应的四种需要，即物质需要、精神需要、社会需要与生态需要②。

物质需要，就是人类为了获得满足自身物质属性所产生的对各种物质产品，如食物、衣物、住所等的需要。这种需要也可称为生态性物质

① 马克思：《1844年经济学哲学手稿》，人民出版社2000年版，第81页。

② 在大部分人的研究中，社会需要被作为精神需要的一部分，但笔者认为，精神需要这个范畴不能包含人类作为一种有组织的社会性物种对社会需要的全部，如对政治文明等方面的需要，就难以在精神需要当中找到相应的位置。

需要。要满足人作为物质体的新陈代谢，就必然会产生这方面的相应需要。同时人作为一种特有的文明物种，还会产生相应的社会性物质需要，如时装、装饰品等各种代表社会地位和自我价值的物质需要等。从消费层次看，物质需要既包含最基本的需要，也包含最高级的需要，如自我价值实现艺术创作所需的颜料、笔、画布等。同时从物质产品满足需要的属性看，也包含精神、社会和生态等方面的需要。

精神需要，就是人类为了获得满足自身精神属性所产生的对各种精神性产品的需要。人作为精神体，为了满足这方面新陈代谢的需要，必然会产生相应的对精神文化产品的需求。更主要的是，人作为一种文明产物，要维持文明属性，就必然会产生对各种文化知识等人类特有文明产品的需要。同物质需要既属于基本需要又属于高级需要一样，精神需要也同样具有这些属性，同时它也包含社会和生态等方面的需要。

社会需要，就是人类为了获得满足自身社会属性所产生的对各种社会性产品的需要，这种性质也可以说是社会性生态需要。人类之所以会产生各种社会性需要，是因为人的本质是社会性的，因此必然会产生相应的对社会性产品的需要，如家庭的需要、社会集团交往的需要、参与社会政治活动的需要、被人理解和尊重的需要等等，所以，社会需要也是人类需要的一个重要组成部分。“孤独，生命的孤独会慢慢吞噬一个人所有的意志。在没有理解与爱的世界中，没有谁能够走上山坡，走向阳光。”[①] 所以，如果缺少这种需要，就会如同缺少精神需要一样，人就会发生蜕变，如人长期脱离社会，就像二战后长期流落东南亚原始森林的日本士兵那样，不仅会丧失语言能力，而且会向动物蜕变；那些长期被单独囚禁的人，因社会交往等社会性需要得不到基本满足，会发生精神状况的崩溃等，都说明了人的社会属性所产生的社会性需要的客观性和必要性。从范围看，社会需要也有广义与狭义之分。广义的社会需要，包括各种为满足社会性工作与生活而产生的对社会性产品的需要，其中

① 肖欣楠：《永恒的一天》，《天涯》2008年第6期。

包括许多属于精神文明产品和社会性生态产品需要的范围；狭义的社会需要则仅指参加各种社会性活动的需要。本书所指的社会需要，主要就是这种狭义的社会需要。

生态需要就是人类为了获得包括持续生存和满足发展需要等方面内容在内的最大福利而产生的对生态产品的需要。生态需要也同样包含部分物质需要、精神需要与社会需要。

## 二、四种需要之间的关系

人不仅是物质和精神的，而且还是生态和社会的，因此要使人的本性和幸福得到完全的实现，就必须使四种需要同时得到满足并且维持相对平衡，任何失衡都会扭曲人的本性而使人及人类得不到真正的幸福。因此，才会出现当今人类虽然得到了空前的物质经济福利（还有社会性的精神文化产品），但由于人的生态需要没有得到基本满足，因此当今人类内在的失衡也是空前的。这说明了人类幸福并不一定随着物质（狭义）精神产品消费的增加而增长，正如生态学中的利比希最小因子定律一样，作为四种属性统一的人的幸福，也是由四种产品中的最小因子决定的。

虽然在一定范围内四种需求之间存在着一定的替代关系，如在一定范围内，生态需要的减少可以被物质需要或精神需要的增加所抵消，人类进入文明史以来这种情况就一直在持续，但这种替换是有一定限度的，超过这个限度，再大的物质需要增加都难以抵消生态需要下降所造成的福利损失（任何一种需要与其他两种需要之间也存在这种关系，如物质消费下降到一定程度后，生态需求任何程度的改善都抵消不了物质消费下降所造成的福利损失，由此才会出现一些贫困地区的人民以破坏生态环境的方式来谋取物质利益的做法。精神贫困的人则会以物质财富来换取精神产品)，因此才会出现当今社会经济发展方式的转换。这种情况，说明当今社会物质消费增长给人类带来的福利增加，已抵消不了生态消费减少所造成的福利损失，所以，要实现人类的最大利益，就必须保持四种需要之间的相对平衡。

虽然我们根据人所特有的四维本质，将需要划分为四种，但由于人是这四维本性的统一体，因此决定了这四种需要以及四种产品之间的界限不是泾渭分明的，而是相互重叠的。如对水和空气等有形生态产品的生态需要，同时又属于物质需要的范围；对自然和社会景观等无形生态产品的生态需要，则又属于精神需要的范围；对其他物质和精神产品的需要，又是维持人的内在生态平衡、使人保持良好生态心理的需要；对维持社会地位所产生的对物质产品、精神产品和生态产品所产生的社会需要，则又同时属于物质需要、精神需要和生态需要的范围，所以，在实际过程中并不能够在四种需要和四种产品之间做严格的区分。正因为这样，所以我们才说，要实现人的最大福利，就必须维持四种消费之间的相对平衡。

人的四维一体性质和四种产品与四种需要之间的相互重叠性，使得四种需要与四种产品之间存在着一定的替代关系，即一定量物质消费的增加可以替代一定量生态消费的减少，或者一定量生态消费的增加可以替代一定量精神消费或物质消费或社会消费的减少，但这种替换率是不断改变的。如随着生态消费下降到一定程度后，减少它一定量消费造成的福利损失补偿，所需的其他产品就要比原来更多，而且这种变化是以指数方式增长的，并且还有严格的范围限制，即降低到一定程度后，不管多少其他产品消费增加所获得的利益都抵补不了这种产品消费减少所损失的福利，如物质消费下降到一定程度后人就会死亡，这种福利损失是其他几种消费任何程度的增长都弥补不了的。生态消费下降到一定程度也是如此，如氧气和水缺乏到一定程度，人就无法生存。

四种需要和四种产品之间这种既存在一定的替代关系但又有严格范围限制的这种特点，决定了人类社会可以在一定范围内根据生态环境状况和经济发展水平以及四种需要的满足状况等条件来决定它们之间特定的相互关系，如在生态环境状况良好和自然资源丰富而物质福利低下时，通过降低丰裕而边际效用较小的生态消费，来换取较多的短缺从而边际效用大的物质消费的方式，以提高整个社会的福利水平等，但这种替代关系同时又决定了该选择的范围界限是受到严格制约的，如当今我国因生态环境恶化而使人们的生态消费下降到一个非常低的水平，经济增长部分已远远抵消不了生态环境资本的减少，再采取以环境来换取传统经济增长的方式已得不偿失，所以，我国必须采取与原来做法完全相反的政策，即以物质资本和知识资本来换取生态资本，以取得更好的社会福利效果。

人类活动的最终目标是为了取得最大幸福，幸福的大小又取决于四种需要的满足及其均衡程度，所以，要实现人类社会生产的最终目的，就必须做到四种需要的相互促进和均衡，这也是实现可持续经济发展的基本要求。

## 三、四种需要之间的严重失衡是促使社会变革的主要原因

要实现人类的幸福目标，四种需要之间就必须保持平衡，然而正如堺屋太一所指出的那样，作为对中世纪注重精神文化产品消费的否定，资本主义走上了一条过度注重物质产品消费的道路，由此不仅导致物质消费与精神消费之间的严重畸形，而且导致生态环境的严重破坏，使经济发展难以持续①。

自资本主义工业革命以来，人类在物质消费领域的改善是极其明显的，一些物质的消费，如普通食品等，甚至达到边际效用为负的地位，以致出现这样一种荒诞现象，每消费一单位货币的食品，竟然需要数单位货币来消化它的副作用，如减肥、治疗便秘，治疗因肥胖而产生的各种疾病等，一些国家这些方面的医疗支出已经超过食品支出；在许多方面，人类已经生产得过多，以至经常会出现因过剩而出现的经济危机；

① 参见［日］堺屋太一：《知识价值革命》，东方出版社1986年版。

财富的过多，使我们将大量的财富用于无用的领域，如美容、大量使用一次性产品、绝大部分物品未到使用寿命就被抛弃等等，都说明人类社会的物质福利已达到非常高的水平。然而，在人们享有如此多的物质财富的同时，人类却并没有获得相应的幸福。因为这种物质福利是在残酷的竞争环境中实现的，残酷的竞争使得人们为此付出了巨大的精神代价，生活节奏日益加快[①]，人与人之间的关系日益冷漠，几十年门对门的邻居竟互相不知姓名，害怕失去工作职位、抵押的住房、亲友的关爱等，同时相互猜忌和勾心斗角日盛，使得人们日夜浸沉在提心吊胆之中，致使患有精神疾病的人口比例不断上升，由此引起的社会犯罪现象也日益普遍，社会、家庭和个人为此承担的成本不断提高等等现象，都说明日益丰富的物质享受并没有给社会和个人带来相应的幸福。这些情况，是促使人们对资本主义制度进行反思而对其进行改造的必然结果，由此出现堺屋太一所描述的人类社会从此由单纯的物质追求转向注重精神与物质平衡的资本主义扬弃过程。

如果说仅仅是精神需要与物质需要之间的失衡就导致资本主义社会难以持续，那么更为严重的生态需要与物质需要和精神需要之间的失衡，就更使当今一切社会形态的发展难以持续。

我们知道，随着社会生产力的不断提高，物质财富日益以指数式的方式增长，以至尽管人口保持着高增长，但人均物质财富仍然以有史以来的最高速度增长。物质财富的增长，不仅意味着对自然资源攫取的不断扩大，而且意味着废弃物排放量的高增长，以至不可再生资源日益稀缺，生态环境日益恶化，世界上早已找不到未被现代工业污染的净土，物种以前所未有的速度灭绝，人类所吃的食物和呼吸的空气，已不是有没有污染的问题，而只是污染程度的大小，日益增多的人群远离自然，生活在钢筋水泥构筑的“森林”中，爬山、郊游、耕种等这些古人习以

① 改革开放以来，人们发现，经济发展程度与人们行走步履的节奏成正比，如香港人的步履比上海人快，上海人又快于内地省市人，省市所在地人的步履则快于省内地级市人。

为常的生活方式，竟成为现代人的一种奢侈需求①，同时如前面讲到的，虽然人的平均寿命因物质需求的巨大改善而达到有史以来的最高水平，但因生态需求不足而产生的人类持续生存能力也达到有史以来的最低水平，以至在人口数量和人均寿命达到有史以来最高水平的时候，人类对自身持续生存能力的忧虑也达到史无前例的程度，由此人类已充分认识到，威胁人类持续生存的，并不是如火山爆发、洪水、瘟疫等自然灾害，而是生命之网的破裂和人类生育能力的持续下降，从本质上讲，是人类的生态需求没有得到最基本满足的结果。

生态需要满足的匮乏，表现在每一个方面，如缺乏满足基本质量需要的呼吸空气、水被程度不等地污染、所有食品都被程度不同地污染，城市人绝大部分平日难以接受到田野等这些放松精神和激发灵感的自然，更奢谈美丽壮观的河流山川，由此产生的精神紧张情绪日益强烈；人为因素造成的气候环境变化，使人的内分泌系统处在日益失调状态，因此产生的疾病和痛苦也日前严重，相当部分的精神疾病是生态环境变化的结果，因环境恶化所产生的疾病，如癌症等更是达到惊人的程度，这些都是现代文明改变了人作为一种生态物种天然属性的结果，这些都反映人类在获得巨大物质福利和一定量精神福利的同时，却以越来越大的生态福利损失为代价，因而是得不偿失的。如果说，资本主义产生以来物质需要与精神需要之间的失衡，还只是导致一种生产方式难以持续而不得不进行改革，那么，物质需要与生态需要之间的严重失衡，所导致的就是人类生存难以持续，其生产方式和社会制度变革的迫切性就更是不言而喻。

如果说发达资本主义国家，在发展到一定阶段后，通过生态环境损害的外部转嫁，即向发展中国家转移环境损害产业及废弃物，同时进口

① 20世纪90年代后期，我的一个朋友告诉我，他一次在与读高中的孩子交谈时讲到，与我们童年时相比，你们现在是真幸福，基本上是要什么有什么。其孩子的回答竟是，我们这一代并不比你们幸福，因为你们生活在一个无污染的时代，而我们则生活在一个充满污染的时代，吃什么都提心吊胆的。你们那个时候，“癌”这个词的使用频率很低，而现在却是使用频率极高的词之一。他妻子几年后就死于癌症。

相应的产品等损人利己的行为而使自身的生态环境得到一定的保护，人们的生态需要得到一定程度的满足；那么，对我国这个世界上最大的发展中国家来说，生态需要与其他需要之间的失衡程度也就更严重。这一方面是因为我国工业化的起步迟，不可避免地要经历以牺牲生态环境换取经济发展的道路；另一方面则是为了赶超发达国家，不得不在一个较短的时间内完成工业化过程；再一方面就是作为后进的发展中国家，不得不承受发达国家的生态环境损害转嫁，所以生态环境在极短的时间内遭受极其严重甚至灾难性的损害。有一个例子可以很好地说明这种损害的程度：江南水乡，如浙江绍兴地区河沟中的水，在20世纪60年代还可直接饮用，到70年代尚能洗衣，80年代只能涮马桶，90年代则连马桶都不能洗了；因水被严重污染，整个江南水乡已经成为严重缺水的地区。世界上大气污染最严重的大中城市绝大部分在我国；乡镇经济的发展，更是将环境污染问题由城市推向全国的每一个角落，昔日那种环境优美、人与自然和谐相处的情景，只能在梦中追寻；因环境严重恶化造成的经济损失，有人认为甚至超过每年新增的国民收入；因环境问题引起的伤残疾病人数更是触目惊心。中国人目前呼吸的很可能是世界上最不洁净的空气，所吃的则是污染程度最高的食品，以致在国内奶制品严重过剩时，每年却要进口可观的价格昂贵的奶制品，原因就是国内奶制品污染程度较高。实际上，如果放开农产品和一般食品市场，国外污染程度较轻的农副产品的进口量会大量增加。现在人们往往能因（到远郊山区等）呼吸到一些较清洁的空气和吃到一些较少污染的“绿色食品”而成为对人炫耀的资本，以至生态需要这种作为人类最原始因而也曾是人类需要中最平等的需要，在今天它的满足程度竟然成为划分社会阶层甚至阶级的最重要标志等，这些都表明我国的生态环境已恶化到极其严重的程度，人民的生态需要贫乏到难以忍受的程度，以至今天许多人都在反思，虽然经济发展了，人民群众的物质生活改善了，但却失去了新鲜的空气和洁净的水，这样的发展是否值得？显然，所有的人并不反对发展，更没有人留恋当年那种缺衣少食的时代，但对严重牺牲生态环境和生态需要来满足物质需要的做法，却是普遍持有异议的。

我们知道，任何产品的消费都具有边际效用递减的倾向，这反过来也就表示，当对某类产品的消费不断减少时，其边际效用是不断递增的。将这种效应来比照现实，说明当今以物质福利为重心的经济发展很可能是得不偿失的。如前面讲到的那样，当今许多物质产品的边际效用早已达到负数的界限，精神需要与社会需要的供给则相对不足，生态需要的供给更是严重不足。我们知道，从理论上说，优化的资源配置，应该多供给那些边际效用高的产品而减少供给边际效用低的产品，然而实际的资源配置状况却与此相反，说明当今的资源配置是扭曲的，没有很好地反映社会实际需要。

市场经济的资源配置为什么大量生产那些边际效用低的物质产品，而对边际效用高的满足精神、社会和生态需要的产品的生产却很少，从而难以有效地配置资源以满足社会需要？根本原因，是市场经济中的一切都以现金交易为对象，而精神需要、社会需要和生态需要中的相当大部分，却或者是难以通过市场交易得到实现，如亲情与友情、政治参与等，或者是这些生产与需求活动具有极强的外部性，如生态需要中对洁净空气与水等生态产品的需要，市场交易者难以获得必要的收入等，这些特性决定了市场交易难以提供有效的资源配置。这种情况反映，市场机制虽然在一些产品的资源配置方面是有效的，但范围却是很狭隘的，仅限于部分通过货币交易的对象，而在那些外部经济性强，货币交易难以反映全部经济活动的领域则无效或低效。

这种情况从另一个方面看，则反映四种产品的生产中，在与社会和生态环境的关系上，满足物质需要的产品生产的外部效益最低，或者说它是一种比较自利的产品生产，它的生产对生态环境来说基本上是负效用的，如不仅要从自然界攫取大量的资源，而且生产过程还会对生态环境造成程度不等的破坏，产品的使用及最终的废弃也会对生态环境造成不利影响，所以，在四种产品生产中物质产品的生产是一种最自利的生产。相比而言，精神产品和社会产品的生产，具有较强的正外部性，这不仅因为它们的生产所需的自然资源较少，因而对生态环境的损害也较少，而且它们的产品具有使用的持久性和外部性，如唐宋诗人创造的作品至今仍然被社会广泛享用；和美的家庭和良好的人际关系，不仅是个人之幸，更是社会之福。具有最明显外部效应的是生态需要产品的生产及其满足，尤其是在人与自然的关系方面。

从形式上看，一切需要都是为了满足人类的利益，从而是自私或自利的，但在与生态环境的关系上，生态需要却与其他三种需要之间有显著的不同。其他三种需要的满足，都或多或少地会消耗自然资源并对生态环境造成不利影响，而生态需要（狭义）的满足，却是有利于生态环境的保护和改善的，如植树造林以改善景观和空气质量，不仅满足了人的生态需要，同时也改善了生态环境，保护了物种的多样性等等，所以，生态需要的满足，是达到人与自然和谐的最基本条件，是人类利己与利他（自然）的有效结合。自然，也正是这一点，使得在生态产品的供给与需求方面，市场机制的作用相对有限，必须以其他机制来对其弥补、矫正，甚至取代，做到人类社会在生态需要方面利己与利他（自然）的统一，实现人与自然和谐相处的目标。

由于当今社会在人类需要方面的主要矛盾，是物质产品供给过多并造成严重的生态环境问题，而精神产品与社会产品供给相对不足，生态产品的供给最为短缺并严重威胁人类的持续生存，而在后三种产品的供给，尤其是生态产品的供给上，资本支配下的市场机制又是相对无效的，而要实现人类的幸福目标，四种需要之间就必须保持相对的平衡，否则，不仅要导致资源配置的低劣化，阻碍人类幸福目标的实现，而且会严重阻碍人类社会的持续生存和发展，由此昭示传统资本主义的生产方式已经不能适应人类社会发展的需要而即将走到历史尽头，能够反映社会需要变化并满足人类社会持续发展的绿色生态和谐经济将取而代之。

所以说，四种需要之间的严重失衡，是促使社会生产方式和制度变革的最主要原因，是传统的资本主义生产方式不能适应人类社会变化的要求的结果。

## 第三节 生态、经济、社会之间和谐发展关系

我们知道，当某个事情突然被社会普遍重视时，那么一定是该事物成为社会矛盾的核心，它或者会引发严重的社会问题，或者已严重阻碍社会经济发展等。这正如在一个商品经济或市场经济占支配地位的社会，绝对不会讲要大力发展商品经济或市场经济；在一个各方面关系相关稳定的社会，也绝对不会反复强调要建设“社会和谐”，只有当社会不和谐并已严重威胁社会的正常运转时，才会出现这种情况。当前被世界各国普遍接受的绿色经济，也正是因为资本主义的黑色（污染）经济恶化到威胁人类社会经济的持续发展，人类社会不得不改弦更张的结果。

### 一、生态、经济、社会之间和谐发展关系的变迁

应该说，任何一种生产方式都具有历史性，在这个历史性之内，生态、经济与社会之间的关系会处在相对和谐的状态，四种需要之间也会相对均衡或和谐；一旦超出历史性，生态、经济与社会之间的关系就可能走向对立，四种需要之间也会变得不协调而威胁人类社会的持续发展。这种情况也说明，人们不可能设计出一种永恒的适应任何生产力发展水平和不同生产方式的社会经济模式。

从历史过程看，资本主义生产方式也是遵从这个规律的。也就是说，在其历史必然性的范围内，它是满足经济、生态与社会之间关系协调发展、四种需要满足之间相对平衡的要求的。因为在人类历史上，自注重精神文化产品需求的中世纪取代注重物质享受的古罗马后，不仅精神文化产品的需求占了人类需求中的极大比重，注重身心修养的社会必然也是注重社会和家庭关系融洽的社会，如规定每个礼拜天不能劳动而必须

参加宗教和社区活动等，因此社会需要也会得到较大程度的满足；抑制物质需求而带来的生态环境质量不断改善，使得生态需要也得到充分满足，所以，相对于这三种需要的满足来说，物质需要的满足程度是最低的，因而不符合人类四种需要必须均衡满足的要求，资本主义也就是为了改变这种状况而产生的，为此还产生出了一套有效的实现机制——市场经济。这说明在一定范围内，资本主义是适应人类社会需要的产物，因而是进步的。只是随着资本主义的持续发展，在物质生产日益丰富的同时，生态环境遭到日益严重的破坏，致使生态需要的满足程度不断降低，并威胁着人类的持续生存和发展；同时在过度的物质享受主义和竞争程度日前强化的侵蚀下，精神和社会需要也被相对忽视，由此精神文化和社会需要方面的满足程度也日益下降，如各国虽然法律规定礼拜天是休息日，但相当部分的人已不是参与宗教和社区活动等，而是个人消遣等；对金钱的过度追求，使人与人之间的关系变得冷冰冰，“远亲不如近邻”早已在资本主义社会成为历史，精神空虚成为资本主义社会的普遍现象，所以，四种需要之间的非均衡日益严重，致使人类在追求幸福的过程中离幸福反而越来越远，充分说明资本主义在对中世纪扬弃的过程中出现了严重的矫枉过正，最终反而使自已变得不再符合社会要求而成为革命的对象。

当今提出的生态文明指导下的绿色和谐经济发展模式，即和谐生态经济模式，就是针对资本主义这种过度注重物质需要而忽视其他三种需要弊端的修正，走经济、生态和社会相互之间和谐发展，四种需要满足之间相互协调的发展道路。

## 二、经济、生态和社会之间发展的一般关系

要满足人的四种需要并做到相对协调，就需要经济、生态和社会之间相互协调，但在实际过程中，经济、生态和社会三者之间的关系却是对立统一的，即既有协调的一面，也有矛盾的一面。

如就经济与社会的关系来说，经济是社会发展的基础，而社会发展，尤其是社会稳定，则是经济发展的最大保障。只有经济发展，社会富足，各项社会事业的发展才有保障，从而社会才能安定，因为“温饱足而知礼仪”，贫困则是社会革命的最好温床。在当代资本主义社会，凡是社会不稳定的时期，都发生在经济状况不好、失业问题严重之时。这正如时下欧洲一些国家，如希腊等国，就因为经济状况不好而引发严重的社会危机，而社会危机反过来又严重阻碍经济的复苏。所以，经济与社会之间存在着相互促进的一面。但在这种相互促进的同时，也要看到，两者之间也可能存在阻碍的一面，如当代资本主义那样，经济发展了，但整个社会人与人之间的关系却日益变得冷冰冰，同时随着经济的发展，社会两极分化可能加剧，人们对社会事务参与的要求会提高，可这些方面的改革又往往是比较困难的，因此会出现严重的社会问题并反过来阻碍经济增长，如像日本20世纪80年代经济达到高度繁荣后出现的一系列社会问题而最终引起经济的持续衰退那样。我国当前经济发展与社会政治发展滞后所产生的社会矛盾也同样非常尖锐，如两极分化日益严重，城乡隔阂、区域分化日益加强等，政治体制改革严重落后于经济发展的要求等，随时都有引起社会危机的可能，所以我们才提出要加强和谐社会建设。同样，各种社会事业过度发展，如过度的社会保障和民主制度等，则可能会阻碍经济增长等，如西方一些发达国家，例如欧洲的希腊等，社会保障程度过高，一些人的民主权利和意识也过高，这虽然使人们的一些社会和精神文化需要得到较大的满足，但整个社会却因此丧失了效率，不仅产生严重的财政危机，而且整个社会的竞争力也日益下降，因此对经济发展产生严重阻碍，这反过来自然会阻碍社会建设的发展。

经济与生态之间的对立统一关系则更为明显。如资本主义产生以来，这两者之间的对立关系就一直居于主导地位，尽管现代发达资本主义国家的局部生态环境有所好转，但整个世界生态环境质量恶化的趋势却并没有改变。我国的情况也与此类似。正是这种矛盾关系恶化到一定程度，迫使人类不得不对资本主义以来的发展过程进行反思，由此提出可持续发展思想与行动。在我国，这两者的矛盾，更是促使我们在此基础上提出绿色和谐社会发展道路。不过要注意的是，虽然资本主义产生以来经济发展与生态环境的关系主要呈对立关系，但也要看到，两者之间也存在相互促进的关系。这是因为，贫困是生态环境的最大敌人，相对于生态需要与在极度贫困下维持生命所需的物质性经济需要，如食物等来说，后者的重要性显然更大，由此我们才能理解贫困地区的人们为什么会以破坏自己生存家园的方式，如在极陡峭且易引发严重水土流失的山坡上开荒种粮，或者是在自身所有的草地上挖掘甘草和发菜等这些破坏生态环境的短视行为，原因就是这些行为相对于保护生态环境来说，是价值更大的理性行为。这种情况说明，生态环境的保护和建设，是需要一定的经济发展作基础的。一定量生态环境的价值，是随着物质财富的增加而不断增加的，也就是说，只有当人们的物质福利达到一定水平后，生态需要才会被人们逐渐重视，生态环境的价值才能由此体现，人们和整个社会才会重视生态环境的保护和建设，甚至会以牺牲一定量经济增长或物质财富的方式来换取生态环境的改善，由此才会出现生态环境的某些指标，如空气和水的质量、居住环境等随着经济的持续发展而改善的情况，产生经济学所说的经济与环境的倒U型变化，即当经济发展达到一定阶段后，生态环境与经济发展水平之间具有正比关系。有一个例子能够很好地说明经济发展与生态环境的关系。中美洲的热带雨林有世界之肺之称，然而不同人们对其价值的评估却天差地别。20世纪90年代，发达国家的科学家经认真评估，认为每公顷森林的价值高达100万美元，而当地人的评价则不到——他们的实际行为是毁林种植每公顷净收益还不到400美元的小麦。对同一环境质量给出不同价值评估的情况，发生在每个地方的贫富人们之间，如西湖边的住房，对富裕的人来说，是每平方米数万元而不可得；而对在湖边有房的贫困人来说，早就售房迁居了。

同时，生态环境的保护与改善，对经济发展也可能产生促进与阻碍的矛盾关系。一般地说，生态环境是经济发展的基础，良好的生态环境有助于经济发展，生态环境恶化，不仅会极大地增加生产成本，如水被污染，会产生极其高昂的水治理成本等，严重的甚至会熄灭整个地区的经济发展之火；对生态环境的过度保护，也同样会阻碍经济发展，当前发展中国家与发达国家之间进行的温室气体排放标准和排放量的争论，也就是环境保护与经济发展孰轻孰重之争，发达国家希望藉此限制发展中国家的发展，而发展中国家则希望发达国家承担主要的减排任务。所以说，生态环境与经济发展之间的关系同样存在着相互促进与阻碍的两面性。

生态与社会的关系，也同样是对立统一的。只不过在不同阶段，对立统一两种力量之间的对比往往是不平衡的，因此，两者之间既可能向相互促进的方向发展，也可能向相互阻碍的方向发展。如何处理两者之间的关系，使它们彼此向良好的方向发展，是对人们智慧的重大考验。

经济、社会与生态之间的这种矛盾关系，实际上也是四种需要之间的矛盾关系。它反映四种需要之间在一定范围内既可能相互促进，超过该范围则可能相互阻碍。人类历史长期以来的实践也充分证明了这点，因此不一一分析。

## 三、经济、生态和社会和谐发展的条件

虽然说经济、生态和社会之间存在着对立统一这种保持系统稳定存在的关系，但并非说它们三者之间不存在向和谐社会要求方向运动的关系和结果。三者之间到底向什么方向发展，取决于具体的发展方式。

如就经济与社会的关系来说，如果在经济发展过程中注意产品的分配问题，不仅不使贫富差距扩大，反而能使贫富差距不断缩小，同时注重协调区域发展的相对平衡和财富转移，并且不断推进政治体制改革，扩大人们参政议政的积极性和能力等，那么，经济发展与社会发展之间就能够相互和谐，彼此相互推进。在这方面，我国台湾地区的经验是值得借鉴的，如其在20世纪50年代就进行了比较成功的土地改革，缓解

了农村地区的社会经济矛盾，为经济发展提供了稳定的社会和经济基础（由此成为联合国向发展中国家推广的典范）；在经济发展的过程中，又特别注重产品分配问题，使分配差距始终保持在较小的范围内，因此各阶层和区域之间的关系相对融洽；在经济发展达到较高水平，人民群众参政议政愿望日益强烈时，又及时进行了政治体系的改革，因此整个社会处在相对和谐的状态，即使陈水扁为上台和拼“选举”而进行族群分裂活动，使中国台湾地区的社会经济出现一定乱象，但也没有引发大的社会动荡。与之对比，我国大陆在这些方面显然没有处理好经济发展与社会发展的关系，如过于注重效率而忽视公平，让一部分人和地区先富起来的政策而致不同人群之间和区域之间的差距不断扩大，政治体制改革始终落后于经济体制改革，长期以来不仅忽视而且有意识地剥夺农民利益而使城乡差距不断扩大，我国大陆最贫穷的人群成为社会负担最重的人群等等，都说明我国大陆并没有正确处理好经济发展与社会发展之间的关系，然而这种情况并非不可避免。

经济发展与生态环境的具体关系，同样取决于一定的社会选择（有时的选择是身不由己的，如在当今激烈的国际竞争环境下，发展中国家的发展道路选择往往没有多大的自主性，为了赶超，不得不以牺牲生态环境为代价来换取一定量的经济增长）。如果在此过程中，即使在经济较不发达阶段，注重生态环境保护和人民群众的生态需要，那么仍然可以实现经济发展与生态环境保护之间的良性互动。这对于那些经济发展到一定阶段，如当前的我国大陆，应该是有能力做到两者之间的调协发展的。在这方面，除了改变发展方式，即由工业文明的不和谐、不协调、不可持续的社会经济发展模式，转向生态文明的和谐、协调、可持续的社会经济发展模式外，最主要的就是调整分配关系，做到产品分配的相对公平。因为，正像分析的那样，生态环境保护和改善的前提条件就是产品分配的相对公平，否则，为获得相对优势的个人利益追求，将促使人们或不同区域竞相利用公共性的生态环境来替代私人成本以获得额外利益，生态环境的破坏因此也就不可避免，我国当前生态环境的日益恶化，与我国日益恶化的产品分配形势是密不可分的，所以，要实现“环境友好型”社会建设的目标，收入分配的公平化是最基本的前提条件。

协调经济发展与生态环境的关系，不仅与社会选择有关，但最主要的还是要协调好物质需要（包括经济性精神文化和社会需要）与生态需要之间的关系。因为，生产方式的选择等是服从于生产目的的，目的也就是社会需要，而任何社会需要都是一定资源配置基础上的最大福利，最大福利则取决于四种需要之间的协调关系。在资本主义市场经济中，受狭隘的市场配置机制的限制，无法有效地解决外部经济性强的生态需要和社会需要的供给和消费，所以产生与社会需要不相符合的资源配置结果，严重损害社会福利。我们建立生态文明指导下的和谐经济发展模式，就是要改变现有的这种资源配置模式，建立以市场机制和非市场机制有机结合，能够满足物质需要和生态需要的新型资源配置模式，实现人类社会福利最大化的目标。

关于生态和谐发展模式的内容及其条件等，下一章将进行更为详细的分析。

# 第四章 和谐生态经济的经济学内容

由于本书从经济学的角度来分析和谐生态经济的内容，因此本章的任务就是揭示和谐生态经济的经济学涵义等内容。

## 第一节　和谐生态经济的核心问题是利益关系

“天下熙熙，皆为利来；天下攘攘，皆为利往。”人类社会是个利益社会，无论对个人、集团和国家，还是整个人类来说，都是如此。如对个人和集团来说，进入文明社会后，在竞争性生产关系社会中，获得比他人优越的相对经济利益，始终是人们努力的目标；对国家来说也不例外，为了取得国际竞争中的相对优势，各国之间无不在进行资源争夺、技术优势、扼制或反扼制等等方面的竞争；对整个人类来说也同样如此，如前面讲到的那样，无论是利用自然还是保护自然，都是为了人类自身的利益，这种情况也是符合人类作为一个生物物种的基本特性的。任何物种在自然界中的最大福利，都是为了满足自己的利益需要和物种的持续繁衍。利己是人类社会最稳定、最普遍和最明显的特征，任何社会若要取得好的发展效果，都必须充分利用和引导这种本质特征。我国改革开放以来所取得的惊人经济建设成就，就是充分释放了人们和社会这方面的特性。

作为人类社会一种特定形式的经济发展方式或者社会制度，和谐生态经济自然也摆脱不了这种特性，并且，如果想要达到自己的目标，就必须充分利用这种特征。

人类社会是个由不同利益诉求和价值偏好的个人、集团和国家等所组成的复合体，无论何种经济制度和社会形态，都是他们之间相互斗争和妥协的结果。只要不同利益偏好的人或集团组合在一起，那么，他们之间的关系就一定是既依存又相互斗争的，并且斗争的程度会被（法律、社会伦理规范等）限制在一定范围内，绝对不会达到你死我活的程度，否则他们之间就不能结合在一起形成一个持续相当时间的社会形态。不同社会形态和制度的区别，主要是根据不同利益群众之间相互协助和斗争的程度及比例、人们实现利益目标的方式及其受限程度等方面的不同来划分。

显然，虽然使用“和谐”概念，并不意味着和谐生态经济中不存在人与自然和人与人之间的利益斗争，这正如在一种稳定状态的生态系统中，各物种之间的关系被我们认为是“和谐”的，但其中仍然充满着“捕猎”与“被捕猎”、“利用”与“被利用”的生存竞争关系，而且，这种关系还是保持整个系统稳定的基本条件之一——只要这种斗争不超出一定范围——一样，所以，我们不能指望和谐生态经济中的一切关系都是完美无缺的。要保持可持续发展与和谐经济的持续增长要求，就必须保持足够的动力机制，这种动力机制只能来自于人与人和人与自然之间的利益斗争，斗争是保持系统存在和发展的基本条件。但与其他经济形态或制度不同的是，和谐生态经济的利益斗争关系，要求各自在获取自身利益的同时，能够有效地增进其他利益群众的利益。

在和谐生态经济系统中，涉及的利益关系是极其复杂的，主要有以下利益关系。

## 一、人与自然之间的利益关系

人与自然之间的利益关系，是和谐生态经济中最主要的利益关系，可持续发展与和谐生态经济的提出及很快被社会普遍接受的原因，就是这方面的关系处于严重失衡并威胁人类持续生存和发展的状态，所以，调整人与自然之间的利益关系，逆转生态环境不断恶化的趋势，实现人与自然的良性互动，成为当代人类面临的首要问题。为此，人类必须改变资本主义制度产生以来人与自然对立，自然只是供人利用对象的伦理道德，认识到自然虽是被人类利用的对象，但却也是人类生存和发展的摇篮，人作为生命之网中的一环，其生存和发展始终依赖于整个摇篮的健全程度，所以，人类必须在利用自然的同时，积极地保护和改善自然，对自然资源的利用始终不超出自然更新的范围。在当代，由于人类对自然资源的利用已经严重超过自然允许的极限，因此，在相当时间内必须通过不懈的努力，其中包括将经济性资本和人类劳动转化为生态资本的方式等，使其向不断改善的方向运动。这也就是说，和谐生态经济，要求在人类获得自身利益的同时，必须增进“自然”的利益，即做到“利己”与“利他”的有机结合，从而在实现自身最大福利的同时做到人与自然的和谐。

## 二、国家与国家之间的利益关系

如可持续发展宣言所指出的那样，保护生态环境，防止生命之网的瓦解，是全人类共同的事业。我们不能设想，在生态系统普遍联系性受蝴蝶效应作用的情况下，任何一个国家能够独立于世界各国而实现可持续发展目标。正因为这一点，20 世纪 80 年代以来，虽然发达国家的部分生态环境在各种影响作用下有所好转，但它们对可持续发展的迫切性却甚于发展中国家（富裕人口和国家对生态环境的评价要远远高于贫困人口和国家），原因就是它们认识到，生态环境的保护是全球性的事业，生命之网的各个节点是环环相扣的，如果发展中国家的一些节点被破坏了，那么最终要影响到发达国家的生存安全。虽然如此，国家之间和谐生态经济系统中仍然存在明显的利益矛盾，支配当今世界政治经济的主要力量就是各国之间的利益博弈，争取在国家利益关系中取得相对优势地位，是所有国家共同的战略目标，而且在相当时间内，国际竞争中的损人利己行为是极其普遍的，一些在国际上积极向其他国家推介可持续发展和生态安全的国家，同时也在进行着严重违反可持续发展原则的损人利己行为，如发达国家大量向发展中国家倾倒有毒垃圾和核废料等等。当代世界的一个主要威胁，就是生态环境恶化和资源短缺引起的国家利益之争，如中东和南亚地区对水资源的争夺、中东地区对石油资源的争夺等等。在和谐生态经济中，虽然仍然存在国家之间的利益之争，并且实际的利益分配是存在差距的，但却要求在利益竞争过程中，不再采取损人利己的行为，而是要求各国在争取自身利益的同时，也能提高其他国家的福利，尤其是发达国家应该主动帮助发展中国家提高发展和保护生态环境的能力，提高人民生活水平，这也是发达国家实现可持续发展目标的基本条件之一。

在建设和谐生态经济社会时，如何协调发达国家与发展中国家人民之间巨大的生活水平差距，是关系到可持续发展目标能否实现的核心问题。目前，发达国家往往以发展中国家人民的生活质量如果达到发达国家目前的水平，那么现有资源和生态环境将会遭受毁灭性破坏为由，要求限制后者对经济发展的追求；发展中国家则认为，既然发达国家的人民有权力享受如此高的生活水平，那么以强调民主和平等为标榜的发达国家，怎么有权力限制我们追求同样生活水平的欲望。这里存在着两种选择：一是发展中国家努力使自己人民的生活质量达到发达国家的水平，显然，这种结果将是生态环境的巨大灾难；二是在保持现有资源消耗的基础上，发达国家的人民（适当）降低已有的物质生活水平，如在体温调节上，向发展中国家人民看齐，以衣物为主而尽量少使用空调，减少过量食物的消费等，同时提高发展中国家人民的物质消费水平，使两者的差距尽可能地缩小，这是一种有效地保护自然资源和生态环境的做法。但问题是，后者在实践上行得通吗，发达国家的人民和政府真的愿意为保护生态环境做出牺牲吗？看看目前西欧一些国家，为缓解财政危机紧缩开支后，受影响人做出的激烈社会反应就可得到部分答案。在这方面，整个人类的理性与国家理性和个人理性之间必须一致，才能得到最优解。然而，博弈论原理却告诉我们，在现有制度安排下，这几乎是不可能的。正是在这方面，我们提出这么一个问题：作为地球生命产生以来最聪明的物种——人类真的有智慧吗？

## 三、阶级之间的利益关系

由于在阶级划分上，往往以要素差异为基础，因此不同性质要素所有者之间的关系被作为阶级关系看待，如当前社会公认的三大阶级：资产阶级、地主阶级和工人阶级（曾叫无产阶级，但在当今世界，由于以劳动要素为主体成员的多元化，同时其中相当部分人拥有部分资产，因此无产阶级已不能与工人阶级画等号，这个范畴的使用频率越来越低），就是以此为基础划分的。不过在实际上，阶级的划分要复杂得多。因为从理论上看，阶级的划分是以利益的对立为基础的，在当代社会中，这样的利益对立集团或群体是十分普遍的，如国家官僚利益集团与整个社会的利益对立，寡头垄断集团与社会大众的利益对立等等。在我国当前，就形成了一个非常庞大的官僚垄断利益集团，成为我国阶级关系中最突出的矛盾，所以说，一个国家或社会的阶级关系，要远比要素所有者之间的关系复杂。不过在此，我们不对实际的阶级划分进行分析。

阶级是组成国家最主要的成分，因此阶级关系成为决定国家发展状况及其趋势的最主要因素。上面讲到，为了保持经济的活力，实现经济持续增长的目标，就必须保持有一定活力的动力机制，因此，在建设和谐生态经济和可持续发展社会中，不能指望完全消除阶级对立和利益矛盾。传统社会中，阶级之间的利益争夺往往伴随着一定程度的强制或暴力，资本主义社会这方面的程度虽然有所降低，但仍然带来诸多的强制力量，如人为垄断和技术垄断等等。在和谐生态经济和可持续发展社会中，阶级之间的利益差别来源应不是建立在暴力和强制上面，而应是来自于各自努力和有效地利用拥有的资源上面。同时各阶级，尤其是占优势地位的阶级为自身利益的努力结果，不仅应该增进自身的利益，而且能够有效地改善其他阶级，尤其是最弱势阶级的经济和社会利益，做到利己与利他的有机统一。这是因为，和谐生态经济和可持续发展是所有人的共同事业，它不可能建立在严重阶级对抗和巨大利益差别基础上。在后面的分析中将看到，虽然资本主义内部存在着这样一种促进社会共同富裕的机制，但比之可持续发展和和谐生态经济的要求来说，还是相距甚远，需要对资本主义制度进行合理扬弃。同时，和谐生态经济和可持续发展，还要求阶级之间的界线不是泾渭分明和不可逾越，而是模糊和开放，不同阶级之间的成员交流频繁，这样，阶级之间的关系才会比较协调。

## 四、区域之间的利益关系

同阶级关系一样，区域之间的利益关系也是一个国家最重要的利益关系之一。在一国内部，区域之间的利益关系是否融洽，是决定该国社会是否和谐的重要因素，区域之间发展差距往往是引起社会不和谐的重要原因。受历史、自然禀赋差异的影响，不同区域之间的发展往往会出现差异，但这种差异是向着扩大还是缩小的方向发展，却不仅决定着社会是否和谐、国家统一是否能够得到维护，而且关系到整个社会的生态环境是否能够得到有效保护。不能指望区域差距不断扩大的情况下，落后地区会为了让发达地区有较良好的生态环境而不采取以环境牺牲换取经济发展的做法，这正如作为我国东部发达地区水源来源和生态屏障的西部地区，为了让东部地区得到较好的水源和生态环境，而在东部不对其进行生态补偿和发展援助的前提下，以保护生态环境而牺牲经济发展一样。可持续发展与和谐生态经济建设要求的区域利益关系，是既保持一定的利益差别而有利于区域之间的竞争，以推动整个社会经济的持续发展，但这种差别又能够在相互协助、共同发展、先进地区带动后进地区共同发展的过程中不断缩小，不同发展水平区域之间的人们能够平和地接受这种差别。

## 五、不同分工关系人们之间的利益关系

人类社会之所以能够从动物界中脱颖而出，最终取得自然界统治地位的最主要原因，就是掌握并充分利用了分工协作。分工协作不仅无限地放大了人的脑量，而且使得劳动效率不断提高，社会财富不断以扩大的规模再生产出来，同时使每个人只学习很少的一部分知识和从事某种特定性质的劳动，就能够分享人类社会的一切劳动成果，并且所得好处是个人全部完成这些工作成果的多倍甚至数百倍，这正如巴师夏所指出的那样，某个木工对其劳动所交换到的物品量感到不满意，但如果让他自己从事所得物品的生产，也许一千年也生产不出来一样①。所以从理论上说，分工协作体系中人们之间的利益关系是相互依存互为促进的。

这是实际情况之一，但却不是全部。这是因为，传统社会中的分工协作，如奴隶社会与封建社会中的分工，尤其是社会管理与一般劳动者之间的分工之间，是受制度甚至专制暴力维护的，即使在市场经济或商品经济中，以商品交换为联系的社会分工协作，在利益相互依存的另一面，还存在着严重的利益对立，如市场经济的分工协作是通过商品交换形式实现的，而商品交换或商品买卖，也就把原来利益共享的双方变成

① 参见巴斯夏：《和谐经济论》，中国社会科学出版社1995年版，第50—51页。

了利益对抗的两面，如商品价格高或贵了，出售者将获益，购买者则受损；价值低，则他们之间的利益关系完全相反，正是这一点，使得市场经济中不同分工人们之间的利益关系难以完全协调。同时在传统和现有的市场经济中，不同分工部门之间还存在着垄断与竞争的利益差异。

和谐生态经济社会中不同分工关系人们之间的利益，虽然必须有一定的利益差异，但这种差异不应该建立在垄断和强制力的机制上，而应该建立在不同努力和劳动能力差异的基础上，同时社会有一种强大的机制，能够保证不同分工人们之间，为相对利益差异进行的以技术创新等为主要内容的努力，能够不断地转化为社会共享的成果。

## 六、不同利益偏好和价值伦理人们之间的利益关系

不同利益偏好和价值伦理人们之间的利益关系，也许不如前几种关系那样存在着明显的对立，但在对资源配置状态以及社会政策的制度及其实施上，他们之间的分歧也许更大。这正如在经济增长上，有些人要求取得尽可能快的增长，而有些人则希望保持零增长，以实现人与自然的和谐等；在人与自然的关系上，有人强调人的利益至上，有些人则认为所有生命都是平等的等等，这些不同，使得社会在价值和发展目标选择上会出现严重的分歧。可持续发展和和谐生态经济，并不希望消除这些差异，差异的多样性是社会活力和创造力的源泉，也是社会稳定的重要条件，但它要求存在差异的人们之间，对彼此的分歧，能够在一个民主和平的环境中加以协调。

此外，还有不同年龄、性别、禀赋等人们之间的利益差别和阶级或集团内部不同层次人们之间的利益差别等等，和谐生态经济，要求在经济发展过程中协调好彼此的利益关系，使差距保持在一定范围内，既能够激发不同利益关系人们的进取精神，又能够保持社会的和谐稳定。

显然，既要保持经济系统的活力，推动经济持续增长，又要实现社会的和谐目标，也许对当代人来说是个“鱼与熊掌”难以兼容的问题，

能否做到这点，是对我们智慧的考验。

## 第二节 和谐生态经济的经济表现

和谐生态经济社会各方面利益的相对协调，是通过一定的经济形式来表现的，它体现在再生产的各个环节。

### 一、和谐生态经济实现的生产形式

生产是整个社会生存的基础，和谐生态经济要得到有效实现，首先必须在生产过程得到充分体现，也就是整个生产过程必须是和谐与生态的，同时又是高效率的。

要实现生产过程的高效率，首先要求各生产要素得到最有效的利用。我们知道，在要素体系中，最重要的是劳动力要素或劳动要素[①]，也只有劳动力要素是有质量或能力高低的差异的，因此要使劳动要素得到最充分和有效地利用，就必须有保证人们“各尽所能”的制度保证，为此就必须打破一切阻碍劳动力流动和能力发挥的不合理制度和规范；自然，要做到人们能够各尽所能，还必须保证人们的努力与其得到的社会报酬(不仅仅是经济利益上的，还包括社会荣誉、地位、权力等，从后面的分析中得到，要做到既保持经济系统的足够活力，又做到分配的公平化，缩小经济利益差别而扩大其他方面的差别，是其中最重要的机制)。正因为这样，所以我们对和谐经济与和谐生态经济定义时，首先强调的就是要保证人们做到各尽所能，这是实现和谐生态经济的首要条件。没有这

① 劳动力要素是从生产力角度，也就是从各因素在生产物质产品中的地位和作用来划分的；劳动要素则是从经济关系角度，也就是从产品分配中的地位和作用来划分的，因此，劳动力是生产力要素，而劳动则是经济要素。

点作保证，其他一切都是空谈。我们知道，现实中阻碍劳动力自由流动和能力发挥的有形与无形阻碍是非常多的，无论是发达国家还是发展中国家都是这样，既得利益集团通过一系列规定阻碍劳动力的自由流动而获得巨大的垄断利益，如发达国家许多领域的职业资格，如医生等职业进入的门槛越来越高等，发展中国家的障碍也就更多，所以，破除这些障碍，是实现和谐生态经济与可持续发展目标的重要条件。

我们知道，资源得到最有效利用的经济表现，就是各要素在任何一个部门或生产单位贡献的边际产出相等，或者说各部门的边际收益相等①，要做到这点，就必须做到资源在各行业之间自由流动，或者说必须做到充分竞争，行业之间没有明显的障碍。自然，受技术条件等因素的影响，现实社会中是不可能做到完全竞争的，如那些存在规模经济效应的行业，不可避免地会形成一定的垄断势力，许多行业的生产具有明显的外部不经济效果，如毒品生产等会受到国家政策和法律的严格限制，生态经济或绿色经济更是要求对那些会产生严重外部不经济的生产过程进行限制等，所以，和谐生态经济体系的资源配置并不是完全的；但这种限制的范围，必须严格限制在那些社会伦理和法律不能允许的生产、外部不经济效果明显大于外部经济效果而会对社会和生态环境造成严重破坏的生产领域，同时涉及限制资源自由配置领域的法律和政策等，须是经过社会绝大部分人赞同并不会明显损害反对者的利益，因为任何违背社会普遍意志的强制，都会扭曲资源配置的效果而损害社会福利。这也就是说，合法的，可能并不是合理的，更不是符合社会大众利益的，

① 在西方主流经济学中，资源配置的均衡条件，就是各部门之间的资本边际收益相等，但实际上，这个位置的资源配置只是最优的（能够做到资本利润的最大化），但却不是均衡的。这是因为在这个位置上，各部门之间的平均收益是不相等的，而每个部门又是由众多利益彼此矛盾的厂商组成的，它们在部门间转移资源获得的是该部门的平均收益而不是边际收益，因此可以通过部门间的资源转移而获得额外的利益（尽管这会损害行为的整体利益），所以，在这个位置资源配置是不可能实现均衡目标的。由于各部门之间的边际收益和平均收益的同时相等是不相兼容的，因此决定了市场经济的资源配置永远不可能实现均衡。这说明，西方主流经济学关于自由竞争能够实现资源配置的均衡和优化的理论，是他们编造的一个神话。对此的详细分析，请参见拙著《政治经济学批判导论》（中国财政经济出版社2006 年版）。

这正如我国当前对许多领域的法律保护，如国营垄断行业的保护，就明显不符合社会大众的利益。这正如巴师夏所说的那样，只有经过社会普遍同意并符合社会普遍法则的管制，才是符合和谐经济要求的，一切与此不相符合的管制，将严重损害效率，破坏和谐经济。

和谐生态经济的资源配置，还必须满足生产结构与社会的分配结构和四种需要均衡满足的结构要求一致，以实现社会的最大福利。如果仅有生产过程的高效率，但生产与分配结构和需要结构不相一致，就会出现供给结构与需求结构之间的不一致，由此就会引起经济体系的紊乱，严重的会引发经济危机和社会危机，资本主义市场经济出现的周期性生产过剩的危机，就是因此而产生的。此外，和谐生态经济的结构，应能够适应可持续发展和绿色经济的要求，不断地促使生产结构重心由大量消耗资源为主的物质生产，转向精神文化和生态产品生产为主导的产业结构。

合理地安排产业布局，协调区域平衡发展，也是和谐生态经济和可持续发展的要求。上面讲到，没有区域之间的协调发展，生态环境的保护与社会的和谐都是没有可能的。

与一般和谐经济不同，和谐生态经济还要求整个生产过程符合生态学的基本要求，不仅要做到资源的高效利用并且无污染，而且能够促进生态环境的不断改善，为此能够不断地促进生态创新，使人与自然的关系日益和谐。这是和谐生态经济最主要的内容和目标。因为前面讲到，当整个社会普遍关心某事的时候，一定是该事成为社会主要矛盾，不是阻碍社会进步，就是可能引发严重的社会政治经济危机，人类社会当前最突出的问题，就是生态环境破坏导致的人类持续生存问题，所以，能够不断地改善生态环境、积累生态资本，不断改善人与自然的关系，是和谐生态经济建设最重要的目标之一。不过在实际过程中，由于劳动安全保护和生态环境保护与生产过程的复杂程度、生产成本等之间存在一定的正比关系，因此如何兼顾这两个方面的要求，是一个比较棘手的问题。合理地选择技术和生产工艺，科学地组织生产过程，是实现这些目标的有效途径。

在产品的设计和生产组织中，不仅在产品的生产过程中必须符合环境保护的要求，而且在产品的使用或废弃物的处置中也应符合环境保护和资源利用的要求，做到生产活动与生态环境的高度统一；合理布局生产，使宏观与微观经济活动符合所在区域的生态经济要求，不断改进生产工艺，降低物质消耗，减少污染物排放等。

和谐生态经济的组织方式，从生产效率方面看，必须使整个生产通过有效的组织方式形成优化的生产力，尤其是在分工协作的环境下，通过有效的结合方式，使各分散的生产组合成最大的生产力，实现系统功能大于各部分功能的目标。在生产关系方面，必须形成一种良好的生产关系，人们之间在生产过程中的关系必须与他们的劳动能力一致，与生产力的系统要求一致，同时必须形成所有劳动者积极参与生产组织和管理的氛围，激发人们的创造性。

## 二、和谐生态经济实现的交换方式

交换方式，是一个社会在分工基础上各经济主体之间的社会联系形式，它包括商品交换的方式、价格形成的机制、结算方式等内容。前面讲到，由于分工协作，社会总劳动创造的财富，要大于各生产单位创造的个别财富的简单相加，使系统具有这种作用的原因之一就是交换方式。因为它将系统中分散的各部分连接了起来，使它们形成一个有机的整体，从而产生出系统效应，所以，交换方式具有增加社会财富的功效。该效应的大小与交换方式的形式及其组织等密切相关。交换方式还是连接生产与分配、消费的纽带，其状况决定着再生产其他几个方面的功能和状况。交换方式不仅包括产品的交换，而且包括要素的交换以及商品与货币的交换等。

和谐生态经济的交换方式，就是要使通过交换方式产生的系统效应达到尽可能的大，并且符合它的基本要求，即要满足商品流通有序高效、商品价格与价值基本相等、商品生产与社会需要一致、正确引导生产与消费、平衡市场供求、市场交换公平与公正、促进人与自然和谐等。这说明，作为连接生产与生产、生产与消费、生产与分配、分配与消费纽带的交换方式，在再生产中起着十分关键的作用。

要满足和谐生态经济的要求，交换方式或者说商品的流通过程必须做到高效率，即它本身消耗的资源必须尽可能少，流通时间必须短，信息反馈及时，生产与需求得到良好的衔接等。为此，必须建立符合经济发展要求的流通体制，建立高效率的流通机构或组织、高效率的信息传递机制、良好的符合可持续经济发展要求的引导机制、高效率的资金结算体制、公正有效的监督机制等，以实现整个流通过程中的高效率和公平公正。

社会生产的最终目的是满足社会需要，这种需要满足的程度则是由交换方式及其效率决定的。如果商品流通的环节设置不合理，信息传输渠道不畅通而导致信息失误，就会造成供求的脱节。合理的交换方式不仅能够有效地联系供求，而且也能在一定程度上调节供求和稳定价格，以实现总供求的平衡。如建立合理的储备体系和投机机制，就能够在这方面发挥一定的作用。合理的交换方式，还应该能够正确地引导消费，使消费和生产符合和谐生态经济的要求，如通过一定的政策与舆论引导，可将生产与消费的重心引导到绿色产业和产品中来，从而实现和谐生态经济的目标。

市场经济中的产品交换也就是产品的初次分配，这种分配的状况决定着资源配置的方向，反映了人们之间的生产与分配关系，所以，交换方式决定着实际的资源配置和产品分配状况及其方向，决定着一个社会的不同商品生产者和要素所有者之间的分配关系，从而决定着产品分配是否公平与公正。和谐生态经济的产品交换，要求充分反映交易双方的努力程度，实现产品分配的公平性，以做到人与人之间关系的和谐。同时充分反映人与自然的关系，使自然资源和生态环境的价值能够得到充分体现和补偿。

在现代经济中，商品价值和各部门的利益是通过货币形态得到实现的，要使商品流通正常进行，就需要有高效率的结算体系和信用保证体系，以使资金的运动能够与商品价值的运动一致。因此，符合可持续经济发展要求的交换方式，还应包括高效率的金融体系。在现代经济系统中，由于货币运动与商品运动的相对独立，社会生产及其结构与社会分配和社会需求及其结构决定因素的不一致，极易产生生产与需要在总量与结构间的不一致，从而会造成商品运动与货币运动在总量与结构上的不一致，这种不一致会引起宏观与微观经济运行的不稳定，所以，能否建立高效有序的金融体系，就成为决定一个社会经济能否持续发展的关键。最近发生的金融危机对美国和欧洲各国经济的破坏程度，就反映了金融体系的健全程度对一国可持续经济发展的重要性。

要使和谐生态经济的交换过程实现以上目标，在和谐生态经济允许市场机制发挥作用的范围内，要求交换的过程是充分自由和开放的，没有垄断和强制。只有在没有垄断和强制力量的充分竞争体系中，信息的传递才能真实和快捷，供求双方的交换才能是等价的，各自付出的努力才与得到的报酬相等，初次分配才能公平合理，消费者才能获得一定支出基础上的最大福利；只有在这种体系下，生产结构与社会需要结构之间才能较好地保持一致。

自然，由于市场机制的不完备或存在一定的缺陷，如在解决外部影响方面，完全以货币交换为中心的市场机制就存在严重缺陷，这是导致它在满足那些具有明显外部经济影响的精神文化产品、社会产品和生态产品等方面不能有效地发挥作用，导致了四种需要之间的严重失衡，由此产生出可持续发展和和谐生态经济，以求对此过程进行矫正。不过，在利用非市场机制调节商品交换方面，由于涉及强制性，因此，这些强制必须符合大多数人利益的要求和满足和谐生态经济原则，决策过程必须民主。

## 三、和谐生态经济实现的分配形式

产品分配是社会再生产过程中最核心的问题，是“为谁生产”的集中反映，因此是各利益主体斗争的焦点。同时，由于“为谁生产”决定着“生产什么”和“如何生产”，因此分配过程及其结果如何，决定着再生产过程的一切方面。这种情况，决定了分配关系在和谐生态经济和可持续发展中的核心地位和作用。

### （一）和谐生态经济分配的基本要求

如上面指出的那样，和谐生态经济的利益关系是多方面的，这些利益关系都是通过产品分配来完成的，可以说，利益关系本质上就是产品分配关系。在经济系统中，主要有这些分配关系：不同要素所有者之间的分配（也就是阶级之间的分配关系）；各要素所有者内部之间的分配；不同区域之间的收入分配；不同产业之间的资源分配；不同形式资本补偿与积累形式之间的分配，其中主要是生态环境或自然资本的补偿和积累与其他形式分配的关系，这也就是我们反复强调的人与自然关系的集中体现；国家之间的分配关系等。此外，还有一种重要的分配关系，就是静态分配与动态分配的关系，这其中涉及实际过程中的不同要素之间的分配关系。如在动态过程中，资本所有者将其中大部分收入用于资本积累，而资本积累中的绝大部分是转化为工资，也就是工人阶级的收入的，因此静态较不公平的分配也许会转化为相对公平的动态分配。如在下章中将看到的那样，资本主义就存在着这种结果的强大作用机制。正因为这样，所以在分配关系上，不仅要看形式上的分配结果，而且更要看最终用途，也就是消费上的分配结果。

和谐生态经济的分配关系，就是社会的分配方式与分配结果，必须符合和谐生态经济的各项要求，促进经济的可持续发展。

和谐生态经济的产品分配，必须满足公平与效率的统一。公平是实现各阶级之间、区域之间和不同阶层人们之间关系和谐的重要条件，任何社会的动荡和不稳定，都来自于分配结果（与现有伦理规范要求不相符合）的不公平。正所谓“不患寡，而患不均”，改革开放前，全国人民如此贫困，且不时有饿死人的事件发生，但社会却较为稳定，重要原因就是分配结果较为公平（即使有人想革命也找难以找到革命的对象）。自然，过高的产品分配公平程度，虽然带来了社会的相对稳定，但却严重牺牲了效率。因为干好干坏一个样，甚至干与不干一个样，自然会促使人们在劳动过程中搭便车、磨洋工，所以会严重损害效率。不过，在两个极端之间，公平与效率的关系是复杂的。

从公平与效率之间的一般关系知道（杨文进，2006），在宏观领域，公平与效率之间在公平程度较低时，两者间呈正比关系，即提高公平能够促进效率；但公平达到较高程度后，两者间则呈反比关系，即提高公平程度会降低效率。在微观领域，则不同的生产条件对应的公平与效率之间的关系是不同的，在一些生产方式下两者间有明显的正比关系，另一些生产方式下两者间则可能是反比关系，因此，如何根据社会需要及其可能在它们之间进行相对抉择，就成为能否实现可持续经济发展目标的关键。我国改革前或改革初期，产品分配的公平程度太高，致使效率低下；改革以来，对这种极端的分配结果进行了改革，实施效率优先的政策，使效率得到了较大幅度的提高，但在此过程中，未能协调好效率与公平的相互关系，结果使公平程度下降到损害效率的程度，如它造成了不同收入人们之间较尖锐的对抗，地区间、民族间的鸿沟在扩大，社会不稳定程度在加强，国家统一受到威胁，相当部分劳动力的再生产满足不了生产力发展的需要等，都阻碍着效率的继续提高等。在宏观公平下降的同时，一些部门内部的公平程度又太高，如国家垄断行业内部的分配结果过于公平，又使人们丧失了积极性和创造性，这也阻碍着效率的提高。所以，我国在公平与效率方面，必须解决好行业内部，其中主要是国营企业和行政事业单位内部过于公平，与宏观方面公平程度太低这两种阻碍效率提高的情况，在当前尤其要解决好区域间与民族间的分配问题。没有效率的公平与没有公平的效率，都是违反和谐生态经济要求的，同时最终是既没有效率也没有公平的。一个社会必须根据自己的国情合理地确定两者间的关系，以实现两者间的最佳动态结合。

产品的分配结果如何，不仅是一个公平与效率关系的问题，而且它还决定着社会产品能否正常实现和社会在一定经济规模基础上能获得多大的福利。这一点从以下例子中可以得到很好的说明。

假设社会只有两个利益主体（以甲、乙代表），并且只生产两种产品（以 $A$、$B$ 代表），那么可以得到图 4－1。图中曲线 $C$ 代表社会的生产可能性边界，$D$ 代表社会无差异曲线；$P$ 代表两种产品的相对价格曲线；$G$ 曲线代表甲的无差异曲线；$J$ 代表乙的无差异曲线；$P'$ 是一条与 $P$ 平行的价格线。

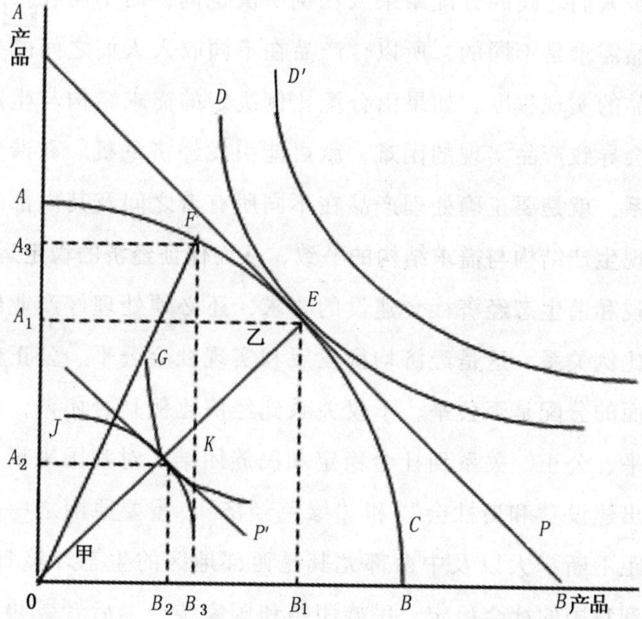


图 4－1

由于较高的无差异曲线代表较大的社会福利，因此，社会的最大福利处在无差异曲线与生产可能性边界相切（图中 $E$ 位置）的这一点。要达到这一点，不仅要求两种产品之间的相对价格符合这种生产比例，而且要求社会产品在各层次之间的分配也必须符合这个比例（$OE$），即两者任何的一种分配比例，都必须保证它们之间的分配比例符合：

$$\frac{A_1A_2}{A_2O}=\frac{B_1B_2}{B_2O}=\frac{OA}{OB}$$

因为只有这种比例才能在一组给定的价格（$P$ 曲线）上出清全部产品，并实现社会的最大福利。否则就会出现价格体系与分配比例不一致而使产品不能全部实现的问题，由此使社会福利受损。如实际的生产分配或分配比例不是在 $E$ 位置上，而是在 $F$ 位置上，那么就会出现这种结果。

从该例子也可以看到，产品分配结构不仅决定着社会福利的大小，同时也决定着社会产品能否得到实现。因为商品需求结构是由产品在不同收入水平人们之间的分配结果或比例所决定的，而不同收入层次人们之间的产品需求是不同的，所以，产品在不同收入人们之间的分配比例决定着产品的实现程度。如果由分配比例决定的需求结构与生产结构不一致，就会导致产品实现的困难，就可能引发经济危机。和谐生态经济的分配关系，就是要正确处理产品在不同所有者之间及其内部间的比例关系，实现生产结构与需求结构的一致，从而保证经济的稳定运行。

要实现和谐生态经济社会建设的要求，还必须处理好产业间和区域间的分配比例关系，这是经济均衡发展和实现社会公平、公正的重要条件。这方面的分配是否公平，不仅关系到经济比例是否协调，而且关系到社会公平、公正，关系到社会稳定和民族团结。对我国来说，目前之所以要提出建设“和谐社会”和“绿色经济”，重要原因之一，就是区域分配差距不断扩大以及中西部尤其是西部地区的生态环境日益恶化，前者威胁到我国的社会稳定、民族团结和国家统一，后者威胁到中华民族的持续生存问题，所以，协调好区域之间的分配关系，是关系国家长治久安的重大要求。

和谐生态经济分配关系的一个核心问题，就是要通过分配协调好人与自然的关系。这些关系大部分通过上面的各种分配关系，如区域分配关系、不同要素分配关系等来实现，但也有部分是独立的，直接体现在人与自然的分配关系上，也就是在社会总产品中有多少用来补偿生态价值的损耗和积累。我们知道，人类长期以来不断地从自然攫取却极少对其进行补偿，更谈不上在这方面进行积累了。如果说工业革命前，人类利用自然的力量还比较有限，对自然的攫取还在自然更新能力范围之内，由此人与自然还能够相处而安，那么工业革命以来，人类利用与改造自然的力量日益强大，对自然的攫取早已超出自然的更新能力极限，致使生态环境不断恶化，并已严重威胁人类的生存和发展。要扭转这种趋势，除了减少对自然的攫取，使其有一个自然修复和更新的环境外，就是要加强对它的补偿，将人造价值变更为生态价值。这个任务已非常迫切。在今后相当一个时期内，和谐生态经济要求不断提高生态环境补偿价值在产品分配中的比例，以促使生态环境能够不断地得到改善，真正实现人与自然的和谐。

（二）和谐生态经济分配要求的实现形式

在实现和谐生态经济的分配要求方面，不同方面和谐分配要求的实现形式或手段是不完全相同的。

初次分配方面，不同要素所有者之间的分配、要素内部不同人们之间的分配、不同产业之间的分配等，要求公平与自然的竞争环境。如产业之间的分配，只有在充分竞争的条件下，允许要素的自由流动，才可能形成不同产业部门之间的公平分配，或者说形成一个社会的平均利润率、利息率和工资率等。如果在不同部门之间实施程度不同的垄断，就会形成部门之间利益分配的不公，在这样的条件下，各要素内部之间的分配也会极不公平。这正如我国当前，由于各部门之间的垄断程度不同，因此部门之间的利益分配差别是十分巨大的，一些高垄断部门，如电力、银行、石油、烟草等部门的效率极低（与国外同行业部门相比，或者与国内同性质的私营部门相比），而收入水平却极高；高度竞争性行业则与此相反，由此成为我国两极分化不断加剧最主要的原因之一。所以，在不存在明显外部影响的领域，要实现和谐生态经济的分配要求，必须实行充分的竞争，也就是说，让市场竞争机制发挥充分作用，减少人为干预。自由是产品分配公平的前提条件。对我国目前来说，反垄断，反不公平竞争，是实现和谐分配的最迫切任务。

为保证一定的效率，和谐分配将允许一定程度甚至较大的分配差距，但要求做到消费上的相对公平，为此就需要一种将那些超过一定差距的收入转化为社会公共产品或积累的强大动力机制。为此，可以是新兴宗教伦理的作用，这正如西方发达国家日益盛行的公益慈善活动，如比尔·盖茨、巴菲特等人将绝大部分资产用于社会公益慈善活动；或者是通过强大的市场竞争压力，迫使高收入者像马克思描写的那样成为资本积累的机器（而不是享乐主义的消费者），这样就可做到产品分配的较大差距与最终消费的相对公平化，不仅实现公平与效率的统一，而且实现社会和谐的目标。

在实现和谐生态经济的分配要求方面，市场机制和自由显然不是万能的。在存在明显外部效应的领域，市场机制的作用不仅有限，而且可能是有害的。如在区域资源配置和产品分配方面，由于区域经济具有很强的规模经济效应，如果让市场经济自发地决定区域间的资源配置和产品分配，那么就会造成不同区域经济发展之间日益严重的两极分化。我国改革开放以来中西部差距的日益扩大，就是该机制的作用结果。同时非常明显的是，如果不加调节而任其自由发展，这种差距还会继续扩大。20世纪90年代后期的“西部大开发”战略，就是为扭转这种结果而做的努力之一。所以，在区域分配方面，在市场机制作用的基础上，加以人为的调节是十分必要的。不过，这种调节的力度不能越过和谐生态经济与社会承受能力的要求，不能过度牺牲效率，必须做到公平与效率的统一。

同样，在协调人与自然的关系上，也不能完全依赖自由竞争基础上的市场机制。这是因为在生态环境和自然资源的利用上存在着生态环境基本矛盾，即生态环境的社会性要求保持生态环境的良好性，与生态环境利用所生利益的个人性之间存在矛盾，这个矛盾会产生人们对其利用或保护方面利益与成本之间的不一致，从而不利于生态环境的保护。这种情况在不同区域之间更为明显。如在江河上下游之间，上游保护生态环境是要付出一定成本的，但它本身从中得到的利益则是比较有限的，大部分利益被下游地区所享有；同样，上游地区破坏生态环境的主要受害者也是下游地区，虽然从长远看，也会对上游地区造成损害，但这种损害与从中得到的利益相比是小的或较小的。如果下游地区希望上游地区保护好当地的生态环境，降低上游地区的理性行动为自己造成的不良后果，就必须对上游地区因改变自己的行为所遭受的损害进行补偿，并且必须使其因此得到的利益大于原来行为所产生的利益。由于市场机制本身并不能有效解决该过程中这种个别利益与社会整体利益之间的矛盾，因此需要代表社会公共利益的政府对此过程进行调节。这一点，也是被社会公众所普遍认可的，可持续发展提出后很快为全世界发展程度不同国家普遍接受，就反映了这一点，由此说明社会在这方面的调节是符合巴师夏所说的社会普遍规律的。

## 四、和谐生态经济实现的消费形式

消费形式又称消费模式。消费模式是指“在一定的生产力水平和一定生产关系下人们消费行为的程式、规范和质的规定性，反映一定时期人们消费活动的主要内容、主要特点和主要要求，是指导人们进行消费活动，并对人们的消费行为进行社会价值判断的理论概括和重要依据”。一般认为，消费模式的主要内容有四个方面：一是它体现消费领域的主要范畴，体现人们消费行为的主要内容，包括消费水平、消费结构、消费方式等各个方面的基本态势、内在联系和发展变化，是消费这个有机整体的质的规定性的综合表现，而不是几个组成部分的简单相加；二是它是消费领域各种消费行为的综合表现，不仅反映量的规定性，而且反映消费领域的质的规定性，反映经济关系；三是它不仅应该反映人们消费行为的主要规范，而且应该反映消费领域的客观规律；四是它不仅反映消费领域的内在规律，也反映国家对消费的基本政策和指导方针，反映国家对消费的正确引导和调节等①。

## （一）和谐生态经济消费模式要求

和谐生态经济消费模式的内容，包括反映人类对人与人和人与自然之间关系认识的由社会伦理决定的消费行为、消费倾向、消费结构、消费品选择、消费方式等内容。

人们的消费行为及其实践，是受一定的伦理支配的，因此才会产生不同文化伦理社会之间人们消费选择的巨大差异。对和谐生态经济来说，消费伦理主要指人们对自身与生态环境之间关系的认识、人与人之间消费关系的认识、消费与储蓄关系的认识、消费支出结构的认识等内容。对人与环境关系的认识，是和谐生态经济消费模式的核心。将人作为自然的征服者，在消费中必然追求不断增加那些会消耗大量资源和破坏环境的物质产品，最终导致人类社会经济发展的不可持续。将人作为自然界的一分子，则会促使人们保护环境、节约资源，在消费中选择那些符合该要求的产品等。和谐生态经济和可持续发展产生的一个重要原因，就是在生态环境变化的压力下，人类伦理和行为发生改变的结果。自然，一定的伦理观念，尤其是消费伦理及其行为，既是环境变化的产物，也是消费水平变化的产物。随着生活水平的提高，原来片面的消费需求会趋向全面；原来被忽视的精神文化、社会和生态需要因此会重要起来，同时也会重视自身的生存发展，促使人们重视生态环境保护。正由于一定的消费伦理与发展水平和消费水平有关，因而才会产生发展程度不同的国家之间在对待自身与环境关系上认识的差异。

消费伦理还包括人与人之间的消费关系，它决定着社会的公平观念及其实践，同时也决定着人们在实际过程中的消费取向与消费支出等内容。如果消费伦理认为人们之间的消费应相对平等，那么高收入者的消

---

① 尹世杰、蔡德容编著：《消费经济学原理》（修订版），经济科学出版社 2000 年版，第 293—295 页。

费倾向就会比低收入者低，两者在消费结构等方面也会比较接近；如果认为消费应该与各人的收入或能力一致，那么消费倾向就会一致，但消费行为与消费结构的差异则很大，所以消费伦理在消费模式中处于核心的地位。

和谐生态经济的消费需求，要求人们将消费需求保持在一个合理的限度内。在技术条件一定时，应将人们对物质产品的需求控制在自然资源和生态环境能够承受的范围内，不破坏人与自然的协调发展，同时各种需求应协调发展，并且必须符合社会伦理道德。这意味着，和谐生态经济中的消费是有所限制和有所选择的，而不能是任意的，因此并不是所有的需求都应该得到满足。人类今天面临的最主要问题，就是对物质需求的过度奢望导致了自然资源的枯竭和环境的破坏，可持续发展和和谐生态经济思想的提出就是要扭转这种趋势，以生态和精神文化这些消耗资源少而不破坏环境的产品来满足人们的需求，在保护环境与资源的基础上，实现人类各种需求满足的均衡，达到社会福利的最大化。

和谐生态经济要求人们在消费过程中节约资源和保护环境，如尽量减少那些会大量消耗资源和破坏环境产品的消费，选择的产品不会对消费者造成伤害，在消费和生产过程中不会对生态环境造成大的损害，消费品残物的处理有利于资源的再利用，最终向自然界排放的残留物最少，或者能够自然降解而不会对环境造成严重伤害；人们在消费过程中，应根据自己的实际需要进行消费，不浪费消费品，而不应像目前随处可见的实际消费的产品数量远远超过需要量，在过多消费造成身体肥胖后，又花费巨资来减肥，或在消费中大量使用严重消耗资源的一次性产品等等那样，所以，可持续经济发展的消费应该是理智的、节约资源和有利于保护环境的、结构是均衡的、支出是合理的等。这意味着，符合和谐生态经济要求的消费模式，应该引导生产方式和流通方式向绿色经济的方向转变。

和谐生态经济消费模式，应能为经济发展提供内在的动力和为其提供符合需要的劳动力，这正如经济发展应该能够促进消费向合理方向转变一样。消费是经济发展的动力源泉，脱离消费需求的经济发展是不可能持续的。只有消费的持续增长，经济发展才有动力而能够不断增长。上面讲到，和谐生态经济的消费应该是节约的，这是否意味着与消费的这种作用相矛盾呢？并不矛盾。上面讲到的节约是对物质产品消费的节约或对资源的节约，而消费需要是多方面的。今天人类消费的物质产品已达到一个相当高的程度，超出了维持人类基本生存的需要，虽然这并不说明人类对物质产品的消费不应该继续增长，但降低这方面的需求欲望并不会减少人类的福利。因为这方面的节约也就意味着其他需求的增长，而这些需求正是被长期忽视但对人类福利至关重要的方面，也就是精神文化、生态、保健和享受等方面的需要，相对于物质需要来说，这些需求的满足是更无止境的，它们的满足过程也就是人的能力的全面发展过程，这种发展不仅能为经济发展提供最有效的物质基础（高质量的劳动力要素），而且符合人类发展的趋势，是人类真正解放的标志，甚至是社会形态发生变化，即资本主义生产方式即将被更高级生产方式取代的标志。所以说，在物质消费上的节约，不仅不会抑制经济发展，反而会更有力地推动经济发展。但这也说明，人类必须改变消费行为和消费结构，使消费重心由传统的物质消费为主，转向生态、精神文化消费为主，这也是知识经济的标志之一。

和谐生态经济对消费模式的又一重要要求，就是必须做到消费结果的相对公平。上面讲到，在实现和谐生态经济目标方面，分配结果的公平并不是最重要的，最重要的是消费结果的公平，因为只有消费才是社会的最终目标，才是实现社会和谐的重要保证。一些分配结果并不公平的社会，如美国、日本等，社会的稳定程度却较高，部分原因就是它们的消费结果较为公平，如日本富翁与穷人在住房（面积）上的差距并不大，美国富翁的早餐与穷人的早餐也没有太大差别，原因是它们的分配结果受到宗教伦理和市场竞争的再调节，所以，最终消费结果的差异被大大缩小了；再一个重要原因，就是西方发达国家原来由私人支出的消费中的相当部分，转变成了公共支出的消费，如医疗支出、教育支出、社会服务支出等等，这也极大地缩小了不同收入人们之间的消费水平差异。我国当前面临的问题，不仅是收入分配差距过大，更主要的是消费差距过大，如占人口大部分的贫困阶层为温饱而苦苦挣扎，不时为食品价格的涨落而操心时（受恩格尔定律的支配，当人均收入达到一定程度时，用于食品支出的比例会下降到一个较低的水平，这时人们对食品价格的变化将变得不敏感），少部分富裕阶层却在进行极尽奢侈的炫富性消费，以至在我国的人均收入仍很低时，我国却即将成为世界上最大的奢侈品市场，标价数千万元的豪华车和别墅供不应求，致使整个社会形成一种普遍的仇富心理，成为影响社会稳定的一个重要因素。所以，改变这种状况，做到消费的相对公平，是实现和谐生态经济和可持续发展目标的基本要求。

## （二）和谐生态经济中的绿色消费

绿色消费，是当今世界比较流行的一个观念和行动。它包含两个方面的内容：一是所消费的各种产品必须符合人的生理和生态需要，不对人产生各种有害影响，就目前来说，它主要指所消费的产品，不包含各种对人体有害的农药残留物和各种化学物质与放射性物质，如食品不包含对人体有害的农药与化学残留物，服装舒服透气且不对人体有害，所用的各种物品对人身安全等；二是消费过程和消费后的残留物与废弃物不对环境造成危害，如各种废弃的包装物能够被回收再利用或者废弃后不对环境造成损害，即它能够自然降解而又不对环境产生污染等等，同时这些产品在生产过程中符合节约能源和资源的要求等。为此西方绿色消费者提出消费三要求：一是不购买污染环境的产品，包括过多包装，用后会变成污染物，生产时会制造污染，或者使用时会造成浪费或污染的产品；二是不购买经过多重转售或代理的产品，因为当产品辗转到达使用者手上时，除了价钱会更昂贵外，在运输方面也会耗用大量能源，间接影响环境；三是减少购买由第三世界人民承担原材料供应及生产工序的产品，因为生产这些产品不仅破坏第三世界国家人民的居住及周围的自然环境，同时也破坏了全球的资源。

在当今世界生态环境遭到严重破坏，自然资源大量耗竭，人们生活在有害物质环绕环境中的时代，强调绿色消费是非常必要的，它对于改变人们的消费观念，保护环境与节约资源有着非常重要的意义，但同时我们也认为，这样的绿色消费观念还是比较狭隘的。一是它仅将绿色消费局限于目前市场上流通的经济性产品，而没有包括各种非市场性的公共性消费品，而在当前消费中对环境影响最大和对人体造成严重损害的，恰恰是那些非个人性和非市场性的产品，如空气、水等的消费。二是它仅仅关注人们消费的产品是否对人体有害和产品的生产与消费过程是否会损害环境，而没有关注人们消费本身的量是否合理、所消费的产品的功能是否超出了生理或生态需要的范围。人们知道，工业革命以来造成生态环境被严重破坏和自然资源被大量消耗的最重要原因，就是因为人类对物质产品量需要的不断增长和质量的不断提高，这使得为维持一个人生存所消耗的生态环境和自然资源大量增加，远远超过保持一个人生态健康所需的水平。如对发展水平超过了温饱的国家来说，当今人们所摄取的能量和营养早已超过了身体正常所需的水平，超重现象极其普遍，不仅使减肥行业兴旺非常，而且也严重损害了人们的身体健康；同时对几乎所有产品的质量和精美要求，都远远超过了这些产品本身的功能，如衣着，当今人们追求的已不是它所具有的生理功能，即保暖功能，也不是一般的审美功能，而是由生产关系决定的精细，即加工的深度；如食品的要求也是如此，如我们不是直接食用最符合生态要求和环境保护要求的谷物，而是将其中的大部分转化为肉、奶、蛋类，并且还要继续对这些转化的产品进行一系列的所谓“深加工”，在经过了无数的工序，消耗了大量的资源和劳动后，才被人类食用。然而令人悲哀的是，当今世界的所谓“经济增长”，正是建立在这种迂回程度不断提高的基础上。可以说，当今社会的一切环境与生态问题，都是人类对超出自身生理和生态需要的物质产品的无限欲望的贪婪所造成的。所以，人类必须能够有效地抑制自己的物质消费欲望，从以物质财富消费为中心的物欲主义，转向节约资源、保护环境并且有利于人类生理与身体健康的生态消费与精神文化消费为中心的生态主义。只有这样，人类持续生存的最大幸福目标才能够真正实现。

绿色消费虽然是消费者的一种行为，但这种行为会影响甚至决定整个社会再生产过程的行为和目的，使它们符合生态环境保护和自然资源永续利用的要求，最终实现社会可持续经济发展的目标。因为消费是社会生产的最终目的，虽然市场经济直接的生产目的是利润，但厂商如果要达到实现利润的目标，它生产的产品就必须符合由消费者行为决定的市场需要，否则利润目标就不可能实现，所以，市场经济再生产过程的行为目标，最终是由该社会占统治地位的消费行为决定的。所以说，绿色消费不仅是保证生态需要得到满足和实现可持续发展的重要基础，而且是达到这个目标的重要手段。

绿色消费是通过绿色消费行为与绿色消费模式实现的。

绿色消费行为，就是人们的一切消费活动，即消费者的行为方式、方法、行为过程及其变化等都受生态意识的支配。所谓生态意识，前苏联学者 B. 基鲁索夫在《生态意识是社会和自然最优相互作用的条件》①一文中，提出生态意识是根据社会和自然的具体可能性，最优地解决社会和自然关系的观点、理论和感情的总和。生态意识的形成，来源于人们对以往人类活动中违反生态规律带来的严重后果的反省，来源于对现存严重的生态危机的觉醒，来源于对人类未来发展的关注及对后代的责任感，来源于对地球生态系统整体性的认识等。生态意识具有这些特点：一是“全球意识”或“全球村”意识，它提醒人们，全世界各国人民是生活在同一个地球上的公民，生态保护是全人类的共同利益，同时地球上的所有生命形式都是人类的伙伴和朋友，它们的生存应该受到人类的尊重等。二是生态意识的主体是人和社会，它的客体是人与自然的关系，

① B. 基鲁索夫：《生态意识是社会和自然最优相互作用的条件》，《哲学译丛》1986 年第 4 期。

它所反映的是对象的整体性和综合性，所强调的不是单个自然现象的联系，而是各种自然现象以及作为“人—社会—自然”复合生态系统的相互联系与相互作用，并充分考虑该系统的多样性和差异性。三是它关注长期性的生态意义，更着重于未来，即它在反映人与自然的关系时，要求不仅注意自然界变化以及人与自然变化的最近结果，而且特别注意这种变化的长远结果。四是从它反映社会存在的方式来看，生态意识的产生不受过去理论结构的限制，它是人类在人与自然关系上认识的重大突破。五是从它反映的目的来看，生态意识有更鲜明的意识形态特点，如传统意识形态强调人对自然的改造，无限制地利用自然，而生态意识则强调要限制人的这种努力，认为人类利用和改变自然应该有一个限度，超过这个限度将会导致生态潜力的破坏，而生态潜力是经济潜力的基础，它一旦被破坏，任何经济制度都不可能保持它的稳定性，所以，必须将人类对自然的利用和改造限制在一定范围内①。生态意识从产生以来，已经对人类的行为方式产生了重大影响并已进入到伦理价值的范畴中，如破坏生态环境和滥捕野生动物，被认为是一种极不道德的行为，保护生态环境正成为全社会人们生活和工作中的日常守则，同时影响到各国政府、企业和个人的战略制定及其行为。受生态意识决定的绿色消费行为，也就是人们在消费过程中的行为方式、方法、行为过程等一切活动，都必须体现生态意识的内容和要求，即必须具有“共同、整体、有限、发展”的特点与要求。

作为“共同、整体、有限、发展”生态原则的体现，就是要求人们作为消费者在消费过程中的一切行为，都必须体现生态环境和自然资源的公共性和整体性特点，从整个系统循环的角度来认识和对待自己消费活动对地球生物圈的影响，而不是从一时一地的角度去对待自己的消费活动。一些从一时一地角度看待的对生态环境有利的行为，从整体看却很可能是对生态环境极其不利的行为，如用化学方法治理污水，虽然洁

① 关于生态意识的内容和特点，主要参阅了余谋昌著《生态文化论》（河北教育出版社 2001 年版）等著作。

净了被治理的污水，但化学制品的大量使用却很可能造成更严重的污染。因为根据生态学关于一切事物都必然要有其去向的法则，化学制品与污水中有害元素结合的残余物，是难以用目前比较经济的方法加以去除的，所以，从系统循环的观点看，它很可能造成更严重的环境污染。“有限”的原则，从生态消费的角度看，它要求人们对各种物品的消费都必须节制和适量，不应该超出维持人正常再生产所需的生理与生态需要，超出这个范围不仅对人本身没有什么好处甚至有害，而且会对生态环境造成严重损害。因为地球村的资源供给和对污染的容纳能力都是十分有限的，人类只有节制自己对消费，尤其是物质产品消费的无限欲望，才能够与地球的承载能力相一致，人类的持续发展目标才有可能真正实现。“发展”的原则要求人们根据生态环境和技术条件的变化而不断地调整自己的消费行为，其中包括消费伦理的变化等，在消费中不仅要考虑自己以及当代人的福利，而且要考虑整个社会和后代人的福利。生态经济学和可持续发展经济学与传统经济学最大的区别之一，就是对社会最大福利或资源优化配置标准认识的不同。

绿色消费行为要求人们在消费过程中，购买只是为了满足人的生态需要并有利于生态环境保护；只购买那些满足自己生理和生态需要为限的产品，并且只到那些在生产过程中保护生态环境和节约自然资源最尽力，并且生产的产品在整个消费过程中对人身和环境最有利或损害最小的厂商那里购买产品，而不购买那些尽管价格便宜，但在生产过程中对环境造成比较严重的损害、浪费资源，并且在消费过程中会对人身和环境造成损害的厂商的产品；同时在最有利于保护生态环境的时间购买商品等。

绿色消费模式就是以和谐生态经济和可持续发展思想为指导，以实现人类最大利益为目标，在一定的生产力基础上最合理地配置资源，以取得包括生态产品与生态资本在内的产出与投入的最大效益，同时不断地调整生产关系，使它适应生态消费或绿色消费的要求，在此基础上并通过社会舆论与政策的引导，使人们在消费活动中的一切方面，如消费行为的程式、规范和质的规定性等各方面的内容，都符合生态消费的要求。

### （三）和谐生态经济消费模式的实现形式

要使和谐生态经济消费模式得到实现，不仅需要市场的力量，也需要国家的有形之手，更需要宗教、伦理的力量。

在合乎社会规范和普遍规律的前提下，人们实现自身消费最大福利的方式，显然是能够根据自身的偏好和收入来合理地分配消费支出，而实现这点的前提，则是消费者有充分的选择自由（对应的是商品供求者也有充分的商品供应自由）。没有选择的自由，这正如我国改革开放前的消费者那样，是不可能做到消费支出的利益最大化的。消费是社会最终目标，消费的合理化，将促进生产和流通的合理化，提高整个社会资源配置的效果。显然，实现这个目标的基础，是充分发挥市场机制的作用。市场经济是人类反复实践而证明比较有效的自由配置资源的一种制度选择，在它的合理性范围之内，没有其他制度能够超越它。所以，要取得最佳的和谐消费效果，就必须在一定范围内充分发挥市场机制在消费选择方面的作用。

如在后面（第六章）将看到的那样，市场机制作用的充分发挥，还是实现一定甚至较大分配差距基础上消费公平的重要保证。因为市场机制中最重要功能的竞争机制的充分发挥，会迫使资本所有者（或企业家阶级）将其获得的绝大部分收入用于资本积累，而资本积累的实质就是资本家阶级将获得的收入用于工人阶级的消费支出，所以它会带来最终消费结果的相对公平，并做到公平与效率的相对统一。上面讲到的我国富裕阶层出现奢侈性炫富消费，很大部分原因是市场机制作用的发挥不够充分，如许多行业不允许民营资本进入，同时近年来经济环境恶化，迫使相当部分民营资本退出生产领域的结果①。

显然，市场机制的作用范围是有限的。在涉及明显外部影响方面，它的作用不仅有限，而且在一些方面还存在严重缺陷，所以，和谐生态经济要求的消费模式，不仅需要市场机制的作用，也需要其他手段，如宗教伦理和政府的有形之手。

在一定收入分配差距基础上实现消费结果的相对公平，除了市场机制的作用外，社会伦理（包括宗教、规范等）的作用也是十分重要的，当代西方社会日益盛行的遗产公益化倾向，就是社会伦理作用的重要表现；当代社会日益兴起的绿色消费，不使用野生动物产品等，也是社会伦理变化的重要体现，所以，在实现和谐生态经济的消费模式方面，应该充分发挥积极向上的宗教伦理建设的作用②。能否建立起与和谐生态经济消费和谐的伦理道德和行为规范，是和谐生态经济目标是否能够实现的重要条件。遗憾的是，由于传统文化伦理被破坏，同时又没有建立起与社会经济发展要求相适应的新的文化伦理，使得我国这个具有5000年历史的文明古国，竟然成为当今世界上最缺乏伦理约束的国度，各种严重违反社会普遍伦理道德的事件充斥于世。所以，加强与和谐生态经济要求相一致的伦理建设，成为我国当前建设和谐社会最迫切的任务之一。

由于精神文化产品、社会产品和生态产品的生产和消费具有明显的外部经济效果，市场机制在这方面的作用有限，因此需要发挥国家调节

① 有部分奢侈性消费，如对高级轿车等的消费，则是税法不合理或存在漏洞的结果。因为购置豪车的费用可计入企业的经营成本而抵减部分应税利润，我国的企业所得税和个人所得税率又偏高，同时还有名目繁多的各种费用；经计算，如果企业利润再转为企业家个人收入的话，不包括各种费用，税收将超过60%，由此，购置豪车等也就成为企业避税的不二选择——其中超过一半的费用是由抵减的税收支付的。同时大部分企业家都会在折旧期（一般是5年，每年的折旧率是20%）满后将其转换到个人名下（这是我的一个教授同事同时又是企业家的人告诉我的，他向我解释他为什么买近200万元的豪车）。自然，过高的个人所得税，还是我国的企业家为什么个人纳税很少的主要原因之一，因为他们通过不分红和将个人消费支出企业化的形式而规避了应纳的个人税收，所以，我国个人所得税的主体是中低收入的普通工薪阶层这一事实也就一点都不奇怪。

② 笔者认为，那些历数百上千年并经社会反复选择而延续下来的主流宗教，是一个社会精神文明建设的集中体现和最高层次，是维系社会和谐稳定的主要力量。

的作用，如由国家来充当其中部分产品的供给者。在涉及不同区域和不同收入层次人们的消费上，国家也应该发挥调节作用，如进行收入再分配，以保证和谐生态经济消费和谐的要求。

扩大公共产品在消费中的比例，将是实现和谐生态经济消费和谐的最重要内容和手段之一。扩大公共产品供给在消费中的比例，不仅可以有效地缩小人们之间在消费中的差距，而且可以为所有人提供程度更高的机会公平。因为人们之间客观上存在能力、机遇等各方面的差异，在生产力发展过程中，不同质量劳动力之间的技术进步或技术更新速度是不一致的，两者间往往具有正比关系，即质量高劳动者的技术或知识更新速度快，这意味着不同质量劳动者之间的能力差别在经济发展过程中会不断扩大。因此由市场机制决定的分配差别也会扩大，在家庭生活同一性的作用下，他们后代之间的差别也会扩大，这与和谐社会的公平与公正要求是背道而驰的，与可持续经济发展要求的劳动者能力全面发展的要求也是不相符的。要使劳动力的再生产满足可持续经济发展的要求，并实现社会的公平与公正目标，就必须对由市场机制决定的人们之间的消费关系进行调节，要使这种调节既符合和谐生态经济的要求又不牺牲效率，最有效的方式就是对满足劳动者能力发展等方面的需要，如教育、保健、社会参与等方面中的部分内容，以公共消费的方式来满足，并协调好社会公共消费与个人消费之间的关系，以实现公平与效率的统一。同时，扩大公共产品消费的比例，也是满足人们日益增长的生态需要和精神文化需要的重要源泉。从下章分析中将看到，建立新兴的社会主义公有制，是满足这个要求的重要基础。

和谐生态经济的实现形式，是以上四个方面的有机统一。它们之间既有相互促进的一面，同时也有相互阻碍的一面，协调好彼此的关系，是实现和谐生态经济目标的重要基础。

## 第三节　和谐生态经济实现的构成要素

和谐生态经济再生产过程中的形式要得到实现，需要一定的条件，我们将这些条件称为它的构成要素。这些要素主要有人口、资本积累、产权、制度等等。

### 一、人口

人口（其中的劳动力）是经济系统中最主要的因素，是经济发展中最活跃的力量，是财富的创造者，但同时又是财富的消耗者，虽然满足人们对财富的消耗是生产的目的，同时也是经济发展的动力满足，但如何调协人口（包括数量与质量）与经济发展和自然的关系，则是和谐生态经济和可持续发展面临的最迫切问题之一。和谐生态经济与可持续发展提出的重要原因之一，就是人口数量与经济发展和生态环境的承载能力之间出现了严重的矛盾，其中在一些落后国家或地区尤为严重。

我们知道，人类的富裕进步在很大程度上是建立在分工协作基础上的，社会的富裕程度与分工协作的规模成正比，富裕程度则往往与社会的和谐程度成正比，而分工协作的规模又是与人口的规模成正比的，这意味着，保持一定的人口规模是实现社会富裕与和谐的重要条件之一，同时一定规模的人口数量及其增长，也是经济增长的动力源泉。但同时我们从生态学原理中知道，自然环境与其承载的人口数量是有一定的比例关系的，虽然人作为杂食性物种，这个比例有一定的弹性，但这个弹性也是有其范围限制的，尤其是当人类随着经济发展水平不断提高对食物等物质产品的数量和质量要求越来越多时，这种比例限制也就更加严格。在此过程中，虽然通过一定的技术和生态创新活动，可以提高一定土地面积上的总物质产出，从而增加承载的人口数量，但此过程往往伴随对整个生态环境的破坏，如减少了物种的多样性等等。人类正是在这个方面遭遇了严重危机，即通过技术进步等手段，不断提高了一定量生态环境承载人口数量的能力，但其代价却是物种灭绝速度的不断加快，人类的整体生态环境不断恶化，如何协调人口数量与生态环境的关系，成为人类面临的重大考验。

人口增长速度往往与一国的经济富裕程度和人口质量密切相关。一般地说，经济富裕程度越高，人口增长速度越慢；越贫穷，则人口增长速度越高；同时低质量劳动力和贫穷家庭的人口增长速度快，而高质量劳动力和富裕家庭的人口增长速度慢。这是因为，人口增殖（微观）效益与家庭的富裕程度成反比①，这是贫困滋生人口的重要原因，也是发达国家的人口增长缓慢甚至负增长，而发展中国家人口快速增长的重要原因；同时如前面指出的那样，贫困还是生态环境破坏的最大威胁，所以，加快经济发展速度，提高整个社会的平均富裕程度，是解决人口与生态环境矛盾的重要举措。

显然，一个社会的产品分配状况，即是相对公平还是不公平，并且产品分配的社会结构状态，如是橄榄型还是金字塔型，也是决定人口增长速度快慢的关键因素之一。一般地说，产品分配公平程度较高的社会，也就是产品分配呈橄榄型结构的社会，人口的增长速度往往较慢，如西欧、日本等国的情况就是这样；而产品分配公平程度较低的社会，或者是产品分配呈金字塔型的社会，人口的增长速度较快，如美洲、非洲和东南亚一些国家的情况就是这样。同时，人口的生产情况在很大程度上会反过来加强原有的分配关系，如分配差距大、社会中低层次人口的快速增长会加强该社会分配上的两极分化，后者又会反过来加强人口增长，这种互为加强的作用机制，到一定程度必然会引发严重的人口危机和社会危机。这种情况正在非洲各地发生。这说明控制人口数量的方法之一，

① 这方面的详细分析，请参见拙著《经济学——经济学内容的新探索》第十四章“人口生产分析”（中国财政经济出版社2000年版）。

就是改善社会内部的分配结果。显然，和谐生态经济要求的产品分配及其人口增长，是那种公平程度较高，人口增长速度较慢的橄榄型社会。所以，缩小分配差距，建立产品分配相对公平的分配制度和消费制度，是建立和谐生态经济社会的重要条件。对当今国际社会来说，要控制人口数量，提高人口质量，实现可持续发展目标，就必须对现行的国际分配关系进行调整，发达国家必须切实地帮助发展中国家提高经济发展水平和改善分配关系，只有这样，发达国家才不至于因发展中国家人口过快增长而使自身改善生态环境的努力失效，人类社会的持续发展目标才可实现。

在使人口的总量符合可持续经济发展要求的同时，还必须使人口结构符合其要求。人口结构包括年龄结构、质量结构、专业结构、区域结构等。年龄结构状况是关系一个社会的经济能否均衡发展的重要因素。如趋向老龄化的社会，经济发展会因新增劳动力供给不足或负担太重而难以为继，快速走向老龄化社会的我国就面临着这种挑战；而一个过于年轻化的社会，则会因缺少足够的资本积累和知识积累，难以负担新增人口的教育费用而同样不能实现经济的持续发展；只有那种老、中、青人口之间比例协调的社会，才能较好地保证社会与经济的可持续发展。

如果说年龄结构对一个社会经济的持续发展具有决定作用的话，那么质量结构、专业结构状况则对当前的经济发展具有决定性作用，同时由于当前的经济发展状况决定着今后的经济发展方向，所以它对经济的持续发展也具有重大的影响。生产力系统的立体性，客观上会产生对不同质量和不同专业劳动力的要求，符合这种要求的劳动力质量结构和专业结构，能够取得最大的效益。如果两者间的比例结构要求不一致，则会造成劳动力资源的浪费。一个社会人口的质量结构状况，还是决定该社会生产关系状况的最重要因素。如果一个社会人口或劳动力的质量结构呈金字塔型，那么不仅会产生该社会在分配上的两极分化，而且该社会的稳定性很差，很容易发生社会政治经济动荡。只有那种橄榄型的质量结构，社会生产关系才会比较缓和，从而社会的稳定程度才高。

一个社会的劳动力数量与质量，在经济学中表现为该社会的人力资本（量）。单个劳动力的质量表现为人力资本的大小；社会和个人在提高劳动力质量和增加数量方面的努力，表现为人力资本投资和积累。在当今社会，单个劳动力的人力资本只有达到一定数量后，才能够成为生产力或经济要素；如果达不到，就会被经济系统所抛弃。和谐生态经济对人力资本的一个重要要求，就是每个劳动力的人力资本价值不仅超过经济系统要求的最低值（人人参加劳动和有工作，是和谐社会要求的基本条件。劳动并不单纯是一种如传统经济学认为的“痛苦”或“负效用”，而是一项极其重要的社会福利，缺失这项福利的人的精神是空虚和痛苦的），而且能够不断地快速增殖，使其在经济增长中能够不断地替代自然资源，由此促使社会经济重心由物质生产转向精神文化和生态产品为主的轨道中。人口质量的普遍提高，是实现可持续发展目标和建立和谐生态经济社会的重要条件。

## 二、资本与资本积累

在当代社会，一切对经济增长起作用的因素都以资本的形式出现（这是当今社会为什么被叫做资本主义社会的原因之一），因此，资本数量及其积累也就成为决定社会经济增长最重要的因素，自然也成为决定和谐生态经济建设的核心因素。

### （一）资本及其积累[①]

所谓资本，就是那些能够给人们带来（未来）经济利益的一切源泉或价值。资本有多种形态，如物质资本、人力资本、生态资本、社会资本等。

资本从物质形态上看，是生产力在发展过程中所形成的部分成果的积累（它或者体现在物质资本上，或者体现在劳动力上，或者体现在生

① 对资本本质及其作用的分析，将在第六章中进行。

态环境的改善上等等）；从人的利益关系上看，则代表着人类社会未来的利益保障；资本在人们之间的分配关系，代表着人们在生产资料所有制方面的利益关系或生产关系（这种关系，传统上人们把它作为阶级关系来看待。在现代社会，这种标准显然不能完整地反映实际的阶级利益关系）。作为资本利益关系体现的利息，是生产力为保存自身已有成果和进一步发展的一种经济手段。不管在任何时代，资本都是社会经济发展的物质基础和精神基础，资本量的大小及其积累能力，决定着一个社会今后一段时间的发展能力。在一个资本存量少而又积累能力弱的社会，生产力的发展水平一定是比较低而又增长缓慢的。

假设其他条件不变，从资本的角度看，一个社会的经济发展主要取决于资本存量的利用效率和资本积累的速度。资本存量对经济发展的贡献，一是看它的被利用率，两者间成正比关系；二是看它的平均生产率。其生产率的高低，一方面取决于人们对它的利用强度；另一方面取决于它的使用结构是否与社会需要一致。当资本的利用效率一定时，经济发展速度就主要取决于资本积累的速度了。资本积累的速度，主要由社会对它的需要强度所决定。在一个资本需要强度高的社会，资本积累的速度一定是比较快的；需要强度弱的社会，资本积累速度也慢，甚至会发生资本的净损耗。实际上，从较长时期看，在市场机制的作用下，任何社会都会创造出与自身需要相一致的资本积累来，因此在一个较长时期内，经济发展过程中既不会绝对地缺少资本，也不会出现绝对的资本过剩。如当资本短缺时，利率会不断提高，由此使储蓄不断地侵蚀消费，同时会吸引国外资本流入以满足经济发展的需要。当资本严重过剩时，一方面会导致存量资本无形损耗的加剧，如在经济危机中，大量的资本就因缺少需要而被大量淘汰或贬值；另一方面利率的下降会导致储蓄的减少；再一方面会导致资本流出的增加或流入的减少，因此使资本供应与经济发展需要相一致。这说明，资本是在经济发展过程中被创造和消失的，它是与经济发展的需要相一致的。只有在外部影响下，一个社会对经济发展的期望超过内部的资本积累力量时，资本才会出现比较严重的短缺。所以，资本积累是经济发展的物质基础，但资本积累的速度又是由经济发展对它的需要决定的。

在实际过程中，资本积累除了受到经济发展和社会需要的决定以外，还受到其他许多因素的影响，如分配、制度、人口等。一个社会产品分配的公平程度如何，对资本积累的大小有着十分明显的影响。一般地说，产品分配的公平程度与资本积累的关系，具有在一定范围内呈正比，超过一定范围呈反比的关系。因为当产品的不公平程度超过一定范围时，积累少量的资本就可获得较高的相对福利，有能力的人不会大量地积累资本，而会将大部分收入用在奢侈性消费上，收入低的大部分人则缺少积累的能力，所以该社会的积累率一定是很低的。在这种社会中，即使高收入者有积累的动力和会将相当部分的收入积累起来，但分配不公产生的社会不稳定，也会阻止这部分积累转化为国内资本，而会将这部分积累转移到国外。收入差距较大的南美洲，这两种情况就十分明显。即使在这些国家经济增长较快时，国内积累率仍然不是很高，在国内资本严重短缺、大量国外资本输入时，国内资本却大量外逃。所以，在这种情况下，收入分配向公平方向运动会提高积累率，这正如收入分配较公平的东南亚各国的积累率，就大大高于经济发展水平相近的拉丁美洲各国一样。但如同任何事物超过了一定范围都会物极必反一样，分配的公平程度超过一定范围后，同样会由促进变为阻碍资本积累。因为公平超过一定范围，积累资本不能给人带来相应的物质利益，资本积累的动力就会丧失，所以，超过一定范围的公平是与资本积累呈反比的。

社会制度和经济体制对资本积累的影响则更明显。好的制度，能够极大地促进资本积累；不良的制度和体制，则会将已积累的资本大量消耗。改革以来，由于我国进行的体制改革在总体上更符合经济发展的要求，因此这段时间我国的资本积累以极快的速度进行；但同时，由于国营企业改革严重滞后，与经济发展要求严重不符，结果经过几十年积累的大量国有资产在此过程中不断流失或以各种方式而消耗，一些企业的资产更是被消耗殆尽，因此又严重阻碍了我国的资本积累。

## （二）和谐生态经济的资本要求

由于在第二章将资源资本和环境资本共同归类为生态资本，而人力资本、企业资本、社会资本归类于知识资本[①]，因此整个资本可以被划分为物质资本、生态资本与知识资本三类，它们之间的总和构成了一个社会的资本总量。由于一个社会的未来收入是由该社会现有的资本存量决定的（因为资本就是能带来未来收益的价值），因此，社会资本总量的大小决定了该社会持续收入的大小，其积累量与积累速度，则决定着今后一般时期该收入的变化和增长速度，从而决定着该社会可持续经济发展的能力。

从三种资本都是经济系统的组成部分来说，它们之间存在着一定的转换关系，如通过大量使用生态资本可节约物质资本的使用，或者通过再分配将生态资本应补偿的价值，转化为物质资本的积累或知识资本的积累；在再生产过程中，生态资本的利用，如各种自然资源的利用可转化为物质资本的积累，或者人们直接消费生态资本，如到以生态资本为主的地区旅游、疗养等，生态资本也可直接转化为人力资本或知识资本；同样，在再生产过程中以物质资本和知识资本（包括人力资本）来替代生态资本，可减少生态资本的耗费；对生态环境进行保护，物质资本和知识资本可以直接转化为生态资本。在实际过程中，通过社会生产力的组合效应和合理的社会分配，三种资本是可以共同增长的，这正是和谐生态经济的最基本要求。自然，实际中也可以出现三种资本之间非均衡的运动。如我国三种资本间的关系，长期以来一直呈现物质资本与知识资本增长，而生态资本不断下降的情况，这种情况已成为严重阻碍我国和谐生态经济发展的瓶颈，因此是和谐生态经济建设极力要改变的。

如果不考虑三种资本间质的区别，从价值形态看，似乎只要一个社

---

① 见本书第二章。

会的总资本量不断增长，就能保证一个社会可持续经济发展目标的实现，但实际情况却并非如此。如果三种资本间的比例出现严重失衡，就可能出现这种结果。如一个社会积累了大量的物质资本，但缺少必要的知识资本，这些物质资本就得不到有效利用，积累了的物质资本就很可能在再生产过程中被浪费或耗费掉，经济的持续发展就不可能实现。如果在社会总资本大量增加，物质资本与知识资本间的比例也保持协调，但生态资本的总量降低到某一程度时，仍然不可能实现经济的持续增长，这正如当前世界积累了空前的物质资本与知识资本，人们也享受到了前所未有的经济福利，但人类面临的生存和发展危机也前所未有一样，正是在这种矛盾面前，可持续发展或绿色发展思想才被提出而被人们普遍接受的。如果没有这种矛盾，也就不会产生被世界普遍接受的可持续发展思想潮流。这是因为，生态环境的不可逆性是普遍存在的，许多自然资源的开发利用都具有不可逆性，难以被人造资本替代，如一种物种消失，无论用多少的人造资本都弥补不了由此产生的损失，所以说，生态资本的非减性或增殖性以及在总资本中比例的不断提高，是实现和谐生态经济发展的基本条件。只有在这个基础上，社会总资本的增加，才能推进经济的可持续发展，同时，以提高生态需要为迫切任务的四种需要保持平衡的和谐生态经济目标才能实现。

## （三）和谐生态经济要求的资本结构

我们讲到，无论是可持续发展，还是和谐生态经济，经济的持续增长都是最基本的目标之一。从经济角度看，经济持续增长的表现形式就是收入的持续增长，而在技术条件等没有大的变化的情况下，实现收入持续增长的条件是资本存量的持续增长，也就是资本积累的增长。如果假设资本的增殖率不变，那么可持续经济发展的速度就由资本积累的增长速度决定。

资本积累量的变化虽然是决定可持续经济增长的重要因素，但同样重要的还有其质的变化和结构组成。虽然实物型的生产要素抽象为资本后，不同质的资本间就只有量的差异，但资本的质量状况对可持续经济发展仍然是具有十分重要甚至决定意义的。如假设三个最低级简单劳动力的价值量等于一个高级劳动力的价值量，在两个不同的社会中，如果一者进行的是以低级劳动力为主的资本积累，而另一者是以高级劳动力为主的资本积累，那么两者的经济持续发展能力是迥异的。前者尽管积累的资本量与后者一致，但其经济很可能是不可持续的，只有后者能保证经济的持续发展。不仅人力资本积累有这种差异，物质资本、知识资本、环境资本、资源资本等都存在这种情况，所以，在资本总量增长的情况下，一定要有质的提高，否则仍然不能实现经济持续增长的目的。这正如一些人口数量增长很快的社会或国家，如南亚和非洲一些国家，这些国家新增收入的大部分被新增人口所消费了，或者说新增收入转化成了人力资本积累，但这些社会的持续发展能力却不是提高了，而是下降了。这说明，个别人力资本要发挥途径，只有当他们的质量提高到一定程度后才有可能。这正如人在从幼童到成人的过程中，一直在进行人力资本积累，但在该中间，即其积累了一定量资本、但还没有达到社会的基本要求时，这种性质的资本积累是发挥不出任何效应来的。所以，在资本积累过程中，在量的增长过程中，要特别注重质的提高，只有伴随质的提高的量的增加，才能保证可持续经济发展的实现。

如果说资本积累中质的提高是保证和谐生态经济或可持续发展实现的关键的话，那么资本结构的协调则是保证和谐生态经济实现的核心。因为可持续发展思想的提出，就是因为传统经济发展基础上的资本结构不能满足经济持续发展的需要，是资源资本和环境资本在资本结构中的比例下降到一个危险程度的结果，所以，资本结构的协调与否是可持续经济发展能否实现的核心。这意味着，要实现可持续经济发展，在今后相当一段时间的资本积累中，不仅必须保证资源资本与环境资本的总量不减少和在总资本中所占的比例不下降，而且要求它们需优先增长。因为，就当前社会积累的资本总量以及非自然资本质量等情况看，都达到一个空前的程度，但人类对经济能否持续发展的疑虑也达到空前的程度，其原因就在于资源资本和环境资本的存量及其在总资本中所占的比例太低，造成资本结构比例失调的结果，所以，要求它们的规模与质量不断提高，并且要快于其他形式的资本积累增长速度。同时，一定量资本的使用效率是与资本结构状况密切相关的，只有各种资本间的比例协调，资本才能发挥出较好的效益，否则即使资本总量有较大增长，但结构不协调，经济的持续增长目标也是不能实现的。

在知识经济社会或即将进入知识经济时代，知识资本（包括人力资本）和生态资本的积累必须优先进行。当今世界经济的竞争，已转化为知识创新和教育的竞争，而知识创新的能力则取决于教育。教育的好坏则不仅取决于在这上面投资的多少，而且取决于教育体制和教育方针，取决于该教育体制下培养的人才是否具有创新精神和创新意识。

要使一个社会的资本积累满足可持续经济发展的需要，必须有积累的动力和相应的制度保证。资本积累的动力主要来自于从中可得到的利益。对社会来说，这种利益是社会整体的经济发展和福利增加；对个人来说则是经济利益，其主要表现是利息或利润。对来自于个人或企业的资本积累量，经济发展会通过市场机制的作用将其调节到与需要量一致的程度。当经济发展需要较多的资本时，它就会通过较大的利益刺激来满足其需求；当经济发展速度慢而容纳不了已积累的资本时，利率就会下降，甚至会通过资本的无形损耗形式来消耗社会已积累的资本。这说明，资本积累量是由经济发展对它的需要决定的。对那些外部影响大而需要社会或政府进行积累的资本，则需要通过政治程序来确定。虽然市场机制在解决外部经济方面并非毫无作为，如资源短缺导致的价格上升，会促使人们在这上面进行投资，但该过程太慢，或者它进行的总是事后调节，不符合资源优化配置的要求，并且会对社会造成较大的损失，所以，在这方面需要政府来进行部分资本积累，尤其是在协调资本积累的比例结构方面。

## 三、技术进步

技术进步是实现和谐生态经济目标的重要手段。人类目前在经济发展中遇到的大部分问题，需要通过技术进步来解决，不过，技术进步带来的问题并不少于它解决的问题，所以，如何利用技术进步，就成为和谐生态经济是否能够实现的关键。

### （一）和谐生态经济技术进步的内涵

和谐生态经济的技术进步，不同于一般意义上的技术进步。因为历史经验告诉我们，人类长期以来的技术进步，绝大部分是如何加强对自然资源和环境资源的攫取，同时当代人类社会所面临的主要生态环境问题，绝大部分也是技术进步带来的，所以，只有那些在促进经济发展过程中改善人与自然关系的技术进步，才是符合可持续发展和和谐生态经济要求的技术进步。

和谐生态经济中的科学技术，不仅包括自然科学技术，而且包括社会科学和管理科学及其应用。当前人类面临的问题，虽然从形式上看，是自然科学技术的落后，但其与社会科学（包括管理科学，下同）及其运用的落后是分不开的，而且这可能是更重要的。因为自然科学技术本身是中性的，它代表了人类在探索自然和利用自然方面所取得的进步，但它们的利用对人类却具有有利与不利的两面性，如原子技术，既可用来造福人类，也可用来危害甚至毁灭人类，具体的结果就取决于人类对它的利用态度和利用方式了，而这又决定于人类在社会科学方面所取得的成就和它们在政策上的具体运用，所以，社会科学在促进人类进步与可持续发展方面的作用，一点也不比自然科学技术逊色。自然科学技术是由社会科学技术来控制和利用的，前者是服从于后者的，前者的发展状况取决于后者的进步程度。不仅自然科学技术的使用和推广由社会科学决定，而且其本身的组织、投入等也都是由社会科学技术及其制定的政策决定的。在经济发展过程中，一个国家科学技术的落后，往往是该社会在科学技术组织等管理科学落后的结果。如17世纪60年代至18世纪后期，英国是世界科学的中心，但由于长期不重视科学的组织管理和教育工作，到18世纪70年代，它的科学领先地位不得不让位给重视科学教育和科学普及工作、使科学精神深入影响社会和人民生活甚至文学作品的法国；到19世纪30年代后，由于重视这方面的工作，才使英国科学重又赶上法国。20世纪50年代前，一直在科学技术领域处于世界领先地位的美国，在航空领域方面一度落后于前苏联，结果发现是其教育体制落后的结果。这些事例，都证明自然科学技术的发展往往依赖于社会科学技术的发展状况。

从和谐生态经济的角度看，社会科学技术的进步，必须能保证自然科学技术进步及其利用能促进和谐生态经济发展的需要，将其可能对人类和可持续经济发展造成的不利后果局限在一个尽可能小的范围内，同时它本身必须不断地促进社会制度、生产组织方式和消费方式的创新，促进生产关系和分配关系的完善等。

社会科学和管理科学的作用，不仅在于为自然科学技术的发展及其利用创造条件并规范和控制它的利用，而且它本身会直接推动生产力的发展。从劳动生产率方面看，经济的发展不仅来自于因自然科学技术进步产生的产品更新或创新、资源利用效率的改善、劳动生产率的提高等，而且也来自于社会科学在组织创新和对生产方式、交换方式等更合理的安排。因为社会生产过程的组织主要是由社会科学来实施的，它进行的组织创新能有效地提高全要素的生产率。人们知道，在许多方面，如金融保险、生产组织和流通方式等，我国与发达国家之间的差距并不是在技术方面，而在是在管理方面。由于管理水平的落后，使我国的生产力或生产要素不能得到有效发挥。如在20世纪50年代初期，在经济规模方面我国与日本大致相当，但由于我国的社会科学落后，结果到改革开放时，日本已成为世界经济强国，而我国却仍在为温饱而努力，就说明了社会科学的重要性。我国近代以来社会经济发展落后，主要原因之一就是社会科学技术落后。然而，重视自然科学技术与忽视社会科学技术的状况，至今仍然没有得到根本的改变。所以，改变观念，加强社会科学技术的研究与应用，是我国实现强国之梦与和谐生态经济战略目标的必然选择。

和谐生态经济建设中的技术进步，就是指包括自然科学技术与社会科学技术在内的科学技术，能满足社会经济的发展需要，具体讲就是技术进步，能够满足自然资源永续利用的需要，满足生态环境不断改善或生态资本积累不断增加的需要，保证人民的各种福利不断增加的需要，保证社会制度不断完善的需要，保证技术进步尤其是技术利用不对人类造成重大危害的需要，保证生态环境向有利于人类发展的方向运动等。

### （二）和谐生态经济中的技术创新

技术进步主要是通过技术创新来实现的。所谓技术创新，是指整个技术系统的创新和把科技成果引入生产过程所导致的生产要素的重新组合，并把它转化为能在市场上销售的商品或工艺的全过程。从经济学讲，技术创新的主要目标是为了获得经济利润（主要是超额利润），因此从本质上讲，技术创新是经济创新，是科技开发与经济发展的有效结合与协调发展。技术创新的内容说明，科学技术的进步只是技术创新的内容之一，技术创新的内容还包括生产组织或要素组织方式的创新、商品营销方式的创新等。这说明，技术创新既是生产力的质量和数量的不断变化和创新过程，同时也是社会生产关系和生产方式的变化和创新过程，而且还包含了部分上层建筑的内容，从而是整个社会财富生产过程的变革过程。

要注意的是，和谐生态经济中的技术创新不是一般意义上的技术创新，而是要服务于和谐生态经济目标的技术创新，也就是能够帮助人类提高利用资源的效率，减少废弃物的排放，能够不断地改善生态环境，从而实现人与人和人与自然关系和谐的技术创新。

不过在实际过程中，任何技术的利用都有正反两面性，同时生态环境反应的滞后性，许多技术对生态环境的影响要经过很长时间才能显现。

而人类社会的急功近利特点，使绝大部分技术在它们的实际影响评估出现前就被普遍使用，以至许多曾被认为改善人类福利甚至环境的技术，事后证明是严重损害人类福利和环境的，如许多化学农药、核能等。正因为技术利用的这种特点，所以在上面特别强调要发展社会科学，尤其是社会伦理和科学技术管理等方面科学的研究与应用，原因就是技术对人类的具体影响是受利用它的政策所支配的，而政策是由社会科学支配的人所统领的。在这方面，在利用技术进步的积极作用时，要时刻提防它对人类和自然的不良作用。如上面讲到的那样，工业革命以来，技术进步在解决许多问题的同时，带来了更多更严重的问题。所以，如何做到技术进步中的扬利弃弊，是对当今人类智慧的重大考验。

技术创新的动力，来自于社会需要。社会需要是最好的创造之母，历史上几乎所有重大的发明创造都是社会需要的结果。自然，解决已有技术带来的各种问题，也是技术创新的重要动力，人类社会就是在这种问题的出现与解决的过程中不断前进的。和谐生态经济发展的技术进步，就是要使技术进步的速度能使这些问题不积累到威胁经济发展和人类持续生存的程度。

技术进步来自于社会需要，这种社会需要或者是社会公共需要，或者是个人利益或市场利益需要。一般地说，社会公共需要主要由社会公共机构组织技术的创新，个人利益需要则来自于个人或为了获得市场经济利益，或获得个人自我价值的实现而进行的技术创新等。在现代市场经济条件下，在技术进步的力量源泉中，虽然不排除个人价值实现在其中的积极作用，但最主要的还是经济利益的驱使，而利益的产生则源自于社会需要。在一定条件下，技术进步本也会产生出出巨大的社会需要来，如电视的出现，就创造了一个巨大的电视市场，或者说它会使这种需要转换成更大的社会需求。技术进步本身也会成为推进技术进步的重要原因，这也就是人们常说的“科技推力论”，尤其是基础科学的进步会成为推动技术进步的重要力量，基础性产业的技术创新则会带来一切相关产业的技术革命。

要满足和谐生态经济的需要，需要科学技术在资源利用、环境保护、生活幸福等各方面取得重大进步，这是社会的迫切需要，同时又为此提供了巨大的潜在利益。这这种利益的刺激下，相信今后这些方面的技术进步速度会加快。但如上面讲到的那样，技术进步本身也会产生许多新的问题和矛盾，尤其是一些新技术的开发与使用所产生的不确定性，有可能会对人类造成重大的危害。如能有效解决粮食问题、环境保护问题、人类健康问题的基因工程、无性繁殖或“克隆技术”、生态工程、计算机等许多新技术和新发明的使用，不仅会对人类的传统道德产生巨大的冲击而可能导致社会的不稳定，而且其利用的不确定性甚至可能危害人类的生存。目前就有人预测，随着计算机技术的不断进步，在将来的某一天计算机会统治人类，甚至把人类消灭；基因工程等技术则可能造出取代人类的更高级的生物，或者使人类本身发生异变，更何况技术对人类的作用，完全取决于人们如何利用它和谁利用它时更是这样，因此和谐生态经济社会建设中的技术进步的一项重要内容，就是确保技术在造福人类的同时，它对人类的不确定性和危害性能被控制在人类拥有的能力范围内。虽然解决这些问题本身就需要更高级的技术，但更重要的是必须制定出使技术进步符合人类趋利避害本性的制度安排，需要人类作为一个群体有足够的智慧和协作精神，需要政府强有力的干预与监督。这种情况，在技术利用对人类的作用完全取决于对它的制度安排和控制时，更是这样。和谐生态经济建设就是要通过这种制度安排，来保证技术进步的副作用局限在这个范围。

## 四、产　权

和谐经济，既需要足够的“动力机制”来推动经济增长，同时又需要“自由”来实现经济和谐，使这两个条件得到实现的，是“产权”的清晰界定。

所谓“产权”，也就是经济主体对那些能够给其带来利益的“物”

所拥有的法律归属权，这些权力包括对该“物”的所有权、占有权、支配使用权和所生利益的分享权等。

“产权”作为20世纪90年代伴随新制度经济学而进入我国人们视野的一个词汇，实际内容与我们传统使用的“所有制”或“生产资料所有制”是基本一致的，它们都代表人们在生产资料占有、支配、使用和利益分配等方面的关系[①]。如被认为对“产权”定义较为全面的E. G. 菲吕博腾和S. 配杰威齐在《产权与经济理论：近期文献的一个综述》中就指出：“产权不是指人们与物之间的关系，而是指由物的存在及关于它们的使用所引起的人们之间相互认可的行为关系。产权安排确定了每个人相应于物时的行为规范，每个人都必须遵守他与其他人之间的相互关系，或承担不遵守这种关系的成本。因此，对共同体中通行的产权制度可以描述的，它是一系列用来确定每个人相对于稀缺资源使用时的地位的经济和社会关系。”[②] 这与马克思将所有制和资本理解为物所体现的生产关系的见解是基本一致的。从这方面看，上面分析的资本的作用，在很大程度上也就是生产资料所有制的作用。不过，由于侧重点的不同，两者的内容还是有一定差异的。如产权的范围要比生产资料所有制要大，不仅包括生产资料所有制，而且包括消费资料和消费过程的权力、人身权及衍生权等等。

产权界定对经济发展和建立和谐生态经济社会的作用是十分重要的。没有明确的“产权”界定，就没有经济自由；没有经济自由，自然也就

---

① 虽然人们对所有制与产权之间关系的认识有很大差异，有人认为产权是一个比所有制含义更宽泛的概念，也有人认为是个更狭义的概念，但在实际内容上，两者的差异是不太大的，如两者的英文概念是相同的，都是“property - rights”，其内容都被理解为是以物所体现的人们之间的相互关系；同时两者的具体内容也是基本一致的，如“所有制”包括上面讲到的四个方面的内容，“产权”也同样是这四个方面的内容，如佩杰威齐认为，所有权包括财产的使用权、收益权、处置权与交易权这四种权利，与我们理解的所有制中的“四权”是基本一致的。黄少安教授在总结人们对产权不同定义的基础上，也归结出了广义产权包含归属权、占有权、支配权和使用权这四方面的内容（黄少安，1995）。这说明，我们传统上理解的所有制或所有权与新制度经济学中的产权范畴的内容是基本一致的。

② ［美］R. 科斯等：《财产权利与制度变迁——产权学派与新制度学派译文集》，上海三联书店、上海人民出版社1994年版，第204页。

没有推动经济发展的激励机制。正因为这样，所以，有人认为，“产权”或私有产权的确定，是资本主义产生和发展的重要条件。因为在封建社会，“普天之下，莫非王土；率土之滨，莫非王臣”，所以除了最高统治者国王，其他一切阶层都是没有最终所有权的（随着王权的没落，一些封建领主逐渐取得了原来归国王所有的权力），没有相应的经济基础，自然也就不会有人身自由；既无经济权力又没有人身自由，发展经济的动力机制自然也就无从谈起，所以封建社会的经济增长缓慢。这种情况，我国改革开放前的“一大二公”社会做了最好的证明。经济自由权的丧失，使得国民党统治时期最无畏和敢言的人，也变得趋炎附势或俯首贴耳，最多也就是沉默寡言，当年那种藐视一切的勇气再也荡然无存。没有了界定明确的私有产权，一切贡献都是集体或全民的，个人得到的份额是如此之少（如果人口是十亿，那就是十亿分之一），人们趋利避害最有效的方法就是争搭便车①，所以效率也就无从谈起，以至几十年“以粮为纲”，全国人民却忍饥挨饿几十年。与此形成鲜明对照的是，随着产权界定在改革开放进程中的日益清晰，人们的选择自由日益扩大，人们追求财富的积极性如火山般爆发出来，在同样的资源基础上，社会财富却如雨后春笋般涌现出来。在此之前，无论中外人士，有谁能预见到在那些面带饥色、衣衫褴褛的人群中，会涌现出如此巨大的让人感到震撼的生产力。这种生产力，不要讲外人感到不可思议，即使亲身经历之人，也感到眼花缭乱并难以理解，原因只能归功于产权和自由。所以说，产权明确，是自由和创造力的前提条件。正因为这样，所以，和谐经济理论创始人巴师夏才会如此强调产权和自由在实现和谐经济中的作用。

要建立和谐生态经济，尤其是和谐社会与和谐经济，就必须建立界

① 中国烟民为什么多，笔者认为与改革开放前的计划经济有密切关系。20世纪60年代末至70年代，笔者随家庭下放农村和在农村工作时，目睹大部分家庭在儿子开始参加生产队劳动时，都会为他们配齐吸烟所需的装备——烟袋（装烟丝）、烟杆或卷烟纸、打火机或火柴等，原因就是让他们在劳动时可以找到减少劳动时间的合理理由——抽烟。

限清晰的“产权”和产权制度。只有产权清晰，才有人们选择的自由，由此才有前面分析到的生产、交换、分配与消费的和谐。

显然，不仅与建设和谐社会的要求相比，即使与发达市场经济或发达国家相比，我们的产权清晰程度或保护力度还很不够，尤其是对农民土地和城市居民住房产权的界定还不明确，在公权或政府面前，私权还十分弱小，如政府对私权的侵犯还是十分普遍的。这种情况对于和谐经济的建立是个巨大的阻碍。

自然，（私有）产权确定是确保自由与动力机制发挥作用的重要条件，也是建立和谐社会与和谐经济的基本条件，但不是充分条件。这是因为，如前面指出的那样，在建立和谐经济，尤其是和谐生态经济方面，私有产权及其基础上的市场机制存在着一定的缺陷，不能有效解决私人利益与公共利益，因此需要政府调节和拥有一定范围的公共产权。从后面的分析中将看到，一定范围的公有制也是实现和谐生态经济目标的重要条件。

## 五、制　度

一个社会的经济制度，决定了该社会的经济行为及其实践。良好的制度能够有效地促进经济发展，不良的制度则会严重阻碍经济的发展。物质文明、精神文明和生态需要，只有得到制度文明的保护，才有可能持续发展，否则，即使发达到一定程度也可能会被摧残，如我国优秀的传统文化就被“文化大革命”时期不良的制度所摧残，致使我国到现在也未能完全弥补这个断层。所以，要实现和谐生态经济发展目标，就需要相应的制度文化来保证。

### （一）制度与制度文明

制度是指由一定的社会文化和自然条件等因素组成的，决定社会内部成员之间权力、地位、义务和组织方式等相互关系法律体系和社会规范的总和。

一定的社会制度既是该社会经济发展过程的结果，又是经济发展的条件，它决定着一定资源条件基础上经济发展的速度和状况。因为对资源的保护、人力资源的开发、技术创新、资本积累、产品分配、人口生产等各种关系到可持续发展因素的状况，都是由社会制度决定的，人的各种行为更是受一定制度制约的，所以，制度成为决定社会经济发展方向的重要因素。这说明，要解释一定条件下人们的经济行为，必须从其所处的社会制度中去寻找。

制度文明指一个社会在管理社会，满足人们对制度产品供给需要方面所达到的水平。人们对制度产品的需要，属于社会需要的重要组成部分，在某种程度上，也可以把它们等量齐观。一个社会在满足人们对制度性产品需要方面能力的高低，成为衡量一个社会制度文明水平的重要标志。而满足社会对制度性产品需要的能力，则在很大程度上取决于一个社会领导集体统治艺术技巧的成熟程度，这也是关系到统治阶级集团整体利益的实现状况和政权运作稳定性的重要基础。

制度文明，主要由政治文明、法制文明、体制文明等有关社会组织与结构等方面的内容所组成。显然，政治文明在其中居于最重要的地位。

政治文明，是指人类政治生活中相对于政治蒙昧和政治野蛮而展现出的某种进步状态。它的发展程度主要通过不同时期统治阶级对于国家性质、职能、目的、组织形式及治国方略等方面的认识和实践来体现。

法制文明，是指人类在法律制度生活方面相对于某种标准（如与社会经济发展环境不相适应）而体现的进步状态。法制文明主要体现出一个社会在实现社会公平与公正方面的水平，这方面程度的高低，是法律文明建设水平的最重要标志。法律文明包括法律意识文明、法律制度文明与法律程序文明三个组成部分。

体制文明是一个社会在体制方面相对于某种标准而体现的进步状态。体制是一个社会制度安排的具体体现。体制文明主体表现一个社会在保持社会秩序与促进效率方面的能力。体制文明包括社会（制度）体制、经济体制、文化体制、教育体制、保障体制等等内容所组成。

在制度文明中，政治文明、法制文明与体制文明之间是一种相互依赖与制约的关系，政治文明是制度文明的基础，法制文明是制度文明的核心，体制文明是制度文明的实现形式，三者缺一不可。同时三者中，任何一者如果没有其他两者的相互适应，都不可能取得大的进展。

一个社会的制度创新能力，也属于制度文明的范围。一个社会制度创新能力越强，反映该社会的制度文明进程越迅速。

（二）制度创新

制度创新，是指能够使创新者获得追加利益的现存经济体制及其运行机制的变革，并产生一种更有效率制度的变迁过程。

根据西方产权理论，制度创新之所以发生，是因为在原来的制度安排下，经济活动中的交易成本太高，制度创新可以降低交易费用，并使创新者获得创新利益。实际上，降低经济活动中的交易费用而获得创新利益，只是制度创新的一个方面或动力之一，另一个同样重要的原因或动力，就是如何更规范和合理合法地瓜分由于社会协作加深而不断创造出来的新的社会剩余。由于社会协作会不断地创造出新的社会剩余来，原有的制度安排不能有效地解决这部分剩余的分配问题，当这种新增的社会剩余还比较小，因制度不完善而产生的分配不均还引不起各方面过于关注的时候，那么原有制度安排还不会对整个社会利益关系造成太大的冲击，从而不会对效率产生太大的不利影响；当这种利益积累到较大程度且分配不均的影响十分明显时，它对效率和制度的冲击就会十分明显，如果不对原来的制度进行变革，不仅会导致效率的下降，甚至会危及社会的稳定。这时，为了社会的持续存在和获得推动效率提高的动力，就必须进行制度创新。因为，根据诺斯的“有效率的经济组织是增长的关键要素；西方世界兴起的原因就在于发展了一种有效率的经济组织。有效率的组织需要建立制度化的设施，并确立财产所有权，把个人的经济努力不断引向一种社会性的活动发展，使个人的收益率不断接近社会收益率”① 的创新理论，为了使新增的社会剩余得到合理的分配，使个人的收益率不断接近社会收益率，就必须不断地进行制度创新，以改变原有的分配制度等，否则就会降低经济系统的效率，所以，通过制度安排以更合理的方式来分配不断新增的社会剩余，也是制度创新的一个主要原因。实际上，每次大的社会变革或制度创新，都与如何分配新增的社会剩余有关。因为在旧制度的安排下，新增的社会剩余以极不合理的方式被人们瓜分，而且主要被少数人所占有。当这种剩余积累得非常大时，由它引起的分配不公就会显得非常突出，对效率的阻碍也非常明显，这时能否变革这种分配制度，就成为经济能否得到持续发展和社会能否保持稳定的关键了。分配关系的变革，必然会引起巨大的社会制度的改变，所以，每次大的社会变革都与如何重新安排对社会新增剩余的分配有密切关系。这说明，降低交易费用与更合理和有效地分配社会协作不断产生的新增剩余，是制度创新的动力与原因。

制度创新之所以必要，是因为制度一旦形成后就具有稳定性，到一定时候就会由促进社会经济发展而变为阻碍力量。原因是在任一社会制度下，都会产生与该制度相对应的社会利益分配关系，会产生在其中占统治地位的既得利益集团，当该利益集团的经济利益能够通过与该社会制度相对应的占主导地位的（新）生产方式的外延性扩展或内涵性发展实现时，该集团或阶级是生产力发展的推动力量；当该集团的社会经济利益不能通过该方式来实现，而必须通过内部分配关系的不断调整，或者说必须减少其他阶级或集团的利益份额来实现时，该集团就会由原来的进步阶级转化为没落阶级，这时他们会极力维护这种与社会经济发展要求不相适应的旧制度，这时制度就会成为阻碍经济发展的重要力量。要使经济发展获得解放，就必须变革制度。由于制度变革的实质就是重新调整人们之间的利益分配关系，变革原来对公平与效率关系的认识或文化，必然会遭到那些利益受损集团的反对，因此制度的变革并不能完

① ［美］道格拉斯·C. 诺斯等：《西方世界的兴起》，学苑出版社1988年版，第1页。

全自发地实现，需要社会内部各阶级之间的斗争和妥协，有时这种斗争会以激烈的社会对抗的形式出现，有时则以社会改良的方式进行，具体的形式取决于原有制度结构的弹性大小，取决于利益分配关系变动程度的大小，取决于制度变革的技巧等。和谐生态经济的制度变革，应该使这种变革的社会经济成本尽可能小，所以，这种制度的结构应该有较大的弹性，能够经常对各种阻碍经济发展的因素进行调节，而不致使它们积累到非常严重的程度。

制度创新中的制度内涵包含的内容是非常广泛的，如价值伦理和道德规范、社会文化、司法制度、政治制度、社会经济形态、政策、经济制度等等。作为反映一个社会对人与自然之间和人与人之间关系基本认识的伦理道德，在其中起着支配性的作用，因为它支配着人的行为和行动，所以决定着制度的其他方面。和谐生态经济制度创新的一个重要内容，就是它改变了传统的人与自然之间关系和人与人之间关系的认识，从而为可持续经济发展创造了基本的前提条件。人们知道，在传统的社会价值伦理中，人与自然是对抗的，由此引导人们不断地征服自然和破坏自然，科学技术的进步主要表现为人类对自然资源攫取强度的加大，经济发展主要表现为人类消费物质产品，从而消耗资源数量的增加，其结果是人类在得到不断增加的物质福利的同时，人类自身的生存危机和经济发展的不可持续性也达到空前的程度；人与自然之间关系的认识，是人与人之间关系的反映，建立在人与自然对抗基础上的人与人之间的关系也必然是对抗的，或者说只有建立在人与人之间关系对抗基础上的人与自然之间关系才会是对抗的。因为在人与人之间关系不平等基础上产生的贫困等，必然会对生态环境和自然资源造成极大的破坏，所以要扭转生态环境和自然资源不断恶化的趋势，就必须改变传统观念中人与自然之间和人与人之间对立关系的认识，建立起人与自然和谐相处，人与人之间相互协助、公平公正的新的伦理价值。这些正是和谐生态经济的基本思想和基本要求。所以，和谐生态经济思想的提出，意味着人类正在进行一次巨大的制度创新，尤其是伦理价值的创新。由于伦理价值是支配制度建设中其他方面内容的纲领，因此伦理价值的改革，必然会带动其他方面的制度创新。

行为是由一定的伦理价值决定的，而伦理价值则是建立在人们对世界的认识，即世界观和与世界观相一致的社会制度与生产关系等因素组成的基础上的。我们知道，建立在基督教及其社会制度基础上的世界观的核心内容就是人类中心主义。这种世界观将人与自然界作为一种对立物来看待，自然界中的一切东西都是被人类利用的对象。如果说这种世界观在人类生产能力比较弱小的时代，还不会对生态环境造成致命伤害的话，那么到了资本主义时代，基督教这种人类至上的伦理价值被改造成物质享受主义后，在工业革命推动的巨大的所谓技术进步中，生态环境几乎遭到了毁灭性的破坏，自然资源被严重消耗，结果不仅经济的持续发展难以为继，而且人类自身的生存也面临空前的危机；更严重的是，这种巨大的物质享受并未给人类带来人们所祈望的幸福，甚至还将人类推向这个目标的反面。如在此过程中，它使得当今世界更加不公平，如发达国家居民消费的资源是发展中国家的3—8倍，一个美国人消费的粮食是非洲居民的8倍，煤炭是500倍，石油是1000倍，并且这种差距还在继续扩大，以致美国以占世界6%的人口，消费掉世界所用资源的1/3；导致了资源的过度消耗和严重的环境污染，如自20世纪中叶以来，对铜、能源、肉制品、钢材、木材的人均消费量增加了1倍，人均水泥消费量增加了3倍，人均铝消费量增加了6倍，人均塑料消费量增加了6倍等等；对资源过度消耗产生的各种废弃物，对环境造成了巨大损害，各种公害层出不穷。然而这种对更多的物质财富消费的追求和实际占有，却并没有给人类带来更多的幸福，人类有史以来的一切争夺与战争都与此有关，如为争夺更多资源，仅在20世纪上半叶就发生了人类有史以来规模最大、损失最严重、伤亡人数最多的两次世界大战，其他规模更小的地区战争至今仍频繁地发生在世界各地。而且为达此目的而出现的工作生活节奏加快，竞争强度加剧，环境日益恶劣，社会关系紧张等一系列社会环境问题所引起的人们心情烦躁，心理疾病日益普遍等，都证明了人类幸福在此过程中的丧失。心理学的研究表明，消费与个人幸福之间的关系是极不明显的。生活在20世纪90年代的人们，比生活在上一个世纪之交的他们的祖父们平均富裕4.5倍，但是他们并没有比祖父们幸福4.5倍，更糟糕的是，闲情逸致、良好的社会关系等等，似乎都在奔向富有的过程中所遗失①。这种情况正是笔者反复强调的，当代社会的稀缺并不是绝对意义上的稀缺，而是生产关系性质的稀缺，即为了证明自己比别人优越而需占有比别人更多的物质产品所产生的稀缺，这种稀缺，是不可能通过所谓的发展生产力或经济增长来解决的。虽然不排除此过程中个别人因竞争胜利或成功而得到幸福，但整个人类或社会却并不能因此而实现幸福的目标。因为在竞争性的生产关系中，一些人的成功，也就是另一些人的失败，或者说一些人相对地位的上升，也就意味着另一些人相对地位的下降，整个社会的相对生产关系并不因此而改善，所以社会不可能从中得到更多的幸福②。所以说，单纯的排除社会生产关系变革的经济增长和科学技术进步等，并不能实现人类的幸福目标。如众所周知的那样，当前社会的生产力发展水平和人民的物质福利，超出了前辈哲人设想的任何一种理想社会的要求，也超出了几十年前最富有想象能力的科幻作家的想象，但我们却并没有建立起那样的理想社会，更没有达到那样的幸福目标，甚至走向了该目标的反面，如当今人类的生活节奏和身心紧张程度是有史以来最高的，对未来的忧虑和恐惧也是空前的等等，就反映了这点③。也正是这种结果，促使人们对以基督教为基础的资本主义文化和伦理价值进行反思，逐渐挣脱单纯的人与自然对立的“人类中心主义”④ 的樊篱，摒弃功利主义的发展观和物质享受哲

① 本段资料来自“绿色工作室”著：《绿色消费》，民族出版社1999年版，第242—245页。

② 幸福作为一种心理感受，从理论上讲是不具有整体性的，但在一定程度上，可以通过大多数人的心理感受得到社会的幸福指标。

③ 参见杨文进：《经济学与经济发展的意义质疑》，《山东财政学院学报》2004年第1期。

④ 前面讲到，“人类中心主义”并不一定错误，它取决于如何看待人与自然的关系，如何看待人在自然界中的地位与作用。如果将人看做是自然界中的一分子，是生命之网中的一个环节，自身的存在与发展依赖于整个环境和其他生命的生存状况，那么这种性质的“人类中心主义”并没有什么不对，也不会产生生态环境的破坏等弊端。

学，建立起人与自然和谐相处，尊重生命和自然的生态意识，并由此产生了在很短时间内普及全球的“可持续发展”观念。这些情况说明，加强生态伦理为主的制度建设，是促进人类可持续发展和人类幸福的重要内容。

如果说一个社会的伦理价值支配着制度建设中的其他内容，那么个人或集团的行为及其行动却是由制度中的其他内容，如司法体系、政治制度、社会经济制度、经济体制等内容或具体的制度安排决定的，所以，制度安排的好坏对可持续经济发展是起着决定性作用的。一个社会的人们在实践过程中是保护还是破坏生态环境，是珍惜还是挥霍自然资源，都是由一定的制度安排决定的。在传统经济发展方式中，生态环境和自然资源之所以遭到严重破坏，就是因为传统伦理支配下的制度安排鼓励人们如此行动的结果，它是人们从中得到的利益要远远大于其中的成本；在当今一些社会，如经济发达国家，人们之所以积极地保护生态环境，就是因为对制度安排进行了重大改革，它是人们从中得到的利益要大于破坏生态环境所得利益的结果。这说明，一定的伦理价值只有通过具体的制度安排才能在实践中得到执行或遵守，从而制度创新是实现和谐生态经济与可持续经济发展的前提保证。

### （三）和谐生态经济的制度内涵

和谐生态经济的制度内涵，显然不是一般意义上的制度，而是有特别涵义的制度。这是因为，社会经济因素的不可持续发展，就是传统制度安排的结果。

和谐生态经济的制度内涵，系指这种制度不仅能在一定的时间范围内促进和适应社会和谐生态经济发展的需要，而且能随着和谐生态经济的发展而不断地进行能动性的自我更新，成为推动人类社会不断发展的动力源泉。虽然在实际过程中，不管已有社会制度的性质和状况如何，在经济的发展过程中，在生产关系一定要适应生产力要求规律的作用下，社会制度都会或迟或早地发生变化，以适应经济发展的要求，但这种变化的时间过程和方式，会因已有社会制度性质的不同而差异巨大。一些性质良好的社会制度，能够在促进经济发展的过程中，随着社会经济关系的改变而能动地进行自我调整，并促进经济持续发展；一些性质不良的社会制度，则会严重阻碍经济的发展，其变革只有通过社会革命或强大的外部压力等方式才能完成。和谐生态经济的制度内涵，就是它能够适应经济发展的要求而能动地改变或调整，成为推动促使人与人和人与自然更加和谐且经济不断增长的方面前进。这意味着，和谐生态经济的制度体系必须具备一定的弹性，制度的内容不能太僵化。要使制度体系具有弹性，能够适应经济发展变化的需要，制度安排就必须能够对那些可能阻碍经济发展和生产关系完善的利益集团做出积极的对应，能够及时地调整内部的政治经济关系，使它们符合社会经济发展的要求。

和谐生态经济制度中的社会经济伦理和道德规范，必须具备符合人类长期利益或物种持续生存的环境伦理和人际关系伦理，即必须将人类本身看做是生态环境的一部分，人与自然界的各种动植物是相互依存的，人类对环境的蹂躏就是对自己生存摇篮的破坏；人人生而平等，享有公正与公平的权力，只有建立平等的社会，人类的未来才有希望。因为人类未来的命运，寄托于人们之间能否同心协力面对不确定的未来，所以必须处理好代内与代际之间公平与效率的关系。虽说公平与效率的统一，是一切社会维持发展生存的必要条件和追求的目标，但不同的社会文化或制度对公平与效率的理解是不同的。每一种理解及其实践都是一定社会文化和自然条件的产物，从而是适应该社会在这个范围内的生存与发展的；随着社会文化和自然条件的改变，对公平与效率的理解也会发生改变，当它与原来的制度和文化不一致时，制度改革就必须进行。

良好的制度安排必须能够对人们符合与违反社会伦理道德的行为进行奖惩，因此，必须建立起使这些伦理规范得到实行的法律、政策和社会文化等。一定的社会伦理道德和统治阶段的意志，是通过法律、政策、舆论和意识形态等文化形式而得以实现的。和谐生态经济的伦理道德及其相应的法律、政策、文化等必须体现公正、公平、保护生态环境、节约资源的伦理价值，使人们的行动符合和谐生态经济发展的要求。

可持续经济发展的制度内容，必须能够不断地减少社会经济活动中的交易费用，提高效率。制度变革的主要目的之一就是减少交易费用，获得更多的社会剩余。这需要不断地对现行的制度进行调整，尤其是要调整人们之间的相互利益关系。

要使资源得到优化配置，需要有比较明确的产权制度。只有产权明确，不同产权利益的人们，才会为了获得产权利益而有效地配置资源，从而促进效率的提高。明确的产权还是保护生态环境和提高自然资源利用效率的有效手段。

和谐生态经济系统的制度因素，必然是体制与产权关系和市场机制作用的有机统一。因为市场经济强调竞争起点的公平，从而保证了制度或道德意义上的相对公平，而竞争则会带来效率，所以市场经济能保证机会公平下的高效率；市场竞争的条件则是明确的产权归属关系；但市场竞争会导致低效率的失败者遭淘汰，会产生分配结果的不公平，从而需要一定的社会公平机制来对市场公平机制进行校正。这种社会公平机制就是由一定社会伦理道德组成的制度或体制。这种校正可以通过政府来进行，也可以通过社会伦理契约来调节，如那些获得高收益的人被要求将其中的部分收入用于社会公益事业等。同时，一定的社会伦理或社会价值，还是形成市场价格的前提条件，是判断一定资源配置基础上的效率是大是小的尺度。人们常说，经济学是研究资源优化配置的，并以实现人类最大福利为目标，但资源配置的好坏是以一定的社会价值或伦理道德为标准的，社会价值标准不同，一定资源配置基础上的产出的效率是不同的，各种产品之间的比价也是不同的。由于不同社会的价值标准不同，从而资源优化配置的标准也不同，实际的资源配置方式和结果也就不同。和谐生态经济社会的经济体制，应能较好地反映人类对人与环境、人类自身代内与代际之间的相互关系，以实现公平与效率的统一。

# 第五章 市场经济与和谐生态经济

在对现实社会和对生态环境破坏与资源浪费的批判方面，市场经济都会成为众矢之的，然而，不管我们愿意不愿意，市场经济都是今后相当长时期伴随我们的基本经济制度；更主要的是，市场经济的本质决定了它是我们实现和谐生态经济建设目标的重要手段。

## 第一节 市场经济本质

市场经济显然存在诸多弊端，但优势却更明显。经历史长期自然选择的经济制度，总是优于空想而人为塑造的经济制度。社会主义计划经济的实践结果就证明了这一点。

要利用市场经济来促进和谐生态经济建设，就必须对市场经济的本质及其主要功能有正确的认识。

### 一、市场经济是一种文化

市场经济从形式上说，是分工协作条件下的一种社会联系形式，但在本质上，它却是一种资源配置制度，是一种文化。

我们知道，从历史看，市场经济的产生与文艺复兴运动是紧密相连的。文艺复兴运动的一个重要内容，就是要破除封建社会那种以出身和职业（行业协会）来确定人的基本身份的封建制度，建立人人平等，以能力大小来确定人们在社会中地位的制度。市场经济的本质在很大程度上就反映了这种要求。

作为一种文化来说，市场经济是那种强调机会公平的文化价值的制度体现。这种公平体现在以下几个方面：

一是人们或供求双方在市场上是以（法律上）平等的地位出现的，无论是作为要素还是消费者，双方在市场上公平地达成交易。

二是人们的行为特征具有普遍性的行为模式，即追求具有同一性的货币，或者说在市场经济中，货币成为具有普遍性的商品，一切经济活动只需追求货币，从而将不同的行为特征协调成具有普遍性的行为模式，并以人们所得货币的多少作为衡量效率大小的标准。

三是不同性质的资源该如何配置，是以货币衡量的价格高低来决定的，从而市场经济中的一切活动都服从于成本与效益的比较，并以取得最大的净效益为标准。虽然这种以货币为标准的公平，不可避免地会产生排斥性，即无钱就被排斥在商品和劳务的消费之外，并且市场机制本身可能无法有效地解决这个问题，需要另外一种公平理论或政治途径来解决，但市场经济仍然是目前在资源配置上最有效率的一种制度。

四是资源配置效率的衡量标准是统一和公平的，也就是看各自获得利润的大小或利润率的高低，这有效地解决了资源该如何配置的问题。

五是从人与社会的关系上说，人们在货币上的公平是实现其他公平的条件之一。如果人们在货币上面的公平都不能实现，那么其他方面的公平则更无实现的可能。现代社会的政治民主，就是通过经济民主才得以逐步实现的。自然，经济民主与政治民主的结合，才能实现真正的民主，但经济民主总是政治民主的基础。政治民主，不仅会反过来加强机会公平的力量，而且是实现产品分配结果公平的重要条件。所以，市场经济是一种实现机会公平与结果公平的重要力量。

要指出的一点是，市场经济作为一种文化，是以强调机会公平为价值标准的，但核心却是强调效率优先的。正是这一点，使它成为人类有史以来资源配置效率方面最高的一种制度，使财富不断以梦幻般的速度再生产出来，人类的物质生活水平得以不断提高。我们知道，根据历史唯物主义原理，判断一种社会制度是否优越的标准，就是看它在何种程度上促进生产力发展。根据这个标准，市场经济无疑是一种至今最优越的社会经济制度。

## 二、市场经济是一种制度

上一章讲到，制度是指由一定的社会文化和自然条件等因素组成的，决定社会内部成员之间权力、地位、义务和组织方式等相互关系的法律体系和社会规范的总和。从这方面看，上面讲到的文化也属于制度的内容。

作为一种制度，市场经济确定了参与市场过程的行为主体的资格，即能够承担自身行为后果的独立法人，交易过程的行为规范，市场组织方式等。

要实现市场主体的独立法人资格，显然需要相应的体制和法律保障，即如上面讲到的，市场交易的行为主体必须是在法律上独立平等的；为保障行为主体能够对自己的行为后果承担责任，就需要各自具有独立的“产权”，从而需要完善的财产制度和法律保障；市场是建立在不同社会分工商品生产者的交换行为或交换契约之上的，这些交易赖以顺利进行的基本条件，除了产权明确外，还需要规范并得到有效执行的市场行为准则及规范；市场经济是一个不同利益主体之间的竞争场所，要使这种竞争有效，就需要一套公认并能得到有效实施的竞争规则，为此就需要组织与权力加以维护等等，所以说，市场经济是一种涉及经济活动所有领域的一整套法律制度和行为规范。这套制度的核心，就是上面所讲市场经济文化的“公平”与“自由”。

市场经济最明显的地方，就是它是一套竞争制度，这套制度保证人们在相对公平——市场交易——的基础上进行，它破除了人们之间传统上的身份和职业限制，竞争的形式是商品（质量、品种、特色等）和价格，由此为人们之间以能力为基础的竞争提供了最充分的舞台，促使人们不断地进行各种创新而推动社会经济的发展。

## 三、市场经济是一套行为规范

作为制度的一部分，市场经济的行为规范不仅是一套市场交易过程的行为规范，也是一种现代文明社会为人处世的行为规范。它要求人们诚实守信，按规则办事。这是市场竞争规则强加于人们的。因为不按规则办事，不诚实守信，就会被排斥于交易过程之外而遭到市场的惩罚①。

在当前我国的经济交往中，有这样一种现象：做生意时，人们喜欢与西方发达国家的人打交道；在与国内商人交往时，则喜欢与经济发达地区的商人交往，不喜欢与经济欠发达地区的人们做生意，原因是前者办事有章可遵，同时更讲究诚信，用于应酬和彼此之间勾心斗角的耗费较少②。这并非说经济发达地区的人们天生更有诚信，而是市场经济对不诚信人们惩罚的血的教训，迫使人们在经济交往中诚实守信。我国近些年发生的一些著名企业在顷刻之间崩塌的事件，如南京冠生园食品有限

---

① 中山大学的孙洛平教授在分析产业聚积为什么会降低交易费用时解释道，因为在一个聚积区内，尤其是通过血缘和邻里关系建立的专业化协作村社里，如果某个人不诚实守信，那么这个信息很快就会传遍整个区域，由此人们将断绝与他的交往，而在专业化协作的区域关系中，其专业知识和社会资本等，只有在这个特定区域才有价值，离开了这个区域的专业化分工协作，这些价值将荡然无存，所以不守信的成本极其高昂，任何人都不敢越雷池。参见孙洛平：《竞争力与企业规模无关的形成机制》（《经济研究》2004 年第 3 期）等有关产业组织理论的论著。

② 2004 年前后，我一个朋友在杭州负责一个 5 星级酒店项目的建设。杭州曾被认为是政府办事效率较高也较廉洁的城市，但他告诉我，杭州比之上海是差远了。在上海办事是对事不对人，只要条件符合，办事就很简单；而在杭州，即使条件符合，不给办事人好处，事情是很难办的。这说明，政府的行为规范也是与市场经济发展水平成正比的。

公司、河北三鹿集团等因不诚信而倒闭等，给予人们深刻教训。市场经济是一种奖励诚信而淘汰欺诈行为的制度。个别的投机取巧，或许能得一时之利，但最终会在信息传统中因失信而失败。

中国古语云："没有规矩，不成方圆"，规则是提高效率、降低交易成本的有效手段。制度创新中的一项重要内容，就是不断地改进或完善规则，以提高效率和降低交易成本。一套行之有效的行为规范，能够极大地降低交易成本，推动经济增长。当前我国经济面临的一个严峻问题，就是人们的行为还不规范，致使企业的各种应酬活动太多，交易成本高昂；政府行为的不规范，更是加剧了这种状况。

## 四、市场经济是一种资源配置方式

显然，市场经济表现最明显的，就是它是一种不同于其他经济模式的资源配置方式。它是以价值为标准、价格为工具、货币为目标、市场需求为取向、优胜劣汰为手段的资源配置方式。

我们知道，商品经济与市场经济不完全相同的地方，是前者的产品以商品形式出现，或者说生产是为满足社会需要，但资源的配置并不完全依赖于市场，如封建庄园或农奴制庄园的产品是以市场为导向的，但要素，如劳动力和土地等并不是以市场为导向，这就可能使资源不能得到最有效的利用，同时也不能充分发挥每个劳动力的潜能，因此可能极大地扭曲资源的配置，我国改革开放初期时的情况就是这样，如发展商品经济，但不允许基本要素成为商品，由此使整个社会的资源配置被严重扭曲。市场经济则不仅产品完全为市场生产，而且整个生产所需的资源或要素也完全来自市场，而要使要素成为市场自由流通的成分，要素（所有者）就必须是完全自由的主体，这就要求彻底废除强加在劳动力等要素身上的一切障碍，使他们能够根据市场供求情况自由流动，以实现资源的最佳配置。正因为这样，所以我们说，市场经济是人类有史以来最民主和自由的资源配置方式，自然也是效率最高的资源配置。市场经济与民主制度是相互依赖和相互促进的。

以价值或货币为标准，并以利润最大化为目标，就使整个社会和个人资源配置的衡量标准变得简单，极大地提高资源配置决策和执行的效率（与此形成鲜明对比的是政府决策，因为它要兼顾政治、国家和社会安全、公平、环境保护等不同目标，因而找不到一个客观的资源配置衡量标准，致使决策过程复杂而效率低下），可有效地提高一定资源配置基础上的产出水平。

以无差异的货币利润为资源配置目标，将使竞争变得普遍化和激烈化，尤其是在整个资本主义社会的有效需求一定[①]而技术进步又不断加快时，有效需求与产品供给之间的矛盾将日益尖锐，为争夺有限的有效需求，不仅各厂商间会展开你死我活的竞争，而且各行业间也会展开争夺投资机会等方面的竞争（正是在他们之间的竞争中，会产生出反映资本主义一般生产关系的平均利润率），在这种竞争中，会产生明显的优胜劣汰效果，推动整个社会的资源配置不断向优化的方向运动。正是在这种激烈的竞争机制作用下，使得资本主义产生以来，以每不到50年创造的财富总量就要大于人类之前创造财富的总和的速度扩张，社会进步速度快得让人感到眼花缭乱。

## 五、市场经济是一种惠及大众的经济

在总需求由资本主义一般生产关系决定而增长有限，而产品供给规模则在竞争机制作用下不断加快的矛盾机制作用下，市场经济中一个最

---

① 对行业或每一种产品的需求，是由社会在一定收入或支出总量基础上的支出结构所决定的，而对整个社会总产品的需求，则由该社会的有效需求决定，这种有效需求是受资本主义一般生产关系决定的，也就是总（要素）成本加上一个反映资本主义一般生产关系的平均利润率。对此的详细分析，请参见拙著《政治经济学批判导论》（中国财政经济出版社2006年版）。

明显的特征，就是价格水平①的不断下降。如以劳动价格为参照对象，那么可以说，资本主义产生以来的一切商品价格都是不断下降的，以单位劳动所交换到的基本消费品来衡量，后者的价格下降了数十倍。这反过来也就说明，普通大众的生活水平上升了数十倍。

实际上，在市场经济的竞争机制作用下，任何商品，不管其价格曾经如何昂贵，奢侈程度多高，只要能用资本主义生产方式生产，也就是能够逐渐被标准化和批量化大规模生产，最终都会成为普通老百姓的日常消费品，如曾经比黄金昂贵而作为拿破仑皇冠的金属铝、刚发明生产出来而曾比高档轿车贵的电冰箱等等，无不最终进入普通百姓家。如今价格还十分昂贵的大颗粒钻石和天然红宝石等，如果技术取得突破而能够被大规模工厂化生产，它们最终也会成为极其普遍的商品。

正是在市场经济这种惠及社会大众的作用机制下，当今西方社会的贫穷已经不是传统意义上的生理需求贫穷，而是生产关系贫穷。生产关系意义上的贫穷，则是市场经济所不能解决的。因为保持生产关系意义上的贫富差距，是市场经济的动力源泉，这个差异消失了，市场经济也就失去了存在的价值。也正是在这个方面，我们说市场经济也存在着缺陷，需要外部力量对它（的后果）进行矫正，由此才会产生后面讲到的社会中心在实现和谐生态经济目标方面的作用。

关于市场经济这方面的作用机制，下一章将进行更详细的分析。

## 六、市场经济是实现社会和谐的重要手段

市场经济不仅是一种惠及大众的经济模式，而且也是实现社会和谐的重要手段。

① 一般的价格水平，指的是商品，而且主要是零售商品的价格指数，一般不包括基本要素价格，因而是个相对指标。

第三章中讲到，要实现社会经济和谐，一个重要条件就是自由与民主，市场经济就是实现这种在经济上自由和民主的体制。在市场经济中，劳动力不仅作为要素有充分的选择自由，实现自己利益的最大化，而且作为消费者也有充分的选择自由；同时商品的供给也是自由的[①]，由此消费者和生产者，都能够较好地实现自己的利益。所以，市场经济是实现社会经济和谐的重要手段。

自然，市场经济也不是十全十美的，在各方面也存在着程度不同的缺陷。如会产生生态经济的基本矛盾；在自由与民主上，只是法权上的自由与民主，而对不同劳动能力和拥有不同资源禀赋的人来说，实际上的平等与自由是不存在的；优胜劣汰机制，对那些竞争中失败的人来说，结果是十分残酷的；受内在矛盾的支配，市场经济因总供求和结构失衡引起的周期性危机，不仅导致资源的巨大浪费，而且会带来巨大的社会痛苦，甚至引起社会动荡；因巨大的交易成本，市场经济并不能有效地解决存在明显外部影响对资源配置的干扰作用；市场经济的成果虽然会惠及社会大众，但对拥有不同劳动能力和自然禀赋的人来说是十分不同的，不可避免地会造成一定程度的两极分化，最终破坏社会经济和谐。尽管如此，但如果取消了市场机制，即如传统社会主义国家那样建立起计划经济，则会因为动力机制的消失而产生更严重的后果，如会导致经济僵化、生产与需要脱节、技术进步缓慢、严重的官僚主义等。因为市场经济是通过价值规律与基本矛盾的矛盾关系来调节资源配置的，没有了基本矛盾这个矛盾对立面，价值规律不仅无从发挥作用，而且没有存在的依据，也就会随基本矛盾的消失而消失；更主要的是，虽然从形式上看，基本矛盾是产生市场经济各种问题的主要原因，但它却是推动经济发展和资源在更高层次上配置的革命力量，它是制度创新和技术创新的动力源泉，而价值规律则是保守的力量，它是维持事物稳定，从而是

① 在我国的计划经济时期，在给定的货币工资和社会政策允许的范围内，人们也有选择的自由，但在可供选择的商品中，却没有供给的自由，以至一些最普遍的商品，如肥皂、粮、煤油、手表等严重供给不足，需要票证才能购买到。

阻碍经济在更高层次上配置的因素，所以从本质上看，基本矛盾更符合生产力发展的要求。因为人类社会发展的动力，来自于人类对物质经济利益永不满足的追求，市场经济基本矛盾就是实现这种要求的一种表现形式或手段，所以，没有了基本矛盾的作用，生产力的发展就会因动力的消失而停滞。至于市场经济在此过程中产生的矛盾，则必须通过一定的政治程序来加以解决，其中有许多问题需要通过政治对市场机制的调节来实现。

## 第二节　市场经济与绿色经济

显然，工业革命以来的客观事实说明，传统资本主义经济基本上是一种黑色经济，也就是污染经济，但这并不是市场经济的必然结果，而是一定历史条件下制度安排的结果。

### 一、传统黑色经济的历史原因

前面讲到，在中世纪向资本主义转换的过程中，由于中世纪长期注重精神文化产品的生产和消费，相对压抑物质产品的生产和消费，同时转换过程中人口因鼠疫流行而出现大量死亡，因此生态环境良好，生态需要得到较大甚至充分的满足。而我们知道，当一种需要被过量满足时，它的边际效用和边际价值是很低的，而那些未满足或处于严重短缺状态的产品的边际效用则是很高的，由此也就必然导致整个社会对自然资源和生态环境的评价值很低，而对一定量以物质生产为主的经济发展的评价则很高。在这种不同价值评价结果的基础上，作为理性的人和社会，为取得最大利益，必然会产生以生态环境和自然资源的牺牲来换取经济发展的对策和行为①。这种情况，出现在一切经济发展水平较低和生态环境较好的社会。这也就是人们常说的经济发展过程中的“先污染，后治理”。这种做法常被人们批评是一种不理性的结果，因为从整个成本收益的角度看，它是一种代价更为昂贵的行为。然而，这种批评忽视了这样一个事实，即不同时期的“等量货币”是不具有可比性的，因为价值是一种主观范畴，一定量货币对人的价值，是由它给人带来的福利决定的，而福利是一种主观心理感受，这种心理感受是由特定时期的需要程度来决定的，当人在沙漠中饥渴难耐面临死亡威胁时，一杯水的价值可能是无穷大的，甚至会大于皇冠。在物质财富匮乏而生态环境良好时，价值财富或一定量货币的价值是很大的，而一定量生态环境的价值则是很小的，这时人们用价值小的生态环境换取价值大的经济财富的做法，显然是非常理性的；当经济发展达到较高水平后，一定量货币价值的边际效用会下降到较低的程度，而在此过程中显得短缺的生态环境的边际效用和边际价值则会明显增加，这时用边际效用小的经济财富来换取边际效用大的生态财富，也同样是人类的理性行为。这种做法，虽然从一个较长时期的货币流量来看，先污染后治理付出的货币成本要更大或得到的货币净收人更少，但两个时期的等量货币效用对人们来说是十分不同的，以较小效用的货币换取较大效用的货币，对人类来说显然是一种理性行为。只不过在此过程中，受一系列机制的作用，这种行为的后果会严重矫枉过正，同时生态环境的变化又具有很强的滞后性，当人们发现效用改变而调整自身的行为时，也许已经太迟了。当今人类面临的很多问题，就是该机制作用的结果。

一定的资源配置方式，是根据一定时期人们的行为和制度安排来决定的。作为与资本主义一同产生的市场经济，自然是根据资本主义的制

① 这种情况说明，“价值”不是一个客观范畴，对个人而言，它是一个带有明显主观色彩的“范畴”，如某种物品，不同行为偏好的人对它的评估价是十分不同的；从整个社会看，价值则是一个生产关系范畴，一定量“物品”的价值大小，是与特定的生产关系性质密切相关的，如某企业股票价值的大小，是由企业内部的分配关系和其利益与社会一般利润率的关系决定的，在现代社会价格昂贵的钻石，在原始部落社会却几乎不值钱。

度安排来进行相应的资源配置的，并以较优的形式来实现的。市场经济对资源的配置结果，很大程度上取决于初始的配置条件，也就是各种要素和商品的市场价格、各种产权的界定范围及其清晰程度等。自然，各种商品和要素的价格，取决于人们和社会对它们各自的评价值。资本主义产生以来的实际资源配置结果，之所以会产生自然资源的过度耗费和生态环境的严重破坏，是因为它们价格太低的结果，在不同要素之间相互（一定程度的）替代性作用下，促使整个社会在生产中以它们来替代价格相对较高的基本要素，如劳动和物质资本等，以取得“最优”的资源配置结果。这说明，市场经济对资源配置的结果，只是对社会主流意识的一种反映。

根据经济伦理学理论，一个社会对自然资源和生态环境的定价，是该社会对人类代际关系的伦理反映。较低甚至没有市场价格的自然资源和生态环境（经济上的另一表现就是对资源价值给了一个较高的贴现率，反映当前的利用价值要大于以后的利用价值），反映人类对当代人利益的重视远远高于子孙后代①。这也正是资本主义伦理价值的重要反映。资本主义是一个追求物欲、及时行乐的社会。这种伦理文化，虽然极大地促进了经济发展，使人们物质福利达到空前的水平，但也使人类面临同样水平的生存危机。这种情况说明，当前人类面临的问题，是资本主义的伦理价值存在严重问题，所以，需要改变的是这种伦理价值和相应的社会制度。

我们知道，市场经济有效配置资源的前提条件，一是明确的产权界定；二是交易费用（明显）低于收益。然而在现实中，这两项条件在存在明显外部性的领域是难以满足的，这时，市场经济主导的资源配置效果就可能远离最优状态。资本主义产生以来，生态环境被严重破坏，就

① 数年前，一个在国内主要铜矿（上市公司）任职的儿时伙伴告诉我，20世纪80年代前，他们是根据铜矿的埋藏深浅逐层采掘的，进入市场经济后（20世纪90年代开始），则根据铜矿的品质和市场效益来进行，至于开采富矿后上面的矿藏是否能够开采和危险，则不是他们考虑的，他们的回答竟然是：后代人总是比我们更聪明。

与这个机制有密切关系。因为生态环境具有公共性特点，具体产权难以界定或者界定的成本太高，而在再生产活动中，公共环境与私人成本之间又具有明显的替代关系，因此也就不可避免地会产生生态环境利用中的基本矛盾，即生态环境的公共性要求其所生利益的社会性，与人们利用它所得利益的私人性之间的矛盾，会促使人们竞相利用公共性生态环境来替代私人资源，由此导致生态环境被破坏的结果。正是在该机制的作用下，使得生态环境遭到严重的破坏。有时，即使产权能够界定，但界定的成本太高，也会导致资源配置的扭曲。当某个小产权主体在与大产权主体的交易中利益明显受损，如购买的价值不大的产品有质量问题（如购买一个价值 10 元的商品出现质量问题时，到所购商品部门投诉，交通和时间就可能超过 10 元；如果还需要反复多次交涉时，成本也就更加高昂）等，或者是小块农田受大产权主体污染时，维权时所产生的高额交易费用会促使他们采取忍气吞声的做法。在法律明显禁止公共场所吸烟前，大部分被动吸烟的人对那些抽烟人都是采取怒目而视但无可奈何的态度，也是因为维权的成本远远超过维权的利益，这种态度是在现有制度安排下的最佳选择。这种情况说明，市场机制本身是无法有效解决这种交易成本高昂的外部性的，它需要市场之外的选择来矫正。

但是，市场机制尽管有许多缺陷，但它仍然是一种有效配置资源的制度。历史上，人们在发现市场制度缺陷的基础上，曾设想以消除了市场经济基本矛盾经济基础的计划经济来取代市场经济。然而，计划经济虽然避免了市场经济的缺陷，但却产生了更为严重的缺陷，如资源配置的效率更低、官僚主义及其腐败，不仅使人们失去了机会和货币上的公平，而且失去了结果的公平，劳动积极性丧失，最终使计划经济在与市场经济的竞争中败落下来，不得不回到市场经济道路上来，就证明了市场经济仍然是当代条件下在资源配置方面最有效率的一种制度。这种情况说明了，市场经济虽然会产生许多从伦理道德标准来看的弊端，但却证明了历史的进步主要是靠“恶”而非“善”推动的这一历史唯物主义原理。和谐生态经济要实现自己的目标也离不开这一原理。因为市场经济的“恶”，来自于人们的利己心，这种利己心虽然会造成人们之间的争斗，会产生现实社会中的各种弊端，但它却是推动社会进步的动力，它是“物竞天择，适者生存”这一生物原则在人类社会的反映，如果该争斗消失了，人类社会就会因动力的丧失而衰亡。在事物的矛盾性中，善恶作为矛盾的统一体，是相互依存的，人们不可能做到在消除矛盾一面的同时而保留矛盾的另一面，两者是共存亡的。传统计划经济曾经这么做过，如它要消除市场经济的基本矛盾，而保留其价值规律（或者说计划），结果只能以失败告终。

## 二、市场经济与绿色经济

上面讲到，市场经济会导致什么样的结果，并不是市场经济本身的必然性所致，而是一定社会选择的结果。一定的社会选择，则是特定历史时期社会主要矛盾和客观社会需要的产物，市场经济的资源配置只是反映这种需要。当社会需要变化时，市场经济必然会对此做出积极反映。

一定需要的满足程度，是与该商品的供给量密切相关的，随着供给的变化，一定量商品给个人和社会的满足或效用是会发生变化的。当物质需要在供给不断增加而得到日益提高的满足时，一定量商品的市场价值必然会下降；在此过程中，随着生态环境的日益恶化，生态产品的供给会日益短缺，生活水平提高所要求的生活质量提高更是会加强这种短缺状况，由此一定量生态产品的市场价格会不断上升，物质产品与生态产品这种非均衡的变化必然会反映到市场经济的资源配置上来。这也就是说，虽然在历史进程中，在一定的社会经济条件下，市场经济会导致资源的浪费和生态环境的破坏，但市场经济却又是节约资源和解决生态环境的重要手段。就一般性（私人）资源来说，市场机制总是能较好地解决它的供求平衡的。这是因为，随着资源供求的变化，资源价格也会发生相应的变化，市场因此会调节它的供求，如当某种资源短缺时，价格会不断上升，这种上升会促使人们更加有效地利用它，减少浪费等，同时会促进它的生产，并会促使替代品的开发与生产，从而缓解该产品的短缺程度。实践证明，凡是受市场机制调节的资源，都不存在绝对意义上的短缺。世界上凡是严重短缺的资源，都是那些不受市场调节或市场调节能力弱的资源，如我国的水资源等。所以要解决资源的短缺，最终还需要靠市场机制来解决。虽然市场经济不能解决所有的资源问题，但在现有条件下，市场机制仍然是解决资源问题最有效的方式之一。在现有的各种可供选择的机制中，在节约资源和提高资源的利用效率上，还没有哪种机制能像市场机制这样有效率。正因为这样，所以我们说，建设“资源节约型社会”的核心，就是要充分发挥市场机制的作用。

虽然因历史等原因，市场经济在与生态环境的关系上总是处于敌对状态，但这主要发生在产权不能明确界定或者界定成本太高的（公共）领域，而在那些能够明确产权或者是产权界定成本较低的（私人）范围内，市场经济与生态环境的关系是可以相互融洽的。这也就是说，在现代社会，市场经济是可以成为推动生态经济和绿色经济发展的重要手段，而且在实际过程中，市场经济也总是在发挥这种作用。在 19 世纪中期，这样的情况就开始出现，如马克思就曾描写，由于（富人）物质需求和（生态）享受需求的相对变化，一些地主将牧场或农田改造为狩猎林地，这在某种程度上也就是当今所说的生态经济或绿色经济的一种。在当今社会那些产权界定明确的领域，市场经济就在推动绿色经济方面发挥了积极作用。如随着社会意识的变化，即由注重单纯的物质享受转向注重健康和绿色，对生态需要的满足更加强烈，市场机制对此就做出了明确和积极的反映，如绿色产品的价格不断提高，使得绿色生产变得越来越有利可图。那些严格按照绿色方式生产的各种农产品的市场价格，是普通农产品价格的数倍，而且往往还供不应求；农民自然放养的土鸡，不仅是工厂化饲料喂养鸡价格的多倍，而且在城市难以寻觅①。正是在反映社会意识转变的市场机制的作用下，使得绿色消费的意识不断深入人心，

① 暑期，笔者在江西宜春温汤镇写作本书期间得知，到镇周围农民家购买土鸡的价格是每千克 25 元，而镇上农贸市场上以饲料喂养的鸡的价格是每千克 13 元。

从而使绿色生产的市场竞争力日益提高，绿色生产、流通和消费等日益普及，传统的黑色生产和消费则日益失去赖以生存的市场。

随着人们对生态需要满足的不断提高，市场经济也对此做出了积极的反映。如原来物质匮乏和粮食短缺时，在市场机制的作用下，人们在山区坡地、草原等地进行垦荒，大量毁林、毁草，进行农业耕作，同时在生产中大量使用农药化肥等，致使水土严重流失、环境恶化①；随着人们在物质需要满足方面程度的提高，社会对生态需要的需求日益强烈，生态产品的价格不断提高，市场机制转而鼓励人们加强生态产品的供给，适当减少边际效益日益下降的普通农产品的生产，因此退耕还林、退耕还草，建设自然保护区、生态旅游区和农家休闲乐园的情况发生在世界各地，生态环境状况日益改善。

实际上，只要产权界定，市场经济往往就是保护生态环境的最有效武器。对超过40岁以上的人来说，有一个情况应该是记忆犹新的：即在我国的山地林权改革前，这些权益都是集体或国家的，但利用它们所获得的利益却往往是私人的，因此出现严重的生态环境基本矛盾。在这个矛盾的作用下，我国“大跃进”前还满是森林的山地，遭到毁灭性的破坏，森林覆盖率和森林质量不断下降，高考恢复后，笔者从赣南赴南昌上学，穿越40多年前森林密布的整个著名游击区，然而近千里公路两旁山地上，除了少量稀疏的小老头式的松树外，几乎全是荒芜的裸露红壤。然而，林权改革后的20世纪90年代末，笔者返家再经此路，两旁已是郁郁葱葱，基本见不到裸露的红壤。最惊奇的是，20世纪90年代初，笔者到山西省运城参会考查，黄土高原地区水土严重流失、沟壑纵横苍凉雄浑的景象一直萦绕脑际，2009年暑假携家人赴陕北旅游，曾希望重见当年的苍凉雄浑之美，但让笔者既失望又惊喜的是，因道路两旁树林遮挡和整个地区良好的森林覆盖，已看不到当年黄土裸露、水土流失景象，自然也没有了苍凉雄浑之美，但良好的水土保持则让笔者感到无限

① 20世纪80年代末，面对日益恶化的生态环境，当在广播电视中听到“洪湖水浪打浪”时，一些朋友在一起聊天开玩笑时讲到，如果再闹革命，将再没有打游击的环境了。

欣慰。这种现象，显然是市场经济和产权明确作用下的绿色经济结果。这说明，要使市场经济有效地发挥作用，就必须建立起产权清晰、利益明确、职责分明的所有制制度、产品分配制度等。要使市场机制能够有效地促进绿色经济和生态经济的发展，需要对那些在人们之间或区域之间能够明晰产权的自然资源和生态环境的产权清晰化，如我国草地、林地、耕地的产权可直接分配到户；一些矿藏资源也可通过拍卖的方式将产权售给个人或企业。因为个人或小团体与产权的利益关系要比大团体的利益关系紧密，从而产权应尽量落实到与利益关系更密切的利益主体，如矿藏资源由国家统一占有，不如由矿藏所在地政府所有，更能提高矿藏资源的利用效率。目前各地政府纵容人们从事小矿产的开采，就是因为矿藏本身不是地方政府所有，但采矿所产生的利益却主要归地方所有，由此遭受的损失则是国家承担，所以会促使地方政府容忍甚至鼓励人们从事这种行动。如果矿藏所有权归所在地政府，相信它们绝对不会允许这种没有规划和组织的采矿行为发生。在产权明确的前提下，市场经济不仅不是生态经济和绿色经济的敌人，而是它们的同盟军。

资源的有效配置，尤其是生态经济和绿色经济生产，不仅需要产权明确，而且需要产权规模达到一定程度，否则仍难以实现资源的优化配置。如上面讲到的，小产权在与大产权之间发生利益矛盾时，因高昂的交易成本而总是处于不利地位。所以，产权明确还不是实现资源优化配置和绿色经济的充分条件，同时还要求每个经济主体的产权规模达到一定程度，这样才能使外部影响内部化，才能实现资源的优化配置。环境保护、资源优化配置都只能建立在产权规模较大的基础上。我国农村生态环境的恶化，除了土地产权不明确（经营权实际上也不稳定）外，产权或经营权规模小是更主要的原因。因为在这种小规模产权基础上，人们保护生态环境的努力是得不到补偿的，如某个人希望通过生物方式，如青蛙来防止虫害，因而在自己的农田中保护青蛙，但害虫与青蛙都是会运动的，如果周围农田的人们不采取这种做法，这个人的努力是不会有任何结果的，所以产权规模是决定可持续经济发展的重要条件之一。

这一点在环境和资源保护方面更为突出。虽然这并不是说产权规模越大越好，在资源优化配置方面，任何产权都有其合理界限，较大程度地偏离这个界限，会降低资源配置效果。

产权规模是市场经济有效配置资源和发展绿色经济的重要条件，但市场机制并不完全受制于产权，它本身也有一定的调节产权规模和形式的能力，以保证资源优化配置的实现。如在那些外部影响明显的领域，市场经济可通过产权的购买或出售等形式来完成产权的并购重组，改变产权规模，来实现将外部经济（或不经济）内部化。如小造纸企业本身是无力负担污染排放物的治理的，通过兼并重组或许多小企业将排放物集中处理，就可达到排放要求；农业生产中通过兼并重组，扩大生产经营规模，就能够将传统农药防止病虫害转化为生态防止方法；组织农业生产合作社，进行统一的生产经营，也能够有效地解决产权规模小与绿色生产不协调的矛盾。在实践中，为实现绿色生产所进行的产权变更，基本都是在市场机制作用下进行和完成的。离开了市场机制，将无法确定绿色生产的合理规模界限，绿色生态生产也就无法正常进行。

市场经济与绿色生态生产相融合的一个重要途径，就是市场经济推动的技术进步会不断地改变绿色生产的条件和范围，使原来的黑色生产转换为绿色生产。如水泥生产中会产生大量的粉尘排放，对生态环境是十分有害的，总是导致企业与周围各利益主体的严重冲突，但随着粉尘回收技术的不断进步，使得粉尘回收的效益远远超过回收成本①，这样的冲突也就缓和下来了。随着技术的进步和市场价格的提高，一些原来严重污染环境和损害人民健康的有毒重金属排放的回收，不仅做到了外部不经济的内部化，而且成为所在企业提高效益的明显手段。

市场经济的一个最明显的功能，就是它有不断推动技术进步的动力

---

① 笔者近十多年来并没有具体关注这方面的技术进步情况。20世纪80年代初曾到南昌水泥厂调研，开始了解了水泥厂的污染情况和对所在地的危害（粉尘污染不仅对人体有害，而且造成农田板结）。80年代后期或90年代初，看到一则有关萧山水泥厂实施粉尘回收实施循环经济的报道，讲粉尘回收收益大大超过投资收益。

机制。随着技术的进步，生产过程中的成本收益关系将会发生改变，一些原来外部不经济的生产方式可能转变为内部经济生产方式；一些原来内部不经济的生产方式，也可能转化为内部与外部都经济的方式（如植树造林等）。前面讲到，尽管技术进步也给人类带来副作用，但人类社会发展过程中的问题，最终还是要靠生态文明和可持续发展指导下的技术进步来解决，而最能促进技术进步的作用机制就是市场经济。传统经济发展过程中一切不符合和谐生态经济的问题，最终还是要靠市场经济中的技术进步机制来解决。所以，市场经济与和谐生态经济之间存在着天然融洽的一面。正是在市场机制的作用下，近几十年来，有关提高资源利用效率、环境保护、绿色生产的技术层出不穷，并以越来越快的速度发展。

市场经济另一项促进绿色生产的功能，就是它会根据社会意识和需求变化而不断地调整价格关系，使整个社会的资源配置重心不断向符合生态需要和绿色生产的方向发展。如上面讲到的那样，随着近些年来生态意识和绿色消费观念的不断加强，市场及时地对物质产品与生态产品、传统产品与绿色产品的价格关系进行了调整，使利益分配的重心日益向后者倾斜，由此引导整个社会的资源配置重心发生相应的变化。没有市场经济对这种利益关系的及时调整，绿色生产和绿色消费不会如此方兴未艾。利益调节的杠杆作用要比其他手段更加有效。

所以说，市场经济本身并不是绿色经济和生态经济的天然敌人。作为社会意识和制度安排的结果，它不过是反映这种意识和制度罢了。当社会意识转向可持续发展和和谐生态经济时，作为社会意识和制度反映的市场经济必然会对此作出积极的贡献。当今世界，市场经济就在各个方面积极地促进绿色和谐生产。

## 三、市场经济绿色功能的有效发挥需要社会调节

自然，当我们讲到市场经济是促进绿色生产和生态经济的重要手段

时，并不否定市场经济在这些方面的一些消极途径。如上面讲到的，当存在产权交叉而界限难以明确界定，尤其是利益冲突各方之间的产权规模不对称时，高昂的交易费用将使市场机制难以有效地配置资源；一些无法界定私人影响的公共产权，不可避免地会促使一些人利用这个特点而采取损人利己的行为，也就是会产生生态环境基本矛盾，因此严重扭曲资源配置效果。这种情况也就是人们常提到的“公地的悲剧”现象。这些现象在很大程度上，是市场机制自身所无法解决的，或者说任由市场机制发挥作用将不可避免地会导致公共资源的严重浪费和生态环境破坏。实际上，也正是在这种机制的作用下，致使公共资源被严重浪费，生态环境不断被破坏。要避免这种情况的普遍发生，就需要社会中心或政府的调节。

前面讲到，市场经济的资源配置效果，取决于其配置资源时的初始条件，其中最主要的是产权的确定和各种要素与产品价格的初步确定，其中有些方面是市场经济自身无法确定的，如公共产权与私权的范围界限、公共资源和生态环境的初始价格（在传统自由经济中，它们是没有价格的）等。要避免市场生态经济基本矛盾作用的发挥，就需要政府在这方面积极介入，如根据社会伦理意识和社会需要的紧迫性等，在私人产权活动会影响或损害公共产权利益时，明确一定量私人活动的公共产品损害价值，如根据生态环境和公共性自然资源的社会机会成本或重置成本来确定其价格，以税收和计量收费等形式将其计入人们在资源配置的收入与成本中，由此改变资源配置的初始条件，从而改变市场经济的资源配置结果。这种方式，也就是通过政府调节，将原来的外部不经济内部化。对一些社会价值或成本非常大的资源，如濒危动植物和会造成环境严重破坏的生产，则可通过它们使用成本或市场价格无限大的方式，也就是直接严禁对这些资源的商业性利用等来防止。

这些情况说明，市场机制在绿色生产方面存在的许多缺陷，是可以通过对市场机制的调节，或者说通过政府改变资源配置的初始条件来解决的。相反，如果离开了对市场机制的能动利用，将难以克服市场经济在绿色生产方面的缺陷。这正如人们曾希望计划经济能克服市场经济的缺陷，然而实践却证明，无论在哪个方面，计划经济的效果都远逊于市场经济。

在利用市场机制实现绿色生产方面，除了直接对市场机制的某些参数进行人为的调整外，还可通过对市场机制作用的资源配置进行社会性引导，如通过舆论宣传，鼓励人们消费绿色产品，建立起破坏环境有罪意识的伦理来实现资源的优化配置。这是因为，市场经济的资源配置是由社会需求，其中主要是消费需求决定的，消费需求则由心理行为决定，人们一定时间的心理行为则受到社会意识、政策、时尚、舆论等的影响，所以，社会可以通过对人们意识的影响来引导资源配置的方向和结构，并使其符合和谐生态经济建设的要求。如我国近些年来，对绿色产品和环境保护的宣传，就提高了人们的环境保护意识，促进了绿色产业的发展等；在西北地区进行的生态农业的宣传和示范，对当地的生态环境保护和经济发展起到了极为重要的作用。所以说，市场机制的完善，需要社会意识、舆论、政策等的引导和调节。

要指出的一点是，虽然市场机制在绿色生产方面的许多缺陷可通过市场机制本身来解决，但并不是所有的缺陷都可通过这种方式解决，如环境和资源价值的评估、公共产权的界定等，这些只有通过一定的政治程序才能够解决。同时还要特别注意的是，虽然通过对市场机制的调节，可以克服许多弊端，但同时也会造成市场机制许多优点的丧失或减少。这是因为在对立统一规律中，人们不可能在取消矛盾一面的同时而保留矛盾的另一面，人们对市场机制缺陷克服的程度有多大，很可能对其优势的削弱也就有多大，所以，在实际过程中，必须根据社会实际情况对此进行相对抉择，以取得最大的社会利益。这种情况，决定了人类社会永远不会成为一个完美的社会，人类只能在旧问题的解决与新问题的产生中生存与发展。

## 第三节　市场经济与和谐经济

如果说，市场经济在绿色经济，或者说生态环境破坏方面长期遭到批评的话，那么在和谐社会方面，受到的批评就更加突出和尖锐。从资本主义刚产生时的“羊吃人”现象，到马克思的“工人阶级贫困化”等现象，可以说都是市场经济优胜劣汰竞争机制作用的结果，这些结果显然是非常“不和谐”的，所以，人们有“市场经济与和谐经济不相统一”的认识也就再自然不过。不过，从上面的分析中看到，市场经济与和谐经济虽然不是完全统一的，但也不是相互排斥的，而是既统一，又矛盾，实际的作用结果，同市场经济与绿色经济之间的关系一样，取决于资源配置的初始条件和政府调节。

### 一、福利内涵

由于“经济和谐”或“和谐经济”的实现程度，与人民得到的“福利”大小密切相关，因此，这里首先对“福利”的内容进行简单介绍。

#### （一）福利涵义

所谓福利，就是人们在生产与生活中得到的满足，它是外部世界对人身体和精神的刺激，引起人心理和身体变化的心理反应。福利作为人们在生产与生活中得到的满足，既可能是正的，也可能是负的，如当企业发生亏损时，企业家的福利就会是负的。由于这种满足，是人们对外界活动施加个人之上所引起的一种心理反应，因此，它既有一定的客观性，但又有很强的主观性；因此，一定事物给人带来的福利大小，往往因承受者的不同感觉而不同。如一块面包，营养成分是一定的，可满足人的饥饿需要，就这方面讲，从面包消费中得到的福利具有客观性；但每个人在不同时间因饥饿感的不同或因情绪等不同而产生对面包的需求程度不同，所以它给人带来的满足程度是不一样的。当一个人较饥饿时，它能带来较大的满足；较不饥饿时，满足程度就较少；随着消费中饥饿的减少，这种满足是不断减少的；当“饱”的感觉很大时，继续增加消费，它不仅不能继续给人带来正的满足感，反而使人难受，即这时它给人的福利是“负”的。福利的这种性质，一方面反映福利的来源是多方面的，或者说影响福利的因素非常多，既有物质方面的，如物质财富的消费、财富的占有等；也有精神方面的，如良好的家庭关系、和谐的邻里关系、情感的交流与理解、自然界的美好风光等等，即那些一切能够引起人心理变化的因素，都可称为福利因素。因为人是物质与精神的统一，所以那些会引起其身体与精神变化反应的因素，都会影响到他的福利。另一方面说明，福利具有很强的主观心理性，虽然这并不完全否定福利具有一定的客观性，在相同的环境下，不同人之间的福利还是有一定可比性的，否则就失去了对它进行研究的意义；但同时也说明，这种可比性是有严格限制条件的。

显然，这样的福利内容是过于广泛了——涉及人的所有活动，这远远超出了经济学的研究范围，这正如庇古所说的：“对可能影响福利的若干原因的一般性探讨，是一项艰巨而复杂的工作，实际上无法进行，因此必须将我人讨论主题作相应的限制。如此吾人将自然被吸引至科学方法能最有效应用的部分。”[①] 经济学中关心的，是人们在生产和生活中，那部分能够（在一定程度上）用货币计量的福利，即经济福利。

自然，整个社会是个巨系统，各部分之间存在着密切的依存关系，因此要在经济福利和其他福利之间划出一条泾渭分明的界线，是不可能

① ［英］庇古：《福利经济学》，台湾银行经济研究室1971年版，第9页。由金镝译，华夏出版社2007年出版的《福利经济学》，译文质量远逊于台湾省陆民仁先生的译本。如这段话金镝的译文是“对影响福利的因素群组进行一般性的探讨是一项异常繁复的任务，具有相当的不可操作性，因而有必要对我们的课题作出限制。为此，我们自然而然地被似乎对工作最为有效的科学手段所吸引”（第9页）。

的。非经济福利既会影响到经济福利，同时也受到经济福利的影响，并且两者间可能具有正相关关系，也可能具有负相关关系。由于人具有社会性，因此他对经济福利的感觉必然受社会各种因素的影响，如人际关系、伦理、风俗等。如对同一事物的消费，由于人们之间在文化、修养、历史风俗等各方面存在差异，从中得到的感受程度是不一样的。不同历史传统和文化背景的人，对同一事物的感受程度也是不同的：法国人的幽默就不同于德国人的幽默；法国人作为美食的蜗牛，中国人却感到厌恶；中国人喜欢食用的动物内脏，欧洲人却不喜欢。随着文化的变迁，人们对经济福利的感觉也会发生变化，前人曾从中得到很大满足的生活方式，对当今人来说，也许是一种痛苦。正由于经济社会与非经济福利之间存在着相互影响关系，使得经济福利的增加，并不一定代表整个社会福利的增加。这正如在传统社会向工业社会转换的过程中，虽然经济发展给人们带来了较多的可供消费的物质产品，增加了人们的经济福利，但由于一些非经济福利在此过程中遭到严重破坏，如原来良好互助的人际和邻里关系等，都在此过程中瓦解了，随着这种瓦解，人们日益变得孤独，精神疾病不断增加，因此，在经济福利不断增加的过程中，返朴归真的愿望也日益强烈，就反映了这一点。

（二）福利的主要分类

从不同角度看，福利的主要分类有以下这些：

1. 从主体看，可分为个人经济福利、集团经济福利与社会经济福利。个人经济福利，来自于每个人从经济活动中得到的满足。这种满足主要来自四个方面：一是实物消费得到的；二是货币收入；三是心理方面的；四是时间方面的。集团经济福利，就是一个集团从一定经济活动中得到的满足。不过要注意的是，虽然集团是由许多个人组成的，但集团福利却不完全像个人那样是一种心理感受，因为它不是一个有心理感受的人，而是由无数心理感受不完全相同的人们组成的群体。社会经济福利，就是社会从一定经济活动中得到的满足。如果说集团福利是一个难以捉摸的东西，那么社会福利的这种特征就更为突出。因为在集团内部，虽然不同成员之间也存在一定利益上的矛盾，但他们之间毕竟有着基本相同的价值观和行为偏好；在社会内部，却连这点相同也没有，它是由不同价值偏好并且在利益上存在根本矛盾的人们所组成的，要在他们之间得出一个为大家接受的福利量及其好坏标准来，只能是天方夜谭；不同人们及其集团之间利益的非一致性，使得社会福利并不是所有个人福利和集团福利的简单相加，外部影响的存在，更使这种相加成为不可能，这种情况使得我们不能直接从个人福利和集团福利中求得社会福利，所以，社会福利在某种意义上是个虚幻的影子。在有些场合，社会福利是不可能精确计算出的，它只能在一定程度上由人们根据一定的情况进行主观判断。

2. 从数量变化关系看，可分为绝对经济福利与相对经济福利。这是福利研究中最主要的两个指标。绝对福利经济，系指其他条件不变时，人们、集团或社会，在一定时间内所得到和消费财富的多少。一般地说，消费的财富越多，得到的绝对福利也较大，两者间具有正比关系。相对经济福利，则是相对于参照对象的福利变化，自身福利的相对地位是否发生变化，如相对地位提高，则相对福利改善；相对地位下降，则相对福利恶化。由于相对福利是种相对关系，因此在同一时间内，无论经济发展状况好坏，都不可能使所有人的相对福利改善，一定是有些改善，有些恶化。在现代社会，由于社会财富以越来越大的规模被再生产出来，以生理需要衡量的绝对贫困已不多见，因此个人和整个社会关注的重点已不是财富的绝对量，而是财富的分配方式和公平程度。这也就是说，在现代，人们对相对经济福利的重视将高于绝对经济福利。这正如在经济增长过程中，虽然所有人的绝对经济福利都得到改善，但不同集团或不同人们之间福利改善的速度不一样，一些人改善得快一些，另一些则较慢，即如原来生活水平相同的人，其中一些人的住房由土屋变成了一般砖房，但另一些人则住进了高楼大厦，前者显然会感到自己的相对福利下降了，在社会上处于更不利的地位，其住房的改善不仅不会使其感到幸福，反而使其难受。

人们对相对福利的敏感性，与两个主要因素有关。一个是人们原来在社会中与他人相对福利的差别程度是大是小，如果较大，那么人们对相对福利的变化就不太敏感；小则比较敏感。如果社会原来的相对福利长期以来比较公平，并且这种公平观念已作为社会固有意识形态的一部分，那么相对福利即使发生微小的变化，也会引起人们的强烈反应，那些在其中相对福利下降的人会感到难以忍受。这即如改革初期，人们对相对福利的变化非常敏感，常常为了几元钱的奖金或为了得到有名额限制的工资增加（平均约5元，相当于工资总额增加10%）而争得面红耳赤，甚至大打出手。随着改革的深入，人们之间相对福利差别逐渐扩大，并加上舆论的宣传，所以当今人们对微小福利的变化已变得较不敏感。另一个就是造成相对福利变化的原因，是否与社会的传统道德观相一致。如果那些相对富裕起来的人们，大部分是在公平的竞争环境中靠正当努力达到的，那么社会对这种相对福利变化的接受程度就较大，甚至会羡慕这些人的成功；如果先富起来的这部分人，是凭借特权等不正当手段，并且损害了另一部分人的利益，那么社会对这种相对福利变化的可接受程度就很低。改革开放初期那种“端起碗来吃肉，放下碗来骂娘”的情况，就反映了当时人们的绝对福利虽然改善了，但相当部分人的相对福利受损了，受损的原因又是先富起来的这部分人是靠不正当努力实现先富的社会状况。当前社会不满情绪加强的原因，也主要来自于此。

3. 经济福利还可分为静态经济福利与动态经济福利等等。在此不一一分析。

福利研究中最大的难题，就是现代社会对相对福利的重视高于绝对福利，而相对福利是个相对范畴，因此，无论社会绝对福利有多大提高，都不可能使所有人的相对福利得到改善，在此情况下，如何判断整个社会的福利是否得到改善，就是个特别困难的事。这涉及价值判断，不同世界观的人，对此的判断结论是十分不同的。也正因为这点，使得福利经济学的研究特别困难，因此也使得政治经济学不可能成为一门完全实证的科学，而只能是一门带来明显规范色彩的解释艺术。

在下面的分析中，在相对福利的变化中，我们将以社会上绝大部分人福利的改善（意味着有少部分人的相对福利会受损），同时改善的对象是社会的中下阶层为标准，作为社会福利改善的判断依据。

## 二、市场经济与和谐经济

市场经济的优胜劣汰竞争机制，不可避免地会导致竞争失败者社会政治经济地位的下降，这显然是一种社会不和谐之音，但由此能否说市场经济的这种机制作用就是破坏社会经济和谐的呢？显然不能！

这是因为，判断一种社会现象是否推进还是破坏社会经济和谐的标准，一是看它是促进还是阻碍资源优化配置，即是促使还是阻碍经济增长，因为和谐社会经济的重要内容之一就是促进经济增长；二是看它是促进还是阻碍社会上绝大部分人的福利，即看因此受损的是大多数人还是少数人。从第一个标准来看，市场经济无疑是促进社会经济和谐的。市场经济的最大功能之一，就是它有推动经济增长的不竭动力，正是在这种机制作用下，使得市场经济产生以来社会财富始终以指数式的速度增长，整个社会的绝对福利水平提高到古人想象不到的程度。从第二个标准看，在短期，根据上面判断社会福利是否改进的依据，也许无法做出准确的判断，但从一个较长的历史时期看，市场经济也无疑是促进社会经济福利不断改善的。如随着经济的发展，在市场经济较完善或竞争较充分（没有受到官僚垄断集团明显阻碍）的国家，社会经济结构都会由典型的金字塔型向橄榄型转变，这说明，在市场经济的发展过程中，受益的是绝大部分人，受损的是较少部分人，即使这些相对利益受损的人，绝对福利也是持续改善的。同时根据库兹涅茨的经济发展与收入分析倒 U 型理论也知道，虽然在短期，市场经济的发展会导致整个社会福利的受损，但在长期，则会明显地改善整个社会的福利水平。所以，从大的方面来说，市场经济是明显促进社会经济和谐的。

从再生产过程的各个方面看，从上一章关于和谐生态经济的表现形式看，市场经济也明显是促进社会和谐生态经济的。

从生产过程看，社会经济的和谐程度表现为这么几个方面：一是生产者之间的关系是否平等自由，生产者是否能够根据自身的需要和判断来合理地配置资源，资源配置过程中是否存在垄断而使自身的愿望难以实现等；二是要素供给者之间的关系是否自由平等，各要素供给者是否能够根据自身利益和市场需求状况来合理地出售要素；三是要素需求者（厂商）与要素供给者之间的关系是否自由平等，彼此间是否能够合理地选择对象，是否受到垄断的阻碍等；四是资源配置的结果是否符合整个社会需要，最终的产品供求是否一致，从而各生产者是否获得必要的利益等等。显然，无论从哪个方面看，市场经济的资源配置结果都不会是完美的，都会存在一定的缺陷或弊端，如市场竞争不可避免地会产生垄断，从而使这四个方面的资源配置不能达到理想的状态。但我们要注意的是，人类社会永远不可能达到完美程度的和谐，是否和谐，应该是与原来相比是否有所改进，并且在不断地改进中。与人类历史中的其他资源配置条件和结果相比，即使是与曾被人们认为比市场经济高级和优越的计划经济相比，市场经济在生产过程中的各个方面，显然要更优越和更和谐。前面讲到，市场经济资源配置的初始条件，就是参与市场交易各方之间的产权明确，彼此间处于完全平等的地位，能够自由地选择交易对象和交易结果等，这无论与奴隶社会、封建社会和计划经济体制下的资源配置来说，无论对交易者还是整个社会来说，都是一种明显的帕累托改进。正是这种改进，使得人们能够根据自身能力和兴趣合理地选择职业和商品供给，使资源能够合理地利用，由此极大地促进了社会经济的发展。没有这种和谐及其帕累托改进，人类社会是不可能在这短短的两个世纪发生如此惊人变化的。对我们这些经历计划经济和市场经济两种对立体制的人来说，比之全民性的计划经济，市场经济的和谐不知要高多少倍。虽然市场经济改革以来，中国出现了日益巨大的两极分化趋势，贫富差距越来越大，但要清楚看到的是，这种结果并不是市场经济本身带来的，反而是我国市场经济制度不完全的结果，要消除这种现象，也必须在很大程度上依靠市场机制功能的全面发挥来实现。

自然，我们也清醒地认识到，在这四个反映和谐程度的标准方面，市场经济也是存在缺陷的，即它在发展过程中有可能会导致垄断的出现，由此破坏这四个方面的和谐程度。即使没有人为的垄断，在技术进步推动的规模经济作用下，一些领域也不可避免地会出现垄断。正是这个方面的缺陷，才要求政府对市场过程的必要干预。

从交换或流通过程看，社会经济的和谐程度表现在这么几个方面：一是商品出售者之间的关系是否平等，其中包括商品出售者与各种流通中介组织、批发机构与零售者之间的关系是否平等；二是商品购买者之间的关系是否平等，也就是说他们之间的货币价值是否是相等的，他们在购买商品时是否会受到对方的明显干扰等；三是交易双方的地位是否平等，他们各自能够根据市场供求自由地选择交易对象和价格等，各自付出的价值与得到的收益是否能够相等，即能否实现等价交换；四是最终的交易结果，是否能够实现和促进整个社会的资源优化配置和最大社会福利等。从这些内容看，市场经济也明显地优于其他经济形式或体制。我们知道，在封建社会和计划经济体制下，不同性质商品生产者之间的地位是十分不同的，如计划经济就明文规定国营企业出售商品的利润率要高于集体经济；在当今，我国保留的国有企业在获得银行信贷支持等等方面，仍然明显优于其他企业；计划经济下的商品需求者，尤其是消费者之间更是没有任何平等的地位可言，他们与商品供给者之间的关系也是非常不对称的，在这些因素的影响下，整个经济的资源配置结果自然是严重偏离社会最大福利状态的。与之相比，市场经济中商品交易各方及其内部之间关系的平等程度，显然是最高的，在选择方面也是最自由的，而如巴师夏所指出的那样，平等与自由是实现经济和谐最重要的条件，所以市场经济达到的资源优化配置状态，从而社会经济的和谐程度等无疑也是最优的。这也就是说，市场经济是和谐经济的最有效实现形式。

从分配过程看，社会经济的和谐程度体现在这么几个方面：一是各市场主体获得的收益是否与他的社会机会成本相一致（在分工协作的社会化联合生产中，得不到各具体要素对社会总产品的贡献，因此，分配是否公平，从劳动贡献角度是得不到答案的。这说明无论是社会主义经济理论中的“按劳分配”，还是西方主流经济学中的“按要素贡献分配”的理论，在逻辑上都是不成立的）；二是参与分配的各方的地位是否是平等的；三是最终的分配结果是否会促进大部分人的利益，或者说社会中占多数地位人的所得份额是否会有所提高。这里要特别说明的是，市场经济或资本主义经济的分配结果有两种表现形式：一是价值分配形式，也就是一个社会以货币计量的总产出（即所谓的国内生产总值 GDP）在不同人们之间的分配结果；二是以最终产品，尤其是消费品形式表现的总产出在不同人们之间的分配结果。从下一章的分析中可知道，这两种分配结果是十分不同的，或者说两者之间的差异非常大。市场经济的一个典型特征，就是价值分配表现的差距，要远远大于产品分配的差距。这是因为，市场经济的高收入者会将他们收入中的大部分用于社会的新增投资（部分是通过企业的直接投资形式完成），他们实际消费占收入的比例是远低于中低收入者；从后面的分析中可知道，资本积累的本质就是积累者将获得的收入中的大部分交给工人花费，所以，市场经济的实际分配差距要远远小于以价值形式表现的差距。这也就是说，市场经济的消费公平程度，要大大高于收入分配的公平程度。

显然，在产品分配的各个方面，比之其他经济体制，市场经济的分配是更加公平合理的。这是因为，相对而言，在参与分配方面，各利益主体是以相对自由和平等的地位参与的，并且相互间进行较充分的竞争，各要素的价格和各厂商的最终所得能够较好地反映各自的机会成本，如通过市场竞争，各（相同质量的）要素能形成一个相对稳定的平均价格，资本之间的竞争则产生平均利润率；各厂商之间，尤其是不同行业之间的最终所得也是大致相等的。同时，原来被个别厂商所得的因技术优势或技术垄断形成的超额利润，在竞争机制的作用下会被不断地社会化或外部化，这也就是个别企业优势利益的社会化或平均化，这显然是促进社会公平与社会经济和谐的。更主要的是，在竞争机制和资本主义积累规律的作用下，市场经济以最终产品表现的分配结果的公平程度要远远高于以价值表现的分配结果。所以，从各方面看，市场经济同它在生产和流通领域的作用一样，都是促进社会经济和谐的，因此是建设和谐社会经济的重要力量。

消费是社会的最终目标，消费结果是否和谐是衡量整个社会经济是否和谐最重要的标志。在消费领域，衡量市场经济是否和谐的衡量标准是：是否不断地推进消费结果的公平；在人们一定收入或支出情况下，得到的福利是大是小，即人们是否能够实现一定支出情况下的福利最大化。关于第一个标准，上面讲到，市场经济最突出的一个表现，就是它通过内部经济的外部化和资本积累，会不断地提升整个社会的消费福利水平，同时会推进整个社会消费结果的公平化，使其远远高于收入分配的公平程度，所以这个方面，市场经济明显具有不断推进消费和谐的作用。在第二个标准方面，只要与其他形式的经济体制或模式相比较，就会发现，市场经济是最能实现消费者利益最大化的经济体制。在其他经济体制下，如计划经济或封建庄园经济，消费者的选择是受到严格限制的，其中不同消费者的限制程度差别是巨大的，不同消费者手中的单位货币价值实际上也是不相等的，如权势者的单位货币价值明显高于普通老百姓，这反映消费者之间没有平等。与之相比，市场经济中的消费者选择的限制程度是最小的，最关键的是消费者之间的限制程度是相同的，也就是说他们在消费上的地位是相对平等的，他们之间单位货币价值也是基本相等的。所以说，在第二个标准方面，市场经济也是一种促进消费和谐的重要制度。

从以上内容可见，无论在哪个方面，比之历史上曾有的各种经济体制，在实现社会经济和谐方面，市场经济都是一种较优秀的经济体制，因而是建设和谐社会与和谐经济的重要力量。

## 三、市场经济促进和谐经济功能的有效发挥需要国家调节

虽然市场经济在再生产的各个方面都有推进和谐经济的重要功能，因此是建设和谐经济的重要力量，但这也不是说它在建设和谐经济方面没有缺陷。同任何经济体制都具有正反两面性一样，市场经济在建设和谐经济方面也存在一些阻碍和谐经济建设的弊端。

从生产方面看，市场经济对经济总量和结构的调整都是矫枉过正的，因此会造成一定资源的严重浪费，正是这个缺陷使得马克思设想以计划经济来取代它；同时在竞争过程中，在技术进步等因素的作用下，不可避免地会产生程度不等的垄断现象，因此会破坏市场交易各方的平等权利而阻碍资源的优化配置；因产权界定的困难，市场经济还不可避免地会产生各种外部不经济效果，在市场经济基本矛盾和生态经济基本矛盾的作用下，也会产生许多阻碍资源优化配置的结果；因信息的不完全等因素的作用，各利益主体之间的关系难以做到真正的平等和自由，这也会阻碍资源的优化配置；优胜劣汰机制作用的两极分化，也是不符合和谐经济要求的。市场经济在生产过程领域的最大不足，就是它不能有效地提供产权关系难以清晰界定的精神文化产品、社会产品和生态产品的有效供给，从而难以实现真正意义的资源优化配置。如此等等，说明市场经济的生产过程在实现和谐经济方面存在许多不足，因此需要政府对其加以完善。

流通阶段，市场经济的不足可能更明显。因为市场经济一个最重要的矛盾，就是分工协作将所有的商品生产者联系在一起，根据资源优化配置理论，要达到资源的最优化配置，需要他们之间齐心协力，也就是马克思所说的必须有计划按比例，这种比例关系使他们之间形成高度的荣辱与共关系，但市场经济的联系形式却是商品交换或买卖，这就将原来彼此的荣辱与共的利益关系变成了利益对立关系，如商品价格高了，

是卖者受益而买者受损；价格低了则一切相反，这种利益对立关系，必然使他们之间的有计划按比例要求不能实现，实际的资源配置只能在“混沌”状态下进行，其结果也就是市场经济的资源配置始终处在不稳定状态。除此之外，流通阶段的资源配置及其实现的产品分配，还会因垄断、信息不完全等一系列因素而阻碍和谐经济的实现。

在产品分配领域，在实现和谐经济方面，如众所周知的那样，它对部分人可能产生两极分化。市场经济在实现和谐经济方面的最大不足，就是从趋势上看，它是不断排斥低级劳动力的，如在经济发展过程中，在社会整体劳动力供给相对不足的形势下，结构性失业问题却日显严重，也就是那些质量更新满足不了经济发展过程中结构转换和升级的劳动力，日益被排斥于劳动过程之外，如果没有社会的救济和帮助，这些人的社会政治经济地位将不断下降，不仅成为经济发展的沉重负担，而且成为社会稳定的重大威胁。市场经济的再一个不足，就是通过资本市场的功能，它会极大地放大不同劳动能力人们之间，尤其是各行业或商品生产的优势者与普通者之间的收入分配差距，某个行业，如 IT 行业的领先者，其超过平均利润的每单位收入，都会通过资本市场以数十倍的形式增加他们财富的拥有量，将这种财富拥有量包括进来，市场经济导致的两极分化差距也就更大。

在实现消费领域的和谐经济方面，虽然市场经济能够实现给定货币与商品供给时的利益最优化，但如前面指出的那样，由于精神文化、社会产品和生态产品的难以完全市场化，因此市场经济难以实现四种消费之间的平衡，自然也就不可能做到社会最终目标——满足消费需求——意义上的资源优化配置。

所以说，从各个方面看，市场经济都是存在一定缺陷的。这些缺陷，大部分是市场经济本身难以克服的，需要凌驾于它之上的国家或政府对它进行调节。如在生产方面，政府通过改变资源配置的初始条件，如自然资源和环境损害、精神文化和生态产品等的价格，完善信息的传递（市场经济是以水平方式传递信息的，这种方式的优点是速度快和失真小，但不全面，通过政府的垂直传递，可在一定程度上克服其不足），反垄断，对低级劳动力提供培训援助等等，将可改善市场经济在和谐经济建设方面的不足。在流通、分配和消费阶段，政府的调节作用对完善市场经济的和谐经济建设功能同样是重要的，如通过再分配政策，可调节市场经济（直接）分配的不足；加强流通领域的垂直信息渠道建设等，可完善市场经济流通领域的不足；加强消费领域四种需要之间平衡的调节，可改善消费领域的福利水平等等。所以说，实际的和谐经济建设，是市场经济与政府调节的有机结合。这方面的具体内容，尤其是如何有效地利用市场经济来推进我国的和谐经济建设，将在后面的有关章节中进行论述。

# 第六章
# 资本性质与和谐生态经济

本章不是从资本数量和结构等角度分析它与和谐生态经济的关系，而是从资本性质及其作用发挥的角度分析它与和谐生态经济的关系。

在我国经济理论界（其中也包括生态经济学研究和可持续发展研究等领域），在对待资本问题上，存在着一种非常矛盾的现象，在涉及资本数量与经济发展等方面的关系时，大多持赞同和积极的态度，可一旦涉及资本性质，则回避或持消极态度。造成这种矛盾状态的原因是多方面的，一是受传统政治经济学的影响；二是受我国在这方面意识形态和政策的影响；三是缺乏对资本本质及其作用深入研究的限制，无法突破传统观念和现有政策舆论导向的束缚。笔者在此要证明的是，资本的性质，决定了它是一个在对自身和资本主义不断异化的过程中推进社会进步，造福整个社会的积极力量，因而是建设和谐生态经济社会的重要因素，从而我们对资本的传统认识是片面和错误的。因此，如果我们要成功地建设和谐生态经济，就必须充分发挥资本的作用。

## 第一节　资本性质观点简述

有关资本性质的认识，从学说史方面看，主要是从两个方面进行的。一是资本与剩余来源的关系；二是资本是“物”还是“生产关系”。自然，两者之间是相互关联的。

关于资本与剩余来源关系的认识，以劳动价值论为基础的古典学派(包括马克思学派等，但亚当·斯密不在此列)① 认为，剩余是对劳动的一种扣除，但在对其性质的判断上，即其是正义还是非正义的，马克思与非马克思学派则明显对立。马克思认为，资本凭借特殊的社会生产关系，无偿地占有工人的剩余劳动，是一种非正义的剥削；非马克思学派则认为，剩余虽然是对劳动的一种扣除，但却是积累资本所应得的正当报酬，积累资本则是发展经济的最重要手段，同时也是当时的主要社会目标，所以对他们来说，如何提高资本在总产品中的分配比例，成为反对封建势力，促进资本主义发展的重要目标。从理论上看，造成古典学派内部争论的原因，缘于两者间在“劳动价值论”上的重大区别。非马克思学派价值理论的核心是价值尺度，而马克思价值理论的核心是价值源泉。前者并不认为劳动是价值的源泉，只是从社会公正的角度考虑，劳动是当时他们所能找到的最好的衡量商品价值的尺度，只是为了保持逻辑的一致，才得到剩余是对劳动扣除的结论。与此不同，马克思则认

① 亚当·斯密认为，价值是社会公平伦理在经济领域的表现，不同的经济体制或生产关系有不同的价值理论，所以，他认为劳动价值论只适用于劳动是生产过程中的惟一要素时的价值尺度，当生产关系转变到资本主义时，劳动价值论也就失去了存在的价值，转变到由“支配的劳动”充当价值的尺度。

为劳动不仅是价值尺度，而且是价值的源泉[①]，因此很自然得到剩余是对劳动剥削的结论。此后，各种激进经济学，在资本所得性质的认识上，继承了马克思的这种认识。各种非劳动价值论，尤其是各种边际革命后的经济理论，如当代的各种主流经济学、北欧学派、奥地利学派等大多认为剩余来自于资本自身的贡献。边际生产力理论及其基础的按要素分配理论，是这方面的典型代表。

对剩余来源的这些不同认识，与他们对资本是“物”还是“生产关系”的认识基本一致。认为资本剩余来自于资本贡献的人，认为资本是生产过程中的各种有用物，即“资本品”，其中最主要的是工具，而工具同劳动一样是有“生产力”的，所以，归资本占有的剩余是资本自身的贡献。正是基于这种认识，因此主流经济学都以反映资本这种特性的生产函数作为理论基础。我们知道，虽然20世纪60年代发生在主流经济学内部，即“两个剑桥”之间的“资本争论”，最终证明将资本理解为“物”的认识在逻辑上是不成立的，但资本是“物”或技术因素的认识，在主流经济学世界却并没有改变[②]。

与此相反，将剩余视作劳动扣除甚至剥削，则是基于“资本是生产关系”的认识。为此，马克思指出：“但资本不是物，而是一定的、社会的、属于一定历史社会形态的生产关系，它体现在一个物上，并赋予这个物以特有的社会性质。资本不是物质的和生产出来的生产资料的总和。资本是已经转化为资本的生产资料，这种生产关系本身不是资本，

① 虽然作为一定伦理或价值判断在经济学中反映的假说，价值理论没有对错之分，但从逻辑上说，劳动价值论并不是一种好的价值理论。因为，财富是由三要素组成的生产力生产出来的，从系统论知道，各要素一旦组合成系统，各要素就失去了自己原有的属性，转化成了一种全新的事物，如果在理论上假设只有其中的一者创造了财富的价值，而其他两者没有任何贡献，那么在逻辑上可以用同样的方法，假设劳动不创造价值，而其他两者中的任何一者创造价值，也就是说，在同样的方法论基础上，可以产生三种方法一致但结论完全对立的价值理论，所以，这种方法基础上的价值理论并不是一种好的理论。更主要的是，这种价值理论没有现实解释能力。

② 西方主流经济学对资本是“物”还是“生产关系”的认识上，存在着一个非常矛盾的现象，当讲到“资本”时，总是指“物”，而讲到资本的社会表现形式，即“产权”或“生产资料所有制”时，却无一例外地指“生产关系”。

就像金和银本身不是货币一样。社会某一部分人所垄断的生产资料，同活劳动力相对立而独立化的这种劳动力的产品和活动条件下，通过这种对立在资本上被人格化了。”[①] 正因为这样，所以古典学派才会认为资本是凭借特殊生产关系获得剩余的。不过，无论在古典学派还是马克思那里，资本都没有完全摆脱“物”的阴影，这是导致他们的资本理论逻辑不清并引起争论的重要原因。

国内学者对资本性质的认识，自新中国成立到20世纪90年代之前，基本继承了马克思在这方面的认识。进入20世纪90年代后，随着市场经济体制和按要素分配政策的实施，大部分学者走上了综合马克思经济学与西方主流经济学的道路，认为资本具有生产要素与生产关系的两重性，资本所得的性质自然也变得具有自身贡献与社会关系二重性的特点。但这种混合所产生的逻辑错误则不被人重视。这种情况反映了我国经济学界典型的实用主义。

南开大学经济学教授柳欣这方面的研究是个例外。他长期致力解决“两个剑桥”“资本争论”中的矛盾，最终得到微观资本是一种信息非对称下的价值预付，剩余来自于垄断性信息的占有与使用；宏观资本则是一种与技术完全无关的生产关系，剩余来自于新增的货币供给的结论，以此为基础，建立起了自身独特的宏观经济理论体系[②]。

实际上，资本到底是“物”还是“生产关系”，取决于主体对象性质的界定。对个人来说，资本主要是以货币或所有权证表示的为获得一定利益的金融财产，如各种有价证券，因此是一种单纯的反映生产关系的所有权。对企业来说，资本则具有“物”与“生产关系”的双重属性。“物”的属性，来自于企业的资本不仅以“物”，即各种生产资料的形态存在，而且它们的价格及技术特性等决定着企业的劳动生产率和成本高低等，从而决定着企业（在行业内部）的利益关系，所以在这个层

① 马克思：《资本论》第3卷，人民出版社1975年版，第929页。

② 参见柳欣：《资本理论——有效需求与货币理论》、《经济学与中国经济》等论著（人民出版社2003年版、2006年版）。

面，将资本理解为“物”的认识是成立的。“生产关系”的属性，主要表现在两方面：一是体现企业与银行等债权主体各方面的生产关系，二是体现企业的资源配置权力（最主要的是对劳动的支配）和剩余产品的最初占有权，同时承担经营过程中的风险，由此才会在竞争过程中产生代表资本主义一般生产关系的平均利润率。所以，企业层面的资本，具有生产资料与生产关系的双重属性。正是这一点，使它成为沟通个人与社会之间资本属性的桥梁。对行业和整个社会来说，资本都不具有任何“物”的特征。在各行业间企业层面的生产要素性质，只影响不同行业之间产品的相对比价，但不影响各行业之间资本的收益。因为在资本追逐利润的过程中，不管各行业的技术进步状况差异如何大，都只能得到平均利润，所以，不影响它们之间的收益分配（只有在结构非均衡状态下，才会出现行业间收益的不一致）。社会层面，资本更不具有任何的生产要素特点，只体现整个社会生产处在资本家阶级“股份公司”的控制下，各个别资本根据数量的大小从中取得相当利润的社会关系。正是这种特点，才使得异质品的资本和产品能够加总成总量，从而宏观经济学才有意义并能够在理论上成立（柳欣，2003）。在已有的资本分析中，由于将这些不同层次内容的资本相混淆，因此，才产生资本理论内容逻辑的混乱。

## 第二节　资本的性质与作用

资本的性质到底是什么？“资本”涵义下面到底隐含了资本主义市场经济中的什么秘密？资本主义市场经济的剩余到底来自于哪里等，就是本节要回答的。

## 一、资本涵义所蕴含的意义

无论是马克思经济学，还是其他各种经济理论，在资本的定义上都没有什么太大差异，即都认可“资本就是能够带来未来收益的价值”这个定义，有差异的主要是对“未来收益”的性质及其来源。马克思认为，“未来收益”或剩余价值，是对工人无偿劳动的剥削；主流经济学则认为，是资本自身的贡献等等。遗憾的是，在确定这个定义后，人们并未认真探究这个定义后面所蕴含的真正意义。实际上，这个概念的背后隐含了资本主义的一切秘密。

“资本是能够带来未来收益的价值”，决定了资本在本质上必然是贪婪的，这正如托·约·登宁所指出的那样：“一旦有适当的利润，资本就胆大起来。如果有10%的利润，它就保证到处被使用；有20%的利润，它就活跃起来；有50%的利润，它就铤而走险；为了100%的利润，它就敢践踏一切人间法律；有300%的利润，它就敢犯任何罪行，甚至冒绞首的危险。”①

资本的贪婪，一方面会如马克思在《资本论》中揭示的那样，不仅产生资本主义社会劳资关系的严重对立，出现部分人的贫困化现象，而且产生资本内部严重的对立，这些对立，会造成社会再生产比例关系的破坏而引发严重的经济危机等，同时在生态经济基本矛盾的作用下，会产生严重的人与自然的对立，威胁人类社会的持续发展等，可以说，当代人类面临的一切危机，几乎都可以归结到资本贪婪的本性上面；另一方面，则会促使资本开发一切可能为资本带来利润的资源，推动资本疆域的不断拓展，促使社会政治经济等各方面发生翻天覆地的变化。资本的这种作用，马克思给予了高度的评价，如他在《共产党宣言》中说：“资产阶级在它的不到一百年的阶级统治中所创造的生产力，比过去一切

---

① 引自马克思：《资本论》第1卷，人民出版社1975年版，第829页注（250）。

世代创造的全部生产力还要多，还要大。……——过去哪一个世纪能够料想到有这样的生产力潜伏在社会劳动里呢?"[①] 自那以来，在资本贪婪本性的驱使下，资本主义更是以每不到50年创造的财富总和超过之前一切世代全部总和的速度扩张。贪婪的资本在促进社会经济发展方面的作用，使得最富有想象力的科幻作家，也无法准确地预测20年后的世界变化。可以说，人类社会自资本主义产生以来的一切进步，绝大部分都可以归结为资本贪婪本性的结果。这种情况，证明了马克思推崇的黑格尔关于人类历史进步主要是由“恶”而不是“善”推动的认识的正确性。

由于资本的目的是增殖“价值”，更具体地说就是得到“货币剩余”，因此决定了资本“贪婪”的无限性。对“货币剩余”而不是“产品剩余”的追求，是资本主义区别于它之前各种以“物质财富剩余”为目标的社会制度最重要的标志。货币作为一种代表财富的符号，决定了人们对它的需求和占有欲望是无穷的。正是这种无穷的欲望，才产生了资本无限的贪婪，由此推动资本无止境的扩张，使得社会财富以不断扩大的形式再生产出来。但由于个人对具体财富的消费是相对有限的，因此会产生资本主义特有的“对货币财富无限追求的欲望与对物质消费相对有限的能力”之间的矛盾（资本集中所产生的资本家阶级数量的减少，更是会加强这种矛盾），决定了资本主义的发展过程必然是一个对资本与资本家阶级不断异化的过程，即资本家阶级不断追求货币财富所进行的资本积累，只是让他们得到权力、荣誉、地位等非物质福利，而整个社会得到绝大部分产品的结局。这种结果的表现形式就是整个社会普通劳动者的日益富裕化，资本与资本家阶级本身则在此过程中不断地被异化。

“资本是获得未来收益的价值”，说明资本的价值量是不确定的，各单个资本的价值由它获得未来收益的能力决定，如企业的股票，账面价值一定，但它在资本市场上的价值或价格却是非常不确定的，完全取决

---

① 马克思和恩格斯:《共产党宣言》(单行本)，人民出版社1949年版，第28—29页。

于企业的盈利能力，因此它可以是账面价值的数十倍甚至数百倍，也可能一钱不值，这种性质决定了资本（的支配权）必须集中在有能力的人身上。因为，如果没有能力，那么在激烈的竞争关系中，巨大的财富很可能在顷刻间化为乌有，所以，资本性质决定了资本主义的权力和财富等必须集中在有能力的人身上。也就是说，资本主义是以能力“公平”为基础的竞争社会，它不问人们的具体出身，只要有能力，即可获得掌握权力和财富的机会并最终拥有它们，因此为一切有能力的人的发展提供了施展才能的公平竞争舞台。与此相反，那些没有能力但因出身而继承了巨大财富的人，如果要保住这些财富，就必须退出权力、荣誉与地位的舞台，将它们交到那些有能力的人手中，自己则成为单纯的食利者。资本的这种特点，成为整个资本主义制度最核心的基础，无论政治制度（竞选等）还是经济制度（资本市场等）等，都是建立在以能力竞争为核心内容的基础上。不同社会形态的区别，本质上就是竞争制度的区别，资本主义则是人类历史上最为公平的一种竞争制度。在传统阶级社会中，虽然统治阶级也会不断地从各阶层网罗精英人才，以巩固自己的统治基础，但人们在社会中的地位和权力，基本由他们各自的血缘关系决定，竞争只能在人们所处阶级或阶层内部极其有限的环境中进行，这是导致传统阶级社会变迁和经济增长缓慢的重要原因。资本主义社会是以冲破这种制度的限制而产生和发展的，建立起了在法律上人人平等，而权力由有能力的人支配这些与资本性质相一致的社会竞争规则。这种制度，必然促使人们竭尽全力地进行以提高和施展能力为主要内容的竞争，由此产生了人类社会有史以来最公平但也最为激烈的竞争。其后果，则是社会进步日新月异，阶级成员间的频繁交流，阶级对立相对缓和。该过程产生的日益加强的内部经济外部化结果，就是社会大众的普遍富裕化。

## 二、利润的来源

我们知道，以劳动价值论为基础的理论认为利润来自于对劳动

(者)的扣除[①]，西方主流经济学则认为利润来自于资本自身的贡献等，但这些理论都无法做到逻辑上的一致，尤其无法做到微观与宏观的一致。

微观或厂商剩余的解释是比较容易的，也就是来自于企业对信息等技术性资源的垄断性占有，如信息的非对称，经营能力和生产条件的差异等[②]。因为在微观（研究领域），在竞争性社会关系中，劳动、土地和一般的生产资料对所有厂商来说是同质的，所以各种产生劳动生产率差异的因素一定来自于非同质的竞争性因素。我们将这些因素统称为"特定信息"，它们一般来自于对原有生产方式变革所取得的垄断性知识。资本主义的竞争关系，使新技术的获得者不会轻易将其无偿地转让给他人，而是会利用它来获得更多的利润。当人们用这种垄断性技术服务于利润目标时，资本主义也就因此而产生[③]。自然，资本虽然通过信息垄断和组织生产获得了剩余，但也承担了其中的风险。因为各种商品的价格是不稳定的，在此过程中，实际产量虽因效率提高而增加，但价格水平如果下降更快，那么资本不仅得不到利润，而且会亏损。所以在这里，资本

① 以劳动价值论为基础的利润理论，从逻辑上说，只能用于资本主义前的实物经济体系，即剥削者的生产目的是剩余产品；在货币经济中，则只能适用像"自由竞争假说"中的单个企业，也就是市场上的产品价格水平不变，某个厂商改变劳动者的劳动时间时，同行业内其他厂商保持不变，那么劳动时间增加才有可能带来剩余价值或利润的增加。如果所有厂商像他一样延长劳动时间，那么每个厂商不仅难以获得更多的利润，反而要遭受严重的损失。因为所有厂商增加劳动时间，将极大地增加产品供给，由此会导致价格下降而成本上升，所以会造成该行业和所有厂商严重的损失。因为资本主义是货币经济，而市场经济中的货币供给及其运动与实际商品供给及其运动是不一致的，用货币预付的工资的实际购买力，在新的总产品生产出来之前是不确定的，从而它所代表的实际劳动量及相应的产品量也是不确定的，所以不能用不变商品价格基础上的劳动时间来计算剩余价值量和利润量。

② 如果将马克思的成本加平均利润等于西方主流经济学的成本，那么对微观利润的解释，两者就基本相同。

③ 参见柳欣《资本理论——有效需求与货币理论》(人民出版社 2003 年版)。其以下面例子来证明这点：假设某种产品的生产者只有甲与乙，各自原有的生产条件等完全相同。现假设甲在技术上取得突破，每天的产量由原来的 4 件增加到 8 件，乙技术不变。利益矛盾使甲不会无偿地将技术转让给乙，技术扩散只能通过一定的市场交易来实现。如在这里，甲与乙之间达成劳动雇佣合同，甲以每天超过 4 件产品（假设该产品的生产，除工资外不需要其他任何支出)，如 6 件产品的代价雇佣乙。由于取得的报酬大于原来独立生产时的收入，乙显然乐意接受这样的雇佣条件，由此从商品生产者转化为雇佣劳动者，甲则因此（让乙利用新技术从事生产）而获得了一定量的剩余价值（2 件产品）或利润，同时也就产生出资本主义的一般生产关系。

是一种以信用为基础的价值预付，微观剩余则来自于信息不完全（包括各种技术性因素）而产生的生产方式创新。获得这种剩余，成为企业不断创新的主要动力①。

与在假设社会与行业总需求给定条件下，厂商间的相对剩余量由技术性条件产生的劳动生产率差异不同，社会剩余则与劳动生产率等技术性因素完全无关，只取决于社会总有效需求（资本的总收入）与预付资本（资本的总成本）的关系。

之所以这样，是因为市场经济条件下的资本家阶级，如马克思揭示的那样，生产目的不是产品剩余或使用价值②，而是价值或货币剩余，这是资本主义区别于以前社会最明显，也是最本质的地方之一。由于资本主义社会的整个收支都建立在货币核算和货币信用的基础上，因此这里要回答的问题，就是整体资本如何才能从流通中取出大于投入其中的货币量③。我们知道，一般情况下，消费倾向是小于1的，也就是说，整个资本作为要素报酬支付的总成本，是不可能通过要素所有者的消费支出而得到完全弥补的，所以在与劳动等要素所有者的货币收支关系中，整个资本一定处在收不抵支的亏损局面。显然，如果不与劳动等要素结合，就生产不出与利润相对应的社会新增财富来，也就生产不出相应的利润来，而资本价值的保存与增殖又都依赖于利润，由此就产生了这样一个

① 这种情况说明，资本主义生产关系是在简单商品经济中自然内生的。马克思由于无法解释资本主义是如何在简单商品经济中符合逻辑地自然产生，最终假设了一个“暴力革命”的外生原因（参见马克思著《资本论》第1卷第781页）。这与他关于“内因是事物变化发展的根据，外因是事物变化发展的条件”的哲学思想，显然是不一致的。

② 实际财富剩余的来源是比较好解释的，也就是来自于社会生产中分工协作的系统效应。分工协作之所以会产生出1加1大于2的系统效应，一方面如斯密所说的那样，会使劳动过程简单、节省时间和熟练程度提高的结果，另一方面就是分工协作极大地放大了人的脑量的结果。

③ 马克思在《资本论》第2卷中用了相当的篇幅，从货币量的角度来解释利润是如何实现的，只是受价值总量等于价格总量思想的限制，因此总是假定为使利润实现预付（资本家阶级用于消费和投资支出）的货币量，始终等于剩余价值总量。不过要注意的是，马克思虽然总是以均衡为研究的出发点，但马克思那里的均衡却又是资本主义的特例，所以，实际情况必然是预付量不等于实际量。正是在马克思的这个基础上，波兰经济学卡莱斯基得到“工人阶级花费他们所得到的，而资本家阶级得到他们所花费的”结论。

悖论：要获得利润，资本就必须雇佣劳动等生产要素，但资本又永远不可能从它们的所有者身上获得利润。这是因为，资本家阶级的生产目的不是产品剩余而是货币剩余，因此无论一定货币或成本投入基础上得到的产品总量增加了多少，或者技术进步和劳动生产率提高的速度有多快，如果不能从流通中取得更多的货币剩余，那么资本和资本家阶级都会在此过程中被消灭。有时，一个行业或整个社会的技术进步从而产品供给增长的速度越快，对该行业或整个资本家阶级来说就可能越不利，因为这时的有效需求问题就越严重。所以，解释货币剩余，即资本家阶级如何从流通中得到比他们作为总成本预付的货币更大的货币量的来源，成为说明资本主义利润来源的重要依据。

我们知道，历史上重商学派关于“货币是（资本主义）唯一的财富，对外贸易则是财富（增殖）的唯一源泉”的观点曾长期受到人们的批评甚至嘲笑，可实际上，这却是资本主义产生以来唯一正确反映了资本主义财富本质和利润来源的正确观点。因为对于不是以产品剩余而是以价值剩余为目标的资本家阶级来说，货币必然是他们眼中唯一的财富（马克思也反复强调这点）；而以黄金为货币材料，本国又不大量出产黄金的英国来说，获得大于成本预付的货币量的唯一来源就是贸易出超，所以对他们来说，形成“对外贸易是财富（货币）增殖的唯一源泉”的观念也就再顺理成章不过了。这个观点，在今天仍然成立。

假设工资等要素收入全部用于消费支出，原有货币供应量全部作为借贷资本供应给企业作为预付资本，且预付资本等于全部要素收入，那么从不同角度看，利润可以有以下几个来源：

（一）利润来自于新增的货币供给量

假设所有商品交易都通过货币交易完成，那么从总量关系看，整个资本的总收支可以用下式表示：

$$R+\pi\ (=QP)\ =M_0\ (1+\alpha)\ V$$

式中：$R$ 代表总成本（即要素收入）；$\pi$ 代表利润；$M_0$ 代表初始货币供应量；$\alpha$ 代表货币量增长率；$V$ 代表货币流通速度，这里假设货币流通速度不变。

由 $R = M_0 V$

得到 $\pi = \alpha M_0 V$

也就是说，新增的货币供给量，等于利润量。

(二) 利润来自于新增的有效需求

从总供求的关系看，整个资本的总支出关系可以用下式表示：

$R + \pi = C + I + (G - T) + NX$

式中：$C$ 代表消费；$I$ 代表投资；$(G - T)$ 代表政府净支出；$NX$ 代表净出口。

由 $R = C$

得到 $\pi = I + (G - T) + NX$

假设政府收支与进出口都平衡，那么利润就等于投资（包括资本家阶级的消费）。正是在这个基础上，卡莱斯基得到“工人阶级花费他们所得到的，而资本家阶级得到他们所花费的”结论。

假设政府收支平衡且抽象投资，那么利润就完全来自于净出口。这也正是重商学派的结论。正是在这个意义上，我们说重商学派的观点在今天仍然有效。

假设进出口平衡且投资为零，那么利润就来自于政府净支出。这在某种程度上与凯恩斯扩大政府支出推动经济增长的观点有某种关联。

我们知道，从总量关系上看，上面两种不同角度的利润来源，不过是同一事实的不同表述，因为两个方程式是恒等的，即 $C + I + (G - T) + NX = M_0 (1 + \alpha) V$。正是在这个意义上，马克思和凯恩斯所强调的“有效需求”，与重商学派所重视的“新增货币供给”，对资本家阶级来说都是性命攸关的。

显然，假设要素收入并不全部用于消费支出，而是有部分用于储蓄，不仅不改变反而会加强上面的结论。如在第二种利润来源中，利润来自于新增有效需求与要素收入储蓄之差额。

## 三、资本积累的真正涵义

利润主要来自于新增投资，新增投资则来源于资本积累，资本积累因此成为利润的主要源泉。由此也就可以理解，为什么马克思笔下的资本家阶级会成为积累资本的机器。在此基础上，则可推导出资本积累的社会后果。

资本积累，就是储蓄并转化为投资的行为。储蓄意味着人们将所获收入的一部分留存下来；投资则是将储蓄转化为资本的行为。虽然投资是以获得更多的未来收入为目标，但从它的最终流向或结果看，则是交由要素所有者花费。因为投资就是购买要素进行资本品生产的过程，所以资本积累的实质就是储蓄者将该收入交由要素所有者花费，而要素所有者，如劳动力则从事劳动以生产新的资本品的过程。如果像马克思那样，假设劳动为唯一要素，积累又完全由资本家阶级或企业承担，那么资本积累的实质，就是资本家阶级将其获得的收入交由工人阶级花费的过程。这个过程的社会结果，显然再明显不过，即一定是工人阶级的富裕化。

实际上，从马克思那里也可以得到资本积累的结果一定是工人阶级富裕化的结论。因为在马克思那里，资本家阶级的主要任务是资本积累而不是消费，“因为只要假定动机不是发财致富本身，而是享受，资本主义就从根本上被废除了。”[①] 而积累是要转化为不断增加的产品供给的，资本家阶级又不以这些产品的消费为目标，那么它们必然是被工人阶级消费掉的，马克思本人也认为投资主要是由工人阶级消费的，如他说：“因此，古典政治经济学强调指出，积累的最富有特征的地方是，靠纯产品维持生活的人应该是生产劳动者，而不是非生产劳动者，这是完全正确的。”和“资本积累同工资率之间的关系，不外是转化为资本的无酬

① 马克思：《资本论》第2卷，人民出版社1975年版，第137页。

劳动和为推动追加资本所必需的有酬追加劳动之间的关系”①。所以结论一定是工人阶级的富裕化。正是针对马克思理论中的这种逻辑结论与其形式上所表述的“资本积累会导致工人阶级贫困化”结论之间的一致，琼·罗宾逊正确地指出：“假如资本家完全是按照马克思所描述的那样生活着，并把全部剥削真正用来投资的话，那就不需要社会主义了。社会主义最强有力的根据是马歇尔所强调的作为私有财富来源之一的归食利者占有利润。马克思所强调的作为积累来源的企业利润，倒是资本主义的最强有力的根据。”② 在这种“今天的利润，须由昨天的利润积累转化而成的投资来实现”的过程中，虽然资本家得到一个越来越大的资本所有权，但资本积累或投资的实际成果——日益增长的社会产品却是由全体社会成员所享有的。这种结果，正是上面强调的，资本的性质决定了资本积累的结果只是让资本家阶级得到权力、荣誉和地位等，但社会大众将得到绝大部分产品的结论。

在这样的机制下，劳动的日益短缺也将不可避免。实际上，资本主义的发展过程就是一个不断解决劳动短缺但又导致劳动更为短缺的过程，如为解决资本主义刚产生时的劳动短缺而进行了“圈地运动”，即使用暴力把农村劳动力转化为城市雇佣工人；这种方式仍然不能满足资本对劳动力的需求时，迫使妇女成为雇佣劳动力也就成为资本的不二选择；当其仍然不能满足资本的需要时，童工的出现也就不可避免；在国内劳动力被充分利用后还不能满足资本的需要时，进口奴隶或从海外输入劳动力也就成为资本扩大自己权力的主要方式；所有这些方式还满足不了资本的需求时，输出资本到那些劳动力资源相对丰富的地区，则是资本维持自身价值的最后选择，所以，资本主义的发展过程，就是一个不断解决但却又日益加强的劳动力短缺的过程。由此才会出现资本主义发达的地区，一定是劳动力短缺的地区；劳动力过剩的地方，则一定是资本

① 马克思：《资本论》第1卷，中国社会科学出版社1983年版，第619页、657页。

② ［英］琼·罗宾逊：《马克思、马歇尔和凯恩斯》，商务印书馆1963年版，第24页。

主义不发达地区的现象[1]。

资本家阶级之所以会成本积累的机器，并非因为他们天生是守财奴，而是资本性质和资本主义制度作用的必然结果。

上面讲到，对个体资本来说，获得利润的方式就是相对其他资本占有生产过程中具有优势的“垄断性信息”，或者说创新技术或规模经济等，实现的基础就是不断扩大的资本积累，这正如马克思所说的：“竞争斗争是通过使商品便宜来进行的。在其他条件不变时，商品的便宜取决于劳动生产率，而劳动生产率又取决于企业的规模。因此，大资本战胜小资本。”[2] 所以，在资本主义市场经济条件下为获得更多利润和能在激烈竞争中生存下去而进行的资本积累，会成为“竞争使资本主义生产的内在规律作为外在的强制规律支配着每一个资本家。竞争使资本家只有扩大资本才能保存资本，而他扩大资本只能靠累进的积累”[3]。由此使得每个资本家都成为积累的机器。

显然，所有资本家在获得更多利润的内在欲望与强大外在压力下所进行的资本积累竞赛的结合，必然会转化为资本家阶级的集体意识，这正如马克思所说的：“资本家只是作为人格化的资本才受到尊敬。作为这样一种人，他同货币贮藏者一样，为盲目的追求抽象财富即价值的欲望所支配。但是，在货币贮藏者那里，这表现为个人的狂热，在资本家那里，这却表现为社会机构的作用，而资本家不过是这个社会机构中的一个齿轮罢了。”[4] 正是这种机制，产生了资本家阶级的历史使命——不断地积累资本。然而，令人难以置信的是，正是这种机制，使得资本家阶级整体在无意识中达到了自己的利润目标。因为上面讲到，宏观方面，资本获得利润的前提是雇佣工人，但货币收支关系却又决定了它永远不

---

① 当前发达资本主义国家的失业是制度性（自愿）失业，即较高程度社会保障制度的结果。在这些地区本国公民失业“日益严重”之时，发展中国家的劳动者却竭尽全力地涌入这些地区，就充分说明了其失业的性质。

② 马克思：《资本论》第1卷，中国社会科学出版社1983年版，664页。

③ 马克思：《资本论》第1卷，中国社会科学出版社1983年版，623页。

④ 马克思：《资本论》第1卷，中国社会科学出版社1983年版，第622页。

可能从工人身上获得利润，利润必须来自于新增的有效需求，抽象政府收支和对外贸易，这种新增的有效需求只能来自于投资或投资与要素收入储蓄之间的差额。这也就是说，积累不仅是单个资本获得利润和保存资本的必要条件，而且是整个资本家阶级获得利润和保存资本的必要条件。所以，只有不断地积累，才能实现一定的利润目标。

积累作为利润来源的机制一旦确定，那么资本积累对资本家阶级来说就会形成一种身不由己的棘轮效应。因为每一个时期所积累的资本（中的大部分），虽然会形成同期的新增利润，但却会转化为下一期的存量资本并形成新增成本，同时工资收入与消费支出之间的绝对差额也会扩大，所以，取得一定利润所需的资本积累也会更大，由此会迫使资本家阶级进行强度更大的资本积累。资本积累既来自于利润同时又是利润源泉的这种相互关系，是促使资本家阶级成为积累机器的重要原因。

资本积累还是解决资本主义有效需求的重要条件。这不仅因为从形式上看，要素所有者的消费倾向小于1，使得企业在与他们之间的收支关系上出现亏损，所以需要通过资本积累（投资）来弥补缺口并获得一定的利润（凯恩斯就是从这个方面来分析资本主义有效需求不足及其解决方法的），而且资本主义还存在着一个生产目的与手段之间所产生的有效需求缺口，也就是目的是利润，手段则是最能提高劳动生产率的标准化和批量化生产，可其生产的产品却只是满足工人阶级等普遍大众的需要，但支付给他们的收入却又购买不了全部的产品（其中部分是利润和资本折旧等），由此产生严重的有效需求问题而使资本家阶级的利润目标难以实现的矛盾。解决这个矛盾的主要方法（另一方法是价格水平下降）就是资本积累，即增加社会大众的购买力。所以说，资本积累是解决资本主义社会中有效需求不足的最主要手段。

资本积累虽然（部分或大部分）解决了有效需求，并保证了一定的资本利润，但资本积累的最终成果却是被资本利用的对象——要素所有者（主要是工人阶级）所享有。所以，我们说资本积累的结果只是让资本家阶级获得权力、荣誉和地位等，而社会大众则获得全部产品的这么一种结果。正是在这种机制下，资本主义才会不断地为新社会的产生准备条件。

自然，资本积累会导致社会普遍富裕化和劳动短缺的机制是有条件的，也就是必须保持国内产业间和产业内的高度竞争，同时不形成庞大的食利阶层，不出现高度垄断基础上的资本输出。如果出现高度垄断，积累的资本就无处可用，就必然会被大量输出，因此也就不可能形成对国内劳动的需求，所以也就不会出现整个社会的富裕化。同样，如果形成一个庞大的食利阶层，资本利润产生的有效需求就不会转化为工人的新增收入，而是被食利者所消耗，所以也不会产生工人阶级的富裕化。南美洲一些国家的情况就是这样。如果国内产业的资本品对国外产品形成巨大依赖，那么资本积累中的相当部分也不会转化为国内的要素收入，因此也会损害该机制的作用效果。

投资就是积累资本转化为劳动工资的过程，说明资本主义并不存在有机构成提高的趋势。虽然在技术进步过程中，每个劳动力使用的生产资料数量和价值在不断增加，但劳动力的价值，尤其是单位劳动力的价值在提高，速度甚至要更快，所以并不产生有机构成提高的机制。在此过程中，虽然有些行业和企业存在着明显的有机构成提高的情况，尤其是在实行大规模和标准化生产的行业，但随着消费结构的变化，这些高有机构成部门在国民经济中的比例是不断下降的，而低有机构成的非物质生产部门所占比重则是不断上升的，如许多发达国家的第三产业在国民经济中的比重已超过70%，并且这一趋势还在加强，所以，在这种不同有机构成部门之间的非均衡性变化中，有机构成不仅没有上升反而有下降的趋势。更重要的是，资本是生产关系，其量值会随着生产关系的变化而改变，所以，从长期看有机构成一定会保持稳定①。

由于有机构成不存在提高的趋势，那么建立在此基础上的利润率下降趋势也就同样不存在。原因在于资本是生产关系，其量值会随着生产

① 马克思得出资本主义存在着有机构成有提高趋势的结论，是在劳动力商品价值基本不变，并且资本是“物质属性”资本理论基础上等这些严格假设基础上得到的。

关系的变化而改变，利润率变化会导致资本存量的改变，由此使利润率恢复到正常水平[1]。

## 四、劳资关系由资本关系决定

人们对资本认识的贬义，很大程度上来自于传统观念对劳资关系的认识。传统上，普遍认为劳资关系不仅是对立的，甚至是你死我活的；改革开放以来发生的许多事件，如“黑窑工”事件等更是加强了这种认识，然而这种认识并不客观。这不仅如上面分析的那样，资本积累的结果是工人阶级富裕化而不是贫困化[2]，而且更主要的是，劳资关系是矛盾统一体，虽然相互斗争，却又相互依存。协作与斗争的比重，则是由资本关系，即各资本之间斗争的激烈程度决定的。

显然，各经济主体自利的本性，决定了不同层次的劳资双方会在产品分配等各方面展开激烈的竞争，但他们之间的竞争程度，或者说资本会在多大程度上损害劳动的利益，却不主要由资本与劳动的关系决定，而是由各资本之间的竞争程度决定的。由此我们看到，凡是资本竞争程度高的领域（或行业或国家），如我国的传统纺织、一般加工、商业零售等行业，劳资关系是极其紧张的；而资本之间竞争程度低的领域，如垄断性行业，或在各行业具有明显竞争优势的企业，如美国信息领域的微软、谷歌等内部劳资关系往往比较融洽。一个国家的劳资关系紧张，则不仅是该国高度开放而处在竞争激烈的国际环境中，而且一定处在国

① 1958年，英国经济学家卡尔多（Kaldor）通过对主要资本主义国家长期统计资料的分析，提出了资本主义经济发展过程中的6个程式化事实：一是产出和劳动生产率以稳定的比率持续增长；二是每个工人的资本数量持续增长；三是利润率水平从长期看是稳定的，但在短期是波动的并与投资的波动相联系；四是在长期，资本产出的比率是稳定的；五是利润在收入中的比率是稳定的；劳动生产率的增长率和总产出的增长率在不同的国家呈现巨大的差异。

② 改革开放之前，我国人民的生活水平是极其低下的，却被告知应该感到很满足，因为世界上还有四分之三的人生活在远不如我们的水深火热中的资本主义社会；改革开放后，却又被告知，西方发达国家工人的生活水平相当于我国当时的省部级干部。

际分工体系的中低端，或者说处在国际分工价值链的末梢，因此处在利益分配极其不利的环境中。这是因为，虽然资本是贪婪逐利的，但没有哪个企业家愿意生活在劳资严重对立因而自身的人身安全也没有保障的环境中；更重要的是，严重的劳资对立，会使企业在竞争中处于极其不利的地位（如外部形象不好，与该企业有业务联系的各方会怀疑企业的稳定性而不愿或不敢与其建立长期稳定的业务关系；银行和债权人会担心资金安全而收紧债务等等），而良好的劳资关系则是企业盈利和持续发展的重要条件。由此我们看到，只要条件允许，企业都会尽可能地满足员工的合理要求，那些垄断性企业和处在行业领先地位而具有较高盈利水平的企业，对员工的关照可以说是无微不至的。只有那些处在竞争激烈而盈利低微行业的企业，企业才会迫不得已地通过压低工人工资，或降低劳动保障，或提高劳动强度来维持生存。如果它们（相对其他企业）改善劳资关系，就可能会被无情的市场竞争所淘汰[①]。所以，为了生存，在没有其他更好方法的基础上，只能通过牺牲工人利益来获得企业的生存。我国目前许多行业的低工资和不良的劳动待遇，不仅来自于国内企业间的过度竞争，而且来自于激烈的国际竞争。在市场经济中，真正你死我活的，是行业中各企业之间的竞争，如各企业都想置其竞争对手于死地，只要有可能，就绝不给对手东山再起的机会，如我国家电销售行业的“苏宁”与“国美”之间的关系，就是这方面的典型代表。

不过要注意的是，虽然各产业间和产业内的竞争越激烈，它们各自内部的劳资关系也就越紧张，但整个社会的劳资关系却有可能趋向融洽，这种结果自然是通过违背各资本的愿望实现的。这是因为，竞争越激烈，整个社会的资本积累力量就越大，各单个资本就越需要通过扩大资本积累来提高竞争力，由此产生的对新增要素的巨大需求，必然会转化为要素价格的不断上升，为此迫使各资本不断地提高工人的工资水平和各种待遇。如我们看到，随着我国的资本积累进行到一定程度，劳动供给由

① 马克思在《资本论》第1卷第三篇“绝对剩余价值的生产”中，用了相当大的篇幅来描写各资本家（如面包作坊、纺织工厂和成衣作坊等）如何被迫不断地延长劳动时间的情况。

过剩转为目前的相对短缺，各企业不得不进行以提高工资水平和福利待遇为主要内容的劳动争夺。所以说，一个社会的商业竞争程度越强，各单位内部的劳资关系越紧张，整个社会的劳资关系却越可能趋向缓和。由此，我们才说资本积累的结果一定是整个社会关系的改善。也正是在这一点上，资本与资本主义表现出了它的矛盾性。这种矛盾性，促使资本与资本主义不断地异化，由此为新社会的产生开辟道路。

## 五、资本的异化

在资本主义竞争机制作用下，原来归资本家阶级所有的利润不断地向工资转化，工人阶级因此在实际产品分配中比例不断上升的事实说明，在资本主义社会内部，虽然如马克思分析的那样包含了使劳动异化的机制，但更包含了使资本异化的机制。

资本是生产关系，量值由所获利润的大小决定，这种机制注定了资本积累和技术创新会成为资本家摆脱不了的枷锁。然而，整个社会资本积累和技术创新的速度越快，资本积累产生的“棘轮效应”就越大，日益增加的产品供给与由资本主义生产关系决定的有效需求之间的矛盾就越大，劳动供给与资本积累之间的矛盾就越尖锐，存量资本的贬值就越迅速，实际的产品分配就会日益向劳动者倾斜，资本就越会在对利润的追逐过程中被利润抛弃（杨文进，2007）。这种结果，使得资本家阶级成为单纯的积累机器并最终决定了资本家阶级的历史使命，即“资本家只有作为人格化的资本执行职能，他才有历史的价值，才有历史存在权和社会意义。只有以这样的身份，他本身的暂时必然性才包含在资本主义生产方式的暂时必然性中。……他狂热地追求积累，无情地、无休止地迫使人们为生产而生产，因而本能地推动人们发展那些唯一能为新的、更高级的社会创造基础的生产力和物质条件”①。

① 马克思：《资本论》第1卷，中国社会科学出版社1983年版，第622页。

在阶级社会，由于人们追求的是生产关系中的相对优势地位，因此判断资本主义生产关系变化的重要依据，就是一定量的资本能够支配的劳动（量）是增加还是减少。从上面的分析中知道，随着资本积累的不断加速和劳动的日益短缺，尤其是经济发展达到一定水平后出现人口增长速度下降，一定量资本所能支配的劳动是不断减少的，由此说明资本在社会中的相对地位是不断下降或异化的①。如果说这种异化的力量，在资本主义的早、中期，通过资本在空间上的拓展而得到部分缓解的话，那么随着资本主义在空间上扩展的完成而必然会不断地加强。如当今所有地区都已经被卷入到资本主义市场经济的洪流中。这种结果虽然是资本主义的一个巨大胜利，但同时也标志着资本主义开疆拓土的时代已经结束，由此资本的异化也就真正开始了。当今，不仅每单位资本支配的劳动力在不断减少，而且劳动时间也在不断缩短，如日劳动时间，主要资本主义国家已从早期的10多小时缩短为目前的6—8小时，周工作日则由原来的6天缩短为5天，带薪假期的普及更是大幅度减少了年工作日。这些，都表明资本对劳动的支配是不断下降的，由此资本在生产关系中的相对地位是不断恶化的。

在该过程中，导致资本权力下降的另一个重要原因，就是在经济发展过程中，资本内部的各种权力日益分化，不仅各种宏观权力和剩余中一个不断扩大的比例被转移到国家手中，而且在微观领域，在资本的控制权和支配权一定要掌握在有能力的人手中的资本主义竞争规律支配下，各种权力也日益转移到各级职能经理手中，传统的资本所有者则转化成单纯的食利阶层。相对于传统的资本家来说，追求自身利益最大化的职业经理，不仅更注重企业的长期稳定发展，而且在对待劳工的各种福利要求方面也会更加宽容。随着劳工相对收入和地位的上升，他们的身份也会发生相对变化，不仅在与资本的关系中会处在相对有利的地位，而且因收入增加所产生的储蓄能力提高，使他们也成为资本的供给者或资

① 当前各资本主义国家实行的累进税和遗产税，更是加强了这种机制。

本所有者，因此出现劳动者与资本所有者身份的二重性，这也使得资本与劳动的关系变得复杂，传统的阶级界限因此显然模糊。这些内容，都说明资本和资本主义在经济发展过程中正不断地被异化。

由历史和资本机制决定的“资产阶级除非使生产工具，从而使生产关系，从而使全部社会生产关系不断地革命化，否则就不能生存下去”的作用机制作用，会迫使资本家阶级身不由已地在这个道路上狂奔不已，其创造的“生产的不断变革，一切社会关系不停的动荡，永远的不安全和变动”①，不仅会将社会的物质文明和精神文明不断地推向新的高度，而且会促使资本和资本主义不断地向否定自身的方向前进。当这种过程的质变达到一定阶段时，资本及其对立面就会在此过程中被消灭，新的社会也就产生。因为“一句话，压迫者和被压迫者，始终处于相对对立的地位，进行不断的，有时隐蔽有时公开的斗争，而每一次斗争的结局都是整个社会受到革命改造或者斗争的各阶级同归于尽。”② 这种情况说明，资本和资本主义将是被自己的成就所埋葬的。这也正是马克思揭示的资本和资本家阶级应有的历史地位③。

## 第三节　资本性质与和谐生态经济的关系

从上面的分析中看到，资本的性质并非如传统认为的那样消极（传

① 马克思和恩格斯：《共产党宣言》（单行本），人民出版社1949年版，第27页。

② 马克思和恩格斯：《共产党宣言》（单行本），人民出版社1949年版，第24页。

③ 美国与澳大利亚学者J. K. 吉布森—格雷汉姆（该名是美国学者吉布森和澳大利亚学者格雷汉姆两人合用的笔名）在《资本主义的终结——关于政治经济学的女性主义批判》一书中指出，资本主义具有统一性、单一性和整体性，这些性质使得资本主义具有耐用性、稳定性和持续性特征，因此，尽管马克思主义常常强调资本主义发展的矛盾性和危机性，但是资本主义的危机本身就可以被看做是一个统一的过程，是资本主义发展壮大的特有动力，甚至连阶段性爆发的经济危机也成了资本主义继续发展的不可或缺的必要条件（其他各种社会，包括社会主义都不具有这种能力）。笔者认为，虽然危机等资本主义弊端不会摧毁它，但却并不证明资本主义有持久的生命力，到一定阶段，它一定会被自身的成就所埋葬。

统观念甚至认为是洪水猛兽），反而是建立和谐社会的重要力量。

有一点需要特别指出的是，所谓市场经济，就是资本支配的经济，如果抛弃意识形态的禁锢，也可以说市场经济就是资本主义经济，因此上一章指出的市场经济与和谐生态经济的辩证统一关系，基本上就是资本与和谐生态经济的关系，但从上面对资本性质和作用的分析中知道，资本在推进和谐经济方面的作用，要远远超过上一章分析的市场经济与和谐生态经济之间的一般关系。

在第二章与第四章分析生态经济与和谐生态经济的构成要素时，都讲到实现和谐生态经济目标，需要资本总量的持续增长与四种资本结构的协调。在忽略结构或假设结构一致时，一个社会和谐生态经济的发展，实际上也就是该社会资本总量的增长，所以，从总的方面看，资本性质与和谐生态经济一定是统一的。

## 一、资本性质与和谐社会经济

前面讲到，判断一件事物或经济制度是否促进和谐经济的标准，一是看它是促进还是阻碍促进经济增长；二是看它在此过程中是否改善社会大多数人的经济利益。

从上面关于资本性质与作用的分析中看到，资本在这两个方面的作用都是特别明显的，历史证明，资本是推动经济发展最有力的工具。我们知道，在生产组织过程中，不同要素所有者在生产过程中的相对地位决定着不同的社会经济制度，如以人身控制为主导的生产方式，对应的是奴隶社会；以土地控制为主导的生产方式，对应的是封建社会；以资本控制为主导的生产方式，对应的是资本主义市场经济。在人类已有的三种生产方式和社会制度中，在推动经济发展和社会进步方面，资本主义市场经济的力量被证明是最强大的，所以在这个马克思历史唯物主义判断生产关系性质的标准面前，资本无疑是最进步的力量。

在促进社会大多数人的经济利益方面，如上面分析的那样，资本的作用过程就是一个惠及社会上大多数人利益的过程，是一个社会共同富裕化的过程。其中的作用机制有这么几个方面：

1. 通过资本积累方式，不断地将高收入者或企业的利润转化为普通劳动者的收入。这种转化的强度，与市场经济的竞争程度成正比。这也就是说，将企业或资本利润转化为社会大众福利提高的最有效途径，就是不断地反对各种形式的垄断，加强资本之间和企业之间的竞争，同时防止食利阶层的出现。这种方式也是保证资本获得更多利润的最重要途径。也就是说，通过加强市场竞争的力量，不仅是强化资本积累转化为社会福利的重要途径，也是提高资本利润的重要途径，因此在这个方面，社会福利的提高和资本利润的提高是互为促进的。

2. 通过有限的有效需求与技术进步作用的产品供给无限增长之间的矛盾，在价格和供求机制作用下，使社会产品分配结构的重心不断地向普通民众倾斜。资本支配下的市场经济中的一个重要矛盾，就是在优胜劣汰竞争机制的作用下，为获得更多（超额）利润和保持已有存量资本价值的内在欲望与残酷的市场竞争压力，会迫使企业之间进行以技术进步为主要内容，以提高劳动生产率为目标的激烈竞争，而在提高劳动生产率方面最有效的方法，就是采用标准化和批量化的大规模生产方式，因此随着标准化、批量化大规模生产方式被越来越广泛的使用，商品供给数量会以指数式的速度增长，但这种以越来越大规模生产出来的产品却会遇到日益严重的有效需求问题。这个问题包括结构失衡与总量失衡两个方面。从结构上看，这些标准化和大批量生产出来的产品，主要是供普通老百姓使用的，假设社会只有工人与资本家两个阶级，那就是供工人阶级消费的，但资本家阶级支付给工人的工资却明显购买不了这些产品，因为其中的相当部分是利润（和利息、地租和资本折旧），资本家阶级却又不消费这些产品，所以，会出现这些商品供求结构的严重失衡。从总量上看，不断加快的技术进步速度和劳动生产率的不断提高，意味着产品总量的规模以不断扩大的速度再生产出来，但资本主义有效需求的增长却是相对固定的，约等于社会平均利润率，这样就产生了产品供给快速增长与有效需求增长有限之间的矛盾。这两个矛盾的解决，部分是通过资本积累方式，即原有工资既然购买不了供给的产品，那就通过资本积累方式不断地增加工人的购买能力，以解决部分商品的有效需求问题；另一部分，很可能是更主要的部分，则是通过价格调节来实现，结果也就是商品价格的持续下降。正是在这种机制的作用下，资本主义产生以来，以单位劳动衡量的几乎所有商品的价格都是持续下降的，这种趋势不仅至今未改，而且（随着资本主义全球范围的不断扩大）在加强。如果说，资本主义产生以来有什么商品价格是持续上升的话，只有一种——劳动。正是在这种机制的作用下，不仅普通大众的生活水平得以不断提高，而且以最终产品分配衡量的社会公平程度也在不断提高，由此使得整个社会的和谐程度在不断提高。与一百年前相比，当前主要资本主义国家的社会和谐程度是当时人们难以想象的。

3. 通过市场竞争所导致的企业内部利益不断外部化。在市场竞争的压力下，各企业都会进行以改进产品质量和提高劳动生产率为主要内容的技术创新和制度创新的竞争，新的技术和产品会在模仿、改进的过程中不断扩散，由此将部分企业的技术创新和利益不断地转化为社会公共利益。

4. 通过经济发展过程中社会分工协作程度的扩大和加深而实现。前面讲到，人类社会战胜自然取得统治地位的重要原因之一就是分工协作，它通过扩大人的脑量而不断地提高劳动生产率，扩展生产的广度和深度，使得社会产品以不断扩大的规模再生产出来。一个社会分工协作的广度和深度，是与资本推动的市场经济的进程相一致的。

正是在资本这些力量的推动下，人类不仅基本摆脱了传统意义的饥饿和贫困，同时摆脱了困扰人类数千年的马尔萨斯周期，而且极大地改善了社会经济结构，使中产阶级成为占人口绝大部分比例的主导阶级，传统社会典型的金字塔结构由此转变为橄榄型结构，社会经济和谐程度不断提高。

资本在推进和谐经济方面的另一个重大贡献，就是它将传统社会由出身和职业等世袭制度决定人们社会地位的社会竞争体制，转变成了主要以能力大小决定人们地位的竞争制度，为人们之间的竞争提供了人类历史上最开放和最公平的舞台。我们知道，在某种意义上，各尽所能地施展才能对人们的意义和福利，要远远高于一定量的物质福利。因为从消费层次理论知道，追求自我价值的实现，是比一定的生存和安全更高级的消费层次，所以以能力为基础的公平竞争制度，显然是建设和谐生态经济社会中一项十分重要的内容。

资本价值由它所获利润大小决定的机制，决定了市场经济的财富必然会集中到有能力的人手中，然而获得这些财富的人的目标却又不是消费或占有具体财富，而仅仅是货币或符号（自然还有相应的权力、荣誉和地位等），这就决定了资本主义最终的产品分配与收入分配是十分不同的，即以价值为表现形式的收入分配，有可能会表现为较大的差距（不过长期统计证明，资本主义的长期分配比例保持相对稳定，工资收入所占比例略有提高，其他各种宏观比例，如利润率、资本产出比例、资本工资比例，即有机构成等基本保持稳定），但以最终产品，尤其是消费品的分配比例要公平得多。正因为这样，所以，上一章特别强调市场经济的收入分配与最终产品分配的结果是十分不同的，产品分配的公平程度要远远高于收入分配。

资本的逐利本性和其价值由所获利润大小决定的性质，决定了资本之间肯定是一个弱肉强食的领域。这个领域从某个角度看，尤其对那些竞争能力弱小的人或企业来说是十分残酷的，但从整个社会看，却是促进资源优化配置，推动社会经济不断发展，提升整个社会福利水平的。实际上，我国目前正极力推进的结构调整，淘汰落后产能，就是希望能够充分发挥资本的这种功能，以提升我国经济的整体水平和绿色竞争能力。遗憾的是，受种种原因，其中主要是不同性质资本之间竞争的限制，至今未能有效地实现这个目标。

自然，资本与和谐经济之间也并非没有冲突或矛盾，在许多方面，两者之间的矛盾还比较尖锐。马克思揭示的资本主义经济的各种弊端都与资本有密切联系，如两极分化，尤其是部分人的贫困化，个别生产的有计划与整个社会生产的无政府状态之间的矛盾，生态环境基本矛盾等等，都是资本在一定条件下的必然结果，同时其中的许多矛盾或弊端是资本自身无法解决的，如少数低质量劳动者的贫困化问题，资本追求个别利益的有计划性与整个社会生产的无计划性之间的矛盾；在公共产权界定困难条件下，对生态环境利用所得利益的个人性与损害的社会性之间的矛盾等等，都是资本和市场经济自身难以解决的，或者所需的时间太长，超出了生态环境和社会所能容忍的时间限度等，需要社会对此加以调节。

上面讲到，如果抛弃意识形态的束缚，单从资本量与结构来看，几乎没有人对资本持否定态度。因为经济的增长，实际上也就是资本量的增长及其利用效率提高的结果，只是在不同领域，人们关注的重点不同，因此对资本的结构要求也不尽相同。和谐生态经济、生态经济、绿色经济和可持续发展等与其他经济学科在资本结构上的不同，不仅是它要求三种资本（其他经济学科的资本只有物质资本、知识资本两种）结构协调，而且要求今后相当一段时间，生态资本必须优先增长。实际上，从资本结构关系看，资本最终会对和谐生态经济的发展产生什么影响，主要看它的结构安排是否符合和谐经济的要求。

## 二、资本性质与绿色经济

自资本统治人类社会经济以来，一个众所周知的事实就是生态环境质量的日益恶化和自然资源的日益枯竭，因此人们很自然地会将其归罪于资本的贪婪本性。这并非没有道理，但如上一章关于市场经济与生态环境和自然资源之间关系的分析中指出的那样，这并非市场经济的本质。虽然市场经济不可避免地会产生一些与和谐生态经济不一致甚至对立的弊端，但其中的主要原因是社会意识决定的制度和资源配置的初始条件造成的，市场经济作为一种配置资源的工具，它会对社会造成什么影响，是由社会意识决定的制度和各种初始条件决定的，它只是朝着既定方向努力罢了，虽然其中可能出现矫枉过正的现象。正是这种机制，决定了社会意识和制度发生变化，即由传统的工业经济转向和谐生态经济时，它会成为实现这个目标的最有力手段。资本的性质和作用，决定了它在实现绿色经常方面，同样会是一种积极力量为主的因素。

作为一种以价值增殖为目标的资本来说，它本身是没有价值道德判断标准的，它只以投入一定的资本是否能够获得一定的利润为配置标准，因此资本会对社会造成什么影响，完全取决于社会施加其上的约束力量。这些力量，包括社会伦理、规范和习俗、法律和国家政策、宗教、社会舆论等，此外还包括由社会政策和传统形成的资源配置的起始条件，如生态环境和公共资源的定价、历史文化和宗教道德等因素综合作用下形成的劳动平均工资和利率水平等。在生态经济或绿色生产方面，资本会起到什么样的作用，即它是推动绿色生产的发展，还是促进黑色生产的发展，完全取决于这些约束力量和资源配置的起始条件。如上一章指出的那样，传统上市场经济之所以会起到挥霍自然资源和破坏生态环境的作用，是因为社会伦理、社会需要和资源配置的初始条件引导的。传统社会伦理认为世上万物都是供人利用的，而当时物质需要的紧迫程度远远高于生态需要和精神文化需要，因此使得自然资源和生态环境的市场价格极低甚至没有价值，在它们与私人要素存在明显替代关系的作用下，必然引导资本大量消耗这些低价值的公共性资源，最终造成当今人们极不愿意看到的结果。这种情况说明，资本主义产生以来在生态环境和自然资源方面造成的灾难，是一定历史时期社会伦理道德、文化和制度出现缺陷的结果，资本只是在此过程中受贪婪本性驱使而放大了这种效应，但这不是资本本身内在的罪恶。这种情况说明，在绿色经济或黑色经济方面，资本的作用性质是中性的，也就是说，它会对生态环境和自然资源造成什么影响，完全取决于社会意识和社会主要矛盾支配下的社会需要，它只是对这种需要作出能动地反映，它的实际影响只是一定社会制度安排的体现。

资本作为一种逐利工具，它的配置方向既然是受社会意识和社会需要支配的，那么随着社会主流意识和社会需要重心的改变，资本显然会对此作出积极的反应。正如上一章分析市场经济与绿色生产关系时讲到的一样，随着绿色思潮的兴起，绿色需求和生态需求不断增加，绿色产品价格不断上升，市场已经对此作出积极的反应，如绿色生产的比重不断提高等。记得改革开放前的20世纪70年代，因食品匮乏，人们对食品几乎是完全不讲究品质的，不仅死鸡、死猪等全被食用，而且用剧毒的农药毒杀各种野生动物以供食用。改革开放后随着温饱的逐渐解决，人们开始讲究营养，但对所吃食品是否污染还不重视，只是随着环境污染在工业化过程中的不断加强，国外对我国出口商品，尤其是食品绿色壁垒的不断提高，在“出口转内销”的外来压力和国内越来越多因食品污染而致人大量死亡和伤残的情况下（影响最大的就是前几年发生的“三鹿”奶粉事件，以至经济条件稍好一些的家庭至今都不敢给婴儿使用国产奶粉，全部转向进口奶粉），我国人民才开始关注食品安全问题。正是这种转变，在资本逐利的推动下，绿色生产在我国目前处于方兴未艾之势。不仅食品产业越来越重视产品安全，注重全过程的绿色保证，而且涉及一切人身安全的产品也同样如此。在社会舆论的压力下，企业，尤其是较大规模企业的绿色生态安全意识日益提高，社会责任不断加强。其中最主要的是，随着资源配置过程中约束条件的改变，如生态环境的价格正在不断提高（表现主要是排污费和各种硬性的环保标准，达不到标准将被强行关闭和改造等。这标志着原来模糊的公共产权正在变得相对明晰），各种私人性质的自然资源，如石油和各种矿物的市场价格已由原来的廉价而变得相对昂贵，从而一些原来严重污染环境的排放物而具有了回收的经济价值，随着这些约束条件的改变，原来制度安排下导致自然资源浪费和生态环境破坏的资本力量，正在新的制度安排下转变成节约资源和改善生态环境的急先锋。

资本在“颜色”生产方面的性质说明，在建设和谐生态经济的过程中，完全可以充分发挥资本的“逐利”本性，只是在此过程中要明确给出它着力的方向，也就是将绿色社会道德和伦理以制度、规范以及反映这些要求的资源配置初始条件施加于资本运动的方向上，以保证它运行的轨迹，那么资本性质就会在建设和谐生态经济建设中发挥巨大的作用，其力量将超过其他一切人为手段。

在确定资本运行轨迹的基础上，资本能够在建设生态绿色经济方向发挥多大的作用，一是取决于资本总量的变化，资本总量的变化决定着经济总量的增长；二是资本的结构，这往往是更主要的。因为不同性质的资本对生态环境的影响是不同的，如物质生产，即使采取绿色生产和循环经济，仍然会消耗程度不等的资源并会对生态环境造成一定程度的损害（资源的消耗就是废弃物的制造与排放），而（狭义）生态产品生产，则不仅不会对生态环境造成损害，反而会明显改善生态环境，增加自然资源储量等，所以，资本的结构安排，才是决定绿色生产方向和程度的关键。正因为这样，所以我们反复强调，要资本积累中，要加强生态资本的积累，使它在今后相当一个时期内的增长明显快于物质资本，同时加强生态需要的满足，这是促进生态资本积累的最强大动力。

所以，只要合理利用资本的逐利本性，在绿色文明制度的约束下，资本本质就会在建设和谐生态经济社会方面发挥巨大的作用。这正如在传统“黑色”制度安排下，资本成为生态环境破坏的元凶一样。

## 第四节　和谐生态经济社会的公有制

当资本以法律形式表示它在人们之间的归属时，它就转化成了所有制，其中以企业生产资料等形式表现的这部分资本，被叫做生产资料所有制。

在前面的分析中曾指出，市场经济有效配置资源的前提条件是产权的清晰界定，但在实际过程中，有些产权在不同人们之间的明确界定是极其困难的，这时市场经济中的生态经济基本矛盾就会发生作用而扭曲资源配置效果。在避免这种情况的发生，或者是减轻发生的程度及其造成的损害，就需要将一些产权中的权力转交到代表社会大众利益的社会中心或国家手中。这部分由国家或政府代表社会行使职能的产权叫做“生产资料”公有制。

我们知道，建设和谐生态经济，一要促进经济增长；二要促进生态环境不断改善；三要促进社会公平，尤其是机会公平和分配结果的公平；四要满足人民群众日益增长的生态需要和精神文化需要。从前面的分析中知道，其中许多是自发的市场经济和私人资本所不能实现的，如贫困人口的福利恶化问题、市场经济基本矛盾和生态经济基本矛盾作用发挥的不良后果、生态产品和社会精神文化产品的供给等等，这些都需要代表社会公共利益的国家或政府通过公有产权和非完全市场行为来解决，这就需要一定规模的社会公有制。

## 一、传统社会主义公有制的异化

当讲到社会主义公有制时，人们立刻会联想到传统的社会主义生产资料公有制。如果说建设和谐生态经济的公有制是这种性质的公有制，绝大部分人的内心深处一定是极力反对的（只是受制于意识形态的限制而不愿或不能表达）。这是因为，中华人民共和国成立以来，公有制不仅没有给社会上绝大多数人带来利益，反映成为压制和剥夺他们的工具，所以，必然成为他们反对的对象。这实际上反映，传统意义上的公有制对大多数人来说是异化的。

### （一）异化的公有制

如果说公有制给人们带来了利益，那只是社会上的极少部分人，就是那些与垄断性国营企业生产资料结合的这部分人。当今国营垄断企业获得的暴利及其员工的高福利，是普通企业和民众所不敢想象的，这些例子可见一斑：在2006年1—7月份，国有重点企业实现利润4967.5亿元，同比增长15.2%，电力、石油石化、电信行业实现利润列前三位，合计实现利润3109.9亿元，其中中石油则半年狂赚806亿元，成为亚洲最赚钱的公司，而且这还是在这些企业的工人工资大幅度上升的背景上取得的。2005年国务院国资委（利润超过6000亿）下属169家中央企业中，人工成本同比增幅高于同期销售收入增幅的有72家，人工成本同比增长超过30%的企业有23家；中石油集团2005年度人工成本达675.8亿元，同比增长22.2%，这一数字比中部大省河南一年的地方财政收入还要多。人工成本最高的中国移动集团，11.2万人花掉了136.7亿元的人工成本，人均达12.4万元①。

显然，这些行业的暴利真如它们所说的那样是维护社会主义的公有制地位和增进全体人民的利益还情有可原的话，可实际情况却是，财税体制改革以来，国营企业的税后利润就一直没有上缴国家财政，更没有用于其所有者——全体人民福利的改善和再分配上，而是用于维护自身的利益。这也就是说，在对国家财政和全体人民福利的贡献上，这些国营企业与其他性质的企业并没有什么两样，但它们却不仅获得了所占用的国有资产利益，而且还获得了各方面国家政策的支持。更甚者，这些企业如航空、电信、石化、电力、银行等等行业，反而以所谓的维护国有资产、巩固社会主义公有制基础的名义，利用其特殊的垄断地位，在许多方面对全国人民巧取豪夺，然后在集团内部肆无忌惮地瓜分这些利益。如改革开放以来，在我国各阶层和各行业中，收入增长最快、福利最完善、保障最全面的就是这些垄断性的国营企业，它们对其他行业的各种福利优势都在不断扩大。上述一些主要垄断行业的收入，显然还不是其中最高的，一些地区烟草公司员工的福利要远远超过这个数字。如河南省烟草公司职工的平均工资以其绝对优势高居该省榜首——最高一个月达14000元之多；这比之东南部一些省份的烟草公司职工的收入来

① 资料来源：《建行薪酬事件点燃民意不满情绪　下一个谁会倒霉》，太洋网·《广州日报》，http://finance.sina.com.cn，2006年9月7日。

说，又可能是小巫见大巫了，如浙江省某地级烟草公司在编普通员工，年收入可达18万元（工资只占到30%，其他的为奖金与各种名目繁多的补贴等），中层干部的收入则达30万元；这个收入比之广东省或广州市烟草公司员工的收入来说可能又是小巫见大巫[①]。即使这些企业因经营不善而出现亏损甚至倒闭也是如此——其福利来源是消耗庞大的国有资产。前些年有个社会反响巨大的报道，某倒闭电厂的抄表工月薪过万元，这还尚不包括数量甚多的各种福利[②]。由此造成这些行业员工的收入与其他行业的收入差距高达数位，如根据国家统计局的数据，目前，电力、电信、金融、保险、水电气供应、烟草等行业职工的平均工资是其他行业职工平均工资的2—3倍，如果再加上工资外收入和职工福利待遇上的差异，实际收入差距可能在5—10倍之间。如果说，这些企业员工的福利是他们自身努力的结果还情有可原的话，那么主要通过占有与使用国家资产并利用特殊垄断地位和国家政策扶持来获得这种利益，显然是极不合理的，是违反社会主义生产资料公有制的原则要求的。

如果说垄断行业虽然利用了各种国家资源，但其高利润与高福利却主要是通过自身努力而取得了比同类型非垄断企业或国外同类企业更高的劳动生产率而实现的还情有可原的话，那么单纯通过垄断而获得却是绝对不可饶恕的。如我国垄断性国营企业中的绝大部分是人浮于事，效率低下，不仅与国外同类型企业相比是这样，而且与国内的民营企业相比更是如此。如果将这些企业改造成非国营的竞争性企业，将可以精简相当部分的人（管理人员最起码可以精简一半以上），降低大部分管理费用，各企业中的相当部分人，其中主要的是职能管理部门中的人（其

① 约1年前，一个在国家烟草总局的同学告诉我，在广州市烟草局工作的普通员工，年收入最起码在20万—30万元以上，高的甚至可达百万。收入来源除了正常工资等收入约有20万—30万元之外，还有原来利用国家资产所建的楼堂馆所对外营业所获得的巨大收入的分配所得。据他所知，有一对夫妇分别在省烟草与市烟草单位工作，两人年收入加在一起超过百万元。

② 据新浪网·《第一财经日报》陈小莹2006年6月26日报道。

中的相当部分人是各级政府部门领导的亲属等①）大多人浮于事，每天的工作仅仅是一杯茶和一张报，却享受着我国最优厚的报酬和福利待遇。同时这些企业内部的管理极其混乱，腐败惊人②。这说明，国营垄断企业的高利润及其员工的高福利，并不是通过自身的努力，而是通过垄断性经营和占有或侵蚀大量国有资产，并且在国家的各种政策保护下而获得的③。因此可以说，垄断性国营企业已经成为我国目前最大的分利集团之一，是社会剩余的最大掠夺者，因此也是阻碍我国改革深化的最强大的力量之一。通讯、电力等基础设施行业的改革，在人民的强烈呼声下长期岿然不动的情况就反映了这点。

国营垄断企业的上述情况说明，我国的生产资料公有制已经基本异化，即由为全国人民谋利益的手段转变成为少数人和特定利益集团攫取全国人民剩余的工具，并且这种攫取有时甚至是肆无忌惮的，如不断地以各种借口阻碍竞争、提高产品价格等。更严重的是，这些垄断利益集团还通过各种手段与官僚集团相结合而结成官僚垄断集团，如国资委及许多行业行政管理部门等，都成为所在部门各垄断企业利益的保护神，

① 据闻，浙江省和杭州市石油公司中相当比例的员工是省市领导的家属和亲戚，原因自然是工作轻松而收入丰厚。

② 据《垄断行业成腐败重灾区 专家建议打破行业垄断》一文（正义网·《检察日报》，http://www.sina.com.cn，2006年11月14日）指出，在刚刚召开的国际反贪局联合会第一次年会暨会员代表大会上，中国最高人民检察院反贪污贿赂总局局长王建明发表主题演讲时认为，目前中国的贪污贿赂犯罪的行业特点越来越明显，大量的贪污贿赂犯罪集中发生在公共权力比较集中、资金比较密集、资源短缺、垄断程度高、市场竞争激烈等行业和部门。

③ 国营企业成为社会的分利集团，不仅中国是这样，在西方资本主义国家也同样如此，有差异的只是程度不同而已。西方社会相对公平化的分配政策，使得国营企业员工的福利因受到国家法律等方面的严格限制而无法像我国的垄断性国营企业这样利用垄断地位来谋取特殊的利益，因此绝对福利与相对福利并不会明显高于其他行业，但这些企业的员工却也获得了国家保证和其他各种优惠待遇，如稳定且长期的工作合同等各种优于私营企业员工的福利等，因此这些企业普遍失去进取精神而造成效益低下，相当部分企业亏损严重，成为国家财政和全国人民福利的沉重负担。这种相对优势的社会保障，自然造成这些企业员工对会损害其利益的各项改革的普遍反对。如法国庞大的低效率国营企业，已经成为阻碍其国际竞争力提高的最大障碍而亟待改革，但却因受到这些企业员工的强烈反对而停滞不前。所以说，无论中外，标称为全民所有制的国营企业，在促进社会目标方面，都与它们的性质完全相反，或者说成为它们原有目标的异化物。

由此极大地加强了这些垄断部门攫取全国人民剩余的力量，如纵容各垄断行业产品的不断涨价、允许它们各种管理费用进入成本等就充分反映了这种状况，同时还利用各种手段来阻碍那些可能危及其既得利益的竞争行为和技术进步，以维持自己的垄断利益①。因此，弱化甚至取消这种性质的生产资料公有制，成为建立和谐公平社会的前提条件。

如果说我国形式上的全民所有制已经蜕变为少数利益集团攫取全国剩余的工具而违背了建立这种公有制的初衷的话，那么我国形式上的土地集体所有制，则从建立的那天起就不是为了维护其所有者——农民的利益，而是为了满足计划经济的需要和城市的利益，或者说是为了剥夺其所有者的剩余而有意识建立的。这种剥夺，如果说在工业化初期，为了国家的整体利益（在以农民为主的社会，实现工业化所需的原始资本积累只能来自于农民）还情有可原的话，那么改革开放以来在其他各个方面的所有制都发生质变（以适应生产力发展的需要），却仍然在农村或农业这个最不适宜维持计划经济性质的生产资料所有制形式的领域保持这种所有制，就显然不是为了“保持农村的社会主义性质”所需，而是为了满足城市和少数利益集团，如房地产利益集团等攫取农民剩余而强加在农民头上的枷锁，如在土地的集体所有名义上，各级政府通过强行征收土地的方式剥夺的农民土地价值就高达数十万亿；同时通过对土地的垄断以维护对农民在各方面的控制，达到攫取农民剩余的目的。这也就是说，以土地为主要对象的农村集体所有制，从一开始对所有者就是异化的。

### （二）生产资料公有制的异化过程

实际上，我国生产资料公有制的异化并不是改革开放以来才有的现象，而是从它产生的那天起就开始了的。

我国的生产资料全民所有制，从理论上说，应该是为全体人民利益

---

① 实际上，这种情况到现在仍然存在，如在许多垄断性行业，当国营企业与非国营企业产生利益矛盾，或者是非国营经济的发展会威胁到国营企业的利益时，政府都会利用行政手段来限制前者的发展，1994 年发生在江苏的“铁本”事件，就充分反映了这一点。

服务的，并且在对它的占有、使用和利益的分享上，人们之间拥有完全平等的权力，但在实际上，这种所有制从它建立的那天起就是为部分人（主要是城市居民）的利益服务的，而将它形式上的绝大部分所有者——农民——排斥在外，由此成为实际的城市所有制，而且它还成为城市和工业攫取农村和农民剩余的工具，如通过两种所有制产品间价格上的剪刀差等方式来攫取农民剩余以壮大自己，这种情况甚至延续到现在。

公有制一旦对自己的部分成员开始发生异化，那么也就不可避免地会不断地异化下去。公有制中城市对农村的异化，必然会导致城市内部各部分之间异化的发生。这种异化，不仅来自于计划经济本身的缺陷，也来自于对外竞争所需激励机制的引进。

我们知道，建立计划经济的主要目的之一，就是避免市场经济中的那种生产无政府状态，做到全社会生产的按比例性。要使这个目标得到实现，就必须建立起一种能够处理所有信息及根据这些信息来制定各种比例关系的信息处理系统，这种能力即使在拥有超大规模计算机的现代也做不到。假设社会有1万种产品（现代社会实际有上千万种产品），由于产品是用产品生产的，因此要使这1万种产品的生产之间保持比例协调，就必须建立起有1万个未知数和1万个方程所组成的方程组，建立这样的方程式所需的时间、成本和技术，是现有的体系所承受不了的。从技术上说，要解决技术手段不足和降低管理费用，同时又做到整个经济的相对协调，就只能实行计划降阶方式，即把整个国民经济按行业与地区，划分为不等量的较低级的计划单位，除了极少数主要产品由中央计划统筹不同地区与部门间的平衡外，一般性的产品都在部门与地区内部平衡，这也就是人们熟知的条块结合。自然，后者为解决协调问题和降低管理成本，也会在其所辖的地区或部门内部再次进行计划降阶[①]。这

① 这种做法，不仅将统一的国民经济变得支离破碎并违反专业化和规模经济要求而造成经济效益的低下，而且将计划经济预计要消灭的市场经济基本矛盾，即生产社会性要求的按比例性与生产利益的个别性和生产决策的独立性等造成的生产无政府状态之间的矛盾，以另一种更加极端且危害更大的方式重新出现，这是导致计划经济的经济波动幅度及频率大于同期市场经济的主要原因。

种不断“降阶”在所有制上的结果，必然是归全体成员（实际是城市居民）的生产资料公有制被不同的使用者占有和使用。

然而，如果仅仅为了保证国民经济比例性要求的实现，从而这种被不同使用者占有和使用的公有制还不转化为利益的非公平性的话，那么为了取得一定的增长速度和与资本主义国家竞争的需要所引进的激励机制①，则必然会在他们之间形成不同的利益主体，由此产生出统一的代表全体成员利益的生产资料公有制与生产资料被不同利益主体占有和使用及其利益的部分性之间的矛盾。在计划经济体制中，由于缺乏价格机制和劳动力在与生产资料结合方面的充分竞争等，必要产品与剩余产品之间的界限是十分模糊的，名义上代表全体人民利益的中央计划单位更是不可能了解这种比例的绝对界限，这就为生产资料的具体占有和使用者，为获得不是劳动贡献，而是因为在占有和使用这些生产资料方面的优势地位所产生的利益提供了必要的条件。如在与全民所有制生产资料结合的人群中，各自从中所得利益的大小，是与他们具体占有与使用的生产

① 在《社会主义向何处去——经济体制转型的理论与证据》一书中，美国经济学家斯蒂格利茨批评市场社会主义者在以新古典理论为基础设计的能够实现资源优化配置而避免市场经济各种矛盾的模型中忽视了激励问题，并认为缺少这种机制是导致计划经济行不通的主要原因。实际上，在典型的计划经济模型中（不管其有无市场），是不需要也不允许鼓励创新和超额完成任务的激励机制存在的。因为计划经济中计划对各部门和个人的要求，就像现代工厂中生产流水线对各环节工人的要求（严格按照程序设定的目标进行）那样，任何组织或个人非完全协调的积极性的发挥，都会导致生产过程的紊乱而使整个计划无法实现，所以在计划经济中，完全计划所要求的严格比例，是不需要更不允许激励机制发挥作用的。实际上，马克思之所以设计出计划经济体制，就是因为他看到市场经济体制中的激励机制会导致整个社会的无政府状态，进而引起经济危机等各种弊端的结果。在这方面，正如美国马克思主义学者约翰·E. 罗默正确指出的那样：“斯密和马克思分析资本主义的主要区别在于：斯密论证说个人对自身利益的追求会导致对所有人都有利的结果，而马克思论证说这种对自身利益的追求将导致无政府状态、危机和基于私有财产的制度本身的解体。因而，在斯密看来，社会成员的利己行为的集合对社会而言就是最优的，而这在马克思看来却是次优的。”（《在自由中丧失——马克思主义经济哲学导论》，经济科学出版社 2003 年版）在这种体系中，任何个体积极性的发挥，都会导致整个计划比例的被破坏而降低整个系统的效率，从而是为组织所不容的，所以计划经济是不需要激励机制的。不仅计划经济是这样，一切大的对比例协调要求较高的企业内部也都是这样，它们建立高度官僚的科层组织的目的就是为了保证这个比例性要求的实现。也正是因为这样，在计划经济时期，在学习雷锋精神时，强调的是其“螺丝钉”精神。

资料数量大小成正比的，因此出现计划经济时期，各企业员工的福利与企业的规模或占有的生产资料数量大小成正比的现象，如大企业不仅有直属的各级学校、医院，而且有自己的副食品基地等这些在国家计划工资范围之外的各种福利，小企业和其他事业单位的员工则无这些福利，所以，人们争相进入那些更大规模的企事业单位。同样，本属辖区内所有成员拥有的集体所有制，其利益也仅仅由所属的各级政府和生产资料的直接占有与使用者所享有，一般成员被完全排除在外。这种情况造成了社会主义计划经济体制下特有的阶级或阶层的划分标准，即看人们与什么性质的生产资料所有制结合及所占有和使用的生产资料数量，如在当时的我国，就形成了三大阶层：与全民所有制生产资料结合的社会阶层、与集体非农业所有制结合的社会阶层、农民阶层等；而在各阶层中，又根据各成员或集团占有和使用的生产资料数量大小而被划分为不同的层次。这说明，即使在计划经济体制下，生产资料公有制也完全异化成了将社会划分为不同利益集团的工具，而不是其本来意义上的为全体人民谋利益的手段。更严重的是，与较高级所有制和数量较多生产资料相结合的社会成员，不仅享有其直接占有所有制带来的利益，而且在实际中还常常通过其特殊的优势地位，以有形和无形的方式来剥夺较低级所有制及其成员的利益，其中尤其是农民的利益。这种情况，在我国转入到市场经济体制后仍然十分明显。如在当今，几乎所有的暴利行业都是国营垄断企业。

全民所有制在实际过程中异化为部门所有制的情况，在改革开放以来的近几十年中暴露得最明显。不仅各垄断行业占有的公有生产资料变为部门内部的获利工具，而且各非垄断行业的公有制也同样如此。如众多的公有制企业在改制过程中，相当部分的所有权都会转化为企业内部员工的私有财产（上市公司会向职工发放或出售一定比例的内部股份，相当部分的企业资产以极低的价格被管理层收购等等，这也就是人们所说的国有资产的非正常流失），那些效益不好企业的国有资产，则成为维持企业员工福利的源泉（上面所说的亏损电厂员工的高福利就来源于此），同时还须不断地向它们注入永远得不到偿还而最终要由全体人民承担的银行贷款，当这些企业因各种原因而被清理时，剩余的国有资产都被作为所在企业或部门员工的安置费等，以至几十年积累的庞大国有资产，不仅不能成为增进全体人民福利的源泉，而且成为整个社会日益沉重的负担。

公有制对所有者的异化，在我国农村表现得最为明显。因为如上所述，如果说全民所有制从形式上说是为了满足全体人民利益的需要而建立的话，那么农村的集体所有制，尤其是直接与农业生产相联系的这部分所有制，则从一开始就是服从于全民所有制经济对农村剩余的需要而建立的。

我们知道，从理论上说，在全民所有制的基础上，各种与非全民公有制相联系的人们在生产资料所有制的利益分享方面显然会占有更大的优势，因为他们不仅能够与那些仅仅与全民所有制相联系的人们一样分享全民所有制带来的利益，而且能够占有后者所不具有的所有制利益。这也就是说，在我国，农民等非全民所有制企业的人员，在所有制的利益分配方面，应该享有比城市国营企业职工及其家属更多的利益。然而，实际情况却完全相反，即占有更多重公有制身份的人，在我国社会经济利益中的地位越低。如上面讲到的那样，所谓的全民所有制，不仅在生产资料的占有、使用及其利益分配上完全排斥农民，而且还通过各种方式来剥夺农民的其他利益。在农村建立农民集体所有制的目的，就不是为了满足农民利益的需要，而是为了满足工业化和城市计划经济（或者说所谓的全民公有制）控制农民和获取农村剩余需要。因为，在当时农村地区，尤其是农业生产中，并不存在建立在“耕者有其田”基础上的生产关系不适应生产力发展的情况，而是这个基础上的以经济利益为导向的个体经营与计划经济对农产品稳定供给及其剩余的提供要求不相符合，这个矛盾不可避免会产生农产品价格的波动与供给的不稳定，使国家计划无法正常得到实现，所以必然要被计划经济改造。在我国这么一个以小农经济为主的社会，要实现工业化，所需资本积累的绝大部分只能来自农业。这种积累虽可以通过税赋形式完成，但在政治上却是行不通的，只能通过相对隐蔽的工农产品间的剪刀差方式来实现这个目标。实现这一目标的最好办法就是农村集体化，使个体农民与生产资料和生产经营分离，即让他们由原来的独立生产者变为协作农业中的单纯性生产要素，以使价格观念从他们头脑中消除，通过由政府任命的农村基层官员来控制生产和农民的消费，以保证国家对农产品的需要。

然而，如果说当时的国家需要和计划经济本身的性质决定了农村经济必须服从于全民公有制的利益需要的话，那么在改革开放中，工业化任务基本完成，综合国力大幅度提升，经济体制转型基本完成，本应是城市和工业等大力反哺农业的时候，却仍然保持农村土地的公有制（集体所有制），那么其对农民的剥夺性质也就更显得赤裸裸了。因为，决定我国经济性质的城市经济的基础已转换到非公有制为主，但我国在性质上却仍然被认为是社会主义的今天，在农村保持公有性质的土地集体所有制，显然不完全是维护我国农村社会主义基础的需要，而是其他方面的需要，也就是维持城市对农民剩余攫取，尤其是对土地资源侵占和在政治经济上控制农民的需要。如上面指出的，改革开放以来城市化扩张侵占的农民土地价值高达数十万亿元，基层政府通过对土地的控制，成为不断加重农民负担的各种摊派的基础；城市则通过各种公有资产对农民的排斥来获得廉价而不受各种保护的劳动力等等，都充分显示出各种公有制对农民的异化。

以上情况说明，我国的各种公有制都在实践过程中（对他们的所有者）异化了。这种公有制，不仅不是我们建设和谐生态经济社会所需要的公有制，而且是我们极力要废除的。不废除这种情况的公有制，社会主义的和谐生态经济社会就永无建成之日，因为它严重破坏市场经济的功能，扭曲资源配置，造成其使用者与其他所有制结合人们之间日益严重的两极分化，产生严重的社会腐败，其基础上形成的官僚垄断利益集团，正成为改革深化的最大阻力，同时也是威胁我国社会安全的最大隐患，所以，不改革或废除这种性质的公有制，我国的和谐生态经济社会就只能是海市蜃楼。

## 二、重新认识经典作家的公有制思想

我们知道，传统社会主义公有制的实践来自于经典作家的设想，这种情况是否反映马克思等经典作家的思想错了？答案是否定的。当今社会主义国家公有制实践结果的不良结局，是人们盲目套用经典作家理论而食古不化的结果。

这是因为，马克思对生产资料公有制的认识，是他在高度抽象和未完成最终研究任务中的阶段性成果。由于采取抽象方法，马克思对资本主义经济关系的分析，是在一种他自己有意识设定的高度假设状态下进行的，即抽象了国家、对外贸易、世界市场等范畴的基础上进行的，因而是没有完成从抽象到具体的一些粗糙的中间品。这是马克思采用的从抽象到具体的研究方法的一种体现。这正如马克思在分析“政治经济学的方法”时讲到的，政治经济学的研究方法有两种，一种是从具体到抽象的方法，这是经济学在它产生时期历史上曾经走过的道路，但却是一种造成混沌的方法；另一种是从抽象到具体的方法，这种方法才是科学的方法。马克思讲：“这些个别要素（指分工、货币、价值之类。引者注）一旦多少确定和抽象出来之后，从劳动、分工、需要、交换价值等简单的东西上升到国家、国际交换和世界市场的经济学体系就开始了。后一条道路显然是科学上的正确的方法。”同时这种方法也符合人类社会历史的进程，因为“从这一方面看，可以说，比较简单的范畴，可以表现一个比较不发展的整体的处于支配地位的关系，也可以表现一个比较发展的整体的从属关系，后者在整体向着比较具体的范畴表现的方向发展之前，在历史上已经存在。就这一点说，从最简单上升到复杂的这一个抽象思维的进程，是符合于现实历史过程的”。众所周知，由于种种原因，马克思并没有完成他对资本主义做彻底揭示的整体计划，甚至一半都没有完成。如马克思说：“我照着这个次序来研究资本主义经济制度：

资本、土地所有制、雇佣劳动；国家，对外贸易、世界市场。”① 而马克思生前并没有完成对前半部分的研究，如其中的绝大部分到他辞世时仍然是一堆未完成的手稿，后半部分则基本没有开始研究。后者对资本主义经济的现实来讲显然是至关重要，甚至是决定性的。因为像资本、土地所有制与雇佣劳动这些范畴的性质与作用，是受到国家权力和国际经济关系的严格制约甚至决定的，如国家权力就高于所有制权力，所有制到底在社会再生产过程中处于什么地位，雇佣劳动的性质是什么等，都是由国家权力所决定的。正因为这样，所以马克思将第四部分，即对国家在资本主义的作用的分析定义为“资本主义社会在国家形式上的总结”②。只有上升到国家层面，所有制以及资本、雇佣劳动等这些范畴的内容与性质，才能够真正被认识。遗憾的是，马克思因各种原因而未能完成其全面揭示资本主义运动规律的计划③，因此使得他的绝大部分理论，都还没有完成从抽象到具体的转化。这种情况同样适用于社会主义的公有制理论。

正由于是一种脱离国家等范畴制约下的抽象分析，同时马克思时代的资本主义所有制又是以个体和家族所有制为主，因此马克思才会将生产资料所有制放在特别重要的地位。因为在国家缺位和所有制内部的各种权力高度集中的情况下，生产资料所有制也就等同于生产资料的控制权、支配权和剩余产品的所有权等等，如生产资料的私有制也就代表了同等程度的剩余产品私有制，或者说生产资料的公有制也就代表了同等程度的剩余产品公有制，而这些权力，其中尤其是剩余产品的所有权，则是决定社会性质，如“为谁生产”等问题的核心因素，所以马克思特

① 马克思：《政治经济学批判》，人民出版社1959年版，第1页。

② 马克思：《政治经济学批判》，人民出版社1959年版，第150、158页。

③ “西方马克思主义”主要代表人物之一，法国当代著名的哲学家和社会政治理论家H. 列菲弗尔（Henri Lefebvre）在《论国家——从黑格尔到斯大林和毛泽东》（重庆出版社1988年版）一书中指出，马克思并不存在一种连贯的和完全的国家理论。他认为，马克思和恩格斯的著作中包含着三种不同的国家理论，即国家是统治阶级的工具；国家从表面上看独立于各个阶级，但实际上它既表现出寄生性，又表现出掠夺性；国家负担整个社会。同时，这三种理论经常相互混杂。

别强调所有制的作用。因为，这里的手段（生产资料所有制）是与目的（剩余产品的所有制及其满足对象）直接相统一的，所以改变所有制成为改变社会性质和生产目的的重要手段。同时，以生产资料私有制为基础的分析，必然将资本主义一切弊端的根源都归咎于生产资料私有制，如资本主义市场经济的基本矛盾和资本主义基本矛盾、经济危机、资本主义积累规律等等。在这样的基础上，显然会使马克思得出要消灭资本主义，建立消除劳动异化而达到共同富裕为目前的公平社会，就一定要变生产资料私有制为公有制。这是马克思将生产资料所有制的变革作为其建立理想社会，即社会主义社会的前提条件，同时把公有制作为社会主义的一项最根本特征的重要原因。

然而，生产资料公有制作为社会主义的一项重要特征，虽然是马克思理论分析的逻辑结论，但却是在极端抽象状态下得出的结果，因此不应该将它看做是现实条件下的社会主义特征。其中原因主要有两个：一是如果将被马克思抽象的因素如国家包含进来，那么所有制的性质和作用就会发生重大甚至根本的变化[①]，它作为社会主义最重要特征之一的性质将因此变得难以成立。因为国家的权力高于所有制的权力，生产资料所有制的权力是屈从于国家权力的，国家的存在，使生产资料所有制并不能发挥抽象状态下的这些作用，如生产资料所有制在每一个方面都受到国家权力的严格约束：资产能做何种使用，是由法律规定的；资产所得的收益能有多少归所有者，是由国家的税法决定的；资产能够被让渡给谁和以何种方式让渡，也是由国家的意志决定的，如不仅要交纳让渡费用（遗产税和各种费用等），而且让渡的范围和主体受到严格限制等，甚至人们在用取得的收入进行消费时，也要受到法律的严格制约，如法律规定一些物品个人不能消费，几乎所有的消费都要向国家交纳各种税费等，所以在国家面前，所有制的作用并没有人们认为的那样重要，同

① 这种情况同样适用于新制度经济学对产权作用的分析。因为新制度经济学对产权，即所有制的分析，也是在抽象了国家的基础上进行的，由此得到微观产权是决定资源配置最重要因素的结论。

时也不存在不受侵犯的私有财产或产权［宪法保护私有财产不受侵犯，并不意味着人们对私有财产的权利是完整的，更不意味着国家不侵犯这些私有产权，否则就与国家的本质（否定一切私有制）及其存在的基础——税收不相吻合。它只是指在正常情况下，国家不对特定的私有产权进行侵犯，如果要对特定的私有资产进行侵犯，如为了满足社会公共需要等，也必须符合法律规定并且符合一定的程序，同时要对所有者进行合理地补偿，但这却也说明国家是可以对特定的私有资产或资产进行侵犯的。国家最主要的特征，是对所有的私有资产或产权进行同等或有差异（对不同性质的资产规定不同的税率等）的侵犯］。所以说，以这种权力不完整和作用有限的生产资料公有制作为社会主义的基本特征，显然不符合马克思关于社会主义的特征应该是在社会主义起重大作用和具有普遍意义的事物的认识。

二是它不符合马克思建立社会主义社会的目的和要求。我们知道，马克思建立公有制的主要目的，是消灭劳动异化和实现共同富裕，就达到这个目标来说，在国家权力参与而导致所有制内部各种权力不一致或分解的情况下，产品分配的公平化、剩余产品的公有制和产品的公有制等任何一个方面，都要远比生产资料公有制更高级和重要。在所有制内部各权力分解，尤其是在国家权力侵蚀下造成各种权力不一致，因此，生产资料的公有制程度并不代表剩余产品与产品公有制程度，尤其是不代表产品分配的公平程度的条件下，将这种低级和作用不大的公有制作为马克思公有制的唯一内容，更是不符合马克思建立社会主义公有制的目的。

从达到马克思消除劳动异化和现实“公同富裕”的目的来看，显然需要公有制为基础，因此公有制必然会成为社会主义的重要特征，但这种公有制所要达到的目标显然不是作用低下的生产资料公有制所能承担的，它要求更加高级的公有制内容来实现。

这些内容说明，传统公有制在社会经济建设方面的挫败和异化，并不完全是经典作家的理论不能用于实践，而是人们对此产生了重大误解，盲目地将其抽象状态下的理论用于与其假设完全不相符合的社会实践。

如此实践的失败是必然的，不失败倒是不正常的了。

## 三、公有制的形式及公有化程度衡量标准

尽管经典作家的现有公有制理论不能用于社会实践，但这并不表明他们建立公有制理论的基础是错误的。因为他们的目标是建立能够更好地促进生产力发展、实现共同富裕的公平社会；从前面的分析中知道，在这些方面，建立在私有产权基础上的市场经济是存在一些缺陷的，要弥补这些缺陷，就需要内容和程度不同的仅有产权，也就是公有制，所以说，建设和谐生态经济社会是需要社会主义公有制的。只不过，这种公有制将完全不同于传统上的已完全被异化的公有制。这种公有制，应该能够有效地促进和谐生态经济社会建设，同时能够与市场经济有效结合并符合世界经济发展潮流。为此，我们将这种性质的公有制，定义为：为达到经济协调发展和满足社会福利提高及共同富裕目标，由社会中心支配的那部分资源或产权。

显然，这种性质的公有制，绝对不会是某种单一的所有制形式，而是一个体系。这个体系包括以下方面的内容：

### （一）生产资料所有权上的公有制

这也就是传统意义上的社会主义公有制。这种公有制公有化程度的衡量标准，就是看政府控制的所有权占总资产所有权的比重。比重越大，公有化程度越高。虽然随着所有制内部权力的分化，所有权在所有制中的作用下降，但在微观上，所有权仍是支配资源配置和控制剩余产品的最原始力量。在这一层次，只要所有者有意并有足够大的力量，它就能控制资源配置的支配权。所以，所有权上的公有制仍是公有制中的一个重要组成部分，同时它在社会资源配置中，是政府控制最直接、最能体现政府意图的一个重要内容。为了满足一定的社会目标和实现政府意图，不管何时，由政府控制一定数量的生产资料所有权都是必要的。

### （二）具体生产资料经营上的公有制

这方面公有化程度的衡量标准，就是看政府在资源配置中控制的具

体生产资料占总资产的比重大小，或者说政府在此方面拥有的支配权占总支配权的比重。这种支配权受到所有权的制约，但在所有制内部权力分解的情况下，所有权不等于支配权，所有权可大于、等于或小于支配权。所有权能支配多大的支配权，取决于资本的具体经营方式。如采取国营经济形式，两权就是大致一致的。在股份经济中，若拥有控制权但不拥有全部股份，支配权就要大于所有权；若不拥有控制权，则一切相反。当它采取信用资本，把经营权出让，或者如目前的租赁制和承包制，其支配权就可能为零。

（三）社会资源配置上的公有制

社会资源配置上的公有制，就是在全社会的资源配置上，政府能使多大比重的资源配置符合自己的政治经济意图。前面两种公有制都是政府通过所有制达到的，但在现实经济活动中，所有制不是国家对资源配置起作用的唯一手段，除此之外，国家还可通过各种政治、经济、法律和社会意识形态等手段对资源配置施加影响，使其符合自己的意图。从社会再生产过程看，这些手段对资源配置的作用和力度可能更大。因为所有权和支配权对再生产的作用，基本局限在微观领域，而政府的各种非所有制手段，既可以调节公有经济，也可以调节非公有经济，并具有微观与宏观两方面的功能，所以，它们的作用更大。不过要注意的是，虽然当今每一项经济活动都受到政府政策及其行为的影响，但不能由此得出多种经济成分并存中的国民经济整体都是公有制经济的结论。因为，政府经济政策作用和效果的大小，取决于政府在执行经济职能时的态度是积极还是消极、对经济调节的力度有多大、政府政策是否符合客观经济规律、各项政策之间是协调还是冲突等，在这些因素之间，总有一些不协调和执行不力的地方，从而不能保证全部资源配置都符合政府意图。如长期来我们虽然不断强调要加强产业结构和区域经济结构等方面的调整，但由于政策之间不协调和在实践中执行不力，以至这方面的状况不仅没有得到根本改善，在某些方面反而恶化了，这说明，政府未能有效地控制资源配置，从而在这方面我们的公有化程度还很低。所以，我们只把那部分政府能够有效控制并能达到预期社会目标的资源配置定义为公有制经济，并称其为国调经济，其公有化程度的衡量标准就是它占国民经济的比重。

（四）扩大再生产方面的公有制

扩大再生产方面的公有制，就是政府对扩大再生产的规模和方向有多大的支配权。我们知道，决定扩大再生产规模和方向的是剩余产品的积累与投向，即看剩余产品主要由谁掌握和支配。在国家参与再分配以前，这种权力掌握在生产资料所有者手中，因此，生产资料的公有化程度与此公有化程度是一致的。随着国家不断参与分配，所有权的这种作用是不断下降的，它不断受到国家权力的侵蚀，结果使国家在扩大再生产方面拥有越来越大的支配权，并使其可以不以所有权，而以财政等手段来支配扩大再生产的各个方面，使其符合公有制要求。在这方面，由于剩余价值量的具体计量比较困难，因此，可以国家掌握的国民收入或财政收入占国民收入总量的比重，来反映该社会在扩大再生产方面的公有化程度。

从公有制的广延性看，以上四个方面的公有制，前面每一种的内容都被后面性质上更高层次公有制的内容所包含；但从对资源配置的作用看，则各有差异。第一、二种公有制，政府可用行政手段调节，能直接体现政府意图，但它的作用范围局限于自身内部；第三、四种调节的范围大，操作上灵活性强，但由于主要是间接调节，其效果可能不如前者直接。所以，为了更好地达到资源优化配置的目标，社会可根据具体的经济和社会条件，来选择它们之间的不同比例搭配。

（五）剩余产品的公有制

剩余产品的公有制，就是社会中心或国家控制的那部分剩余产品，其公有化程度就是这部分剩余产品占总剩余产品的比重。剩余产品公有制受两方面因素的支配。一是生产资料的所有制。在政府大规模参与再分配以前，剩余产品的公有化程度是与生产资料的公有化程度一致的。虽然在今天，由于政府通过国家权力参与剩余产品的再分配，使所有制在这方面的作用被不断削弱，但它仍对剩余产品的分配起着重要作用。在资本所得税率小于100%时，生产资料所有权比重的大小与剩余产品的公有化程度是成正比的。不过在当今社会，这个方面公有制的比重已很小。二是国家对剩余产品再分配的参与程度，或者说国家权力对所有制权力的侵蚀程度。在今天，这个因素起着支配作用。这是因为，国家权力高于所有制权力，这使一个社会可以不以具体的生产资料所有制为主，也可实现剩余产品的公有化目标，并使这种公有化程度保持在一个合理或较高的水平上。如政府只要将资本所得税率提高到50%以上，仅此一项，国家就可控制一半以上的社会剩余产品，并在公平原则支配下，将其用于满足社会共同福利方面，以实现社会的共同富裕目标。所以，生产资料的非公有化与剩余产品的公有化是可以并存的。这说明，即使一个社会的生产资料公有化程度很低，但只要剩余产品的公有化程度较高，就可称该社会是一个公有制为主的社会。

（六）产品的公有制

现代国家，不仅具有剩余产品的分配功能，而且拥有必要产品的分配功能，如薪金税、营业税、流转税和政府对居民和社会团体的财政补助等，国家的这种功能，扩大了政府实现公有制分配目标的手段和范围。由政府或社会中心控制和调节的剩余产品，与必要产品这两种产品公有制的统一，就构成了社会产品的公有制。这部分产品占社会总产品的比重，就是其公有化程度的衡量标准。在实践中，可以财政收入占国民收入的比重来近似代替此指标。财政收入占国民收入的比重越大，则政府对再分配参与的程度越深，公有化程度也就越高；若相反，则一切反之。显然，这个指标的公有化程度与前两个指标的公有化程度可以一致，也可以不一致。

（七）产品分配的公平程度

产品分配的公平程度，是社会主义公有制中最重要的内容。因为建立社会主义公有制的最主要目的，就是实现社会的共同富裕，而产品分配的公平程度，显然是衡量该目标实现程度的最重要标志，所以是社会主义公有制中最重要的内容。这方面的衡量指标，可用洛伦茨系数来表示。在这方面，产品和剩余产品的公有化程度显然不能代表分配结果的公平化，后者取决于一定的分配政策。因为，有些社会产品或剩余产品公有制的公有化程度很高，如历史上一些专制政府通过横征暴敛，实现了高比例的产品或剩余产品的公有制，但分配结果却极不公平；同时产品的公有化不是达到分配公平的唯一手段，除此以外，还有其他手段可实现这一目标，如国家可通过制定一系列具体的非财政政策和法律，也可实现收入分配的相对公平，如法律规定最富有人的收入不能超过多少，最低工资标准不能低于多少，从而贫富差距不能超过某个范围等，也可以在产品和剩余产品低公有化的基础上，实现收入分配的相对公平。正因为这样，所以，我们把产品分配的公平程度，作为社会主义公有制最重要的内容来对待。虽然在存在民族国家的时代，为了保持一定的效率，并不一定是公平程度越高就越好，但保持较高程度的公平显然是社会主义最重要的目标，是她的一个最基本特征。

社会主义公有制是以上各方面公有制内容的有机统一。一个社会的公有化程度，则是各种公有制内容的加权平均。各公有制在其中的权数，主要由它们在实现社会主义生产目的中的作用大小来确定，同时也可以根据社会发展需要等主客观条件来确定它们各自的比例权数。一般地说，它们各自的权数大小，是与它们上面的排序成反比的。如在实现社会主义的生产目的，也就是共同富裕方面，显然是产品分配的公平化程度最重要；而产品与剩余产品的公有制作用，又要大于前面的任何一项。在资源配置方面，扩大再生产控制权方面的公有制，要大于微观方面的各项公有制，因为它决定了社会经济的运动方向。这种排序说明，生产资料所有权方面的公有制，也就是我们传统意义上的社会主义公有制，在整个社会公有制体系中是作用最小、层次最低的一种公有制形式，以这种公有制作为社会主义公有制的代表，并作为社会主义的最基本的特征，是难以实现社会主义目标的。它同时还说明，一个社会完全可以在生产资料私有制的基础上，建立起高度的公有化社会。

以上情况说明，无论是从资源配置还是产品分配等任何一个方面来说，一个高度发达的公有制社会，可以不通过生产资料所有权，而是以国家权力来实现资源配置和产品分配的高度公有制目标。它同时还说明，虽然随着市场经济体制的确立和对外开放，我国国有经济作用和比重的下降不可避免，但不能由此得出社会主义公有制比重下降的结论。在今天，随着所有制的权力和作用日益转到政府手中，使政府可以放弃部分层次较低和作用下降的公有制，即具体生产资料的所有权和经营权，加强对操作灵活、作用提高的高层次所有权的控制，来提高资源配置的公有化程度；同时加强财富的再分配来提高产品和剩余产品的公有化程度。

从公有制的内容及各种形式公有制的作用来看，我国的公有化程度是比较低的，不仅远远落后于当今社会建设的各项要求，而且远远低于西方各发达国家，如以财政收入占社会总产品或剩余产品的比重作为衡量社会产品和剩余产品公有化程度的标准，我国的公有化程度不仅低于所有的发达国家，而且低于许多与我国发展水平相当的发展中国家；收入分配的公平程度则更不理想；国家对宏观调控的能力也不强等等，这一切都说明我国（低层次的）生产资料所有权方面的公有化程度虽然较高，但整体的公有化程度却很低，尤其是高层次和较高层次的公有制内容的公有化程度低，所以从社会要求和我国公有制的实际状况等方面来看，应加强适应社会需要的高层次公有制建设。

公有制内容的多重性，为我们改造现有公有制，建立适应时代要求的更为高级的新兴公有制提供了可能。如大力加强产品和剩余产品的公有化程度，以此为基础，强化产品分配的公平程度；加强政府宏观调控的能力，以提高资源配置和扩大再生产控制权方面的公有化程度，以使尽可能大的资源配置符合公有制的目标等等。

## 四、建设和谐生态经济需要的公有制

从建设和谐生态经济的要求，即促进资源配置效率，加强社会公平公正，保护生态环境等方面的内容看，同时从前面对市场经济和私人资本在建设和谐生态经济方面的缺陷等内容看，我们需要建设这样性质的新兴公有制：

1. 能够有效解决市场经济过程中导致生态经济基本矛盾作用发挥的公共产权界定不清晰的公有制。其中，对那些涉及整个社会利益的河流发源地、海洋、大江大河及其水流等，国家可保证对它们的完全产权或者是比较完全的控制权和占有使用权；对那些涉及不同利益主体而产权难以界定的领域，国家应保持资源利益的调节权和使用的收费权，如对影响他人利益的吸烟行为征收利益补偿费，对污染环境造成他人和公共利益损害的行为征收税费等。显然，随着社会对公共环境和整个生态环境质量要求的不断提高，国家应加强这方面公有制的建设，提高公有化程度的比例。自然，这方面的公有制建设，在实践过程中也许是最为困难的，必须根据社会经济发展需要和社会能力等方面的变化而不断地进行调整。

2. 满足社会公平要求的公有制，其中分机会公平的公有制与结果公平的公有制。机会公平的公有制，主要是社会中心应为所有人有相同的机会参与能力提高的竞争，从而在社会地位和职业等方面有公平的竞争机会，这要求国家加大教育和培训方面的公有制建设，如承担义务教育阶段的全部费用，为低收入家庭子女提供必要的饮食补助，使所有同龄人有相同的受教育机会。在非义务教育阶段，为低收入家庭子女提供教育补贴、国家助学金和贷学金等，同时为低质量劳动力和结构调整中被转移劳动力提供必要的培训机会，使他们有更好的机会参与社会竞争。

结果公平的公有制，主要是消费阶段实现消费公平所需的公有制。这方面的公有制，主要是产品和剩余产品的公有制。在提高这方面公有制程度方面，除了为低收入者提供消费补助外，实现社会消费公平最有效的途径，就是在整个消费结构中，不断地扩大公共消费的比重，如公共医疗、公共教育、精神文化需要和生态需要的公共供给（如公共博物馆、国家森林公园等等）、公共养老等。一个社会最终结果的公平程度，在很大程度上可以用公共消费占社会总消费比重的大小来反映，两者间成正比关系。因为，公共消费是以平等方式提供的，其在总消费中的比例越大，那么由私人支出的消费比例也就越低，即使这方面不同收入人们之间的消费差距较大，它对最终消费结果公平程度的影响也较小。西欧一些国家，如丹麦等国，公共消费占总消费的比例非常高，由此这些国家的最终消费结果是相当公平的，其社会结果，就是较高程度的社会和谐。从这方面看，我国这方面的消费比例是很低的，由此反映我国的消费差距非常大，社会和谐程度低。

3. 满足非排他性产品供给需要的公有制，这种公有制也叫产品供给的公有制。如博物馆、公园、城市基础实施、社会精神文化产品等。因为根据资源配置理论，这些产品的排他性成本太高，如果由市场供给，要么不会被供给（根据资源优化配置理论，价格确定于边际成本等于边际收益，在很大范围内，这些产品的边际成本是零，确定在该价格位置供给产品，企业将严重亏损，所以不会供给），要么资源不能得到最有效利用（在价格确定为大于边际成本的位置，利用数量将达不到最优状态），所以这些性质的产品不能完全由市场提供，必须由社会中心来满足。但要注意的是，这些产品的供给由社会中心满足，并不意味着要由社会中心通过建立生产资料公有制企业来生产和供给，政府只是提供最终产品的供给，至于这些产品来自何处，则无关紧要。在生产过程和供给价格方面，应根据效率优选的原则确定。如博物馆，可由私人建设、私人所有和私人经营，但政府购买其（全部或部分）产品（自然须通过招标等最有效率的方式来确定供给者）。我国现在已有部分公共产品的供给由民营企业投标完成，如城市中一些街道环境卫生的维护等，由此明显提高了一定环保费用支出的效率。

4. 保证国家安全和长期利益发展所需的公有制，如国防建设和一些关系国家长期发展战略的技术开发等。这些产品的不可排斥性更强，对社会和国家利益也更重要，因此保持这些方面生产和产品供给的公有制是十分必要的，这也是世界各国所共同采用的。

5. 极少数发展尚不完备并受国际垄断资本危害较大而又关系国家安

全和民生利益且短期难以形成有效市场竞争的垄断行业实现生产和经营的公有制，如成长中的基础性产业等。不过，一旦这些产业发展到有一定的抵御国际垄断优势竞争后，则应及时退出并分拆这些行业，使它们转向（寡头垄断）竞争。如我国当前的航空、铁路、电信、高速公路、发电等基础性产业都可全面转向民营和竞争；其他如钢铁、汽车等这些非基础性行业，政府则是完全不应该进入的。现代政府在市场与政府之间的一个明显界限和原则，就是政府不应与民争利，凡是市场能够有效提供的，政府就不应介入，只有在市场不能或效率低于政府效率时，政府才应介入，否则就会出现政府既是规则制定者，又是执法者，同时又是市场参与者这种角色不清的局面，结果必然会导致市场秩序的混乱而降低市场效率。

6. 矫正市场缺陷的公有制，也就是宏观资源配置的调控公有制。这些方面，包括对宏观总量和结构调节的调节权。

此外，还必须根据社会经济主要矛盾和建设和谐生态经济的需要，合理地确定公有制的内容和形式，以达到最优的效果。

不过，一般而论，应发展较高级的公有制内容，也就是产品和剩余产品的公有制，尤其是要着力提高产品公平化方面的公有制程度，如保证机会和结果方面公平所需的公有制，提高公共消费（其中包括生态需要、精神文化需要和社会需要的产品供给和消费）比重的公有制，加强有关对生态经济基本矛盾和市场经济基本矛盾调节的公有制，从而建设和谐生态经济需要的公有制。

# 第七章
# 资源节约的经济发展之路

建设和谐生态经济，最终目标是要在资源节约的基础上，满足人民群众不断增长的福利需要。这显然是一个矛盾，如何解决这个矛盾，成为人类社会是否能够实现持续幸福目标的关键。本章将竭力探索求解这个矛盾的方法。

## 第一节　资源节约涵义

“节约”即少用，是相对于浪费而言的少用。资源节约，自然也就是在再生产过程中尽可能少地浪费资源。

研究资源节约，首先涉及的问题就是“资源”的范围。在这方面，虽然大部分的研究并没有对此进行明确的定义，但却无形地将“资源”的范围限定在自然资源及须消耗自然资源的对象上，但也有人将其理解为所有资源，或全要素的节约①，不仅包括自然资源的节约，也包括劳

① 参见雷小毓：《节约型社会内涵的再认识》，《光明日报》2006 年 9 月 11 日。

动、资本等各种要素的节约。

这里，笔者将“资源”的范围限定在“自然资源及其衍生产品”上。原因有两个方面。一是经过长期的经济发展，相对于日益短缺的自然资源来说，资本与劳动相对丰裕，资源节约和环境保护的一个重要手段，就是用相对丰裕的劳动和资本（包括技术等人造物品）来替代日益稀缺的不可再生资源（提高资源的利用效率，也是这方面的重要内容之一）；同时，在强大的市场竞争压力和获得更多利润的内在动力机制下，会驱使企业不断地提高这些非自然资源性要素的节约，所以，虽然不否认对非自然资源型要素节约的重要性，但“资源节约性社会”的主要内涵是不可再生性资源的节约。二是对劳动等非自然资源性资源的节约会阻碍经济增长。我们知道，可持续发展的核心内容是经济的持续增长，作为体现可持续发展内容的“资源节约型”社会建设，必然要充分体现这种性质。要在自然资源节约的基础上实现经济的持续增长，就必须一方面以劳动和资本等人造资源来替代自然资源，以保证在资源消耗减少或不变的基础上取得更大的产出；另一方面就是大力发展非自然资源消耗产业，不断提高它们在经济总量中的比重，要实现这个目标，就必须在优化资源配置的基础上不断加大对非自然资源型要素的使用。所以，“资源节约型”社会中的“资源节约”，仅仅指自然资源及其衍生产品的节约，对其他资源不仅不要节约，反而要大量地“浪费”，只有这样，才能在自然资源节约的基础上取得经济的持续增长，实现可持续发展的目标。

在对自然资源的节约方面，不同角度的内容是不同的。如从时间过程看，节约具有静态与动态两方面的涵义。静态方面的节约，指在技术水平等不变的条件下，为达到一定行为目标而尽可能少地使用自然资源，或者是利用资源替代的方式，以某些消耗资源少的方式来替代资源多的方式，如在体温调节上，天冷时以衣物替代空调（天气炎热时减少衣物穿着，以减少空调降温的幅度等）以节约电能等，以做到资源的最优利用。动态方面的节约，指通过技术进步和改变生产方式等，不断提高资源的利用效率，使同样的资源生产出更多的产品，如通过技术进步，提高能源的热利用效率；或者是通过技术进步，使原来非循环经济转化为循环经济等。显然，相对于静态方面的节约来说，动态方面的节约更具有持续性。

从再生产过程看，可分为生产、流通、分配与交换方面的资源节约。在我国建设“资源节约型”社会中，人们关注的重点主要是生产与消费领域，而对流通与分配领域的资源节约则较为忽视。显然，生产与消费过程是资源消耗最多的领域，但也不能忽视流通与分配中的资源节约。虽然从形式上看，分配并不直接涉及自然资源的耗费，但分配却是整个社会再生产的核心，它决定着“为谁生产”和“怎样生产”。一个分配关系不融洽的社会，一定是人与自然对抗严重的社会。在这样的社会中，不仅会出现严重的畸形消费，导致资源的严重浪费（如包装过度而形成的资源浪费，在当今社会已达到极其惊人的地步），而且不可避免地导致公共性自然资源的严重破坏（两极分化的社会，不可避免地会出现“公地的悲剧”）；分配的不合理，则不仅会导致生产结构的不合理，而且两极分化引起的资源配置不合理，更是会导致资源的严重浪费和配置的低劣化，我国目前经济结构及其资源配置的低劣化，就充分证明了这点。流通领域的资源节约则更为重要。这是因为，在技术进步的作用下，生产领域的劳动生产率增长速度是远远快于流通领域的，其直接后果就是生产领域占经济发展的比重不断下降，流通领域的比重则不断提高，由此其占有和消费的资源也相对增加，所以这方面的资源节约也就更显重要。同时，相对于生产领域来说，我国流通领域节约资源的潜力也更大。因各种原因，我国目前流通领域的资源浪费现象是极其严重的[①]，所以，加强流通领域的资源节约，也是实现我国经济可持续发展的重要内容。

① 据报道，我国一些大城市蔬菜价格中的90%是流通费用。原因之一，是许多地方的蔬菜必须转运到山东寿光后，再批发到全国各地。其中一个典型例子，是内蒙古某地的土豆，经1000多公里运到寿光，然后再经1000多公里的运输回到内蒙古的某城市。其中原因，一是信息的不对称；二是各地方市场的蔬菜品种，由此形成山东寿光的“买全国，卖全国”的现象。在互联网高度发达的今天，出现这种现象是极不正常的。

## 第二节 “两型社会”建设的经济学涵义

随着经济总量的日益扩大，经济增长与自然资源供给和生态环境保护之间的矛盾日益突出，这个矛盾对我们这个经济总量庞大又快速增长，但人均资源匮乏、生态环境脆弱的国家来说更为突出。为化解或缓和这个矛盾，我国适时推出了“资源节约型”与“环境友好型”社会建设工程。本节将从经济学角度解读它们的涵义及其在建设和谐生态经济中的作用。

从某种意义上说，资源节约与环境保护是同一问题的两个方面，因为从循环的角度看，资源的使用就是废弃物的排放，是对环境的损害，所以，节约资源也就是保护环境。不过从下面的分析中看到，从经济学的角度看，两者间却存在本质的区别，它们实现的社会经济条件是十分不同的。

### 一、“资源节约型”社会的经济学涵义

由于将“环境”与“资源”作为两个相对独立的范畴对待，因此“资源节约型”社会中的“资源”必然是相对“狭义”的资源，也就是我们上面定义的自然资源等。

“资源节约”，也就是通过经济与技术等手段，不断提高资源的利用效率，使一定量资源投入获得的产出不断增加（或者是为获得一定产出而不断减少资源的投入）。我们知道，在有效配置资源方面，或者说提高资源的使用效率方面，市场经济已经被证明是最有效的方式，因此，经济学视角中的“资源节约型”社会的建设，就是有效发挥市场经济在配置资源方面的基础性和主导性地位，通过价格机制和竞争机制，使资源

有效配置到各行业的过程。人类社会是个利益社会，人的行为受利益导向的支配，在资源的利用上，从经济学的角度看，各利益主体是“节约”还是“浪费”资源，看哪种方法能够提供更大的经济利益。一般而论，市场机制会对哪些节约资源的行为进行奖励，而对浪费资源的行为进行惩罚。因为，节约资源也就是降低成本，使行为者获得更大的经济利益，竞争力因此会不断提高；浪费资源则是提高成本而降低收益，竞争力会因此下降甚至会被淘汰，所以，在优胜劣汰机制和人的趋利避害行为的作用下，市场经济具有内在的不断提高资源利用效率的趋势。

实际上，从经济学的角度看，并不存在绝对稀缺的资源。资源问题，只是一个价格选择问题。只要发挥价格机制的作用，资源问题是可以得到有效解决的。如随着石油资源被不断地消耗，人们都在担心今后某个时候会出现能源短缺。实际上，这种担心是多余的。因为即使假设技术水平不变，当石油的价格水平超过100美元一桶时，各种可再生能源，如风力发电等，就获得了市场竞争能力；当价格达到150美元每桶时，太阳能发电就获得了竞争能力，所以，某种资源的短缺与否，只是相对于某个价格水平而言的。随着价格水平的上升，不仅这种资源的供给会增加，需求会减少，利用的效率会提高，而且各种替代资源会不断地涌现出来。所以，只要市场机制的作用不被扭曲，就不存在绝对稀缺的资源。

从这个角度看，资源利用上的“浪费”或“不节约”，一定是市场机制被扭曲，价格机制没有充分发挥作用的结果。如我国当前矿藏开采中的资源严重浪费现象，是矿藏资源的价格被扭曲，没有真实反映资源的真实价值，如承包权太短、资源产权不明确、政策变化无常、地租过低等，致使人们采取竭泽而渔的方式开采。我国能源中使用的低效率，与我国长期来对能源价格的高度控制密切相关。农业中过量化肥使用产生的低效率和对环境的严重污染，是政府对化肥巨额财政补贴的结果。各地对水资源的大量浪费或使用中的低效率，是水资源的定价过低，没有反映其真实稀缺程度的结果。市场经济是一个生产者之间相互竞争的场所，在优胜劣汰机制的作用下，各行为主体是不会也不敢“浪费”资源的。因为，市场经济条件下的资源使用是需要成本的，如果人们在生产过程中浪费资源，成本就会高于其他生产者，优胜劣汰竞争机制作用的发挥就会将其淘汰，所以，市场机制有一种迫使人们不断提高资源利用效率的内在压力。这种机制，正是马克思所揭示的资本主义具有内生性技术进步原理的体现（杨文进，2004）。

从经济发展的过程看，市场经济中的资源利用效率是一个不断提高的过程。这个过程，既与资源供给的丰裕程度及其价格水平的变化相对应，也与资源利用上的技术水平提高相一致。在经济发展水平较低时，自然资源往往相对丰裕而价格低廉，同时技术水平也较低，因而会用较多的自然资源消耗来换取一定量的经济财富；随着经济发展水平的不断提高，各种资源会因消耗而逐渐变得稀缺，市场价格因此会不断上升，利用资源的技术在竞争规律的作用下会不断进步，所以，在市场机制的作用下，资源的利用效率会不断提高。正因为这样，所以我们看到各国的资源利用效率，都是与经济发展水平成正比的。

虽然市场机制在配置资源方面是有效率的，但在提高资源利用效率方面，政府同样可以有所作为。因为，政府可以通过各种手段，调节资源利用过程中的成本与收益，如提高某些资源的使用税，对提高资源利用效率的行为，如实施循环经济的生产方式和技术进步等进行资助，降低他们生产过程中的成本等，将能够使市场经济在提高效率利用效率方面的功能得到更有效地发挥，所以，现代“资源节约型”社会的建设，是市场与政府有机结合的过程。

有一点要指出的是，虽然市场机制和政府的结合，可能明显提高资源的利用效率，但在竞争性的全球经济中，如何保证后进国家，如我国在资源利用上的有利地位，却是对发展中国家政府的一种严峻考验。因为，受技术条件限制等，在同样的价格水平上，单位资源产出效率，后进国家必然落后于发达国家，因此，在竞争性的全球经济中后进国家难于与发达国家竞争，所以说，即使政府参与资源利用效率方面的市场机制，在全球性的资源中，发展中国家仍然会处在一种特别不利的位置。当今发展中国家在全球性竞争环境下对资源的利用，是以牺牲环境和劳动者的利益来获得与发达国家竞争的资本的，如我国改革开放以来，走的就是以牺牲自然资源和生态环境、广大劳动者利益的做法，来获得经济发展与出口竞争力的。如何找到既有效节约资源而又保证国家竞争力的方法，是对发展中国家的一种智慧考验。

## 二、“环境友好型”社会建设的经济学涵义

显然，在“两型社会”中，“环境友好型”社会中的“环境”是狭义上的环境，也就是生态环境。广义的环境，则还包括人文社会环境。

“环境友好型”社会的基本内涵，是人与自然和谐共生的生态经济社会形态，核心内容是人类必须将其活动或对自然攫取的范围与强度，限制在生态环境的承载能力范围之内。从经济学的角度看，这同样是一个成本与收益的选取问题，也就是生态环境对整个人类是有价值的，并且在一定范围内具有价值自我再生能力，同时人类投资能够增加该价值存量并提高其价值增殖能力；但人类活动在许多方面会对生态环境造成损害而减少生态环境的价值存量，甚至损害其价值修复或再生能力，因此产生社会成本。“环境友好型”社会，就是在人与生态环境的关系上，要做到生态环境的价值存量及其再生能力，在经济发展过程中不仅不减少，而且能够不断增加。

“环境友好型”社会建设的内容，可以从经济发展过程中人与自然的一般关系与人与自然关系和谐所需的社会条件两个方面进行。

### (一) 社会关系和谐中的“环境友好型”社会建设

显然，“环境友好型”社会的建设与“资源节约型”社会的建设之间存在着密切的关系。因为，资源的利用，对环境来说就是废弃物的产生，资源利用效率的提高，也就意味着减少一定量经济活动所产生的废弃物，由此减轻对生态环境的损害，所以，“资源节约型”社会的建设，

是“环境友好型”社会建设的重要基础。但从经济学的角度看，两者的实现途径之间，却有着本质的区别。原因就是，“资源”与“环境”对微观经济主体来说，存在着本质上的区别。

虽然从形式上看，无论是“资源节约型”社会，还是“环境友好型”社会，都是效率选择问题，从经济学的角度看，人们对它们的利用都必须满足收益大于成本的原则，但由于“资源”与“环境”对不同行为主体的内涵不一样，因此使得对它们利用的原则也十分不同。这是因为，“环境”对不同行为主体来说的内涵是十分不同的，如对社会整体来说，它是一种有价值的“资源”，对它的利用，是一种成本支出，但对微观个体来说，它却是没有市场价值的，不属于“资源”的范围，对它的利用，不仅不是成本的支出，反而可能是收益的来源——环境对私人资源具有替代作用，因此对微观主体来说，“资源”与“环境”利用的经济原则是十分不同的，可在市场经济中，对环境的利用正是由这些“环境无价值”观念的微观主体实施的，为降低生产过程中的“资源”投入成本，会驱使他们展开对（自身）“无偿性”环境的使用，由此导致生态环境的破坏而产生巨大的社会成本，使得人类社会难以在此基础上达到环境利用的有效目标①，所以，人类社会在“资源”与“环境”利用上的原则是十分不同的。

这种情况说明，在“资源”利用上有“效率”的市场机制（包括资本），在“环境”的利用上，不仅是相对无效的，有时甚至是有害的。这是因为，“环境”具有公共性、运动性、传导性、不可逆性等特点，因而具有产权不易界定，或者界定的成本极高，而市场机制在资源配置

① 据《中华工商时报》2009年5月31日报道，国际环保组织绿色和平日前发布最新报告，指出金光集团为满足生产纸浆和棕榈油的需求，在印度尼西亚廖内省大面积破坏泥炭地森林，每年排放出高达1.13亿吨的二氧化碳，按照碳市场研究机构PointCarbon对于二氧化碳平均价格的预测，金光集团每年就欠下“碳债务”高达33.9亿欧元，约合320亿人民币，而其还没有包括金光集团在其他地区毁林所造成的碳排放。据了解，金光集团在印尼廖内省控制了超过78万公顷的油棕和浆纸种植园。在2001年到2006年，廖内省大约有45万公顷原始森林被砍伐，用来满足金光集团APP的纸浆需求，这相当于4个香港特别行政区的面积。

上有效发挥作用的前提条件之一就是产权的有效界定，所以，市场机制在“环境”的资源配置上，不仅无效，而且不可避免地会导致“公地的悲哀”的结局。原因就是对“生态环境”利用所产生的利益全部由行为者所得，其中的成本却由社会公众承担，其中的好处非常诱人，会促使所有人都采取这种外部不经济的生产方式，所以不可避免地会导致生态环境的恶化。环境性质的这种特点说明，在公共环境的资源配置上，不能采用市场机制。

显然，要避免生态环境利用上“公地的悲哀”的结局，就需要解决“生态环境”利用上所产生利益的个人性与成本的社会性之间的矛盾。解决的方法，就是要让每个人对环境利用所产生的收益与付出的成本相一致。

在这方面，可供选取的方式显然是多样的：提高个人使用环境资源的经济成本，如当前各国采用的根据排污量的大小所收取的“排污费”等方式；降低人们在生态环境利用上的好处，如对那些较多使用公共资源的厂商征收资源使用费，或更高的所得税等。然而，这些方式的社会成本都非常高，而且有些根本就难以实施，因为无法准确界定人们对环境的利用量和损失成本等，所以，要从根本上解决生态环境利用上利益的个人性与成本的社会性之间的矛盾，最有效的解决方法就是建立“收入分配高度公平化”的和谐社会。因为，收入分配的高度公平化，或者说程度很高的公平化，意味着人们从公共性生态环境利用上所获得的好处很少——其中的绝大部分要被平均分配，所以，在这样的社会分配制度下，人们没有破坏生态环境的动力机制，生态环境才能够得到有效保护。如果没有收入分配公平化的制度保证，每个人、每个地区，甚至每个国家，追求收入分配相对优势地位的努力，就会促使人们竞相利用公共性的环境资源来攫取个体利益，由此生态环境的破坏，或者说人与自然的对立也就不可避免。

我们知道，收入分配是一个社会经济制度中最核心的部分，分配问题，是一个社会经济制度与体制的选择问题（从理论上说，制度和体制选择，也是一种社会成本与收益的比较问题），所以，与“资源节约型”社会建设主要是个效率选择问题不同，“环境友好型”社会的建设，是一个社会经济制度的选择问题。我国正着手建立的“和谐社会”，无疑是建设“环境友好型”社会的重要制度保障。

笔者曾反复强调，人与自然的关系，是人与人关系的映衬，或者说，人与人之间的关系，是人与自然关系的基础。只有人际关系和谐，人与自然的关系才会和谐。人际关系和谐的前提，是产品分配的公平或相对公平。在产品分配差距较大的社会，人与人之间的关系必然是比较紧张的。因为在这种社会，为追求相对优势的地位，会促使人们之间展开激烈的社会竞争，所以会产生比较紧张的社会关系。为在紧张的社会关系中获得较好的社会地位和经济利益，通过以公共资源来换取个体利益的行为也就不可避免，人与自然关系的紧张也就不可避免。只有在社会关系和谐或相对和谐的社会中，生态经济基本矛盾的作用才能够得到较充分地扼制，人与自然的关系才有可能和谐。这种情况说明，“环境友好型”社会的内涵，不仅应该包括人与自然关系的和谐，而且应该包括人与人之间关系的和谐，是它们两者的有机统一，其实质也就是建设“和谐生态经济”社会。正因为这样，所以我们看到，当今世界，凡是人与自然关系比较紧张，也就是生态环境状态比较恶劣或者是处在恶化过程中的地区，一定是人与人之间关系严重对立的地区，如中南美洲、非洲地区、东南亚的印度尼西亚、菲律宾等。改革开放以来的我国更是这方面的典型，如我国分配上的基尼系数已接近0.5（有人计算得出超过0.5，甚至达到0.6的），是世界上收入分配最不公平的国家之一，80%以上的金融财富掌握在极少数人手中，由此是造成我国生态环境质量不断恶化的罪魁祸首，以至我国当前最大的国家安全问题，竟然是生态环境的不断恶化，如整个华北、东北和西北，面临着荒漠化的威胁；淮河以北的耕地，面临着盐碱化日益加强的威胁；所有的大江大河，都已被程度不同地污染等。那些收入分配比较公平，从而社会关系比较和谐的社会，如日本、西欧等，人与自然的关系也比较融洽。由此可以得出，生态环境不断恶化的地区，一定是社会生产关系恶化的地区；而生态环境不断改善的地区，则是社会生产关系日益完善的地区。

社会关系与环境关系的情况说明，要建设“环境友好型”社会，仅仅强调保护生态环境及其单纯的制度建设是远远不够的，必须加强和谐社会的建设，建立公平、公正的社会秩序，在产品分配上做到公平或相对公平，才有可能真正实现。

（二）经济发展过程中的“环境友好型”社会建设

生态环境，除了受到社会生产关系状况的作用外，还与社会经济发展水平密切相关。也就是说，在这方面，经济发展过程中的生态环境质量变化，会经历 U 型运动，即在经济发展水平较低时，生态环境会随着经济发展进程而恶化，到一定阶段后则会不断改善。这个过程，是与经济学的成本收益原则相一致的。

因为，在经济发展水平较低时，生态环境质量较好，供给丰裕，在供求规律的作用下，一定量生态环境的经济价值较低，而一定量经济货物的价值则较高，所以，以丰裕而价值较低的生态环境来换取一定量的经济财富，会被整个社会认为是有利可图的理性行为。正是在这种思想的指导下，几乎所有发达国家都经历了以一定量生态环境的牺牲来换取经济发展的做法。随着经济发展水平的不断提高，一定量经济财物的（人们心理评估的）价值下降，而一定质量的生态环境产品则因变得稀缺而价值不断上升，这时，以生态环境的牺牲来换取经济增长的做法，对社会来说将变得得不偿失，以一定量经济财富的牺牲来换取生态环境的改善反而变得有利可图。这种情况说明，一定量生态环境的社会价值，是随着经济发展水平的变化而改变的，由此对处在不同发展水平阶段的人们来说，对同一生态环境资源的评价值是相距甚远的。如每公顷亚马逊热带雨林的价值，20 世纪 90 年代，发达国家专家的评价是每年超过 100 万美元，而当地居民的评价则不到 400 美元（他们的实际行为是毁林种小麦，收益是每公顷约 400 美元）。由此，才会出现同一时间，发展中国家在以环境牺牲换取经济发展时，发达国家则在限制某些产业发展来换取生态环境的改善。

对同一生态环境或一定量生态环境产品的评价差异，不仅发生在不同发展水平的国家之间，也发生在同一国家不同经济发展程度的地区之间、同一地区不同富裕程度的人们之间。如在我国东部沿海地区，因经济发展水平达到较高程度，正在投巨资进行生态环境的保护与改善；中西部地区，则因经济发展水平较低和为赶超东部地区，正在大力度地实施以环境换发展的做法（东部许多污染环境而被关闭的产业正在大量地向中西部地区转移）。同一地区内，不同富裕程度人们生活周围的生态环境质量差别同样惊人，如印度孟买的富人生活在生态环境良好的环境中，而穷人则生活中污水横流、垃圾遍地的贫民窟中。然而，虽然小范围的生态环境可以通过投资来改善，但大范围的生态环境，如整个孟买的生态环境质量，则一定取决于社会的和谐程度。这也正如我国当前，虽然东部地区因经济发展到较高程度而在实施经济换环境的政策，但由于整个国家内部不同地区之间存在着比较严重的收入分配差距，因此整体的生态环境呈继续恶化的态势。这说明，没有区域之间分配上的公平与和谐，整体的生态环境是不会明显改善的。这种情况在我国更加突出。因为，我国在地理上是一个西高东低的整体，维系东部经济发展命脉的主要河流全部发源于西部高地，收入分配差距的扩大，必然会驱使西部地区实施以牺牲环境换取经济增长的对策，由此产生的环境污染、水土流失、河流干涸等生态灾难，会对东部中下游地区形成致命的伤害，所以，收入分配差距的扩大，会严重阻碍我国“环境友好型”社会的建设。这同时也说明，大范围的生态环境，是不能够建立在局部地区以投入换环境的基础上的。

这种情况说明，虽然经济发展水平与生态环境质量之间具有 U 型特征，但在同样的经济发展水平上，生态环境的质量则取决于收入分配状况，两者间呈正比关系，也就是收入分配相对公平，社会和谐程度较高的国家或地区，生态环境的质量，或者说人与自然的关系要更和谐；而收入分配差距较高，从而社会和谐程度较低的国家或地区，生态环境的质量要更差，人与自然的对立也会更加突出。

要特别注意的是，当经济发展到一定程度后，生态环境的质量会随着人们对它的价值判断的改变而改变的这个过程，并不是市场机制作用的结果，而是人类社会与生态环境有关的伦理道德改变，而使人们对生态环境“价值”评价改变的结果。现代人类社会在生态环境方面的伦理道德水准，是与经济发展水平成正比的。

(三) 社会进步中的“环境友好型”社会建设

“环境友好型”社会的建设，依赖于收入分配差距的缩小和经济发展水平的不断提高，由于经济发展过程中收入分配的公平程度具有与经济发展与环境质量关系同样的U型特征，即经济从不发达到发达过程中的一定范围内，收入分配的公平程度会下降；当经济发展达到较高水平时，收入分配的公平程度会提高（这种过程的主要原因，是在经济发展程度较低时，生产更多财富成为社会的主要目标，“效率优先”会成为社会的主要选择，同时这个阶段的经济发展主要依赖于物质资本的投入，所以会出现分配差距的扩大；当经济发展到较高程度时，“稀缺”问题得到缓解，社会关注的焦点会转向“财富的分配”和“社会公平”，同时经济发展的重心转向依赖于人的素质和积极性，所以分配的差距会逐渐缩小)，同时经济发展水平也是随着时间而提高的，所以，就一般性来说，“环境友好型”社会的建设程度，是随着经济发展水平而一同提高的。

这个过程，也是与经济学的原理相一致的。因为，随着收入分配的公平程度在经济发展过程中的提高，生态环境基本矛盾的作用也就被日益削弱，也就是微观个体从牺牲环境获取个人利益的行为中得到的实际收益也越来越小，这也就是利用生态环境基本矛盾作用的激励机制的不断减弱，所以，微观个体会减少对环境的损害。

不过要注意的是，在经济发展达到一定程度后，收入分配会趋于公平的这种现象，是在市场机制能够充分发挥作用，也就是不受垄断和特殊行政干预，同时社会中心有意推进“社会和谐”建设的基础上实现的。情况如果不是这样，如在经济发展过程中形成众多的垄断势力和分利集团，即如19世纪末期或者世纪初达到相当水平的南美洲一些国家，20世纪80—90年代达到相当水平的东南亚一些国家，或者是当今的一些非洲国家那样，那么整个社会收入分配的公平程度，不仅不会随着经济发展水平的提高而提高，反而会不断下降。我国改革开放以来的情况也是这样。很显然，这些国家中的“环境友好型”社会的建设程度也会下降。所以，经济发展过程的“环境友好型”社会的建设程度，并不是一个完全自发的过程，而是一个市场机制发挥作用与政府努力的共同结果。也就是说，在推进“环境友好型”社会的建设过程中，政府的努力是至关重要的。如在资源配置过程中，破除一切阻碍市场机制和资本积累作用发挥的垄断势力，积极推动产品分配的公平化等，是实现“环境友好型”社会建设目标的重要保证。

还有一点要特别指出的是，后进国家不仅在资源利用上因各方面落后于发达国家而处在极端不利的地位，而且在环境方面遭受到更加不利的局面。因为，世界性的环境和谐需要世界性的社会和谐，而当今世界的一个明显特征就是国家之间的竞争日趋激烈，发达国家利用环境负担的转移来获取国家利益，发展中国家则因（经济发展需要）而不得不承受这方面的压力，因此在发达国家的环境日趋好转的同时，发展中国家的环境却在不断地恶化，所以在这方面，发展中国家在建立“环境友好型”社会方面，不仅会受到国内因经济不发达而产生的各种阻力，而且会受到发达国家的不利竞争而阻力重重，相当时间内，资源的过度消耗和环境恶化的趋势将不可避免。

## 三、“两型社会”建设的实质是“公平与效率”的统一

从上面的“资源节约型”与“环境友好型”社会内涵的分析中可以知道，“两型社会”的建设，实际上就是一个社会协调“公平与效率”的问题，这也是和谐生态经济建设的核心问题。

从公平与效率之间的一般关系知道，公平与效率的关系，是人类社会有史以来最希望能够得到统一，但又是最难协调好的一个问题，经数千年探索仍没有明确的答案。

在建设“两型社会”中，如何保持市场经济对效率要求的动力机制——收入分配必须有一定甚至较大差距，又满足社会公平的要求，是对我国人民和政府智慧的重大考验。笔者认为，加强上一章分析中指出的新兴公有制建设，加强社会生产方式和消费方式的转变，即经济模式的转变，加强国际经济合作等，是达到这个目标的有效途径。

## 四、推进我国的“两型社会”建设

自党的十六届六中全会提出构建“和谐社会”，建设“资源节约型”和“环境友好型”社会的战略主张以来，我国在构建“两型社会”方面迈出了可喜的步伐，但由于我国在这方面长期积累的弊端太多，因此前进道路上面临的阻力将是非常大的。

显然，如上面指出的那样，由于建设“资源节约型”社会与“环境友好型”社会的调节机制是不一样的，因此在推进我国的“两型社会”建设时，也应该分别采取不同的方式。

在资源利用方面，凡是让市场机制充分发挥作用的领域，相对于经济发展水平和经济结构来说，我国的效率应该说还是比较高的①，在许多方面，如一些废弃物的回收利用，如废旧塑料、纸张、金属等，我国的效率要远远高于发达国家。这是因为，这些资源在我国的市场价格较高，而回收资源的成本却因劳动价格低而很低廉②，所以，这些资源在我国的

① 许多人在进行资源利用效率的国际比较时，往往以欧、美、日等发达国家为参照系，得出我国在资源利用方面低效率的结论。这种比较，忽视了两者间的经济结构和发展水平差异，因此是没有实际价值的。

② 2009 年上半年在电视新闻报道中，看到东欧的一条河流几乎被各种废弃的塑料瓶堵塞，这种情况在中国当前是绝对不会出现的，因为它们在我国是一种具有很高市场价格的重要资源，每天都被许多人专职搜寻，即使偏僻的地方也不被放过。

利用或再利用效率是非常高的。只有在那些市场化程度还不高，产权不明确，或者受到垄断势力及行政干预的领域，如各种矿藏资源的开采利用、公共森林的利用、水资源的利用等方面，我国的资源利用效率才是比较低的。在这方面，范围是比较大的，程度也是比较严重的。如矿藏资源开采利用方面的低效率或严重浪费，是因为所有权、控制权、经营权与使用权之间存在着严重的不一致，如产权属于国家，控制权和经营权则主要属于各级地方政府，使用权则是企业，由于产权和经营权不属于企业，且政府行为多变，企业为在有限的使用时间内取得最大的效益，自然会采取采富弃贫，甚至竭泽而渔的方式，因此导致可采资源的严重浪费或破坏。在这方面，必须将产权、控制权和经营权，落实到具体的利益责任人，在许多能够通过市场定价的资源保护和利用方面，他们比国家或政府能够做得更好。许多领域因垄断导致的资源浪费，尤其是阻碍技术进步而造成的资源利用效率提高速度的缓慢，则是更大的资源浪费。这种情况反映，在建设“资源节约型”社会的过程中，应充分发挥市场机制在资源配置方面的基础性地位，不断缩小行政干预的范围和力度。因为，如上面指出的那样，市场经济的竞争机制具有迫使人们不断提高资源利用效率的内在压力，它会将一切浪费资源的生产者淘汰出局，所以，只要市场机制能够充分发挥作用，资源的利用效率就会在经济发展过程中不断提高。政府在这方面所要做的，就是强化市场机制在提高资源利用方面的效率，如对节约资源的行为（技术研发和推广等）给予信贷、财政等方面的资助，以提高行为者的收益或降低成本，政府甚至可以直接承担这方面技术进步所需的大部分成本。在这方面，政府的行为如要有效地发挥作用，必须通过市场机制这个桥梁来实现。

虽然作为后进和超越型国家的我国来说，在“两型社会”的建设上面临诸多的困难，但资源消耗和环境恶化如此之快，则充分暴露我国在分配制度等方面存在严重不足。如过于强调效率优先而忽视公平，致使我国在各方面都出现严重的二元化趋势，如日益严重的城乡之间、区域之间、不同行业之间（尤其是垄断行业与非垄断行业之间）、城市内部不同身份人们之间的两极分化等等，使得我国成为世界上收入分配最不公平的国家之一。正是这种两极分化，使得我国在环境保护方面的努力难以收效。如在淮河、太湖等江河湖海的治理上，由于各地方之间在经济发展与利益分配方面的严重冲突，以至国家虽然投入巨资进行治理，但效果却不明显，某些方面甚至在继续恶化。根本的原因，就是各方面之间在利益分配上的矛盾太大，由此促使彼此之间竞相采取外部不经济的方式来谋取个别利益，结果导致“公地的悲剧”的结局。所以，如果我国要取得“环境友好型”社会建设的明显成效，就必须对现行的分配制度和社会结构进行重大改革，加强“和谐社会”建设的步伐和力度，尤其要在收入分配方面加大调节的力度，不断缩小各方面的差别，使各方面做到相对公平，这也是我国实现可持续发展目标的重要保证。

“两型社会”建设的内容说明，要推进我国的“和谐社会”和可持续发展目标，必须“市场制度建设”与“社会制度建设”并重。

## 第三节　“资源节约型”社会的经济增长之道——消费模式转换

建设“两型社会”，虽然是促进和谐生态经济的重要途径，但如何在此基础上实现人类社会的持续增长，满足人民群众不断增长的社会福利，却不是它们所能解决的，必须进行彻底的模式转换。

## 一、资源节约的意义及其局限性

显然，在资源供给日益紧张，因资源过度消耗而致生态环境不断恶化的情况下，资源节约对经济的持续发展是极其重要的。支配当前世界主流意识的“可持续发展”观念，就是在资源供给难以满足经济持续发展的基础上提出并被世界各国普通接受的。

对企业来说，在技术等不变的条件下，通过合理配置资源，如加强资源节约等方面的管理，可以节约成本而提高效益和增加竞争力；通过技术进步等措施来提高资源的利用效率，更是企业获得垄断优势和超额利润的重要手段。在市场经济条件下，市场的竞争压力和获得更多利润的内在欲望，使得节约资源会成为企业摆脱不了的魔咒。正是在这种机制下，使得整个社会的资源利用效率不断提高。

对区域和国家来说，节约资源的意义则更加明显。因为，节约资源不仅可以在一定或更少资源消耗的基础上取得更大的产出，提高整个社会的福利水平，而且可增强区域或国家的竞争力，更重要的是可减少一定产出基础上的废弃物排放，保护生态环境，实现人与自然的和谐等等，所以，对区域或国家来说，节约资源的意义远比微观主体大。当今社会面临的最大问题，就是过度消耗资源所产生的环境恶化并已经严重威胁到人类的持续生存。相对于这个威胁来说，资源问题要缓和得多。因为在解决资源短缺的问题上，人类似乎还有足够的聪明才智来应对，而对生态环境恶化产生的一系列问题，尤其是生命之网的日益脆弱及其对人类持续生存能力的威胁，人类却完全束手无策，所以节约资源以保护环境，才是人类社会的真正目的。

不过要指出的是，虽然节约资源是提高社会福利和改善环境的重要举措，但也要看到它的局限性。如从短期看，无论是生活还是消费方面，节约资源都有可能阻碍经济增长。这是因为，短期内在资源利用方面的技术进步是不可能明显提高的，所以，对资源的节约必然会阻碍经济增长。这种情况在经济不景气阶段表现得特别明显，如为了刺激经济增长，近年来各国政府出台了一系列大量消耗资源的政策，如汽车、农机、家用电器消费等方面的更新或补贴政策。

从长期看，现有基础上的在物质生产和生活消费中节约资源的作用也就更加有限。这是因为，只要现有的以追求人们之间在物质利益方面相对优势的社会制度不变，或者说人类追求更多物质财富享受的目标不变，那么现有生产方式基础上资源节约的意义也就极其有限。这是因为，从长期看，任何大于零的指数增长，最终结果都是无穷大，如有人曾形象地指出，在耶稣诞生时，以年复利3%存入1盎司黄金，那么现在世界上的每个人都能分到30个纯金的地球，而大部分的国家，在追求更多物质产出的内在欲望和激烈的国际竞争环境压力下，并不以这3%（这也是资本主义产生以来的长期平均增长速度）的增长率为满足，我国甚至连8%的速度都被认为太低，这样的需求是我们这个星球所无法满足的；同时所有国家都以人均消费物质产品的多少作为发展水平和富足程度的衡量指标，都希望在这些指标方面超过其他国家等，在追求更大物质产出的基础上，资源节约只是减少一定量产品的资源消耗量，但对资源总量的消耗却是不减反增的，如尽管在技术的不断进步中，近几十年来每单位产出的资源消耗量大幅度下降，但全世界资源的消耗总量却仍然在快速增长，实际上，在现有经济总量的基础上，即使做到资源消耗量的零增长，许多重要的资源，如石油、天然气、铜矿等等，也维持不了多长时间，所以，从长期看，现有意义上的资源节约并不能最终解决人类社会的可持续发展问题。现有制度下的资源节约，只是适当地延缓这个界限到来的时候，但却不能从根本上解决问题。

一个现实情况能够很好地说明这个问题。从现有的条件来说，西方发达国家在提高资源利用效率方面已达到很高的水平，在各方面都远远高于我国和广大的发展中国家，不仅在需消费大量资源的生活和流通领域是这样，而且在一些涉及资源消耗的琐碎小事上，如煮鸡蛋需用多大的火和多少时间上都非常计较，从这些方面看，它们似乎在“资源节约型”社会建设上达到非常高的水平，但只要看一下它们的人均资源消耗量及近几十年来的增长速度，就会完全推翻这种认识，得出它们是最典型的“资源浪费型”社会，如它们几乎所有场所的空调，无论气温如何、有否人在等，都是全天候开放①。这种情况说明，现有制度和生产与生活方式上的资源节约的意义是有限的。

发生在经济学理论及其实践方面的情况，则对此做了更好的注释。经济学被认为是通过合理配置资源来解决人类社会的稀缺问题的，可如众所周知的那样，经济学产生后的200多年来物质财富不断以指数式的形式增长，以至每不到50年创造的财富总量都要远远大于之前人类社会有史以来财富的总和，除了分配不公等原因造成的部分人的绝对贫困外，从满足基本生存需要等方面看，当今世界面临的问题不仅不是稀缺，反而是过剩。如当今全世界因摄入过量营养而体重超重的人口超过10亿，以致当今人类因消费过多食品而致死的人数要远远超过因营养不良而致死的人数，美国2002年因肥胖症致死者达43.5万人，一些发展中国家的肥胖症现象也越来越严重；由此产生了巨额的医疗费支出，如美国2003年用于治疗肥胖症的费用为750亿美元，而用于治疗因肥胖症而产生的疾病的开销总额高达1400亿美元；用于美容的支出，甚至超过食品支出；世界上每年用于或准备用于人类自相残杀的军费开支更是高达数万亿美元。然而，尽管如此富足，但经济学意义上的稀缺问题却不仅没有得到解决，反而愈显强烈，如每个人都希望得到比原来更多的财富，每个国家都希望取得不仅更大而且比其他国家更快的增长速度，获得更多财富的激烈竞争正在人类社会的各个层次展开。所以说，在现有的体制安排下，是不可能通过所谓的合理配置资源来解决稀缺问题的（杨文进，2009）。这种情况，自然适应于现有制度下以节约资源来解决资源稀缺问题的做法，因为它们不过是同一事物的两个方

① 日本被认为是一个最典型的资源节约型社会，然而2010年1月的赴日本旅游却纠正了我的这样一个认识。因为发现在空调的使用上——以中国人的标准来衡量——他们是极度浪费的——室外寒风刺骨，室内气温却让人冒汗。

面。

上面讲到，在提高资源利用效率方面，市场机制是被历史证明在各种资源配置方式中作用最大的，但要特别指出的是，这种作用仅仅局限于生产和流通领域，而在分配和消费方面，市场机制的作用则受到明显限制。如在分配领域，无论是初次分配还是再分配，都受到社会制度、政策、垄断等一系列非完全市场因素的制约，这些制约既可能扭曲市场机制配置资源的功效，但也可能校正市场机制在资源配置上的缺陷。在消费领域，尤其是在涉及资源类产品的消费时，市场机制的功能并不是很有效率的。这是因为，资源类，尤其是满足基本生存需要的各种物质消费品，它们在总支出中的比重很小且仍处于下降中，因此人们对它们的价格变化不是敏感的，结果造成这方面的资源浪费极其严重，如一次性消耗品的大量使用，食品的过度消耗和严重浪费，过度包装，西方发达国家空调的过度使用等都反映了这点。实际上，相比于由市场竞争机制支配的市场来说，消费领域的资源浪费要比生产领域严重得多，如因过度摄入营养而致身体肥胖，不仅成为发达国家的普遍现象，而且在发展中国家也成普遍现象，由此产生的减肥产业占经济的比重，在一些国家居然超过食品产业，所以说，市场机制在消费领域的资源节约功能是很弱的。由于任何社会的生产都是服从于消费目的的，消费行为及其支出等则又由分配关系及其结果决定，建设“资源节约型”社会，虽然不能脱离市场机制的功能，但也不能过于依赖它，必须建立起与生态文明相适应的新兴消费观念和分配制度。

这种情况说明，在不改变社会生产关系和消费观念的基础上，仅仅依赖技术性角度的生产方式和生活方式变化来节约资源，是不可能真正解决资源稀缺和环境保护问题的，要最终解决资源短缺和环境保护问题，必须对现有的社会生产关系和消费观念进行革命性的改变，建立以马克思理想的“自由王国”社会为基础的制度和文化，同时有效地控制人口数量等才有可能实现。

## 二、"资源节约型"社会中的消费"节约悖论"

由于上面将资源的范围限定在自然资源及其衍生产品上，那么很明显，消费中的"资源节约"只能是对那些直接或间接消耗自然资源的产品的节约，而不是一般意义上的节约或"少花钱"。

前面讲到，对再生产过程中不同阶段的资源节约，人们的侧重点是不完全相同的。有人将重点放在生产过程。因为该领域消耗的资源占整个社会资源消耗的绝大部分，相比于生产方面的资源消耗来说，消费领域直接的资源消耗实在是沧海一粟，炼1吨钢消耗的能源，就比我国普通家庭1年消耗的能源还多，所以资源节约的重点是生产领域。但我们知道，任何社会生产的最终目的都是为了满足该社会的消费需要，无论各部门生产的最终产品是什么、距离直接消费的过程有多远，都是为了满足消费需要这个最终目的的手段或过程，是这个现代生产方式为更好地满足消费需要而进行的迂回生产过程的不同环节，没有消费领域的节约，生产过程的节约就没有了动力和目的。我们知道，相对于我国现有基础上的资源利用效率来说，西方发达国家在生产过程中的资源利用效率要远远高于我国，但他们的人均资源消耗量却是我国或世界平均水平的数倍甚至数十倍，我国资源消耗中的相当大部分也是为了满足他们的消费需要，原因就是他们在消费领域的过度放纵，如毫无节制地使用空调和一次性产品等等，因此它们并不是真正意义上的"资源节约型"社会，所以，从长期看，消费领域的节约才是真正意义上的资源节约，从而是资源节约的最终出路。从这个方面说，那些强调消费领域资源节约的观点，更具有战略意义。

显然，为了实现这个战略意义，就必须通过各种手段促进消费领域中的资源节约。我国正进行的"资源节约型"社会建设，就在多方面推进这方面的工作。然而，如果这种消费领域的"资源节约"变成一般意义上的"消费节约"的话，那么就会阻碍经济增长，进而阻碍可持续发展和“资源节约型”社会建设目标的实现，最终使得资源节约和环境保护成为空谈。因为，从“节约悖论”知道，如果人们都在消费过程中少花钱或厉行节约，那么这种无数个人理性行为的结合将会产生极端的社会无理性结果，即会严重阻碍经济增长，最终使所有个人都变得更加贫困，而贫困是环境保护和资源节约的最大阻力，所以，“资源节约型”社会或可持续发展中的“消费节约”，只是要求人们尽管减少自然资源型产品的消耗，而绝对不是一般意义上的“少花钱”或“少消费”。

上面讲到，任何社会的生产都是为了满足人民群众的消费需要，消费既是生产的目的，更是促进生产扩张和进步的手段，追求消费的不断增长，是人类社会进步和经济增长的最基本动力。这也就是说，经济的持续增长和人们福利的持续改善，必须建立在消费支出的持续增长基础上。一个缺乏持续消费支出增长支撑的社会，经济的持续增长是没有保证的。这正如我国当前面临的情况一样。如由于消费需求不足，迫使我国的经济增长主要依赖于投资与出口。投资，作为一种中间生产，最终是为了满足消费等需求的，没有消费需求支撑的投资，显然是没有持续性的。在国内有效需求不足的情况下，投资形成的庞大生产能力只能向外渲泻，而出口是受制于人并严重依赖外部经济形势的好坏的，同时对我国这么一个大国来说，国际市场的容量是有限的，这种依赖出口，尤其是长期贸易出超的增长，显然是不能持续的。所以对我国来说，如何增加消费需求，不断扩大消费支出占国民经济的比例，成为亟待解决的重大问题。我们知道，无论是“可持续发展”还是“资源节约型”社会，“经济的持续增长”都是它们最重要的目标之一，同时也是实现其他目标的最重要手段。要实现这个目标，就必须鼓励人们多消费或多花钱（前提条件是钱能够到达消费者手中）。

于是也就产生了可持续发展或“资源节约型”社会建设消费中的一个矛盾，要节约资源就必须少消费，而要促进经济增长就必须多消费，而这两者又都是它们的目标。如何解决这个矛盾，成为我们建设“资源节约型”社会和和谐生态经济亟待解决的问题。这也就是说，在实现和谐生态经济与“资源节约型”社会建设目标方面，我们必须找到一种既能节约自然资源又能促进经济持续增长的发展方式和消费模式，这种方式也就是消费支出的总量必须不断地增加，但其中物质消费所占的比例及其绝对总量则须不断减少。这种发展方式和消费模式是存在的，也是有可能实现的。

## 三、“模式”转换是破解资源节约与经济增长矛盾的根本出路

显然，无论是可持续发展，还是人类社会进步的动力机制所需等，都要求经济能够持续地增长和人民福利不断得到改善，由此以竞争为基础的社会制度仍然必须保持。

既要取得经济的不断增长，又要做到资源的永续利用并使生态环境不断改善，就需要找到这么一种生产方式，其生产的产品有无限的社会需求，或者说符合人类社会不断改进福利的欲望，同时又不大量消耗资源和破坏环境。

这种产品及其生产方式是存在的，也就是以精神文化产品为重心的生产方式。这也就是说，要建立一种节约资源和保护环境，实现可持续发展目标的生产方式，就必须改变资本主义产生以来以物质享受不断增长为追求目标的社会文化、生产方式和消费方式，转向以精神文化等非物质产品消费为重心的社会文化、生产方式和消费方式等。只有这样，才可能在节约资源和保护环境的基础上既实现经济的持续增长，又实现人类福利不断增加的目标。

将生产与消费的重点，逐渐由物质转向精神文化领域，也是马克思理想社会的目标，如他说：“事实上，自由王国只是在由必需和外在目的规定要做的劳动终止的地方才开始；因而按照事物的本性来说，它存在于真正物质生产领域的彼岸。像野蛮人为了满足自己的需要，为了维持

和再生产自己的生命，必须与自然进行斗争一样，文明人也必须这样做；而且在一切社会形态中，在一切可能的生产方式中，他都必须这样做。这个自然必然性的王国会随着人的发展而扩大，因为需要会扩大；但是，满足这种需要的生产力同时也会扩大。这个领域内的自由只能是：社会化的人，联合起来的生产者，将合理地调节他们和自然之间的物质变换，把它置于他们的共同控制之下，而不让它作为盲目的力量来统治自己；靠消耗最小的力量，在最无愧于和最适合于他们的人类本性的条件下来进行这种物质变换。但是不管怎样，这个领域始终是一个必然王国。在这个必然王国的彼岸，作为目的本身的人类能力的发展，真正的自由王国，就开始了。但是，这个自由王国只有建立在必然王国的基础上，才能繁荣起来。工作日的缩短是根本条件。”[①] 在今天，这样的条件已经具备。如社会生产力，尤其是物质财富的生产力已经达到非常高的程度，用较少部分的社会总劳动就能够满足各种基本需要，同时工作日和日劳动时间也明显缩短，所以，人类有足够的时间和能力来从事各种满足享受和发展所需的精神文化产品的生产和消费。

我们知道，从最终目的看，人类的一切经济活动都是为了满足自己的消费需要，并不断取得更大的幸福。人的消费需要分物质与精神两个方面，要达到最大幸福的目标，两个方面的消费就必须做到和谐统一，否则，就会损害一定资源消耗基础上的福利水平。然而历史证明，人类在这上面还远未成熟，两个方面的消费不仅总是失衡，而且调整总是矫枉过正，即不是在物质上追求过度，就是在精神领域追求过度，最终都导致社会经济发展难以持续而被不断地抛弃（堺屋太一，1986）。如古希腊和古罗马，因过度追求物质享受，不仅导致土地因过度开垦而退化，物质生活难以持续，而且引起激烈的内部纷争，最终因此而解体。“一种社会形态的崩溃意味着另一种社会形态的诞生。古代社会的衰亡就意味着另一种新的社会形态——中世纪社会的诞生。”[②] 吸取这种教训的中世

① 马克思：《资本论》第3卷，人民出版社1975年版，第926—927页。

② 堺屋太一：《知识价值革命》，东方出版社1986年版，第139页。

纪社会，由此将消费的重心转向精神领域，在物质消费领域则强调“禁欲”。这种转换，虽然很大程度上解决了人与自然的矛盾并缓和了社会内部的纷争，但却又过度扼杀了人的理性和技术进步，严重阻碍了经济发展；对物质生活的过度压抑，在人类需求两种力量必须相对平衡的机制作用下，必然会产生巨大的反弹力量，由此最终又被追求“理性解放”和物质欲望的资本主义社会取代。如同中世纪对古罗马的矫枉过正一样，资本主义对中世纪的社会文化制度等也同样是矫枉过正的，并且有过之而无不及。如资本主义产生以来，人的物质欲望不仅被释放，而且不断地被加强，使得“满足欲望的手段”越来越赶不上“欲望的满足”，以致在物质财富越来越以梦幻般速度再生产出来的同时，物质财富的稀缺程度却反而越来越明显，“人心不足蛇吞象”的现象在资本主义社会愈演愈烈。物质欲望的释放，虽然极大地推动了经济发展，使人类的物质福利水平达到古人做梦都想象不到的程度，以至最富想象力的科幻作家也无法想象 20 年后人类的物质福利水平，人类曾有的一切“理想社会”的物质丰富程度在它已取得的成就面前都黯然失色，但它却并未给人类带来相应的幸福，它引起的社会忧患反而前所未有。如人与自然的关系空前紧张，人类在拥有空前生产力和物质消费水平的同时，却日益忧虑自身的持续生存问题；国家之间和国家内部等追求财富的竞争日益加剧，南北差距及社会内部差距不断扩大，因此产生的社会裂痕及一系列副作用日益明显；高度竞争产生的精神压力不断增加，精神疾病患者占人口比例日益上升等等，都昭示资本主义在物质财富的追求上走过头了。这些情况充分说明，尽管资本主义的生产力达到了远远超出满足人类基本物质所需的“必需和外在目的规定要做的劳动终止的地方”，但资本主义却仍然让“自然必然性的王国”以“盲目的力量来统治自己”，以破坏自己生存摇篮和发展基础的方式来满足自己对物质产品的贪婪，由此说明传统的资本主义生产方式和社会文化已经驾驭不了自身发展起来的生产力，到了对其进行彻底改革的时候了。自然，这次改革，人类将在吸取历史教训的基础上不再矫枉过正，而是做到物质与精神的和谐统一，实现人类社会内部及其与自然关系的协调发展，达到自己的最大幸福。

满足人的精神与物质两种需要，实现人类社会的可持续发展目标，显然并不抵制人在物质生活上的合理需要及其不断改善的愿望，但在许多方面，如食物、衣着等的消费或占有上，人类社会又确实需求过度了。这种过度，不仅没有给人类带来相应的福利，反而成为降低人们福利的罪魁祸首，也就是过多的物质消费产生了日益增加的“负边际效用”。如因食物摄入过多，产生了普遍的身体超重现象和一系列相关的疾病，如高血压、心脏病等等[①]，为此不仅耗费了巨大的医疗费用（这些费用已经远远超过摄取的食物支出），而且身心受到巨大的折磨，如行动不便、自悲、身体疼痛等；因食物摄取过多及质量追求，更产生了严重的生态环境问题，如过量化肥产生的水体富营养化日益严重、过量垦殖导致土地日益退化和荒漠化、农药过量使用产生的土壤污染和物种大量灭绝、食物不断（高级）转化产生的大量放弃物成为大气破坏的重要因素[②]等等。为追求身体舒适而过度使用空调，不仅消耗宝贵的能源，破坏生态环境，而且使人不知春夏秋冬，因此不断地降低人类抵抗各种疾病的能力，药物的滥用更是加剧了这种现象。大量使用汽车代步，不仅消耗大量的能源并产生严重的环境问题，而且身体的运动功能减少而产生一系列健康问题。

从某个角度看，因物质生活的日益改善，人的寿命在不断延长，似乎证明人类由此得到的福利是不断增加的，但我们知道，任何物种的最大利益，都是保持物种的持续生存，人类作为一个物种也同样如此。从这方面看，人类不仅没有因此受益，反而深受其害。因为，在有限的数

---

① 据报道，因食肉过多，致使我国患高血压病人1.6亿，糖尿病人2000万，另有近6000万人空腹血糖过高，2亿成人超重，6000多万人肥胖，血脂异常人数1.6亿。此外，还有大量患与摄入肉类过量有关的便秘、肠道癌、高血脂、动脉硬化、冠心病、脑中风、痛风等疾病的病人（张淑红：《过量肉食让1.6亿居民高血压》，《浙江日报》2010年6月3日第16版）。

② 据说牛释放的甲烷，已成为破坏大气臭氧层的罪魁祸首。世界银行前任首席环境顾问罗伯特·古德兰博士和世界银行研究员杰夫·安享甚至认为，牲畜及其副产品排放的温室气体占世界总排放量的51%。

代人寿命不断延长的背后，是人类作为一个物种持续生存能力的急剧下降，如反映人类持续生存能力最重要指标的生殖率（如男性精子活动率、排精总数及精液量等），近几十年来呈快速下降态势，近 20 年男性每毫升精液的精子数量下降一半多，以致发达国家有近 20% 以上的夫妇没有生育能力，以这样的趋势发展下去，用不了 200 年，人类很可能就要亡族灭种。其中的原因，既有摄入营养过量而致的肥胖和因汽车代步而缺少运动导致的体质下降等原因，也有过度使用资源导致的环境恶化等等，无论哪一个方面，都是因为人类无节制物质消费而过度攫取资源破坏环境的结果，所以从这些方面看，物质福利的不断增长并没有实现人类福利改善的目标。这种情况说明，节制一定的物质消费，不仅不损害人类的福利水平，甚至有可能提高人类的福利水平。因为当前相当大部分国家的物质消费已超出边际效用为正的界限，所以减少部分物质消费反而会提高人们的福利水平。否则，我们就无法理解，为什么可持续发展观念会在如此短的时间内，就被发展水平完全不同的国家普遍接受的这个事实。

显然，改革不合理的国际制度，缩小南北差距和各社会内部分配差距，做到财富的公平分配，是实现物质消费节制的重要条件。我们不能指望，在发达国家的人们（和各社会内部的富人）在享受极丰富物质消费的同时，却以节约资源和保护生态环境的名义来约束发展中国家的人民（和各社会内部的穷人）追求相同物质福利的愿望。在这方面，那些已经享有过度物质福利而导致福利损失的国家或人们，完全可以减少部分物质消费，用来帮助提高后进国家和穷困人口的物质福利，最终结果将是所有国家和人民物质福利水平的改善。财富分配和消费的相对公平化，是实现人类社会可持续发展的基本条件（杨文进，2002）。

在合理节制物质消费的同时，要保持经济的持续增长并使人们的福利水平不断提高，就需要精神文化等非物质产品的生产和消费能够持续增长。这是能够实现的。相对于物质产品来说，精神文化等非物质产品的生产和消费特点，决定了它们有更大的发展空间。如这些产品中，相当部分的生产过程与消费过程是相统一的，如戏剧表演等，也就是说，它们生产过程的迂回程度更短，生产与消费的联系更紧密（由此产生的总供求联系和比例结构关系也更紧密，更不会出现供求总量和结构的失衡，经济的运行将更稳定等）；更主要的是，精神文化等非物质产品的消费，属于比物质消费层次更高的消费，由于满足较高消费层次的产品的收入与价格弹性更大，因此它们的市场需求空间也更大，在消费结构中的比重会随着经济增长而不断地提高。也就是说，当经济发展水平达到一定阶段后，主要满足基本生存和安全需要的物质产品的生产与消费占经济的比例会不断下降，而满足人的社会需要和自我价值实现需要的精神文化产品的生产与消费占经济的比例会不断扩大。我们知道，“自我价值实现”的需要，是个人和社会发展的最高目标，这个目标实现的过程，也就是精神文化产品生产和消费相统一的过程，由此决定了整个社会对精神文化产品需求的无限性。这种无限性，决定了经济增长的无限性。这说明，将整个社会生产和消费的重心由物质产品转到精神文化产品，不仅不会阻碍经济增长，而且给经济增长带来了更加无限的发展空间。正是在这个意义上，我们将“资源节约型”社会的资源局限在“自然资源”上，对劳动力及其人造资源，不仅不要节约，反而要大量地“浪费”；同时消费的“节约”，也只是局限在对资源消耗型产品的节约，对非资源消耗型产品，即满足精神和能力发展的精神文化产品等，则必须尽可能地“奢侈”，只有这样，才能真正实现资源节约与经济增长之间持续地和谐统一。

实际上，在资源约束和消费层次提高作用下，人类已经逐渐在向精神文化产品消费为主的方向转移，如随着经济的发展，非物质产品生产占国民经济的比重不断提高，许多国家这方面的比重已经超过物质生产，部分发达国家第三产业占到国民经济的比重甚至超过70%。只不过，大部分国家的这种转换仍然建立在对物质产品需求不断增长或过度增长的基础上，发达国家的经济结构转换，很大程度上是建立在从较后进国家大量进口物质产品的基础上实现的[①]；更主要的是，它们并没有改变对物质产品过度消费的文化制度、生产方式和消费方式，每个人消耗的资源量是发展中国家人均资源消耗量的数倍至数十倍，而且仍呈增长趋势。这种情况也就是上面讲到的，发达资本主义国家虽然在物质生产力方面已经达到远远超出满足人类基本生存需要的“必然王国”的界限，但在文化制度和生产与消费方式方面，却并没有摆脱它的桎梏，仍然让它以“盲目的力量来统治自己”，由此说明现有社会制度和生产方式的局限性。人类只有摆脱这种局限性，才可能从现有的“必然王国”进入到理想的“自由王国”，由此资源节约和环境保护与经济持续增长的和谐统一目标才能真正实现。

以上分析说明，只要对以物质欲望满足为追求目标的资本主义文化制度及其生产方式进行合理的扬弃，抵制过量并实际降低人们福利的物质产品消费模式，建立物质需求与精神需求满足和谐统一的文化制度及其生产和消费方式，不仅可以做到资源节约与经济持续发展的和谐统一，而且能够实现人类社会的最大福利。当这个目标实现的时候，人类也就从现有的“必然王国”进入到“自由王国”。

要指出的是，虽然从现有生产力水平和技术条件来说，人类已经具备“两个王国”间进行转换的条件，但要真正实现这种转换，却是十分艰难而漫长的过程。因为它需要彻底变更现有的社会制度和生产方式，重新调整现有的利益分配关系，因此必然会遭到那些在现有文化制度和利益分配中占有优势地位人们或国家的强烈反对，所以决定了这个转换过程是艰难而曲折的。不过，经济发展与资源环境之间矛盾产生的历史必然性和人类追求更大福利目标的坚定性，决定了人类社会一定会朝着这个方向不断地前进。

显然，精神文化产品的生产过程，也就是劳动力的消耗过程，同时

① 这种情况说明，由于经济结构和发展层次不同，因此进行不同国家之间每单位（美元）产出所耗资源量的横向比较是没有意义的。这种比较的结果差异，只代表发展水平上的不同，并不充分表示资源使用效率的差异。

也是人们满足自身需要的消费过程，更是提高劳动力质量和能力的再生产过程，因此是社会生产目的实现与实现手段相统一的过程，正是在这个意义上，我们说“资源节约型”社会中的“资源节约”不仅不包含劳动力等人造要素，反而要尽可能多地（符合社会生产目的前提条件下）消耗它们；消费领域则要在节约物质产品支出的同时要尽可能多地增加在精神文化产品上的支出，由此才能在节约资源的基础上保证经济的持续增长，实现人类社会的可持续发展目标，人类社会才能从“必然王国”进入“自由王国”。

## 第四节 循环经济

在节约资源和保护环境方面，循环经济是一种有效手段。随着我国资源与环境问题的日益突出，循环经济这种节约资源和保护环境的生产方式正在被社会广泛采用，这对我国的和谐生态经济建设无疑有着十分积极的作用，然而，在对循环经济内容的分析及其政策建议上，人们却大多是从技术和政策的角度进行的，这显然不符合循环经济的内涵与本质，因此在实践中难有操作性。

### 一、循环经济的经济学涵义

循环经济，就是在满足成本效益原则的前提下，利用生态学原理，对经济活动中的有限资源不断地进行循环利用，高效率或无浪费地使用资源。具体地说，循环经济就是在再生产过程中利用生态经济原理，将上一生产过程或工序所产生的废弃物，转变为下一生产过程或工序的投入品，以使资源得到最充分地利用，同时尽可能少地产生或不产生对环境有害废弃物的这么一种生产方式。如工业生产中对水的利用，当水在生产过程中被各种化学产品和重金属污染后，经过特殊工艺处理，将这些化学产品和重金属分离出来，不仅可以使水得到洁净而能够重新使用，而且可以回收具有重要经济价值的化学产品与重金属。要特别指出的是，循环经济的主要内容虽然是资源的循环利用，但其本质却是“经济”，更确切地说，就是资源的循环利用必须满足“收益大于成本”的经济性原则；否则，资源的循环利用就不可能实现。

然而，在国内外对循环经济范畴的众多定义及其内容的理解上①，却大都放在资源的循环利用和节约上面，“经济”内容或被忽略或被置于极其次要的地位。如果说这种情况局限于早期提出循环经济概念的工程技术人员尚可理解的话，那么在当今为循环经济寻找政策依据的经济理论研究中出现这种情况，或者说一成不变地沿袭该概念的内涵却是极不正常的了，明显违反经济学的本质。这是因为，在人类社会，尤其是在市场经济社会对资源的利用及环境的保护，都是服从于人的经济利益的，对经济利益的追求才是决定资源配置的关键，而经济学正是从人的利益关系去看待和研究人类社会的一切行为的，并以产出是否大于投入确定行为结果的好坏的，所以，经济学角度的“循环经济”内涵不同于技术角度的“循环经济”内容。

我们知道，以今天的技术水平来说，已经可以做到将几乎所有的有形资源加以回收利用的程度，因此确实如科学家或工程技术人员所说的那样，“只有放错地方的资源，而没有绝对的废弃物”。如从技术条件看，完全可以做到将各种燃烧气体中产生大气酸雨的“硫”的零排放，但我们知道，无论技术多么发达的国家的实际排放都没有做到这点，也就是说，技术能力与实际排放之间存在着巨大差距，原因就是“零”排放的技术使用不能满足人类社会的“经济性”要求，所以暂时还不被人类所利用。这是因为，各种废弃物的回收在达到一定程度后存在着极其明显的成本递增倾向，如将煤炭燃烧排放气体的脱硫量由 90% 提高到

---

① 参见赵云君、文启湘：《我国发展循环经济的理论研究综述》，《经济学动态》2006 年第 1 期。

95%，那么成本将上升一倍以上；要在此基础上再提高2个百分点，则成本的增加又需要一倍以上；而要达到100%的脱硫，则成本会成为任何社会都无法承受的天文数字。在我国正被大量关闭的达不到一定规模的造纸厂、电镀厂等，也不是缺乏相应的污染治理技术，而是这些技术的利用满足不了经济性或规模经济的要求。如要使各种排放物达标，那么这些企业将出现严重亏损，甚至投入企业的全部收入也满足不了治理污染的要求。这说明，循环经济并不是单纯的技术上的资源循环，而是符合经济要求的资源循环。如果不能满足这种条件，那么无论技术水平达到何种程度，这些"被放错地方的资源"就只能成为污染环境的废弃物。其原因，就是人类社会的资源配置不是完全由技术决定，而是由经济原则支配。无论是各种废弃物的排放或保护环境的标准，还是各种资源的循环利用等，都是如此。因此，那些被利用过的资源或废弃物是否能够被重新利用，从而资源循环是否能够实现，取决于它们的回收与使用成本是否小于新资源的获得与使用成本、是否在社会的承受能力范围之内；否则，循环经济不仅不能实现，甚至原有的循环经济也会因此而转变为非循环经济。东方的传统农业是一种典型的循环经济，几乎没有任何废弃物的产生（秸秆作为牲畜的饲料，牲畜的排泄物又作为农田的肥料；由人消费而产生的各种排泄物也通过同样的方式循环等），但它们最终却被非循环的石化农业所取代，原因就是各种废弃物的循环利用成本及其效益低于资源非循环利用的石化农业，以致原来作为农业肥料和有机物投入的各种废弃物成为污染环境的元凶（在我国许多地区，原来被农民作为重要资源的"秸秆"，由于劳动力成本提高等原因而造成处置成本的增加，因此收获后大多被一焚了之，结果不仅造成严重的环境污染，而且在许多地区还影响客机航班的起降）。这种情况显然从技术方面得不到合理解释。由此说明，循环经济的核心是经济利益，而不是单纯的技术问题。资源循环的技术，只有在它能够带来比非资源循环技术更大的经济效益时，才会被采用。现在一些地区正由石化农业向生态农业的回归，就是因为社会经济条件的变化，使得后者在经济上更有竞争力的结果（杨文进，2005）。

不仅资源能否循环利用取决于经济原则，而且社会在制定各种废弃物的排放标准时，也是根据排放一定量废弃物所产生的各种社会成本与社会为减少这些废弃物排放量所承担成本之间的关系来确定的（由于实际中污染所产生的各种成本难以准确计量，因此损失的计量具有很强的规范性），只有当后者小于前者时，社会才会提高废弃物排放的社会标准，由此减少废弃物的排放。也正是这种原因，使得各国的排放标准都是根据各自在这方面成本收益情况的改变而不断调整的。这说明，循环经济与非循环经济的界限并不是泾渭分明的，而是根据社会经济条件的变化而改变的。

自然，强调循环经济的经济核心本质，并不是否定技术的作用，而是指在市场经济社会，技术是服从于经济要求的。这种情况，不仅在循环经济中存在，而且在各个方面都是如此，如许多在技术上先进的生产方式，如“铱星移动通讯”等，因经济性差而竞争不过适应性技术而遭到淘汰的例子，在现代社会是不胜枚举的。只有当先进技术在经济上能够超过传统技术时，它才会在社会实践中取代后者。因此，才会出现许多最先进的技术，要经过相当长的时间才能成为社会的“普适”技术，那些不能满足这个要求的技术则会被淘汰（在人类发明的各种新技术中，绝大部分因达不到这个要求而被湮灭，真正能够被有效利用的只有少部分）。

## 二、循环经济的实施条件及演进过程①

循环经济的内涵说明，循环经济的实施是需要一系列条件的，如果不能满足这些条件，循环经济就不可能实施，甚至原有的循环经济也会转换为非循环经济，如传统农业被石化农业的取代就说明了这点。

① 本部分内容，主要来自作者与柳杨青合作论文《产业演进中的循环经济》（《中国地质大学学报（社会科学版）》2008年第6期）。

一般来说，循环经济的实施条件主要有：技术的成熟度及其适应性、资源供给的数量约束程度、资源的市场价格、企业的生产规模、产业的聚集、社会化的资源统筹利用、国家对环境保护的规制等等。显然，在市场经济条件下，任何条件最终都必须体现在其收益大于成本的基础上。只不过在这里，厂商与社会或政府之间的成本和效益内涵存在着重大差异。

这些条件在实际过程中，随着经济发展而不断变化和成熟，它们通过以下方式得到实现：

（一）技术进步中的循环经济

虽然在市场经济，任何技术的使用都要满足于收益大于成本的要求，但技术进步会不断地改变再生产过程中的成本收益关系，使得一些原来满足不了循环经济的生产方式而被转化为循环经济。如技术进步使得许多原来不可被利用的废弃物成为宝贵的资源，如原来严重污染环境的煤焦油，因技术的进步而成为重要的资源；许多原来严重污染环境的产业，如造纸业等，因技术的进步不仅做到资源的不断循环利用，而且做到了有害废弃物的零排放等等。在某种意义上可以说，资源的循环利用和生态环境的保护，只有通过技术的不断进步才能够不断完善，一个社会的循环经济必然是随着技术的进步而不断演进的，由此才使得许多非循环经济的产业，如水资源、造纸行业、钢铁行业等，都在技术的进步中逐渐转变成循环经济。

显然，任何社会的技术进步都是一个渐进的过程（对单个企业或行业来说，可能存在技术上的突变），因此循环经济也是一个渐进的过程。这是因为，资源供给由丰裕到短缺的过程是一个渐进的过程，所以克服资源短缺或者说实现资源循环利用的过程也是一个渐进的过程，资源再利用的经济效益也是一个逐渐显现的过程，所以，由经济利益关系决定的循环经济技术进步也必然是一个渐进的过程。市场经济中，决定资源利用方式的是利益关系，在资源供给相对丰裕从而价格低廉的时期，这方面循环经济技术投入的产出效率是很低下的，所以技术的进步速度必然缓慢。如果石油资源的供给像20世纪50—60年代那样丰裕而廉价，那么提高能源利用效率和发展替代能源的动力就小，各种可循环利用能源，如太阳能、核能、风能等的技术进步速度也就较慢，因为它们竞争不过非循环经济生产方式；只有在能源价格较高且供给紧张的社会条件下，循环经济技术进步及其应用的效益明显，这方面的技术进步速度才会加快，同时也只有在这种条件下，新技术的运用才具有经济竞争力而得到推广。正是这种机制，决定了稀缺程度不同资源利用方面技术进步速度的不同，即各资源循环利用的技术进步程度是与该资源的短缺程度及相应的市场价格高低成正比的。由于任何资源的短缺程度与市场价格都是随着经济发展程度的提高而加强的，因此决定了各种资源利用技术的进步程度也必然是不断加快的。如近几十年来，随着石油、煤炭、水等资源短缺程度的加强，这方面的技术进步速度也是不断加快的，因此使得这些资源的利用效率不断提高。在市场竞争过程中，只要资源的短缺能够通过市场价格得到反映，追求资源利用上（或是提高资源的利用效率，或是寻找新的替代资源）的技术进步，就会成为各国政府或各厂商之间身不由己的内在动力与外在压力，技术进步就会成为一种自然的过程。

技术进步是一个渐进的过程，还存在各产业之间是相互关联的，技术的进步是一个相互促进而又制约的关系，如某个产业的技术进步或突破，会使得相关产业的技术变得落后，因而，会促进其发展，这正如工业革命中的纺纱技术的突变而使得织布技术变得相对落后，因此，促使后者进行技术变革；在后者的技术变革取得突破前，纺纱技术将停滞在原有的水平上而难以继续改进。由于各产业之间的协调需要时间，因此整个社会的技术进步虽然会有起伏变化，但整体而言是渐进的。与此相适应，循环经济的演进必然也是渐进的。自然，随着经济增长过程中资源短缺程度的不断提高和环境保护意识的加强，以提高资源利用效率和保持生态环境为主要内容的技术进步速度会不断加快，由技术决定的循环经济的演进过程也会加强。

正是伴随技术的不断进步，循环经济才得以不断地扩大（工业革命以来，循环经济经历了一个U型过程）。可以预料的是，伴随着经济发展过程中资源的日益短缺和社会保护环境意识的加强，这方面的技术进步会不断加强，如当今的环境保护技术不仅扩大到如何回收有用的资源和保护环境，而且已延伸到产品的设计过程中，不仅做到生产过程不浪费资源和污染环境，保证产品使用的清洁高效，而且做到产品使用寿终后废弃物的有效回收和循环利用等，所以在此过程中，循环经济的深度与广度都会得到极大地加强。

（二）规模经济演进中的循环经济

要做到资源的循环利用，不仅需要相应的技术，而且需要生产和资源利用的单位规模达到一定的要求。一般地说，两者间具有正比关系，即生产单位资源利用的生产规模越大，循环经济的实施效果越好。这是因为，在现代生产方式条件下，任何资源的循环利用都需要一定的物质技术条件和工艺流程，从而需要相应的成本投入，如果企业的生产规模或资源再利用的规模太小，就无法承担所需的成本费用，这正如我国目前被大量清理整顿的造成严重环境污染的“五小”企业，并不是缺乏相关的治理技术，而是因为它们的生产规模太小，承担不了相关的治理费用，所以不得不被政府强令关闭或迁移。同时，一些有用资源的再利用也需要达到一定的规模，如发电厂余热、炼油厂废气、造纸厂的废碱等的回收利用，都要求企业生产规模达到相当程度后才可实施。著名的杜邦化学公司创造“3R制造法”［即把3R（reduce减量化、reuse再使用、recycle再循环）原则与化学工业实际相结合所创造的一种循环经济生产方式］，不仅要求企业的生产规模达到相当程度，而且要求整个生产的产业链足够长。这说明，只有企业或资源利用的规模大到一定程度时，循环经济生产方式才有可能得到有效实施。在一些污染行业，各国政府确定的起始规模，往往也就是满足污染治理所需的经济规模。自然，如果单个企业自身的规模满足不了循环经济的规模要求，那么将这些达不到循环经济规模要求的企业在区域上集中起来，进行统一的污染治理或资源再利用，也能够满足循环经济的规模要求。这也就是说，要做到循环经济，就要求资源的利用和再利用必须达到一定的规模要求，这种规模要求可以是单一的生产单位，也可以是众多生产单位在空间上的集合或聚集。

由于任何社会单位生产及其聚集的规模都是随着社会经济的发展而逐渐演进的，因此决定了一个社会的循环经济也必然是随着社会经济规模的扩大而不断深化的。受生产技术、资金和市场等方面的限制，在经济发展水平较低的阶段，企业的生产规模必然是较小的；同时受技术、资源价格等方面的影响，除了传统产业外，整个现代经济的循环经济水平必然是较低的。因为在这样的小生产规模条件下，单个企业所产生的可再生资源废弃物的排放量必然是较小的，不仅回收的经济意义不大，而且回收的成本非常高，再加上受到循环经济技术不足和社会经济条件（在经济发展水平较低时，资源环境的社会评价值低，社会对实施循环经济的要求不高）等限制，所以循环经济的规模必然是较小的，大多局限于一些具有较高经济价值而技术要求不高的资源回收利用上。但是，这种情况会随着社会经济的发展而改变。因为在市场经济优胜劣汰和技术进步所产生的规模经济作用机制下，一方面企业的规模会不断扩大，由此产生的具有经济价值的废弃物的规模会扩大，当它们达到一定程度时，废弃物的回收将变得有利可图；另一方面在经济发展过程中，实施循环经济的社会条件会不断改变，如不仅资源的市场价值会不断提高，而且环境的社会价值也会不断提高，社会对生态环境的保护力度会不断加大，以资源再利用和环境保护为目标的循环经济会逐渐成为一项有利可图的事业，这方面的产业会不断地从原有的产业中分蘖出来并不断壮大。

循环经济在规模经济扩大的过程中发展，既有废弃资源排放单位生产规模扩大所产生的大规模资源再利用的规模经济，如钢铁厂的废钢渣和废热的再利用、各种牲畜集中屠宰中的废弃物利用等；或者是某些废弃物的排放规模达到一定程度，使得通过社会化的专业回收或处理变得（对企业来说。如一些城市建立企业化的污水处理企业，以计量收费方式收集各企业排放的污水）在经济上有利可图或社会因此变得能够承受；或者是将那些产生严重资源浪费和污染环境而又无力进行循环经济生产方式的中小企业在空间上的集中或聚集达到一定程度，从而使得废弃物的处理和资源的循环使用能够达到循环经济的起始规模要求等等。总之，循环经济的技术经济条件要求，无论是资源的回收、处理和再利用等等，都需要一定的规模为基础，由此我们看到各行业中规模不等的企业之间的循环经济程度往往也是不同的，一般地说，两者间具有明显的正比关系。由于一个社会的生产单位，尤其是中上游物质生产单位的规模，是随着市场竞争和经济发展而不断扩大的，因此决定了一个社会的循环经济也是逐渐加强的。

（三）产业聚集演进中的循环经济

显然，要求所有会在生产过程中产生各种有用的废弃物和污染环境的企业都达到循环经济的规模要求是不现实的。因为受生产方式、市场需求等因素的限制，有不少企业的规模经济程度是很低的，其中的一些甚至是受到高度限制的，所以不可能所有的生产企业都达到循环经济的规模经济要求。但这并不说明这些企业因此不能够实施循环经济生产。解决的方式是有的，也就是将分散的这类企业在区域或空间上集中起来，建立专业化的废弃物回收和污染物治理组织，以实现区域性的循环经济生产，这种循环经济，又叫做产业聚集中的循环经济。

产业聚集的循环经济主要有两种形式，一种是那些产生相同有用废弃物或污染环境物质的单个生产规模达不到循环经济要求的生产企业在空间上集中起来，同时配置专业化的废弃物利用单位，或者是污染物的治理单位，以达到区域内的循环经济和清洁生产，如我国许多地区近年实施的将区域内的“五小”工业企业迁移到专门建立的工业园区，进行统一的废弃物和污染物的回收治理，实现了区域内生产的循环经济。

产业聚集循环经济的另一种方式，也就是将各生产中可用废弃物的排放单位与再利用单位在区域上集中起来，以实现资源的循环利用。循环经济的核心内容，就是原来被作为废弃物并会污染环境的排放物被作为资源而得到再利用，这个要求显然是专业化分工基础上的单个企业无法完全做到的，或者说要做到这点，就需要企业的规模无限大并涵盖所有废料与副产品回收与利用的生产领域，生产链因此会变得非常长，否则，任何厂商都无法通过资源循环方式消解生产过程中产生的所有废弃物，同时也是违反专业化分工协作要求的。解决这个矛盾的方法之一，就是建立区域化的资源再循环体系，也就是将废弃物的排放单位与利用单位在空间上有效集中，做到区域上的产业聚集，如发电厂的余热要得到有效利用，就要求那些能够利用余热的单位紧靠电厂。这正如著名的丹麦卡伦堡生态工业园区中的发电厂、炼油厂、制药厂和石膏制板厂之间，通过贸易方式把其他企业的废弃物或副产品作为本企业的生产原料，建立起工业横生和代谢生态链关系，使各种废弃物都得到有效利用，节约了资源，保护了环境，提高了企业效益。这种情况说明，产业的地域集中，是实施循环经济的最基本要求。只有这样，才能降低资源再利用过程中的成本，使得循环经济方式变得有竞争力而得以生存。

显然，一个社会各产业间在空间上的聚集程度越高，产业链也就会越长，由此不仅会促进商品交易成本的大量下降，而且废弃物的再利用的经济性效果也就会越高，被利用的比例也就会越高，从而循环经济的程度也就越高。不同的产业聚集程度，决定了不同的循环经济发展水平。一般地说，两者间具有明显的正比关系。由此我们看到，规模越大的区域经济或城市，其资源的再利用率程度越高，污染物的治理率自然也更高；而一些小城镇，尤其是乡村集镇，除了极小数的资源，如饭店的泔水等能够得到部分再利用外，各种废弃物和污染物基本上都是不加任何处理就直接排放，由此我国环境污染的程度与城市规模成反比的状况普遍存在。

由于任何区域经济中产业的聚集程度及内部产业链的完整程度，都是随着社会经济发展水平的提高而不断加强的，因此决定一个社会各区域内的循环经济程度也是不断提高的。这种情况说明，要提高一个社会的循环经济程度和生态环境质量，应该发展大中城市和程度较高的聚集经济为主，避免大量小城镇的无序建设。

（四）分工协作演进中的循环经济

解决单个企业在实施循环经济方面规模经济不足和产业链不长，同时也是解决区域经济在循环经济方面缺陷的另一个方法，就是实施资源循环利用和污染物治理方面的社会化分工协作。这也是一个社会实现循环经济目标最根本的途径。

显然，无论各企业和区域内的资源循环利用做到何种程度，都不可能完全满足循环经济的规模要求和产业链要求。因为受技术、成本等方面的限制，任何生产都会产生程度不同的外部影响；同时在生产社会化的条件下，不仅生产过程会产生一系列对生态环境不利的外部影响，而且产品的使用也会产生这种影响，如当今遍布各地的塑料包装物造成的白色污染就是这方面最典型的例子，指望单个的企业或区域经济体去消除这些外部影响是不现实的。要解决这些问题，就需要通过这方面的社会化分工协作体系来实现，也就是建立起覆盖全社会，甚至国际性的专业化的废弃物回收与加工利用体系，如德国双轨制回收系统（DSD）[①]等。没有这样的资源循环利用的社会化分工协作，靠企业或区域经济内部的努力是不可能做到较高程度的资源循环利用。如靠企业自身消除其产品使用过程中对环境造成的不利影响，或者是回收使用后的废旧产品及其包装废弃物，其成本是任何企业都无法承受的；处理所需的规模经济要求也是单个的企业和区域经济体所无法承担的，只有依靠社会化的专业分工协作，才有可能做到。

我们知道，专业化分工越细（生产的迂回过程也就往往越长。与此对应的必然是协作化程度越强），整个社会生产单位商品的劳动生产率也

① DSD是德国一个专门组织对包装废弃物进行回收利用的非政府组织。它接受企业的委托，组织收运者对他们的包装废弃物进行回收和分类，然后送至相应的资源再利用厂家进行循环利用，能直接回用的包装废弃物则送返制造商。DSD系统的建立大大地促进了德国包装废弃物的回收利用。例如政府曾规定，玻璃、塑料、纸箱等包装物回收利用率为72%，1997年已达到86%；废弃物作为再生材料利用1994年为52万吨，1997年达到了359万吨；包装垃圾已从过去每年1300万吨下降到500万吨。

就越高，这种情况同样适用于社会化的循环经济。受废弃资源的量和技术等方面的限制，一些企业和区域经济体是无法对自身产生的废弃物进行有效的再利用的，如或者是废弃物的再利用量达不到起始规模要求，或者是缺乏这方面的技术（如核废料的处理等），或者是受到资源禀赋差异产生的比较成本的限制等等，只有通过社会化，甚至国际化的分工协作，由此极大规模地提高资源再利用的劳动生产率，才有可能更大幅度地提高资源循环利用的程度，如作为初级制造业中心的我国，就成为世界上大部分废旧钢铁、塑料和纸张的再处理中心；法国则成为世界上的核废料处理中心之一等等。

社会分工协作的程度越高，处理废弃资源或污染物的单位成本就越低，废弃资源的再利用就越有利可图，就会有更多的废弃资源进入再利用的过程；由此产生的规模效应则会进一步降低这方面的成本或增加收益，因此会带动更大规模的资源再利用，从而会形成一种互动式的良性循环。由此我们看到，一个社会的专业化分工协作程度越高，则该社会的循环经济程度，或者说各种资源的再利用程度和污染物的净化率程度也就越高。如在我国改革开放以来的经济发展过程中，随着社会分工协作程度的加强，废弃物的回收利用已经成为一个十分庞大的产业，吸收了上千万的劳动力。但这种循环经济的程度，比之发达国家来说，则又落后许多。

显然，一个社会的分工协作程度是一个渐进的过程，或者说是随着社会经济发展的程度而不断提高的（它们本身就是推动经济发展的手段），这种情况决定了任何社会的循环经济程度也都是一个渐进的自然过程。在这个过程中，企业、区域与社会的良性互动会不断地加强。

### （五）社会进步中的循环经济

一个社会的循环经济，不仅是在产业演进的过程中不断深化的，而且还是在社会进步中发展的。循环经济事业，只有得到社会各方面的支持，才有可能实现。

上面讲到，能否实施循环经济，取决于它与非循环经济之间的成本收益关系，即哪种生产方式能够给厂商或者是消费者带来更大的经济利益，这种竞争力，不仅取决于市场机制自发调节的成本与收益关系，而且取决于人类社会对这方面认识及其采取的相应对策。如社会的环境保护意识浓厚，就会提高环境保护的力度，加大对那些采用外部不经济生产方式的处罚力度，或者通过财政和金融手段奖励和扶持循环经济和清洁生产方式，因此就会加强循环经济生产方式的竞争能力；如果像我国目前这样为稳定物价而人为地抑制石油产品价格，不仅会导致石油资源的低效率使用，而且会打击新兴和可再生资源的利用及其技术开发等，从而阻碍循环经济生产方式的发展。

社会的环境意识等，显然是决定循环经济生产方式能否有效实施的重要条件。这不仅因为社会政策决策在很大程度上受到社会环境意识的支配，而且人们的消费选择也是受此决定的。资源和环境保护的意识强，人们就会选择那些在循环经济方式下生产的产品，排斥那些破坏生态环境和浪费资源生产方式下生产的产品，正因为这样，所以，当今企业尤其是环保意识高涨下的西方发达国家的企业，无不注意自己的环境社会形象——决定着它们产品的市场和利润。

显然，同企业的规模、区域经济的聚集程度和社会的分工协作程度等是随着社会经济的发展而不断提高一样，一个社会在资源利用和环境保护方面的意识和政策等也是随着社会经济的发展而不断进化。之所以如此，是因为资源的稀缺程度、生态环境的社会评价值，从而人们的资源与环境保护意识等，都是随着社会经济发展程度的提高而不断加强的，如在改革开放时，我国人民的生活极度贫困，同时环境质量也相对较好，因此人们对经济性财富的评价值极高，对生态环境的评价值极低，认为以生态环境的牺牲来换取货币性经济发展是一种极其自然的事情，说明我国人民那时的环保意识极其淡薄，环境价值概念被排除在理论分析和政治决策之外，获得货币性产出成为整个社会追求的唯一目标；只是在经济发展达到一定程度后，温饱问题得到解决而开始注重生活质量时，整个社会才开始关注生存环境问题，由此开始逐渐转变以生态环境换取货币性经济增长的意识和做法，甚至愿意以牺牲部分经济发展来换取生态环境的改善。但很显然，由于发展水平的限制，我国与西方发达国家在生态环境和资源保护的社会意识和政策力度方面还是存在巨大差距的。正是这种差距，使我们看到，西方发达国家正不断地将在它们内部受到严格限制的污染产业和资源高消耗产业向我国转移，而我国东部又将一些原有的污染和资源消耗更严重的产业向西部地区（还有就是向比我国落后的周边国家）转移。

这种情况说明，工业革命以来的循环经济的发展条件是随着社会经济的发展而不断完善的，是一个渐进的客观过程，由此整个社会经济就是一个循环经济程度不断加强的过程。

在实施循环经济中，国家或政府对资源利用和环境保护的政策无疑居于核心的地位。这是因为，无论企业还是区域与社会实施循环经济的成本与收益，都在不同程度上受到国家在这些方面政策和法律的影响，如国家对资源利用和环境保护的要求程度提高，就会明显增加循环经济中的成本；国家如果增加对某些资源使用中的政策补贴，如我国对农药和化肥的财政补贴，将降低循环经济中的收益（相反，国家通过税收等提高紧缺资源的市场价格，则会提高这些资源循环利用的经济效益），所以，国家政策对各经济主体是否实施循环经济及其程度起着支配性的作用。这说明，如果一个社会要有效地实施循环经济，就要求政府在资源利用与环境保护方面的政策能够与之相适应。在成本方面，政府必须大力降低企业与区域实施循环经济的成本，如通过财政或金融支持，鼓励循环经济的技术创新，对实施循环经济的投资及其运行成本进行补贴或减免税收等等；在收益方面，可通过提高各种资源的价格，尤其是公共产品性资源，如水、电、燃料等的价格，以改善实施循环经济生产方式厂商的收益。提高污染物的排放标准或者是较大幅度地提高排污费，也是促进循环经济的有效政策。

以上情况说明，实施循环经济并不单纯是技术的选择问题，也不是微观主体一厢情愿能够做到的事，而是需要一系列条件来满足的，在实际过程中，这些条件是随着产业的整体演进而逐渐实现的。如果这些条件不能满足，那么循环经济也就不可能实现。同时说明不同范围循环经济的主体对象及其成本效益的内容也是不同的。由厂商完成的循环经济(注意的是，由厂商完成的循环经济，从性质上说不一定是微观的，如区域和社会范围内由厂商以分工协作所完成的以废弃物排放与利用之间的循环经济，就具有明显的区域与宏观性质)，其成本与收益都是以财务现金表示；而由政府完成的区域与社会范围的循环经济，成本与收益则不完全表现为财务收支，有相当部分是非财务的，如区域内生态环境质量的改善等（在循环经济的分析中，必须将它们转化为可现金流)，这是因为政府与企业各自承担的社会责职不同，所以循环经济的侧重点也不相同。

# 第八章 和谐生态经济社会中的国际经济关系

人类社会进入资本主义制度后，世界经济的一体化进程就在不断加快。如果说在马克思时代就达到这样的水平："资产阶级，由于开拓了世界市场，使一切国家的生产和消费都成为世界性的了。不管反动派怎样惋惜，资产阶级还是挖掉了工业脚下的民族基础。古老的民族工业被消灭了，并且每天都还在被消灭。它们被新的工业排挤掉了，新的工业的建立已经成为一切文明民族的生命攸关的问题；这些工业所加工的，已经不是本地的原料，而是来自极其遥远的地区的原料；它们的产品不仅供本国消费，而且同时供世界各地消费。旧的、靠国产品来满足的需要，被新的、要靠极其遥远的国家和地带的产品来满足的需要所代替了。过去那种地方的和民族的自给自足和闭关自守状态，被各民族的各方面的互相往来和各方面的互相依赖所代替了。物质的生产是如此，精神的生产也是如此。各民族的精神产品成了公共的财产。民族的片面性和局限性日益成为不可能，于是由许多种民族的和地方的文学形成了一种世界的文学。”[①] 那么在世界经济一体化的趋势比当时强大千百倍的今天，一国的经济建设更是与国际经济关系密不可分。我国要建设和谐生态经济，没有国际合作是根本不可能实现的。

从人与自然的关系看，要建设人与自然和谐的社会，更是离不开国际合作，正如可持续发展是全人类共同的事业一样，作为可持续发展特定时期表现形式的和谐生态经济社会建设更离不开国际合作。生态系统的全球性及各部分之间联系的“蝴蝶效应”，使任何国家都不可能脱离外部生态环境的变化而能建设成人与自然和谐相处的社会，所以，加强生态环境方面的国际合作，是和谐生态经济社会建设的必要条件。

## 第一节　国际贸易中的和谐经济

当前的主要国际经济关系，最主要的无疑是国际贸易（包括投资等），因此我们对和谐生态经济中国际关系的分析，就从国际贸易开始。

### 一、国际贸易对和谐经济的作用

“商品不能自由进出，军队的进出就成为必然”，贸易与和平相伴，贸易能达到战争所不能达到的目标。“1980 年代的日本，实现了丰裕的社会，几乎与深陷越战后遗症的美国看齐。这得益于战后日本实行的财富竞争战略，而非二战前的领土竞争战略。所谓领土竞争战略，即尽可能夺取更广域的领土、获得更丰富的资源来发展国家的帝国主义战略，这导致了日本二战战败。而财富竞争战略，并非以军事力量为背景获取大量领土和资源，而是使经济实力更加立体的战略，即只要拥有坚实的

① 马克思和恩格斯：《共产党宣言》（单行本），人民出版社 1949 年版，第 27—28 页。

产业，再加上繁荣的贸易，就能够使国家发展。在这一战略中，资源从更便宜的地方买来，用于自己的国内产业，而资金则从利率更低的地方借来。即使没有宽广的领土，没有丰富的资源，只要通过进口和加工，再把工业产品积极出口的话，就能够获取财富。”① 日本在20世纪的历史就充分反映了“战争与贸易”的关系。显然，和平是人类社会和谐最重要的内容之一，战争则是和谐的最大敌人。

国际贸易也就是国家之间在商品、劳务、资本和技术等方面的交换。国际贸易产生的基础，是各国在各种资源或技术方面的禀赋条件不同，由此造成各国在生产商品或劳务之间的比较成本不同，通过交换能够得到比较利益的结果。通过国际贸易形成的国际分工协作，如同国内分工协作一样，能不断地扩大一定投入基础上的产出，获得更大的利益。国际分工，能够在更广阔的范围内优化资源配置，使每一个国家的资源都能得到更有效和充分地利用。

对发展中国家来说，国际贸易不仅能够优化资源配置，而且通过外来投资和技术引进等方式，能够有效地解决发展初期资金不足的难题，减少发展的时间进程和不确定的代价，缩小与发达国家之间的差距，促进国内的制度创新等等。后进国家的赶超，还没有哪个国家证明能够在封闭或相对封闭状态下完成的先例。

不过要注意的是，虽然从静态角度看，国际贸易中不存在不等价交换情况，交换的双方都能从中得到一个更大的利益，使双方的福利改善，只是各自从中得到的利益份额会有差异，其大小依双方在交换中的地位、产品的收入与价格弹性等因素而不同，一般而论，利益分配的重心会向发达国家倾斜。因为发达国家对发展中国家产品的需求依赖程度没有后者对前者大，所以利益分配的天平必然会向前者倾斜。从动态过程看，这种情况不仅更明显，而且有可能使一些发展中国家朝越来越不利的方向发展，出现资源配置的低劣化。这是因为，它会形成发展程度不同国

① 引自《日本泡沫经济破灭20年祭　当前中国类似当初日本》，《东方早报》2010年3月16日www.eastmoney.com。

家高级产业与低级产业之间日益扩大的分工，由于高级产业的收入与价格弹性要远远高于低级产业，因此在经济发展过程中，两者之间的产品比价会日益扩大，后进国家所得到的比较利益会日益减少，并会阻碍产业的升级换代，最终严重阻碍经济发展，扩大与发达国家的差距。笔者始终认为，在现代分工体系中，那些处于价值链末梢的以加工为主的国家，在国际利益分配体系中的不利地位，甚至还不如传统国际分工中的农业国。这是因为，在传统分工体系中，虽然存在不断扩大的工农产品之间的剪刀差，但农产品供给毕竟受耕地面积的限制，需求则因人口增加及食物质量改进要求而能够不断地扩大，因此这种剪刀差的扩大是有限的；与此相反，低档工业品的供给在现代则几乎是不受限制的（有越来越多的发展中国家进入这个行列，技术供给是无限制的），需求则是相对萎缩的，所以，它们与发达国家高档商品间的比价会处在越来越不利的地位。20世纪80年代以来这种情况是越来越明显，这也是促使整个世界进入90年代后再未出现高通货膨胀的最重要原因之一，自然也是美国同期“两高一低”中“低通货膨胀”的主要原因。所以对后进国家来说，自发的国际贸易，很可能会形成传统殖民地式的经济结构，阻碍经济的持续发展和社会进步的目标，对此过程进行必要的政府调节和国际援助是十分必要的。

前面讲到，社会和谐是否改善最主要的衡量标准有两个：一是是否有效地促进经济增长，这是社会福利增长的保证；二是是否改善社会上绝大部分人的利益，也就是使一个社会的相对福利不断向公平化方向发展。就第一个标准来看，显然，除了绝少数国家因经济结构趋向殖民地式外，绝大部分国家进入国际贸易和国际分工协作体系以来，经济增长取得了比封闭状态更好的效果，我国改革开放以来的实践更是充分证明了这一点。

国际贸易是否改善一国的相对福利关系，则不能给出一般性结论。一些国家通过参加国际分工协作体系，对国内的相对福利改善取得了明显的成效，这方面最典型的是日本、我国台湾和香港地区、新加坡、韩国等；有一些国家，如拉丁美洲和非洲的国家、改革开放以来的我国、前苏联一些地区等，广泛参与国际分工和国际贸易以来，在整个社会的绝对福利水平不断改善的情况下，相对福利状态却持续恶化，我国当前提出的“和谐社会”建设，显然从反面说明了这点。这说明，国际贸易对一国的相对福利影响，主要取决于一系列内外部因素。国内因素，包括原有的发展基础状况、是否有好的协调国内各产业参与国际分工的能力、再分配的调节能力等等；外部因素，主要是一国在世界主导国家中的战略地位（据认为，日本和东亚“四小龙”等之所以发展成功，是因为它们得到美国等国的特别扶持，原因则是它们在当时冷战中的特殊地位），世界主导国家在长波中的相对位置（这决定了它们向外转移的产业性质和规模）等。

## 二、当前国际贸易状况不利于发展中国家的和谐经济

虽然，国际贸易能够促进世界经济发展，改善发展中国家及其人民的福利水平，有助于维护和加强世界和平等，从而有助于世界和各国的和谐经济建设，但同时要看到的是，当前国际贸易状况并不是十分理想的，特别对广大的发展中国家来说更是这样，而且情况似乎变得越来越糟。其中的原因是多方面的，一是有越来越多的发展中国家进入到国际分工体系，受生产力发展水平和整体经济实力等原因的限制，它们从事的自然是价值链末端的一般加工业，这些产品本身就缺乏收入与价格弹性，在这些产品大量进入国际市场时，发达国家却因消费结构转换和经济增长势头减弱而相对减少了对这些产品的需求；相反，发达国家生产的价值链前端的高附加值产品的有效需求，却因世界经济发展和消费水平提高而不断增加，由此两者间的产品比价朝越来越不利于发展中国家的方向运动。这种结果，是造成20世纪90年代以来我国一般加工出口产品的价格基本未变，从而相应企业工人工资也长期停滞不前的主要原

因。二是随着主要发达国家，其中主要是西欧和日本等国，自20世纪90年代以来长期增长乏力，国内保护主义倾向日益明显，对发展中国家产品出口设置的限制越来越多；三是随着绿色运动的兴起，人们对产品的绿色品质要求越来越高，受技术、资金和传统生产方式的限制，发展中国家的产品出口受到的阻碍越来越大，同时发达国家也借此实施绿色贸易保护，更增加了发展中国家出口的困难；四是随着越来越多发展中国家进入工业化行列，彼此之间争夺市场的竞争日益激烈，如当前中国与印度、巴西、墨西哥、东盟等国在一般加工贸易方面的竞争已达到白热化程度，致使产品价格不断下降（国内各厂商之间为争夺出口市场的竞争也空前激烈），正是在这些因素的共同努力下，产品比价日益朝不利于发展中国家的方向运动，以致发展中国家出口的产品数量快速增长，但出口额却增长缓慢。这种情况正如原中国商务部长薄熙来曾形象指出的那样：“中国需出口3亿件衬衫，才能购买加一架欧洲生产的大型客机”。

国际贸易中再一个明显不利于发展中国家和谐经济实现的力量，就是国际贸易、金融等方面游戏规则的制定和解释，完全掌握在少数的发达国家手中，发展中国家基本上完全是这些制度和规则的接受者。在发达国家经济增长乏力，国内矛盾加深而需向外转嫁压力的情况下，必然会越来越不利发展中国家。正是这样，新兴工业化国家认识到，只有团结才可能获得更大发言权。

## 三、和谐经济要求的国际贸易

和谐经济社会的国际贸易，应该具有以下功能：

1. 能够促进全球生态环境的保护和改善，促进自然资源的持续利用。通过国际间的资源调节，可以改善自然资源的利用效率（因为自然资源从效率低的国家转移到了效率高的国家），能够改善一些国家的资源和能源结构，有利于保护生态环境；通过国际间的技术交流与转移，能够改善后进国家的环境保护工作，改善全球性生态环境。当前影响不同国家之间生态环境状况非均衡变化的最重要原因之一，就是非均衡和不平等的国际贸易造成的，如发达国家将严重消耗自然资源和对生态环境造成严重破坏的产业大量转移到发展中国家并从后者进口这些产品，因此出现发达国家生态环境（局部）改善而发展中国家生态环境持续恶化的非均衡变化。由于生态环境的全球性和相互间的高度关联性，任何国家或地区都不能脱离其他国家的协助而实现持续发展的目标，因此，可持续发展与和谐生态经济社会建设对国际贸易的首要要求，就是它能够促进全球生态环境的保护，促进自然资源的持续利用。

2. 能够促进技术扩散和转移，促进发展中国家不断地缩小与发达国家的差距。随着国际市场竞争程度的加强，技术进步速度也在加快，但因能力等方面的原因，技术差距在发展程度不同的国家之间却在扩大，发展国家日益利用技术上的垄断优势通过国际贸易来获取超额利润，这种情况显然是不可能实现国际经济关系和谐与可持续发展的。在当今世界上，国际差距的核心是技术差距，所以，促进国际间的技术扩散，加强发达国家对发展中国家的技术转移和援助，是缩小国际发展差距的重要前提。

3. 能够促进国际社会的共同富裕，这是可持续发展与和谐生态经济建设中对国际贸易最根本的要求，也是实现国际环境保护的前提条件。因为贫困是生态环境的最大破坏者，建立在两极分化基础上的国际社会，是不可能做到生态环境的有效保护的。在生态环境全球性的作用下，从长期看，任何一国都不可能孤立地实现社会经济的可持续发展。正由于这样，所以那些看似矛盾的公平、公正、共同、发展、环境保护与资源利用的一些内容，才会共同构成可持续发展的基本原则。没有公平和共同富裕，也就没有共同的参与，就没有社会稳定和生态环境的保护，也就没有可持续发展。国际间差距的缩小，最终是要通过经济发展基础上的国际贸易方式来实现的，所以在实现可持续发展目标和建设和谐生态经济方面，国际贸易充当着最重要的任务。

4. 能够促进国际制度的不断创新，也就是能够不断地促进国际社会的公平与公正。当前世界的一个重要特征，就是国家之间的关系极不平等，国际政策和规则由少数国家制定，国际利益分配日益向少数国家倾斜。改变这种状况，实现国家之间、民族之间、区域之间的协调平等，是可持续发展与和谐生态经济建设的客观要求。

虽然和谐生态经济建设对国际贸易有以上各方面的要求，但要将这些要求变成现实却是非常困难的。因为追求相对差别优势，是各个国家保持自身存在和独特性的基础，也是人类社会的发展动力源泉，只要这种动力机制存在，世界经济中的生态经济基本矛盾就不可避免地会发生作用，就会促使各国加强对国际性生态环境和自然资源的争夺与利用，这正如各国在公海上对渔业资源的竞争性捕捞而导致渔业资源日益枯竭一样；同时会促使各国在资源与环境方面以损人利己的方式来实现本国发展的目的，如在当今，发达国家纷纷将那些严重污染环境的产业转移到发展中国家，甚至将那些对人体和环境有害的废弃物转移到发展中国家，以发展中国家的巨大损失来换取自己一时的生活质量改善。因此在这方面，即生态环境的全球性要求各国人民同心协力发展公平与公正的国际社会关系，与各国要在文明社会中追求相对竞争优势而不可避免地使生态经济基本矛盾作用发挥之间矛盾窘境面前，在这个关系人类命运的时刻，需要国际社会足够的智慧和勇气，这正如联合国《21 世纪议程》明确指出的那样：“人类站在历史的关键时刻。我们面对国家之间和各国内部长期存在的悬殊现象，贫困、饥饿、病痛和文盲有增无已，我们福祉所赖的生态系统持续恶化。然而，把环境和发展问题综合处理并提高对这些问题的注意将会带来满足基本需要、提高所有人的生活水平、改进对生态系统的保护和管理、创造更安全、更繁荣的未来的结果。没有任何一个国家能单独实现这个目标，但只要我们共同努力，建立促进可持续发展的全球伙伴关系，这个目标是可以实现的。”要实现这点，就需要：“一个公开的、公平的、安全的、非歧视性的、可预测的、符合可持续发展目标的、并能使全球生产按照相对优势得到最佳分配的多边贸易制度对所有贸易伙伴都有好处。此外，改善发展中国家出口者进入市场的机会，同时采取健全的宏观经济和环境政策将会对环境产生积极的影响，并因而对可持续发展做出重要贡献。”因此，“促进建立一个开放的非歧视的和公平的多边国际贸易制度，使所有国家，特别是发展中国家能够改善其经济结构，并通过可持续经济发展，提高其人民的生活水平。”为此，联合国《21 世纪议程》明确提出国际贸易的发展目标和措施：“在未来岁月中，各国政府考虑到多边贸易谈判乌拉圭回合的结果，应继续努力实现下列目标：

(a) 促进建立一个开放的非歧视的和公平的多边国际贸易制度，使所有国家，特别是发展中国家能够改善其经济结构，并通过可持续经济发展，提高其人民的生活水平；

(b) 改善发展中国家出口品进入市场的机会；

(c) 改善商品市场的运作和在国家和国际各级制订健全、兼容和一致的商品政策，以期尽可能使商品部门对可持续发展作出最大的贡献，要考虑到环境方面的顾虑；

(d) 促进和支持可以使经济增长和环境保护相辅相成的国内和国际政策。”

促进考虑到发展中国家需要的国际贸易制度

2.10. 因此，国际社会应当：

(a) 制止和扭转保护主义，使世界贸易进一步自由化和扩展，使所有国家、尤其是发展中国家得以从中获益；

(b) 建立一个公平、稳固、非歧视和可以预测的国际贸易制度；

(c) 促进及时把所有国家纳入世界经济和国际贸易制度；

(d) 保证环境与贸易政策相辅相成，以实现可持续发展；

(e) 使多边贸易谈判乌拉圭回合早日取得均衡和全面的成果，以便加强国际贸易制度。”①

---

① 引自联合国：《21 世纪议程》第一章和第二章；资料来源：联合国新闻部信息技术科网站。

## 第二节　和谐生态经济中的全球生态环境

“尽管这些人互不相识，个人命运也不相同，……他们的共同点是：各人的命运，从澳大利亚海上的船长到生物化学家，全都取决于他或她的全球环境，其中每一个人又在或多或少地影响这一环境。有一个公分母控制着他们的生活，即人口和人类赖以生存的自然资源如土壤、水、植物和动物的供应量之间的比率。这种关系极不稳定，随时都在变化，无时无刻不在受到人类活动的影响。十五世纪末期即伟大的探险时代到来以前，人类与环境的关系是非常简单的。当时人类生活在一系列孤立的细胞中。英国对中国的影响很小。密西西比河流域发生的事情对世界其他地区根本没有任何影响。但到十五世纪末期，哥伦布却使这一切发生了巨大变化，直到现在才有少数人认识到这一点。哥伦布使我们这个世界，真正成了一个地理世界，他在这方面的功绩，远胜于原子科学家们。威尔逊认为我们是在政治意义中生活在一个世界里，威尔基则使这一概念路人皆知。”① 进入资本主义社会后，人类社会真正变成宇宙之舟，世界各部分之间人民的命运因此而息息相关。

### 一、国际分工协作下的生态环境变化

从20世纪60—70年代以来，世界生态环境出现明显的两极分化趋势，即发达国家某些内容的生态环境，如水质、森林覆盖、空气质量、物种保护等有明显改善，人与自然的关系由原来的严重对立转向（相对）和谐；与此形成明显对照的是，发展中国家的生态环境出现明显的

① 威廉·福格特：《生存之路》，商务印书馆1981年版，第21—22页。

整体性的质量恶化，如水质的污染程度越来越高，空气质量不断下降，水土流失日益严重，荒漠化面积不断扩大，物种灭绝速度不断加快，人与自然的对抗日益尖锐，其最终结果也就是联合国可持续发展《21 世纪议程》报告中指出的“我们福祉所赖的生态系统持续恶化”（第 1 章“序言”1.1）。

导致这种结果的原因是多方面的，主要有下面这些：

1. 不同国家之间发展水平不同，各自对（传统）经济福利与生态福利的社会和个人评价值不同。如前面指出的那样，对每公顷中美洲热带雨林的评价，西方发达国家的科学家的评价值是 100 万美元，而当地人（也包括政府）的评价值则不到 400 美元。这种不同，会使他们各自采取不同的生态环境政策，如发达国家会以牺牲部分经济福利的方式来换取生态环境的改善，也就是以边际效用小的物质福利换取边际效用大的生态福利；发展中国家由于对物质福利的评价值高于一定量的生态福利，因此会采取以生态福利的牺牲换取物质福利的做法，由此使两者间的生态环境出现不同方向的变化。这种情况，正是我们前面反复强调的，人的行为和社会意识是受经济利益（最大化）支配的，经济利益的结构及其大小则受到人们四种需要之间相对满足程度的大小决定。对贫穷地区的人来说，在基本物质生存需要没有得到起码满足的情况下，其他较高级的需求是一种过于奢侈而可望不可即的需要，必须让位于最基本的需要。由此我们才会看到，贫困地区的人明智自己的行为会严重破坏自己生存的基础，如在极度脆弱的西北草原挖掘甘草会导致草原的退化和沙化，但面对因极度干旱而每天所需的运水费用，没有其他收入来源的他们还能有其他更好的选择吗？

2. 发展水平不同国家之间分工的结果。这来自于以下几个方面：

首先，发展水平不同国家对生态环境和物质利益的评价是不同的，从实现国家利益最大化的资源优化配置的要求出发，发展中国家必然会采取以生态环境和自然资源替代经济资源的战略并参与一定的国际分工，发达国家则会形成以保护生态环境和满足人们生态需要为主要目标的资源配置战略。

其次，在国际分工体系中，在资源优化配置机制的作用下，各国的资源配置会向其具有相对优势的方向倾斜，相对而言，发达国家的优化资源是智力资本（还包括社会资本），发展中国家则是资源资本，同时因发展水平差异各自对这些资源的相对评价值也不同，发展中国家的资源配置重心必然会向消耗自然资源和生态环境的产业倾斜，发达国家则会向消耗智力资本的产业倾斜，由此才会出现中国需出口3亿件衬衫换取西方发达国家生产的一架客机，出口数艘巨轮的资源性货物以换取西方极少量的高科技产品一样（而且西方国家还不一定同意换）。

最后，在新兴的价值链国际分工体系中，因资源禀赋和竞争力的不同等，发展中国家不可避免地会处于需消耗大量资源和环境而所得利益又极少的末梢，发达国家则处在高附加值的前端。

这种情况反映，国际分工协作，虽然提升了所有国家的绝对经济利益，但发展水平不同国家从中得到的好处是十分不同的，或者说绝大部分利益被发达国家获得，发展中国家在这方面却几乎没有什么选择的余地，正如“弱国无外交”一样。

3. 发达国家不断地向发展中国家转移资源消耗和环境破坏型产业。如随着新的国际分工体系的形成，发达国家已基本完成污染型产业的转移，大量消耗自然资源的产业，如化工、家具制造、五金产品等大量转移到发展中国家，发达国家则转向高附加值的第三产业和价值链分工体系中的高端，一些国家甚至出现所谓产业的“空心化”现象。这种转移，虽然在一定意义上促进了发展中国家的经济发展和就业等，但由于技术落后、制度建设不健全，政府管理能力有限等，结果造成自然资源的严重消耗甚至浪费。如我国的大量矿藏资源，因产权界定不清和管理混乱等，采掘回收率极低，许多重要资源在改革开放以来的极短时间内消耗殆尽；同时生态环境也遭到严重破坏，如我国改革开放以来，几乎所有主要的江河海域都遭到程度不等的污染。我国的生态环境状况，政府在2002年的《全国生态环境保护纲要》中就指出：“全国生态环境状况仍面临严峻形势。目前，一些地区生态环境恶化的趋势还没有得到有效遏制，生态环境破坏的范围在扩大，程度在加剧，危害在加重。突出表现在：长江、黄河等大江大河源头的生态环境恶化呈加速趋势，沿江沿河的重要湖泊、湿地日趋萎缩，特别是北方地区的江河断流、湖泊干涸、地下水位下降严重，加剧了洪涝灾害的危害和植被退化、土地沙化；草原地区的超载放牧、过度开垦和樵采，有林地、多林区的乱砍滥伐，致使林草植被遭到破坏，生态功能衰退，水土流失加剧；矿产资源的乱采滥挖，尤其是沿江、沿岸、沿坡的开发不当，导致崩塌、滑坡、泥石流、地面塌陷、沉降、海水倒灌等地质灾害频繁发生；全国野生动植物物种丰富区的面积不断减少，珍稀野生动植物栖息地环境恶化，珍贵药用野生植物数量锐减，生物资源总量下降；近岸海域污染严重，海洋渔业资源衰退，珊瑚礁、红树林遭到破坏，海岸侵蚀问题突出。生态环境继续恶化，将严重影响我国经济社会的可持续发展和国家生态环境安全。”更严重的是，这种趋势还没有得到有效扼制，生态恶化仍在持续。这种情况也是当今世界上大部分发展中国家的现状。

很显然，在这种新的国际分工和利益分配的格局下，通过向发展中国家转移污染产业等结构调整，发达国家的生态环境会因得到休整和恢复而向良好的方向运动。

## 二、和谐经济的国际生态环境

发达国家虽然通过新的国际分工等而使自己的生态环境得到恢复，自然资源也得到一定程度的保护，人们的生态需要得到较大程度的满足，然而，发达国家的人们作为一个整体是否从中得到更多的幸福却是令人怀疑的。这是因为，他们（比发展中国家的人民更早也更深刻地）认识到地球生态环境是一个整体，各部分之间在普遍联系的作用下存在着不可测的“混沌效应”（或“蝴蝶效应”），因此，不同国家之间的人们如同乘坐在一艘航行在茫茫宇宙中的帆船，任何人的不合作或破坏，都可能导致帆船的覆灭，彼此只有同心协力才能到达理想的彼岸，所以，他们对生态环境局部改善而整体恶化的担忧也比发展中国家的人民更甚。为此，“人类共同行动”的“可持续发展”运动和“绿色运动”才会首先在发达国家中兴起。我们只有一个地球，它是我们唯一的共同家园，人类的持续发展，需要全人类在保护环境方面的共同努力，任何损人利己的结果，都会导致整个人类的覆灭。

显然，要做到地球之舟中所有人彼此间的同心协力，就需要在生态环境保护方面的共同行动，目前这种损人利己的环境政策显然与此是背道而驰的，必须改弦更张。前面讲到，生态环境的保护或“环境友好型社会”的建设，需要的是相对公平和公正的分配结果，发达国家不可能指望在维持甚至扩大现有利益差距的基础上，发展中国家会为了它们的利益而牺牲发展，更不可能自身在维持极高物质消费水平基础上，要求发展中国家不以他们为目标来追求生活水平的提高而维持在现有水平上①。为什么他们自身不能削减已经高到边际效用极低甚至为负的物质消费水平，从而为广大的发展中国家人民作出表率？所以，发达国家及其人民在改善自己生态环境的同时，也必须帮助发展中国家的人民改善和保护生态环境。为此，不仅需要通过技术、资金和制度建设等方面的援助，帮助发展中国家不断提升产业结构和改善人民生活水平，改变不合理的国际分工体系和利益分配格局等，自身也需要改变生活方式，减少对物质产品的需求，从物质消费重心转向精神文化和生态需要为重心的消费方式和生产方式。从道义和经济利益关系来说，发达国家都应承担保护全球生态环境的主要责任，这不仅因为当今全球性的资源和环境问题，主要是它们长期非持续发展方式的结果，从道义上说，它们理应承

① 发达国家的人们，尤其是一些学者和政府官员，对中国人以他们的消费方式和消费水平为追求目标的发展方式感到惊恐，认为这样的追求将给地球带来灾难性的结果，因此希望中国人不要以他们为目标榜样，应走一条可持续的消费方式。现在的一个问题是，西方人是否也愿意与中国人走同样的可持续消费方式——也就是把已经享有的物质消费水平大幅度削减？如果不愿意，那么他们有什么道德权力要求中国人和其他发展中国家的人民放弃追求与他们同样消费水平的希望？

担修复和改善全球生态环境的责任；从利益上说，人的生命价值是与其达到的发展水平或者说收入水平成正比的，在全球性的灾难面前，穷人比富人有更大的心理承受能力（实际上在灾难到来时能找几个富人垫背，反而会高兴），所以，无论从哪个方面看，发达国家都应积极地承担起保护生态环境的责任。

遗憾的是，发达国家并没有承担起相应的责任。虽然认识到了生态环境的整体性和各部分之间的高度关联性，并提出了加强全球合作的“可持续发展”宣言，但切实行动却鲜见。普遍目睹的是，为追求在国际关系中的优势地位，它们对发展中国家的发展设置了重重阻碍，对新兴国家崛起的阻碍更是不遗余力，同时仍然在向广大发展中国家转移污染产业和资源消耗产业。这种做法，虽然可以让它们收到一时之利，但生态环境的整体性和混沌性，最终会让它们付出沉重代价。

## 第三节　和谐生态经济中的国际合作

日益密切的国际分工协作和生态环境依赖，迫切需要各国在共同利益下加强国际合作。

### 一、国际合作的必要性

在世界经济一体化的今天，一国社会政治经济事务，不过是国际政治经济事务的延伸；同样，国际政治经济事务，也是各国政治经济事务的拓展，以往那种关起门来搞建设的时代已经一去不复返。“和谐社会”、“五个统筹”、“两型社会”建设等虽然是我国政府结合国内政治经济形势需要提出的发展战略，但如果没有良好的国际合作配合，那么将无实现的可能。实际上，我国国内一些社会、政治、经济等不和谐的原因，就是不良国际关系的结果。如我国大部分出口加工企业不良的劳资关系，原因之一是利益分配不合理的国际分工或者说国际价值链分工，使我国处在价值链分工的末梢；原因之二则是这个领域极其激烈的国际竞争，这些原因使生产企业所得有限，在生存压力下，迫使企业不断地向员工转嫁负担，这是造成我国这些领域的工人工资长期没有增加，同时企业发展缓慢的重要原因。国内日益严峻的生态环境，则更是激烈国际竞争和国际利益分配不均的结果。如改革开放以来的几十年中，因各种原因，我国出口的产品绝大部分是不可再生资源性产品，同时承接了发达国家大量的污染产业转移，为此不仅消耗了有限的自然资源，而且造成环境的严重破坏；更严重的是，这种情况仍然在持续。近些年来，虽然出口总量在增加，外贸顺差和外汇结余规模在扩大，但我国在国际利益分配上的地位却不仅没有改善，反而在扩大，代表这种状态的进出口产品的价格越来越不利于我国，即出口商品的价格在下降；进口商品，尤其来自发达国家的商品价格则不断提高，所以我国在国际利益分配中的不利状况并没有明显改善。这些不利状况，必然反映到国内政治经济中来，加剧社会的不和谐状态。所以说，虽然“和谐生态经济”社会建设是我国今后相当一段时间的发展目标，但却与是国际合作密不可分的，没有良好的国际合作，它将是一个不可实现的梦想。

和谐生态经济和可持续发展的国际合作，系指在应对国际政治、经济、社会和生态环境等这些关系可持续发展目标实现的重大问题方面，各国之间从人类社会持续发展这个最大的共同利益出发，在构建公平、公正国际秩序的基础上，相互协作，真诚合作，发达国家加强对发展中国家在各方面的援助，共同推进人类的可持续发展事业，以实现人类社会的最大福利。

可持续发展是全人类共同的事业，不是任何单个国家能够实现的，它需要全人类的共同努力，需要各国之间的相互协作。要实现这点，不仅需要公平公正的国际政治经济秩序，而且需要相对公平的资源与产品分配，在两极分化的基础上是不可能实现人类社会的可持续发展目标的。

因为在这样的基础上，生态经济与市场经济的基本矛盾的作用会得到充分发挥，因此不仅会导致自然资源和生态环境的不可持续，而且会产生国际社会内部的严重对抗而使可持续发展目标不能实现，所以说，要实现人类社会的可持续发展目标，就必须建立起在各方面公平与公正的社会国际经济秩序。对此，世界各国正在达成共识，这正如联合国《21 世纪议程》所指出的："为了迎接环境与发展的挑战，各国已决定建立新的伙伴关系。由于需要实现一个更有效率和公平的世界经济，各国承诺通过这种伙伴关系进行持续不断的建设性对话。同时要注意国际社会日益加强的相互依存关系以及应将可持续发展列为国际社会议程中的优先项目。大家认识到，为使这种新的伙伴关系成功，必须摒弃对抗，促进真正的合作和团结。加强国家和国际政策以及多边合作，以适应新的现实情况，也同样是重要的。"

和谐生态经济和可持续发展的国际合作，应该建立能够有效地防止国际冲突与战争的和平机制。这正如《中华人民共和国可持续发展国家报告》所指出的那样："保护环境和发展离不开世界的和平与稳定。战争和动乱不仅造成生命、财产的重大损失，对于生态环境也必然会带来严重破坏。在推进世界环境保护和发展事业的同时，各国应致力于本国的稳定，维护地区和世界的和平。通过谈判和平解决一切争端，反对诉诸武力或以武力相威胁。"

和谐生态经济和可持续发展的国际合作，应该特别注重加强发展中国家经济可持续发展的能力，为此必须加强发达国家对发展中国家在各方面的援助。因为就目前来说，发展中国家由不发达产生的贫困等，成为阻碍人类社会实现可持续发展战略目标的重要原因，它是造成生态环境不断被破坏——通过牺牲生态环境来换取经济增长的部分结果，自然资源大量被低效率的消耗，而其中部分原因则是发达国家长期对发展中国家资源的掠夺和不平等的国际经济关系等造成的，所以发达国家有义务和责任通过各种方式帮助发展中国家提升可持续经济发展能力，如向发展中国家增加提供财政援助，这正如联合国《21 世纪议程》所指出的:“要实现21世纪议程的发展和环境目标，就要对发展中国家提供大量新的和额外的财政资源，以支付这些国家为处理全球环境问题和加速可持续发展而采取行动所引起的增额成本。为加强国际机构实施《21世纪议程》的能力也需要财政资源。”减轻发展中国家的债务，因为“对许多发展中国家而言，如果不能及早持久解决外债问题，就不可能振兴发展，在这方面必须考虑到对许多发展中国家来说，外债负担是一个大问题。这些国家偿债付息的负担已严重限制了它们加速增长和摆脱贫困的能力，并导致进口、投资和消费的减缩。外债已成为发展中国家经济停滞的主要因素。继续大力实施新的国际债务战略的目的是要恢复债务国对外的财政生存能力，恢复增长和发展将有助于达成为可持续的增长与发展。在这方面，向发展中国家提供额外财政资源和有效使用这种资源是十分重要的。”向发展中国家无偿转让各种适用技术，尤其是提高资源利用效率和保护生态环境的技术，帮助发展中国家提高处理生态环境和发展经济的能力，同时这也是实现发达国家自己利益的重要举措。因为生态环境具有世界性，而贫困是生态环境的最大威胁，所以，帮助发展中国家摆脱贫困，走上可持续发展的道路，就是实现发达国家自身最大利益的最佳途径。遗憾的是，发达国家在整体上在援助发展中国家方面却正变得越来越吝啬，如对外援助占发达国家GDP的比重20世纪90年代以来一直呈下降趋势，与此同时，它们用于军费的支出却不断增加。这种情况不仅会阻碍发展中国家的经济发展，而且最终会阻碍发达国家的经济发展。

在可持续经济发展的国际合作方面，要求建立公平与公正并有利于环境保护的国际贸易秩序。在这方面，既要注意保护环境，同时又要避免发达国家因此设置各种阻碍发展中国家经济发展与国际贸易的障碍。如众所周知的那样，当今发达国家一面在倡导自由贸易，一面却通过各种措施来限制发展中国家的国际贸易，如制定许多发展中国家技术条件达不到的安全与绿色壁垒，而发达国家又不向发展中国家转让相应的技术和帮助它们提高技术水平，因此使发展中国家遭受重大的经济损失。

在当今世界，所谓的国家利益始终凌驾于世界整体利益之上，如美国为了一己之利，竟然拒绝执行防止温室效应的《京都协议书》，就反映了当今世界的现状。

这样情况反映，国际社会的公平公正，不可能是世界经济发展的一种自然结果，它既需要像联合国这样的国际组织的协调，需要发达国家人民的觉悟与帮助，更需要后进国家不懈的努力。实践证明，虽然该过程需要发达国家的协作和帮助，但后进国家却不能把希望主要寄托在发达国家的仁慈上面，近几十年来，发达国家对发展中国家正变得越来越吝啬，如发展援助不断减少，针对发展中国家的贸易限制条件日益苛刻等都证明了这一点。所以，发展中国家要实现在国际上的公平与公正目标，在加强对本国国际贸易调控的同时，积极参与国际政治经济事务，尤其是国际贸易制度方面的制定与修改，使它们更符合发展中国家的利益。正是在这方面，我们特别强调，要加强国际政治经济领域的制度创新，加强发展中国家在制定政策和规则方面的发言权。

我国可持续发展战略重点的又一领域是"充分注意到中国的环境与发展战略同全球环境与发展战略的协调"。可持续发展不仅是中国的事情，也是世界人民共同的事业，因此要实现可持续发展的战略目标，就一定要加强国际领域的合作。为此，中国政府庄重承诺："对诸如全球气候变化问题、防止平流层臭氧耗损问题、生物多样性保护问题、防止有害废物越境转移问题、水土流失和荒漠化问题等，都提出了相应的战略、对策和行动方案。中国政府认为，中国的环境问题是全球环境问题的一个组成部分，中国深知自己在保护地球生态环境方面的责任和可以发挥的作用，我们愿意承担与我国发展水平相应的国际责任和义务，并为解决世界环境与发展问题进一步加强国际合作。这表明中国政府以强烈的历史使命感和责任感履行对国际社会应尽的义务，并愿意为全人类的共同事业作出自己的贡献。"

## 二、和谐生态经济中的贸易合作

贸易是将世界各国联系起来的最主要纽带，也是国际利益分配关系最集中的体现，因此，国际合作首先应该在贸易和投资方面展开。

和谐生态经济中的国际贸易合作，必须通过国际贸易和金融制度的变革，为发展中国家提供更为公平的贸易条件。这些条件包括：发达国家从发展中国家进口生态环境损害性产品时，除产品本身的价值外，还应提供环境补偿价值。这种价值补偿的标准、谁来征收和最后的用途等，可由各国协商后通过由约束力的国际法规加以落实，以确保发展中国家在经济发展过程中的环境损害做到尽可能地小；帮助发展中国家，尤其是贫困国家改善产品出口结构，减少对自然资源消耗型产品出口的依赖；积极开发发展中国家的生态旅游资源，鼓励本国公民前往旅游，使它们做到生态环境保护与经济发展相互协调的目标；对收入低于一定标准的发展中国家，无条件零关税开放市场；不断加大对发展中国家的直接和间接投资，提升它们经济发展的能力等等。国际经济关系的改善，尤其是要实现分配关系的相对公平，最有效的途径就是改善发展水平不同国家之间的贸易关系，在这方面，发达国家应该承担起历史应尽的责任和义务。

## 三、和谐生态经济中的技术合作

如果说贸易合作是世界和谐生态经济和可持续发展的最主要内容，那么技术合作则是核心或关键。世界经济发展过程中的资源和环境问题，最终要靠技术进步来解决；不同国家之间的发展差距，最终也要靠技术合作来弥补。

众所周知，对一个行业来说，企业之间的差距，就是技术（包括实际知识、程序、产品和服务的整套系统、设备以及组织和管理程序）发展水平的差距；不同行业之间发展速度的差距，则是不同行业之间技术进步速度不同的结果，以此类推，必然得到国家之间发展差距的最主要原因就是技术水平的差异。正因为这样，所以在当今世界的竞争中，最核心的内容就是技术创新的竞争。获得技术进步优势方面的垄断，成为一切国家最主要的发展目标。如为了扼制我国的发展，发达国家在关键技术输出上对我国的管制严格程度达到难以想象的地步。人们常说，发达国家与发展中国家之间的收入差距，是长期资本积累不同的结果，可实际上，任何国家积累的物质资本数量（统计或企业财务上的资本数量，实际上还包括相当部分无形资产）也只不过相当于几年（劳动）的总产出，而且各国都存在程度不等的失业，仅仅数年的资本存量差异，绝对不可能达到如此大的收入差距；人力资本差异是其中重要原因，但不是一般意义上的人力资本差异，即普通市场交换能够获得的人力资本差异，因为从小学到大学，在知识普及日益加强的今天，各国的课程设置和授课内容基本相同（教师质量有差异），也就是说，大学毕业时，发达国家与发展中国家各自培养的大学生质量差异是不大的，那么为什么工作数年后彼此间各方面的差异会如何之大呢，原因是他们各自从工作单位上获得的知识是完全不同的，这些知识的大部分是不在一般意义上的市场上流通的，它们属于企业的特有知识，如专利、诀窍、特有技术和经验等，这些知识是企业保持竞争优势的秘密，对国家来说，则是保持与其他国家相对竞争优势的秘密武器。所以说，国家之间发展差距的关键是技术差距。正因为这样，所以在一些关系国家竞争能力的关键技术上，无论我们出什么样的价格，发达国家也不向我国转让。自然，为维护垄断竞争优势，发达国家之间在关键技术上也同样是严重封锁的，如最先进战斗机技术，美国就绝不向西欧盟国和日本等转让。所以说，当前世界各国之间的竞争，是以技术优势为目标的竞争，各国之间的发展差异，也就是它们之间的技术发展差异。而在技术垄断竞争面前，技术差距的弥补是难以用较少的时间完成的。

有一个事实可以很好地说明技术差距是如何决定收入差距的。如以我国与美国在收入上的差距为例，以普遍消费为对象，按购买力标准，或者说以购买力平价理论为基础，人们总说人民币被低估，而且低估的程度非常严重，因为在中国购买以某种标准选定的一定数量的（一篮子）商品的价值，远远低于（大约只有一半甚至更低）美国购买相同内容商品的价值，然而，即使我们不对人民币的汇率进行（有一定浮动幅度的）管制，完全放开汇率市场，人民币会进行多大程度的升值呢？结论是有所升值，但绝对不会很大。原因就是两者间的技术差距太大，各自对对方的依赖程度严重不对称，如我国出口美国的商品，美国在国际市场上有很大的选择余地，是我们有求于美国；而我国从美国进口的商品，则往往是我们别无选择而不得不从美国进口的，而且有些还往往是美国不想向我国出口的，因此还是我国有求于美国，所以，在这种严重不对称的关系基础上，如果不是美国有意扼制中国而抬高人民币的价值，人民币能有多大的升值空间呢？在现代汇率决定上，购买力平价理论是最没有解释能力的。同样以购买力平价理论为基础的普通消费品价格为对象，在汇率完全浮动的基础上，西欧的价格水平就远远高于美国，日本与美国之间这方面的关系也同样如此，就充分说明，决定汇率和收入水平关系的最主要因素是技术差距，而不是其他。

从各国以美元为计量标准的收入差别关系，也充分说明了这点。如在发展中国家经济快速增长，并且速度远远快于美国的时候，如美元计量的收入差距的缩小往往并不明显；而在经济成熟到相当程度，（以本国货币计量的）经济增长明显下降时，两者间的收入差距才明显缩小。其中原因，是在经济快速增长时，本国货币的汇率往往会下降（因经济快速增长而产生对国外资金技术较大程度的依赖，同时因总供给大于总需求而会出现外贸逆差），因此出现以本国货币计量的收入快速增长，以美元计量的收入则增长缓慢；但在成熟到一定程度，技术差距明显缩小后，汇率会明显上升，由此出现以本国货币计量的收入增长缓慢，以美元计量的收入则快速增长的现象。国际上很多例子都说明了这点。

如我国台湾地区，20 世纪 50 年代的增长是很快的，其平均每人国民所得由1951年的1407新台币增长到1956年的3296新台币，增长了134.2%，速度是非常快的，但由于货币贬值，以美元计量的平均每人国民所得却由137美元降低到133美元，反而下降了2.9%；到1961年，以新台币计量的人均所得达到5666，比1956年增长72%，但以美元计量的人均收入只有142美元，只比1956年增长6.8%。原因就是该期间要进行工业化过程，需要大量的国外技术与设备等，因此会出现比较严重的外贸入超而使本国货币贬值，结果使以美元计量的经济增长率极低。相反，经济成熟到一定程度后的80年代后期，省内增长速度下降，但以美元计量的人均收入却快速增长，如在1987至1990年，以新台币计量的人均国民所得增长率分别是11.4%、7.8%、9.6%、8.4%，而同期以美元计算的增长率则分别是32.3%、20.2%、18.8%、6.4%，平均速度是前者两倍多。韩国和日本的情况与此基本类似。如日本进入20世纪80年代后，尤其是进入90年代后，以日元计量的平均增长率是很低的，但由于日元对美元的不断升值，因此以美元计量的增长率却是非常高的，如1980年至1995年期间的平均名义增长率是15.7%（从1995年以来是负3.5%）①。

我国改革开放以来的情况也充分证明了这点。从1978年改革开放到2006年，我国以本国货币衡量的经济增长速度是美国同期的两倍以上，但在此过程中货币的贬值速度也超过两倍，如由1978年的1美元约兑1.577人民币到2006年的8.277元人民币（目前是6.8左右），人民币贬值了约5.6倍，因此以美元衡量的经济增长速度可能并不明显快于美国。如以当年市场价及当年汇率计算，中国改革开放到2006年以美元计算的

① 在众多的资料甚至教科书中，都会指出日本、韩国、我国台湾地区等在长达20—30年的经济快速增长阶段，取得了超过8%的增长速度，但同时又指出，日本的人均收入从战后的130美元增加到90年代的3万多美元，同期韩国是从50美元增加到12000美元，我国台湾地区则从80美元增长到16000美元，这两组数字无论如何都无法建立联系。因为按每年8%的增长速度，约9年增长1倍，按这样的速度，它们也就是增长16—20倍（约翻4—5番，按翻5番计算，也不过32倍），而按美元计算的增长速度，则都超过了200倍，这说明，按本国货币计量的经济增长没有什么实际意义。

名义增长率约为7%（如果折算成1978年的美元价，即将该期间美元的贬值考虑进来，那么该增长率将下降一半），而同期美国以相同方式计算的名义增长率约为6.6%，两者间并不存在明显的增长率差异。最近几年人民币的升值压力，实际上并不是来自人民币的购买力增强了（我国的通货膨胀速度快于西方发达国家），而是我国的技术水平与发达国家之间的差距有所缩小。我国技术开发上的绝对投入已在逐渐赶上甚至超过除美国外的其他国家。

这说明，要缩小各国之间的在发展水平和收入等方面的差异，缩小技术差异是最根本的途径。没有技术差距的有效缩小，收入分配的相对公平就完全没有实现的希望；而没有收入差距的明显缩小，可持续发展和人类和谐就更没有实现的可能。所以说，技术的合作及其差距的缩小，是实现世界和谐生态经济和可持续发展目标的核心。

我们知道，虽然新技术的开发、应用等需要巨大的投入，可一旦成功，就可低成本或无成本的无限复制。这也就是说，发达国家向广大的发展中国家转让经济发展、节约资源和保护环境等方面的技术，并不需要花费他们多少，但却可取得实现可持续发展与和谐生态经济建设目标最有效的成果。在这方面，并不需要发达国家完全放弃绝对竞争优势，即无条件地公开和转让最先进（关系国家安全，如国防）的技术，只是需要他们将那些较先进和成熟的技术向广大发展中国家无偿或低成本的转让，同时辅以相应的技术应用条件，如培训人才，完善基础设施和资本合作等。发达国家为此虽然要付出部分相对竞争优势的代价，但换来的将是长治久安的外部环境和自身持续生存和发展的生态环境改善，也就是它们失去的是“芝麻”，得到的是“西瓜”，所以最终是一个“共赢”的结局。

## 四、和谐生态经济的环境与利益合作

如果说贸易合作是基础，技术合作是核心，那么环境与利益分配则是目标。因为，只有环境合作，才能实现人类社会真正意义上的可持续发展目标，而环境与利益分配是密切相关的，贫困或两极分化是生态环境的最大威胁，所以，环境与分配是同一问题的两个方面。

进入资本主义体系以来，发展中国家的绝大部分环境问题，大都可以归结到贫困。为获得温饱所需的物质资源或经济收入，人们不得不直接掠夺赖以生存的环境，这正如我国20世纪60—80年代，为获得一点点宝贵的蛋白质或肉食，人们会竭泽而渔地用剧毒农药毒杀江河湖泊中的鱼虾和原野中的鸟畜，致使一些河流的生态长久难以复原；非洲和南美洲为种植橡胶和咖啡等所谓“经济作物”，将数千万年形成的众多宝贵物种赖以生存的原始森林砍伐殆尽，致使失去密林蔽护的土地很快在暴雨冲刷下成为不毛之地；为获得改善生活所需的经济收入，20世纪80年代以来，我国浙江一些地区，如台州和温州等地，将世界各地的电子废弃物等集中到当地进行拆解回收，造成环境严重破坏，主要水系被严重污染，癌症和各种环境疾病发病率居高不下等等事例，都说明环境问题就是贫困问题，贫困问题的核心是国际经济关系中严重的两极分化（在没有西方发达国家生活水平参照系的对比下，在原始或传统方式下生活的人们并不会感到自己很贫困。记得20世纪90年代初，看到中央电视台一个关于河西走廊情况的节目，节目组到甘肃一个封闭山村采访，一个穿着破棉袄的老人在黄土窑前晒太阳，主持人问他对现在的生活是否感到满意，老人回答“现在的生活像到天堂一样”，原因仅仅是修水窖后能吃饱肚子了。当时想，如果节目组将其带到北京住几天五星级酒店，吃几顿山珍海味等，那么他回到原来的地方将会感到突然从天堂掉进了地狱。幸福与否总是相对于某个参照对象而获得的）。所以，要保护好生态环境，就必须解决发展中国家的贫困问题。

在解决发展中国家贫困问题和缩小南北差距方面，国际合作的内容，一是帮助发展中国家发展经济，如积极转移各种适用技术和有效提高利用资源和保持环境的先进技术，发展和完善基础设施，发展教育以提高人民素质和加强人力资本积累，发展能够有效保护传统文化和生态环境的第三产业，转移能够有效利用当地资源而又不破坏环境的产业，提高发展中国家的就业水平等以促进当地经济发展，培养发展中国家的造血机制，由此走上良性循环道路，是缩小南北差距的最根本出路。二是发展国家对发展中国家进行直接援助，也就是进行收入转移。这虽然是最直接的缩小南北差距的有效途径，但却是最难以实现的。发达国家曾承诺以总产出的1%援助发展中国家，但除极小数国家兑现外，绝大部分国家都没有兑现承诺。联合国可持续发展《21世纪议程》指出，发达国家对发展中国家的承诺援助额不仅没有增加，反而减少到总产出的0.7%，即使这样，《21世纪议程》发布以来的8年，兑现承诺的发达国家数量也是屈指可数的。但是，发达国家对发展中国家适当的直接援助是有道义责任的，一方面很多发展中国家大多曾是发达国家的殖民地或特殊势力范围，它们的不发展或生态环境的破坏等是发达国家殖民统治的结果；另一方面世界性资源，特别是发展中国家的许多宝贵资源被发达国家的发展所消耗，由此使它们失去了廉价资源的发展基础；再一方面就是在当今不合理的国际贸易规则基础上，绝大部分国际分工协作的利益被发达国家所获得，发展中国家所得利益极少，而且贸易分工条件越来越不利于发展中国家；最后就是生态环境等全球公共性资源被发达国家的发展所消耗，发展中国家的生态代价因此不断提高等等，所以，发达国家有义务进行补偿的义务。最主要的是，这些援助，是发达国家获得安全和持续生存保障的最有效手段。发达国家及其人民，不可能指望在发展、收入和生态环境等各方面南北差距不断扩大的背景下，自己能有安全的社会与生态安全的环境，从而能实现幸福的目标，地球之舟最终将在发展中国家的不合作中倾覆。

在进行环境与分配合作外，还需要南北之间在人口、教育、制度等等方面进行全方位的合作。地球之舟顺利航行的条件，是整个系统的完整，因此需要人们之间进行全方位的同心协力，只有这样，人类之舟才有可能到达理想的彼岸。

# 第九章 我国和谐生态经济的战略模式

前面从不同角度分析了和谐生态经济的内容、实施条件等，本章将在此基础上，结合实际，提出我国建设和谐生态经济的战略模式，以推进我国的和谐生态经济社会建设。

## 第一节　我国和谐生态经济的战略内容

战略模式是战略实施的一种组织方式，因此，首先对我国和谐生态经济的战略内容进行分析。

### 一、战略简介

战略，传统上指“指导战争全局的计划与策略”，目前被引申为“为实现某种目的而制定的计划和策略”。战略包含五个方面的内容：战略方针，战略目标、战略重点、战略阶段、战略对策。战略方针确定了整个事业或任务的方向，因此在战略中处于核心的地位。战略目标指在实现战略方针的过程中要达到什么样的具体目的及其衡量标准，是战略方针的具体量化，因此是衡量整个战略计划执行好坏的标准。战略重点是指为实现战略方针和任务，应该特别给予关注的方面，或者说对整个战略具有重大影响的方面，这方面任务完成的好坏，对整个战略目标的实现具有十分重大的影响。战略阶段，是指在实现战略方针和目标的过程中，应该被分解为几个主要的阶段，或者说每个阶段应该达到什么样的目标以及最终达到整个目标所需的时间等，如我国实现现代化的战略目标被确定为“分三步走”，就体现了这点。战略对策是指为实现战略方针和目标，应该采取哪些具体的措施和政策等①。

战略从不同角度看，它的构成划分是不同的。除了上面五个方面的内容，还可以从不同角度进行划分。以可持续发展战略为例，可从构成战略所需的要素条件来划分，可将其划分为人口战略、资源战略、生态环境战略、社会发展战略；从管理层次看，可分为宏观层次、中观层次（区域与部门）与微观层次战略等。

## 二、和谐生态经济的战略内容

和谐生态经济战略，从理论上说，也就是“战略”一般内涵在特定领域的引申。前面曾指出，和谐生态经济与可持续发展或可持续经济发展的内容是极其相似的，在《可持续发展经济学教程》中，笔者曾对“可持续发展战略”与“可持续经济发展战略”分别定义为：“可持续发展战略，就是为实现人类作为一个物种持续生存和福利持续增长这个目标而制定的各种计划和策略，其主要内容做到资源、环境、经济与社会之间的协调发展，实现人与自然和人与人之间的和谐相处，为此而制定

① 参见陈耀邦：《可持续发展战略读本》，中国计划出版社1996年版。

的各项可持续发展战略方针、战略目标、战略重点、战略步骤和战略对策的统一。”“社会中心或国家，为取得社会可持续收入和人民经济福利不断提高这个根本目的，制定的旨在保持经济持续发展的各项计划与策略。主要内容包括：使各项可持续经济发展要素，即人力资本、生态资本、经济资本与社会资本相互增长的计划与策略；使各可持续经济发展要素优化组合，实现最大经济产出的计划与策略；使经济系统保持协调稳定增长的计划与策略等等。显然，取得尽可能大可持续收入的战略，必然是包括生态成本、社会成本和经济成本在内的社会综合成本更低，各种比例关系最协调，从而效益更好的资源配置。”从前面对和谐生态经济的内容及其构成和要达到的目标看，我们将和谐生态经济的战略定义为：为实现人与人和人与自然和谐相处、经济持续增长和人民福利持续改善的目标，制定的各种计划和策略的统一。主要内容包括：使和谐生态经济的各项要素，如物质资本、生态资本与知识资本相互增长的计划与策略；保证各要素间优化组合，实现最大经济福利的计划与策略；实现人与人（包括国家与国家、区域与区域之间）关系协调发展的计划与策略；实现人与自然和谐相处的计划与策略等。

从构成要素及其实现形式看，和谐生态经济战略的构成应该由要素战略与实现形式战略构成。要素战略包括可持续人口战略（包括数量战略、质量战略、结构战略等）、可持续资源战略、可持续生态环境战略、可持续资本战略、可持续科技战略、可持续经济发展战略、可持续国际合作战略等等。实现形式战略，从管理层次上可分为微观系统建设战略、中观系统建设战略与宏观系统建设战略。微观系统建设战略，主要由企业管理战略系统、项目管理战略系统等构成；中观系统建设战略主要由区域系统建设战略、行业系统建设战略等构成；宏观系统建设战略，主要由和谐生态经济建设指标体系，国家和谐生态经济建设调控体系等内容组成。从实现方式看，则可分为市场建设战略与政府调节战略等。从功能内容看，还可以划分为制度建设战略、宏观发展目标建设战略、宏观调控建设战略、对外关系建设战略等。整个战略的核心，就是如何实现人与人和人与自然和谐的有机统一，实现人类社会的最大福利。

从战略的组成部分看，和谐生态经济战略也可分战略方针、战略目标、战略重点、战略阶段与战略策略这五个组成部分。

和谐生态经济的战略方针，显然是人与人和人与自然之间的和谐程度不断提高、四种需要满足相互平衡且日益增长、人民福利不断改善等，因此是整个战略内容的核心。和谐生态经济的战略目标，则是在一定的时间范围内，四种需要满足及其平衡和人类社会的福利增长应该达到什么样的目标，人与自然和人与人之间的关系应该达到什么样的和谐程度等。和谐生态经济的战略重点，则是保证三项资本的相互增殖和生态资本的优先增长，实现经济增长与生态环境的相互适应、人口及其需要的增长与地理环境的承载能力相适应等。和谐生态经济的战略阶段，是根据完成目标的轻重缓急和难易程度以及社会经济的可能性等，将其分为几个步骤或阶段，逐级推进至最终实现整个目标。这正如20世纪80年代初提出的现代化“三步走”战略步骤一样。和谐生态经济的战略策略，则是为保证以上内容的实现，应该采取的政策和各项具体措施，如加强人力资本建设的政策与措施，加强生态环境，即生态资本建设的政策与措施等等。

## 三、和谐生态经济战略的主要内容

下面对和谐生态经济战略的五个方面进行简单分析。

### （一）和谐生态经济战略方针的主要内容

方针是整个战略的核心内容，因此确定和谐生态经济的战略方针，是制定和谐生态经济战略的关键。

根据我们对和谐生态经济战略的定义，我们认为和谐生态经济的战略方针，就是保证全体人民经济福利（包括四种需要的满足及其平衡）的持续增长，实现人与人和人与自然和谐相处这个人类社会的最大福利目标。保证全体人民经济福利的持续增长，从经济学角度看，也就是要保证可持续收入持续而稳定的增长，同时要满足人们对四种需要之间相对平衡的需要，并实现代内公平（社会经济和谐的条件）与代际公平（人与自然和谐的条件）的统一。这些内容，决定了和谐生态经济战略的目标、重点、阶段与策略等内容。

虽然就形式上看，和谐生态经济战略方针的内容并不复杂，但包含的内容却极其丰富，要真正实现更是困难重重。因为要做到可持续收入的持续增长，同时四种需要之间保持平衡，实现代内公平与代际公平的统一，不仅需要改变经济增长或经济发展方式，而且要求变革社会政治经济制度和体制，改变世界观，建立起人与自然和人与人之间和谐相处的新的社会伦理等等，所以和谐生态经济战略方针的内容是非常丰富的。

社会文化和伦理道德的改变，是和谐生态经济战略方针得以实现的首要条件。因为行动是由观念制约的制度决定的，而观念是由社会文化和伦理道德决定的，所以要使和谐生态经济战略方针得以实现，就必须建立与其内容和要求相一致的社会文化与伦理道德。可持续收入的增长，四种需要（也就是四种产品的生产）满足的平衡，取决于决定可持续收入的基础条件，如生态资本、社会资本等要素的增长，而这些要素的增长状况则取决于社会的伦理道德及与之相适应的社会政治经济制度，如在传统的社会伦理道德支配下，决定可持续收入增长状况最重要因素之一的生态资本就处于不断减少之中，这是导致人类社会经济不可持续发展的最主要原因，所以要实现可持续收入的持续增长，就必须建立与之相适应的社会文化和伦理道德体系。与可持续发展要求相一致的社会文化和伦理道德，核心内容也就是人与自然和人与人之间的和谐相处。

与这种伦理道德的改变相适应，要求改变传统的消费观念和幸福观念。如将原来那种追求不断增加物质满足的消费观念，转变为精神、生态与社会四种消费相协调，适当节制物质消费的消费伦理与消费模式；从追求人与人之间差异，或者说以支配他人和自然为目标的幸福观念，转变为追求人与人之间平等和人与自然和谐为最大目标的幸福观念。

显然，要实现和谐生态经济战略方针的社会文化和伦理道德，就必须改变与此不相适应的社会政治经济制度，如建立起公平与公正的社会政治经济制度。制度是决定人们实际行为和行动方式的根本，如同人们采用外部不经济方式来获取个人利益是一定制度安排的结果一样，要使人们的行为符合和谐生态经济战略的要求，就必须建立起人们采用外部不经济方式获得的利益小于采用外部经济方式的利益的制度。所以说，和谐生态经济的战略方针，包含着彻底改变现有社会政治经济制度要求的内容。

要使和谐生态经济的战略方针得到实现，必然需要加强各项要素，尤其是生态资本和知识资本的建设，和谐生态经济的提出，就是生态资本和知识资本的建设满足不了四种需要平衡和社会经济消费模式转换的需要，所以，加强这两方面的建设，是实现和谐生态经济战略方针的重要基础。

一定的要素能起到什么样的作用，是与系统的功能结构状况密切相关的，因此要提高要素的效率而取得尽可能大的可持续收入，就必须加强组织结构等因素在内的系统功能的建设。这种功能的建设，同时也就是社会资本的建设。系统功能的建设，涉及其中的微观层次、中观层次与宏观层次的系统建设及其相互协调机制的建设等内容。要做到这一点，就需要对整个社会的各个方面进行制度创新与技术创新等。如在调节机制上，必须建立高效率的微观管理体系，稳定区域经济的中观管理体系，有效的能够协调各方面关系并使社会资源配置达到最大效率的宏观调节机制等。

（二）和谐生态经济战略目标的主要内容

由于目标是方针在一定时期内的具体实现形式或量化，因此和谐生态经济战略目标也就是和谐生态经济战略方针在一定时期的具体量化形式。

作为和谐生态经济战略方针在一定时期的具体实现形式，和谐生态经济的战略目标也就是可持续收入、四种需要满足、三种资本积累、社会分配的公平程度的某个具体标准，如到某个时间人均可持续收入达到某个量值，生态消费与精神文化消费占总消费的比重各是多少，基尼系数多大等等，这正如我国的战略方针是实现现代化，其战略目标就是在某个时期达到某个具体的标准，如在2050年达到西方20世纪80年代的平均收入水平一样。

由于和谐生态经济战略目标只是和谐生态经济战略方针的具体体现，因此和谐生态经济战略目标的具体内容也就是和谐生态经济战略方针在各方面内容的具体体现，也就是要加强和谐生态经济的基本要素建设和系统建设。

（三）和谐生态经济战备的重点

和谐生态经济的战略重点，也就是为达到和谐生态经济战略方针和目标所要解决的主要问题或主要矛盾。一般地说，在整个系统向战略目标推进的过程中，会存在着一些阻碍该目标实现的因素，因此解决这些因素所造成的困难，也就成为实现战略目标的主要任务。这些矛盾被解决了，战略目标的实现也就容易达到。

什么是和谐生态经济的战略重点，取决于实施战略时阻碍其目标实现的最大阻力是什么，那么解决这个阻力也就成为整个战略的重点。如我国政府认为，人口因素是我国实施可持续发展战略中的最大问题，因此将解决好人口与发展的关系作为《中国21世纪议程》中的战略重点之一。

笔者认为，人的行为是文化决定的，因此和谐生态经济战略的重点，应该是观念和文化的转变。我国政府在制定可持续发展战略时，对此也有同样的认识："实现可持续发展战略必须转变思想观念和行为规范。要正确认识和对待人与自然的关系，用可持续发展的新思想、新观点、新知识，改变人们传统的不可持续发展的生产方式、消费方式、思维方式，从整体上转变人们的传统观念和行为规范。"① 当前社会经济的不可持续发展的重大原因之一，就是人们仍然抱着传统人与人之间和人与自然之

① 分别摘自《中华人民共和国可持续发展国家报告》与《中国21世纪议程》。

间对立的文化伦理、追求单纯经济发展的观念，结果导致生态环境不断恶化，自然资源日益耗竭，人与人之间的关系日益紧张等，由此严重阻碍了和谐生态经济和可持续经济发展目标的实现。上面讲到，这些看似与经济发展关系不大的社会性因素，实际上却是决定和谐生态经济发展的核心因素，是社会资本的重要内容。

制度的变革，是和谐生态经济战略重点与观念转变相适应的又一重点。观念的转变是制度变革的前提条件，制度变革则是观念到行动的体现和保证。制度的缺陷，被公认是阻碍和谐生态经济和可持续发展目标实现的最重要因素，因此变革现行阻碍和谐生态经济和可持续经济发展的制度，显然应该是实施和谐生态经济战略的重点之一。制度之所以重要，是因为它决定了人们实际的行动，如人们采取保护还与破坏环境的做法，取决于一定的制度安排使人们能从哪种方式中取获得更大的利益，只有当人们能从保护生态环境中获得比破坏生态环境更大的利益时，人们才会真正关心生态环境的保护。如果制度安排的结果与此相反，那么即使人们有保护生态环境的良好愿望，这种愿望也不可能得到实现。

解决好或者说扼制当前我国日前严重的两极分化，阻止分利集团对全国人民的巧取豪夺，可能是我国当前建设和谐生态经济、落实科学发展观战略最迫切的任务，因而是和谐生态经济的战略重点。改革开放以来，尤其是20世纪90年代以来日益严重的两极分化，已经严重威胁到国家的安全，正因为此，我们才会提出要建立和谐社会，所以，扼制日益严重的两极分化，是我们实施和谐生态经济战略的重点之一。

解决好人口与发展的关系，尤其是人口与自然承载能力之间的关系，也是实现和谐生态经济和可持续经济发展战略的重点之一。实际上，人口与发展之间的关系，在很大程度上是与社会观念和制度密切相关的。在过大的人口压力下，尤其是在经济欠发达的条件下，是难以建立起人与自然和谐相处的社会观念和制度来的，维持既有人口的生存成为社会的主要矛盾，在这样的条件下，自然界是不会得到尊重的。我国长期以来就是这方面的典型之一。只是近些年，随着我国经济发展达到一定水平和在人口控制上取得一定成就，能够通过一定的外部调节来缓解内部的资源压力，我们才开始关注人口与生态环境的关系。人口压力，是导致当前世界生态环境不断恶化的最主要原因之一。所以，解决好人口与发展的关系，是和谐生态经济战略的又一重点。

（四）和谐生态经济的战略步骤

战略步骤，是指在战略目标确定的情况下，根据主客观条件，将战略目标分解为几个不同的阶段目标而分步骤加以实施，从而最终达到目标的行为。将战略目标划分为不同的阶段目标而加以实施，人们的努力目标将更加明确，因而更具有针对性和可实施性，能够更好地完成目标任务。

上面讲到，什么问题是阻碍我国社会经济和谐发展的最主要和最迫切的问题，也就是应该最优先解决的问题，我国当前整个社会最敏感、对社会威胁最大的问题，一是两极分化日益严重，二是生态环境日益脆弱，离人们生态需要满足的要求越来越远，正因为这样，我们才会在20世纪90年代以来，不断提出“可持续发展战略”、“两型社会建设”、“科学发展观”、“和谐社会”等社会发展目标，而这些发展目标的核心都是为了解决这两方面日益严重的矛盾，为此，和谐生态经济的战略步骤，应该围绕解决这两方面的问题来制定。根据国情和可能性，我们认为我国的和谐生态经济发展战略步骤应分为三个阶段。

第一阶段，是扼制两极分化和生态环境恶化继续扩大并有所好转。作为一个庞大的社会经济体，它的运行有非常大的惯性，尤其是生态环境变化的惯性更是强大，即使目前采取有效措施，它们仍然会在原有轨迹上运行相当一段距离，如生态环境的变化往往需求数年甚至数十年的时间，如滇池、太湖、巢湖等的污染治理已十多年，耗资数百亿元，至今仍未见明显效果，甚至一些还在继续恶化；社会分配的问题也同样如此，从20世纪90年代后期开始强调要加强社会公平，防止两极分化扩大，可实际结果却完全相反，这些都反映它们惯性力量的强大，所以，扼制两极分化扩大和生态环境恶化继续加强并有所好转，应成为我国和谐生态经济战略的第一阶段目标。在这方面，可以设置一系列相应的标准，作为奋斗和考核的标准。

第二阶段，是社会分配和生态环境状况有明显好转，如到某个时候，这两方面应达到一个什么样的具体标准。在这两方面，可以设置具体指标，如产品分配的公平程度应达到基尼系数 0.35—0.38 之间，资源的消耗总量有所下降，生态资本和知识资本的比重应达到什么标准等等。

第三阶段，也是全面实现和谐生态经济战略目标的阶段，是完成和谐生态经济建设主要任务的阶段，该阶段必须做到整个社会经济的和谐，也就是既保证经济发展的足够效率，又做到社会产品分配的公平化，同时生态环境完全走上良性循环的道路，人与自然关系和谐，人民群众的生态需要得到满足，由此真正走上可持续发展道路。

（五）和谐生态经济的战略策略

和谐生态经济的策略，也就是为实现其战略目标等，应该采取什么样的对策来完成任务，因此，战略策略也就是和谐生态经济的实施措施。

显然，与和谐生态经济战略的阶段相适应，和谐生态经济的战略策略也应该分阶段实施。

为实现第一阶段战略目标，也就是扼制两极分化扩大和生态环境恶化的趋势，第一阶段的策略，就是要对收入分配关系进行调整，重点是打击分利集团，其中最主要的是打击官僚垄断集团对改革的阻挠和对全国人民的巧取豪夺，完善税制和收入分配制度，加强对贫困地区和人口的转移支付等来扼制两极分化扩大的趋势。在生态环境方面，加强对公共资源的保护和环境执法的力度，充分发挥市场机制在节约资源方面的作用，加强循环经济等，同时加强社会公平公正和人与自然和谐的伦理文化建设等等。

第二阶段的策略，是保证资源的消耗能够稳定在资源的再生能力与技术进步所产生的资源替代范围内；生态环境能够向好的方向转变，生态资本能够以较快的速度增殖，以实现三种资本的相对均衡；加强人力资本建设，使人口质量及其结构明显改善，社会公平程度有根本改善等，为此制订和采取相应的政策措施，如完善社会政治经济制度，提高社会公共消费的比重，加强区域协调，强化收入的再分配和财政转移制度，制定更加严格的自然资源和生态环境保护政策等等。

第三阶段的策略，是为全面实现人口、资源、环境与社会的和谐而采取相应的对策。这些对策超出了目前所处的阶段，不是我们这代人考虑的范围，因此不予分析。

（六）和谐生态经济战略实施中应注意的关系

由于和谐生态经济概念及其相应的战略内部，包含着许多不完全协调的目标，因此，在实施和谐生态经济战略中，不可避免地会遭遇到一些相互矛盾的情况，对这些矛盾必须妥善处理，以保证和谐生态经济战略的顺利进行。

1. 正确协调短期增长与长期发展的关系。短期增长与长期发展之间的关系是既统一又矛盾。短期增长是长期发展的一个有机组成部分，同时也是长期发展的基础。没有短期的增长，长期发展就成为一句空话。但同时要看到的是，如果过于追求短期增长，那么很可能会造成长期发展目标的落空，尤其当较快的短期增长是以过度利用自然资源，并且是以破坏生态环境为代价实现的时候，这种情况就更明显。过快的短期增长，也会产生一系列如利益分配不均等所带来的严重社会矛盾，出现人们的观念意识落后于经济增长而产生的上层建筑与经济增长不相适应的矛盾等等，这些都会严重损失长期发展的基础。我国目前就面临着这种威胁，如自然资源被过度消耗和浪费，生态环境严重恶化，两极分化空前突出，区域发展极不平衡，社会内部孕育着严重的对抗情绪等，都严重地威胁着我国社会经济的持续发展。

较快的长期发展，不仅需要资源的稳定供给和良好的生态环境为基础，而且需要丰富的人力资本做动力，需要良好的社会关系做保证，这些都会对短期的经济增长有所影响。如通过发展教育来积累人力资本，可以为社会的长期发展提供保证，但却明显地会影响短期的经济增长。因为教育是一种在短期内有投入而无直接市场价值产出的投资活动，所以，增加教育投资，必然会影响该期间的经济增长。在保护生态环境和节约资源等方面，长期发展与短期长期之间同样存在着这方面的矛盾。

这种既统一又矛盾的关系，要求我们在实施可持续经济发展战略中妥善处理两者的关系。既不能因为过快的短期增长而牺牲长期发展的基础，又不能因为长期发展需要而过分抑制短期增长。自然，在实际过程中如何做到这点，是需要高度的管理技巧的，同时必须根据社会经济发展的客观需要，科学地统筹两者之间的关系，以实现短期发展与长期发展的有机统一。

2. 妥善处理区域协调与区域发展之间的关系。这里的区域协调，是指不同区域之间在经济发展过程中的相互适应与均衡发展。区域发展则指区域内部各方面的协调发展。在一个社会或国家的和谐生态经济建设中，如何处理好区域协调与区域发展之间的关系，同样是关系和谐生态经济社会建设目标能否实现的重要条件。

一般地说，在经济发展过程中，做到区域之间的发展协调，能够保证整个社会取得较快而稳定的发展。因为在社会分工日益加强的今天，任何一个区域的发展，都会在资源供给与产品实现等方面产生对其他区域的需要，这正如在国际经济领域，国际贸易与国际合作对各国经济的重要性一样。要使这些外部需要得到满足，就需要各区域之间经济发展水平与速度能够相互一致，为此，就需要区域间的协调发展。如果发展不平衡，就可能会产生各区域生产的产品无法得到正常实现，或者是所需的资源供给没有保证等等。同时，区域的均衡发展，还是保证社会稳定的重要条件，而稳定则是经济发展的最大保证。区域经济发展不平衡所产生的社会不稳定，是经济发展的最大威胁。我国 20 世纪 90 年代后期提出并实施的“西部大开发”战略，就是为实现社会稳定而做出的一项重大决策。当今社会，许多国家为了实现社会稳定的目标，都实施了（后进）区域开发战略，以做到区域发展的协调。

但是，由于各区域之间在自然、社会经济发展的历史基础等方面存在差异，因此在发展过程中不可避免地会产生区域之间发展差距的问题，并且这种差距很可能会在区域经济发展的规模效应（在一定范围内，区域经济的发展规模越大，则效益越好；效益越好，则会吸引来更多的要素，由此产生“聚积效应”而使规模进一步扩大）与聚积效应的作用下扩大，这是市场经济条件下经济发展的自然规律。如果对此过程进行人为的过度干预，硬性要求做到区域发展协调，则可能不仅会严重阻碍先进区域的经济发展，而且会阻碍后进区域的发展，最终阻碍整个社会的经济发展。这正如我国在计划经济时候，为了做到区域经济发展协调，将东部的资源大量调往中西部地区，此举尽管做到了区域经济发展的相对协调，但却是以东部和整个社会经济发展的巨大牺牲为代价实现的，并且中西部地区的经济发展，最终也因东部区域发展被釜底抽薪，缺乏后继支援而逐渐衰落，结果造成整个社会经济发展滞缓的情况就说明了这点。

由于区域经济发展具有非常明显的规模效应与聚积效应，因此，区域经济发展的差距一旦出现，就有可能会产生“马太效应”。这种“效应”产生的区域发展差距的扩大，会产生严重阻碍和谐生态经济发展战略实现的社会不公平、环境资源与社会的不可持续性等弊端。所以，如何在不阻碍区域经济发展过程中，避免这些问题的出现及其激化，成为一个社会能否实现可持续经济发展战略目标的最大考验。

我们认为，在区域发展与区域协调过程中，既不能过度干预，也不能无为而治。在顺应区域经济发展规律的基础上，合理地利用各种手段调节区域经济发展关系，是可以较好地做到区域协调与区域发展的有机统一的。如在整个社会的经济发展过程中，随着先进地区较快经济发展而加强的承受能力，逐渐加强区域之间财政转移的力度，同时加大引导资源在区域之间转移的政策力度等，是可以在不损害区域经济发展的基础上，协调好区域之间的经济发展关系的。

3. 处理好生态环境保护与经济增长的关系。从某种意义上说，这也是短期增长与长期发展的关系之一。因为提高生态环境保护的力度，其造成的生产成本提高而明显影响短期的经济增长，但却有可能为发展提供良好的基础而有利于长期发展；但由于短期增长是长期发展的基础，如果因为对生态环境的保护力度过大而超过了一定经济发展水平上的社会承受能力，则不仅会严重损失短期经济增长，而且会使社会长期发展的目标落空，甚至会造成生态环境更严重的破坏。因为贫困与不发展，要比一定经济增长对生态环境的破坏更大，我国西部许多地区生态环境的严重破坏，很大原因就是贫困造成的。所以说，正确协调好生态环境保护与经济增长的关系，也是短期增长与长期发展的关系之一。实施和谐生态经济发展战略，就是要处理好这方面的关系。既不能因为追求过快的经济增长而严重牺牲生态环境，也不能因为过度保护生态环境而严重阻碍经济增长。在这方面，必须根据社会经济发展的需要和生态环境的承受能力，在它们之间取得相对平衡。有的时候，如果牺牲一定的生态环境能够比保护它而给社会带来更大的利益，那么生态环境在短期内的牺牲也是必要的。但这种牺牲，必须在经济发展过程中以经济发展积累的资本进行补偿，并且到一定时候，这种补偿还必须保证生态资本的增长能够快于其他资本的增长，以实现三种资本的协调。

4. 兼顾好公平与效率的关系，这种关系本质上就是经济增长与社会稳定的关系。在公平与效率的关系上，在前面的分析中曾指出，它们之间在一定范围内正相关，超过一定范围则负相关，这种关系决定了它们之间的关系是既矛盾又统一。经济增长与社会稳定之间的关系是与此一致的。如经济增长需要社会稳定作保证，社会稳定更需要一定的经济增长做基础。但过快的经济增长，也就是较高的效率，则往往伴随收入分配的较大差距，也就是会产生较严重的不公平，当这种不公平严重到一定程度时，就会产生社会的不稳定，社会的不稳定则会反过来严重阻碍经济的增长。同时，过于稳定的社会，则往往伴随过度的分配公平，这必须会阻碍效率的提高而不利于经济增长。这种既矛盾又统一的关系，决定了我们要实现和谐生态经济发展的战略目标，就一定要协调好两者的关系，既要保证经济活动有一定的效率或活动，必须保证社会公平与公正原则能够得到充分体现，以实现社会的最大福利。在这方面，每个社会都必须根据自身的需要和国情，在两者之间的关系上进行合理的选择，以实现社会的最大福利。

此外，协调好城乡关系、内外关系、各产业间关系等，也是实现可持续经济发展战略目标的重要内容。

## 第二节　和谐生态经济发展的战略模式

虽然上面简单分析了和谐生态经济发展战略的各个方面，但这仍然是一个比较笼统的战略框架，要使和谐生态经济战略目标真正得到有效实施，需要有一个结合国情和可能的战略模式。

### 一、战略模式简介

战略模式是为使战略目标能够有效实现而采取的一定的组织方式和措施。从某种意义上说，它相当于战略对策的内容，但内容要更丰富。因为在战略对策分析中，一般不会涉及经济体制问题，而战略模式则与体制选择有密切关系，所以，战略模式与战略对策之间既有相似的地方，但也存在重大区别。战略模式的内容说明，作为战略目标的实施者，体制的选择是它实现目标的重要内容。

传统上，模式往往与体制、运行方式相对应甚至等同。如传统上，讲到不同经济模式时，实际上指的就是不同的经济体制，如市场经济模式与市场经济模式，分别指市场经济体制与计划经济体制；同样，当讲到不同的经济运行方式时，指的也同样是计划经济与市场经济。自然，这些概念之间也存在一定的区别，如经济运行方式反映经济在特定因素作用下的独特表现形式，说明一定经济结构内部各要素相互作用下的经济运动过程，是一动态模式；经济体制模式则主要从是体制方面去分析经济运行特征，反映的是特定条件下经济运行的构成要素特征，因此是一种静态模式。

经济体制模式或经济运行方式，由一定的结构所组成，主要内容依人们研究视角差异而有所不同。一般认为，经济体制模式主要由所有制结构、决策结构、动力机制、信息系统、协调机制、组织体系、规则体系或奖罚体系等所组成。这些因素之间存在着密切的对应制约关系，即一个因素的内容确定后，其他因素的内容也就同时确定。如果它们之间的关系不对应，就会引起系统运行的紊乱，体制的调节或改革也就不可避免。

自然，在对我国和谐生态经济的分析中，我们并不完全遵循这种严格意义上的体制模式，而是从如何实现和谐生态经济目标方面来建立和谐生态经济模式。

## 二、我国发展和谐生态经济面临的主要问题

一个社会战略模式的选择，取决于该社会面临的主要问题。前面讲到，当一个社会强调什么，或者将什么作为社会的奋斗目标时，那么其对象一定是该社会当前面临最迫切也最需要解决的问题。发展绿色经济和建立和谐社会，是我国当前最主要的任务，自然也就反映我国在这两方面的问题是最严重，因而是最迫切需要解决的。

在生态环境方面，正如中国政府白皮书《中国的环境保护（1996—2005)》所指出的那样："中国是世界上人口最多的发展中国家。20 世纪 70 年代末期以来，随着中国经济持续快速发展，发达国家上百年工业化过程中分阶段出现的环境问题在中国集中出现，环境与发展的矛盾日益突出。资源相对短缺、生态环境脆弱、环境容量不足，逐渐成为中国发展中的重大问题"，因此，尽管"中国政府和中国人民为保护环境付出了巨大努力。但是，中国政府清醒地看到，由于中国正处于工业化和城市化加速发展的阶段，也正处于经济增长和环境保护矛盾十分突出的时

期，环境形势依然十分严峻。一些地区环境污染和生态恶化还相当严重，主要污染物排放量超过环境承载能力，水、土地、土壤等污染严重，固体废物、汽车尾气、持久性有机物等污染增加。新世纪头二十年，中国人口将继续增加，经济总量将比2000年再翻两番，经济社会发展对资源的需求不断增加，环境保护面临的压力越来越大。"[①] 我国的生态环境的基本状况是"总体在恶化，局部在改善，治理能力远远赶不上破坏速度，生态赤字逐渐扩大"，如水土流失面积不断扩大，程度日益加深，据1992年卫星遥感测算，中国水土流失面积为179.4万平方公里，占全国国土面积的18.7%，北方地区沙漠、戈壁、沙漠化土地已超过149万平方公里，约占国土面积的15.5%，并且20世纪80年代以来，沙漠化土地以年均增长2100平方公里的速度扩展，"谁来养活中国"正成为世界关注的焦点；水污染程度日益恶化，中东部（包括整个沿海地区）的主要水系基本被程度不同的污染；空气的污染程度则是世界上最严重的，对洁净水源和空气的渴求成为大部分人可望不可求的奢望；食品安全日益突出，重大食品安全事件则是层出不穷；如此等等，生态环境方面的问题可以说是不胜枚举。其后果表现，就是人与自然的关系严重对立，人们的生态需要得不到最基本的满足，人自身的和谐目标无法实现。

在社会经济方面，则是社会政治经济等各方面的两极分化，或者说二元化趋势日益加强，如官僚和富裕阶层与广大工人农民之间的政治权力日益扩大，产品分配中的两极分化则更为典型，代表财富分配差距的基尼系数，在2007年，官方公布的就达到0.47，目前则可能超过0.5（这还不包括不同收入群体所享有的各种社会福利。有些非官方机构或人员的研究则认为可能超过0.6。因为"调查证明，城镇居民收入中没有被统计到的收入估计高达4.8万亿元，遗漏主要发生在占城镇居民家庭10%的高收入户，占全部遗漏收入的3/4[②]），并且从20世纪80年代以来以每年增加0.01的速度递增，由此中国已从改革开放时世界上最公平

① 引自：中央政府门户网站，http：//www.gov.cn，2006年6月5日。

② 资料引自新华社：《中国贫富差距正逼近社会容忍红线》，中国经济网，2010年5月10日。

的国家变为最不公平的国家之一。这种情况正如最近新华社发表的《中国贫富差距正逼近社会容忍红线》一文中所指出的：“当前我国城乡居民收入比达到3.3倍，国际上最高在2倍左右；行业之间职工工资差距也很明显，最高的与最低的相差15倍左右；不同群体间的收入差距也在迅速拉大，上市国企高管与一线职工的收入差距在18倍左右，国有企业高管与社会平均工资相差128倍。北京师范大学收入分配与贫困研究中心主任李实从20世纪80年代起参与了4次大型居民收入调查。他说，收入最高10%人群和收入最低10%人群的收入差距，已从1988年的7.3倍上升到2007年的23倍。”而“收入高低靠的不是聪明才智和勤奋劳动，而是靠‘抢身份’和‘抢行业’。如果能‘抢’到电力、电信、石油、金融、烟草等垄断行业，或是‘抢’到公务员和事业单位身份，就等于‘抢’到了高收入、高福利、高阶层。”同时，由于个人所得税起征点偏低，使得本该成为纳税主力的高收入阶层却往往成为漏税逃税大户，而不该纳税甚至应该成为政府补贴对象的中低收入阶层却成为了纳税的主力，如在个人所得税中，中低收入的工薪阶层的纳税额占税收总额的65%以上，而高收入者的纳税额占税收总额只有30%左右。与此形成明显对照的是，美国10%的最高收入者缴纳个人所得税占全部个税比重的80%以上。“世界银行报告显示，美国是5%的人口掌握了60%的财富，而中国则是1%的家庭掌握了全国41.4%的财富。中国的财富集中度甚至远远超过了美国，成为全球两极分化最严重的国家。”① 因此可以说，改革开放以来的中国是当今世界传统社会向现代社会转型过程中“二元化”现象最为突出的典型。这种二元化的结果，也就是社会内部不同阶级、阶层、区域等之间的对抗日益严重，社会不安全程度也日益加强，犯罪率不断上升，处于社会底层的人们日益失去对未来的希望。这种两极分化的结果，也就是人与人、人与社会之间的关系日益紧张，如社会仇富心理十分普遍，对官僚权势集团更是仇恨交加，普通民众对

---

① 新华社研究员：《中国基尼系数实已超0.5财富两极分化》，《经济参考报》2010年5月21日。

政治极其冷漠；另一方面，官僚权势集团对全国民众的剥夺则是达到赤裸裸肆无忌惮的地步（有报道称，官员腐败的灰色收入高达5.4万亿元），这正如《中国基尼系数达0.5超警戒线社会处“危险”状态》一文所指出的：“近几年来，大企业特别是金融业领域高管与广大职工的收入差距明显扩大，特别是国企央企管理层自己给自己定的天价薪酬而造就的暴富者群体，已经引起国人的强烈不满。据统计，我国现有央企155家，央企管理层年薪动辄数十万元、数百万元甚至上千万元，而大多数员工月工资一两千元，差距悬殊。新近发生职工罢工和流血事件的通化钢铁集团，据职工们反映，企业高管年薪上百万，而不少工人每月工资仅300元。如此巨大的收入差距，不仅严重脱离我国国情和基本收入分配原则，而且有违公平。”造成这种结果的原因在于“由于我国政治体制改革滞后，对权力没有形成有效约束，腐败官员的比例逐年扩大，动则贪污受贿几百万甚至几千万的官员呈增长之势。不少官员或通过审批项目和提拔官员大举敛财，或在各类企业中拥有干股分红，让拥有官股保护的企业获得暴利的同时，却使通过正常渠道办事的普通守法企业步步艰难，使社会的整体运行效率大大降低。这种现象不仅会直接动摇我党根基，加大民众的离心力。”“前些年的国有企业贱卖使许多有权者获得了暴利，而大多数工人失业或收入下降。近几年的土地买卖，也在不断上演少数人暴富而大多数农民被严重剥夺的过程。许多农民在失去土地的同时失去今后的生活来源，增加了社会的不稳定因素。”“此外，股市也成了最大的扩大贫富差距的工具。通过不公平的发行制度，公众投资者比大小非等机构的持股成本高出十几倍，超高市盈率发行使股市在成批制造亿万富豪的同时，却使亿万股民辛苦积蓄一生的财产遭受重大损失。这样的制度形成对一部分人明显的利益输送，而对上亿股民、基民则构成财富掠夺，使大多数投资者的消费能力受到重创。”“另据社科院近日的一项调查显示，此次4万亿刺激计划，由于投资主要集中在重工业、基础设施行业，主要是资本密集型，创造的就业机会较少。由于更多资源流入强势企业和部门，对中小企业形成进一步的挤压。据统计，2009 年上半年，占全国企业总数 1% 的国企获得全国信贷的 91.2%，而民营企业仅获得 8.2%。”这种情况说明，造成这种结果的原因，是制度性和系统性的。要改变这种状况，必须对现有的政治经济体制进行重大变革。

持续性的经济结构失调（实际上还有社会结构失调），也是我国经济发展过程中的一个长期痼疾，以至今年被称为“结构调整年”。然而，改革开放以来，我们几乎每年都强调要进行结构调整，但结构失衡的问题却不仅未见减轻，反而呈愈演愈烈之势。根本原因，不是市场的无序，而是政府干预的结果。我们知道，在市场经济中，在资本追逐利润和优胜劣汰的机制作用下，不可能出现长期的同性质结构失调，即某种过剩或短缺的产业长期存在及并存。如果出现这种情况，那么一定是市场机制的功能受到限制，它或者是垄断、或者是政府的强制干预。在我国，则是两者的有机结合。

众所周知，在我国存在供给短缺与长期过剩的产业，一定是国营企业占主导地位并受到国家政策严格保护的产业，如电信、石油、电力、钢铁、石化等，在这些领域中的过剩行业，如果存在民营企业，那么也一定是该行业的国营企业效率太低，以至尽管行业存在过剩甚至严重亏损状态，但民营企业仍然能够凭借有效的管理等而取得较高的收益，如山东日照钢铁集团，在 2008 年全行业严重亏损时，仍然能够取得较高的利润，就充分反映了这种情况。一般来说，在我国长期存在较严重过剩状态的行业，往往是国营企业占主导地位而同时又允许部分民营企业存在的行业，如钢铁、石化、机械加工等，原因就是其中的国营企业效率太低，使得民营企业能够在整体过剩状态下取得一定甚至较高利润。而这些行业的国营企业之所以能够生存并使行业长期保持产能过剩状态，则完全是政府，其中主要是地方政府有意识扶持的结果，它或者是为了一定的财政收入，或者是为了保持一定的经济总量，或者是为了维持就业等等。如果是非国营企业占主导地位，是不可能长期保持过剩状态的，因为预算硬约束机制会将其中的大部分淘汰。如果某行业长期存在短缺，如石油、电力等，则一定是高度垄断的结果，这些行业一定是国营企业占绝对主导地位，或者是政府严格控制了该行业的主要资源，如房地产中的土地供给等的结果。

我国的产业结构之所以长期存在失调，或者说某些产业长期存在短缺与过剩的并存局面，就是因为政府过度干预或保护的结果。然而，在结构调整方面，我们依赖的却不是市场经济的无形之手，而是政府的有形之手，效果则是有目共睹——总是以失败告终。这是因为，政府在调节过剩产业过程中，总是以保护国营企业为目标，同时地方政府又以促进地方经济增长为取向，结果就是该淘汰的无法淘汰，其中因国营企业低效率所潜伏的巨大利润又促使众多的企业进入，所以，政府是越调整，行业过剩状态就越严重。在此过程中，即使政府下决心压缩过剩，也不是以效率为取向，而是以所有制为取向，结果往往是最具竞争力的民营企业被强行压缩，其中最典型的案例，当属2004年的江苏“铁本”事件和2009年的山东日照钢铁事件，前者被强行取缔，后者则被低效率的山东钢铁集团兼并。近两年山西煤矿的整合，也是这方面的典型案例。低效率国营企业所潜伏的巨大利润，必然会促使各种力量想方设法进入这些行业；促进地方经济增长，则会促使地方政府成为这些体制外企业的保护伞，所以，最终必然导致政府越是对过剩产业进行调节，这些产业越是过剩的状态。显然，那些长期短缺的行业，则一定是高度垄断的结果，如石油、电力、通讯等，其中的许多行业，至今仍然不允许民间资本涉足。为了维护自身的垄断利益，这些行业已经与官僚集团结合而组成了强大的利益同盟，阻碍对它们的改革和民间资本的进入，它们已经成为阻碍我国改革深化的最大力量。

这些情况说明，要解决我国经济结构长期失衡的问题，政府的有形之手必须让位于市场的无形之手，并且国营企业应该退出一切竞争性行业和那些能够由市场调节的基础性行业，让市场机制充分发挥作用。

## 三、我国和谐生态经济战略模式

根据我国当前面临的主要问题和世界社会经济发展源流，笔者认为我国的和谐生态经济的战略模式，应该是以充分体现和谐生态经济精神实质的伦理文化为灵魂，制度建设为保证，新兴公有制为基础，市场机制为手段，生产方式和消费模式转换为核心，公平与效率相统一，社会调节为后盾的这么一种模式体系。

### （一）以和谐生态经济的伦理文化为灵魂

以充分体现和谐生态经济精神实质的伦理文化为指导，是因为行动是由行为支配的，而行为则受到伦理文化及相应的制度的支配，所以，体现和谐生态经济精神实质的伦理文化应该是我国建设和谐生态经济战略模式的灵魂。和谐生态经济的伦理文化，包括心系民生安危和百姓福祉的人文关怀和关爱自然安全和生态福祉的生态关怀。必须建立平等和谐、关爱和尊重弱者的社会伦理；同时必须建立尊重自然，关爱一些生命的自然伦理，实现对人的关爱和对自然的关爱的高度一致性。为此，必须在对资本主义过度物质追求文化合理扬弃的基础上，建立四种需要满足相互平衡为基础的新兴伦理文化，以实现人与人和人与自然和谐的统一。

### （二）以制度建设为保证

伦理文化对社会和人的行为的影响，主要是通过一定的制度安排来实现的。这也就是说，伦理文化不上升到制度层面，就不可能对社会发挥有效的作用，这正如许多社会的伦理文化中都包含不同程度的社会“大同”内容，但由于没有进入到制度安排中，因此，对社会的实际影响是很小的。和谐生态经济的制度安排，要求建立与和谐生态经济相要求的政治文明、法制文明和体制文明制度，如社会公众普遍参与并具有普遍兼容性、同时具有良好的制衡性和有序性的政治民主制度，带有和谐生态经济伦理的法制体系，反映和谐生态经济要求的各种社会制度安排，如社会体制、经济体制、文化体制、教育体制和社会保障体制等等，其中最重要的是要保证广大人民群众的参政议政权力，保证政府是人民所有并真正为人民服务，因为公共参与是实现可持续发展和和谐生态经济社会的最基本条件。

（三）经济基础的新兴公有制

我们要建设的新兴公有制，不是传统意义上的以生产资料所有制为基础、以国营企业为主体的公有制，而是一种全新的以社会公平为目标、以产品和剩余产品为基础的公有制。传统的公有制，是一种已经完全异化的公有制，也就是本应为全体人民谋福利的公有制，实际上已经变成对少数官僚垄断利益集团对全国人民巧取豪夺的工具，所以，这种性质的公有制不仅不是我们所要建立的，而是我们要彻底打碎的。

要建设和谐生态经济社会，就需要使我国的产品分配在今后相当一个时期内不断向公平的方向运动，这也是保护环境最有效的手段，为此，就需要以产品分配公平为目标，以产品和剩余产品为基础的公有制作保证。自然，为解决市场经济在资源配置上的诸多缺陷，还需要加强资源配置等方面的公有制建设。

（四）以市场机制和资本积累为手段

前面讲到，虽然市场经济在实现和谐生态经济目标方面存在一定缺陷，但却是在人类已有各种经济体制中能够较好地实现人们在生产、交换、分配和消费方面公平等和谐经济要求的重要手段；更主要的是，市场经济还是在现有条件下节约资源、促进技术进步、调整产业结构、实现资源优化配置的最有效手段；市场经济本质上是资本支配的经济，而资本在资本积累机制的作用下，具有促进社会富裕化，并使产品（不是货币收入）分配日益向劳动倾斜的作用。此外，在和谐生态经济伦理和制度的引导下，市场经济和资本同样具有促进生态资本和社会资本积累的作用等，所以，要实现和谐生态经济目标，就必须充分发挥市场机制和资本积累机制的作用。

任何社会的经济增长都是通过资本积累的形式实现的。和谐生态经济社会的资本，既包括物质资本，也包括生态资本、社会资本、人力资本等等。要实现经济的持续增长和资源优化配置的目标，不仅要求资本总量的增长，而且要求四种资本之间的相互协调。前面讲到，当前人类社会面临的一个重大问题，就是物质资本相对丰裕，社会资本相对短缺，生态资本严重不足的资本结构严重失衡，所以，在建设和谐生态经济社会中，必须加强生态资本和社会资本的建设，使四种资本之间保持相对均衡。

市场经济的优胜劣汰，既是和谐生态经济的动力机制，同时也是主要的惩罚机制之一。其他的惩罚机制，则是国家法律、政策和政府调节等。

（五）生产方式和消费模式转换为核心

任何社会的生产都是为了满足其人民群众的消费需要。人有四种需要，即物质需要、生态需要、社会需要与精神需要，要实现人的最大福利，不仅必须满足四种需要，而且必须做到四种需要之间相互平衡。前面讲到，当前人类面临的一个最大问题，就是物质需求过度，一些方面的物质需要甚至达到负边际效用的地步，而精神需要、生态需要和社会需要则未能有效地满足，其中尤其是生态需要处于严重短缺状态，由此使一定资源的配置效率远离优化状态。要改变这种状态，实现资源优化配置的目标，就必须改变资本主义以来形成的消费模式，将单纯追求物欲满足的消费模式转换到四种需求满足相平衡的消费模式。不改变消费模式，无论人类在技术上的努力如何有成效，都改变不了人类社会不可持续的趋势。

生产目的及其结构决定了社会生产方式和生产结构。消费模式及其结构的改变，必然会引起生产方式和结构的改变。由于在人类的四种需要中，生态需要与精神文化需要处于比较短缺的状态，因此，在今后相当一个时期后，社会生产的重心向逐渐转向以生态需要和精神文化需要为主的领域，物质生产则应受到一定的制约。当人类的四种需要处于相对平衡，同时人类对自身的再生产过程进行有计划地控制，使人口数量与生态环境的供给能力相互适应时，人类社会也就真正进入和谐生态经济时代。

(六) 以公平与效率相统一为社会目标

在存在人类竞争，尤其是国际竞争的基础上，一个社会是否实现社会经济和谐的标准，就是看该社会是否达到了公平与效率的相对统一[①]，因此公平与效率的统一可以说是一切社会追求的目标，和谐生态经济自然也不例外。在前面分析“两型社会”的内容时也讲到，实现和谐生态经济社会目标重要内容的“两型社会”建设，其核心就是公平与效率的统一。没有公平，生态环境就无法得到有效保护和改善，人类的生态需要也就不可能被满足；没有效率，资源也就不可能得有效利用，资源供给也就支撑不了经济持续增长的需要，人类社会的可持续发展也就成为空谈，所以说，公平与效率是实现“两型社会”建设目标的重要条件。

虽然公平与效率的统一是一切社会追求的目标，但公平与效率对应于什么位置才是最佳，从而实现了两者的有机统一，却是难以准确回答的。因为不同的历史传统和社会文化、不同的社会经济发展阶段，两者间最佳统一的位置不是尽相同的。一般地说，经济发展水平较低的社会，较高的效率会较大程度地偏离（以绝对公平为衡量标准）公平；经济发展程度较高水平的社会，两者间的关系会对应于较接近的位置。

前面讲到，我国当前最迫切需要解决的问题之一，就是两极分化已经达到极其严峻的程度，随时都有可能导致现代化进程的中断，所以，在今后相当长的时期内，促进公平将是我们最迫切需要对待的问题。

(七) 以社会调节为后盾

虽然市场机制和资本积累有促进社会公平、优化资源配置的功能，但其自发的作用也会产生一系列与和谐生态经济社会建设不相符合的弊端，因此需要政府或社会中心的协调。以和谐生态经济伦理为指导，以

① 在封闭的社会中，如老子的“小国寡民”社会，社会是否和谐的标准仅仅是产品分配是否公平，对效率却并没有要求——追求增长或效率会破坏人与自然的和谐关系而导致社会瓦解。

实现和谐生态经济目标为制度安排的政府调节，是保证社会公平与效率有机统一、人与人和人与自然和谐相统一的最后一道保护屏障。

对我国今后相当一个时期的政府调节来说，重点是加强推进新兴公有制建设，破除官僚垄断资本对全国人民的巧取豪夺，加强以相对公平为导向的收入分配调节；通过改变部分市场参数，引导资源配置重心向加强生态资本和社会资本积累与生态需要和精神文化满足的方向倾斜；加强公共领域的产权建设，减少外部不经济的影响等等。

自然，在加强政府调节作用的同时，也必须防止政府调节超过其合理性的范围，就如我国政府在调节产业结构方面的情况一样。

以上这些内容的有机结合，也就是我国和谐生态经济战略模式的基本框架，它们之间形成一种相互依存又相互制约的关系。

## 第三节　推进我国的和谐生态经济建设

要使和谐生态经济战略模式得到有效实现，从而推进我国的和谐生态经济建设，我们认为，应大力加强以下方面的建设：

### 一、加强和谐生态经济伦理建设

“人类由于生育过度和滥用土地已陷入了生态陷阱。由于偏重实用科学，人类一直是在靠借债度日。现在整个世界的债款即将到期。偿还势难久延。所幸我们在偿命和全世界惨告破产之间还有抉择的可能。勒紧裤带接受一个长期而艰苦的重建时期，总比等待灾难来临毁灭我们的文明要明智得多。在残酷无情的事实面前，我们没有别的选择。除了我国坚决而勇敢地掌握自己的命运外，其他一切都无济于事。为我们的文明重新获得生态自由是一项繁重的任务，需要经常采取难于实行和给人们带来不便的措施，要花许多许多钱。……采取严厉的措施是不可避免的。最最要紧的是，我们必须改变我们的思想。要想免于毁灭，就必须放弃为自己而生活的一切思想。”[①] 改变思想之所以如此重要，是因为它是决定人们行为的指南。

我国虽然有历史悠久的反映人与人和人与自然和谐相处的“仁爱”、“天下为公”与“天人合一”思想，但却被新中国成立后的“阶级斗争为纲”、“人定胜天”思想所掩没甚至泯灭。在“人定胜天”思想的指导下，大自然惨遭涂炭，以至到改革开放时，青山绿水踪迹再难寻觅；在“阶级斗争时时讲、天天讲”的摧残下，中国传统的人与人之间和谐相处的“谦良恭俭让”，被冷冰冰的猜忌斗争所取代。改革开放所激发出来的极度物欲，在政府单纯追求经济增长的思想指导下，遍体鳞伤的自然界和传统伦理遭到更加严重的摧残，一些人或一些地方或企业为一己之利，或者是不惜破坏一个地区或流域的生态环境，或者是不惜以牺牲千万人的健康甚至生命为代价（如三鹿“三聚氰胺”、苏丹红一号、“红心”鸭蛋、北京“福寿螺事件”、致癌“民工粮”、毒甲醇终变夺命毒酒、大头娃娃事件、金华火腿毒农药事件等等），对权贵和金钱的崇拜支配着整个社会。可以说，我国是当前世界上唯一一个没有反映人类社会基本价值伦理的社会（传统伦理被新中国成立后的无数次政治运动，尤其是“文化大革命”所摧残；期间建立的不成熟的伦理则被改革开放以来的“物欲”和“金钱崇拜”所取代）。这种没有共同伦理价值约束人们行为的现象，虽然在改革开放过程中，极大地促进了人们的创造性，推动了经济增长，但也助长了整个社会的无序现象，以至于各种谋财害命和破坏生态环境的严重事件层出不穷。更主要的是，由于缺乏共同伦理道德的认同，整个社会像一盘散沙，贫富对立造成的社会分裂随时有可能将我国的现代化进程中断。所以，加强和谐生态经济伦理道德的建设，成为我国今后相当一般时间最艰巨的任务。在这方面，除了加强舆

---

① 威廉·福格特：《生存之路》，商务印书馆1981年版，第267—269页。

论宣传等外，加强反映人与人和人与自然和谐关系的宗教建设，也是和谐生态经济的重要内容。

## 二、加强和谐生态经济的制度建设

由于人们的行为及其行动方式都是由一定的制度安排决定的，因此制定出符合和谐生态经济要求的制度安排就显得尤为重要。

要建立符合和谐生态经济要求的制度，就必须对现行的不符合可持续经济发展要求的制度进行改革。在市场经济体制下，现行经济制度主要是通过市场经济来表现，所以改革的重点自然也是对市场经济体制的变革。由于市场经济主要是通过各因素的变化来起作用的，因此，对市场经济制度的变革，也主要是通过对它的各因素参数的改变或调节来实现的。通过对各因素的调节，使它们符合和谐生态经济建设的要求，或引导人们的行动向和谐生态经济要求的方向努力。

前面讲到，传统制度最大的弊端是它破坏生态环境和自然资源，并会导致社会内部严重的两极分化，因此，对市场经济制度的改革重心也应放在这上面，但应保持它促进效率的优势。要避免市场经济对生态环境和公共性自然资源的破坏与浪费，就必须改变它们没有市场价格的制度安排，使它们对社会的价值价格化。使它们价格化的方式可以有多种。一是将那些可以明确产权的生态环境和自然资源的产权明确，并且这种产权最好通过招标形式落实到能够维护其利益的个人或集团手中。为了自己的利益，他们必然会更尽心地保护好生态环境和自然资源。二是对那些会造成环境损失的活动征收环境补偿费，并且该费用不低于环境损失；或者是通过税收形式调节人们的行为，使人们采用外部不经济方式得到的利益小于成本。三是利用法律，对那些会造成严重外部不经济和动植物灭绝的活动进行严格禁止或取缔。四是通过强有力的舆论宣传，对人们的行为加以引导，如引导人们的消费转向绿色产品，由物质消费转向精神文化和生态消费等，使整个再生产向可持续经济发展的方向运动。良好的制度安排，能够促使人们在日常的生产与生活中自觉地保护生态环境和珍惜自然资源。

在发挥市场经济个人能动性和创造性的前提下，建立起符合协作原则或集体主义的制度安排。这不仅因为现代社会面临的危机需要全体人民同舟共济，而且协作出剩余，良好的协作能够创造更多的社会剩余。良好的社会协作，需要建立更公平与公正的社会制度，没有公平与公正，社会就会走向对抗而不是合作，社会对抗则会造成船倾人亡。由于市场经济是强调机会公平的一种制度，而机会公平的前提是人们之间起始条件的公平，起始条件的公平则必须建立在分配结果的相对公平上。没有结果的公平，机会的公平就是一句空话，这正如让一个四肢不全的人与一个运动健将进行体育比赛一样是没有任何公平性的。所以，要真正实现市场经济的机会公平原则，就必须首先做到结果的相对公平。为此，就必须对现有的市场经济制度进行调节，其中主要是对分配制度进行改革，通过再分配调节人们之间在初次分配方面过大的差别，为人们公平竞争提供条件。

对产品分配的调节，还是保证再生产各环节比例协调的重要条件。因为现有制度安排的生产手段与生产目的之间存在严重矛盾，所以，只有通过社会的调节才能使该矛盾得到缓解，保证再生产的正常进行。

和谐生态经济的制度安排，不仅应该能够克服传统制度的缺陷，而且还应该具有一定的弹性，能够适应环境的变化而不断地调整，并且调整的成本不能太高。要做到这一点，制度安排就必须能够对社会利益集团的行为及权力进行限制，如现代西方社会对垄断的限制和打击一样，所以，建立民主的政治经济体制是十分必要的，这也是实现公平与公正、进行产品再分配的必要条件。

和谐生态经济的制度安排，必须能够保证技术创新符合人类社会伦理要求。因为技术本身是中性的，它对社会经济会造成什么后果，取决于人们如何利用它们，这又决定于社会在这方面的制度安排，所以，一定的制度安排决定着技术创新的性质和技术的利用方式及其后果。和谐生态经济的制度安排，既应该有足够的动力推动技术进步，同时又使技术的利用符合人类的道德规范，不对人类社会造成大的损害或潜在的威胁。

要使制度安排得到实施，就必须建立起完备的符合和谐生态经济要求并且具有高度可操作性能的司法体系。没有这样一种司法保证，和谐生态经济社会的建设目标是不可能实现的。正由于此，司法体系的完备与公正程度，成为衡量一个社会可持续经济发展能力的重要条件。

"乱世用重典"，为了尽早扭转我国当前严重阻碍和谐生态经济社会建设的各种不良行为，加强处罚的力度，如像新加坡对随地吐痰进行高额罚款那样，将是一种有效的方式。

## 三、加强生态环境建设

和谐生态经济与可持续发展思想的产生，最主要的就是生态环境和资源满足不了传统经济发展的需要，因此和谐生态经济和可持续发展思想的核心内容之一，就是要实现生态环境与社会经济的协调发展，所以，加强生态环境建设，为和谐生态经济发展提供坚实的环境资源基础，成为和谐生态经济建设的重要内容。这方面的工作，在我国的和谐生态经济战略方面显得尤为重要。因为历史和自然条件等方面的原因，与世界各国或平均水平相比，我国生态环境的严酷程度和资源的短缺程度是非常高的，已经成为制约我国可持续经济发展的最重要因素，所以，加强生态环境建设，保证可持续经济发展的环境资源需要，成为我国最紧迫的任务。

要使我国的生态环境满足和谐生态经济和可持续经济发展的需要，就必须不断地加强生态环境建设，改变传统的以生态环境来换取经济增长的政策和制度，转而实行生态环境与社会经济协调发展，甚至在一定时期以经济财富来换取生态资源财富的政策和制度。因为环境问题，已经成为我国安全的最大威胁，所以，加强环境建设，不断增加生态资本积累，应成为我国今后相当一段时间和谐生态经济建设的主要任务。

## 四、加强分配制度建设

我国目前已是个比较典型的二元经济社会，而且随着结构调整和经济增长方式的转变，如果没有分配制度的重大调整，二元化的趋势将愈演愈烈，这种结果对我国社会的和谐生态经济社会建设是十分不利的，它会产生人民之间、区域之间、阶层之间、民族之间的对抗，会导致社会的不稳定，甚至有可能导致国家的分裂，是经济发展与社会和谐的最大阻力，所以，只有进行分配制度改革，才能保证结构调整的顺利进行和推动经济发展。

调整分配政策，缩小人们之间的收入差距。在这方面，应建立以社会保障为主要内容的再分配政策，如建立最低收入保障制度，建立健全社会养老保障、医疗保险等保障体系，并将其覆盖到全社会；建立超额累进税制和开征遗产税等来调节人们之间的分配差距；建立区域再分配制度，保证区域之间人们的收入差距控制在一定范围内；建立环境补偿制度，做到环境保护区域与环境受益区域之间的利益均衡等，以实现人们之间、区域之间、阶层之间和民族之间在分配上的相对公平。

笔者认为，目前西部开发的重点应放在对西部的分配调节上，即应以缩小东西部之间的收入分配差距为重点，而这点是难以通过短期内西部经济发展的方式来实现的。因为，在目前市场供给过剩的情况下，西部地区没有发展的市场空间，所以，只能通过对它们的财政补助或区域间分配关系的调整来实现。东西部地区之间分配关系的调整是我国目前最迫切需要解决的问题之一。再一个就是生态环境的保护。为了使这两者得到统一，可通过对中西部地区大规模的生态环境保护投资方式来解决短期内的区域分配问题。如通过对中西部地区大量低收入农民的直接雇佣或补助，动员它们进行国土整治，开展荒山绿化、沙漠绿化、退耕还林还草等[①]。我国目前一方面存在大量的失业或潜在失业，尤其是中西部地区广大农牧民因缺乏就业机会而处于贫困之中，一方面需要大量的劳动力进行荒山沙漠的整治，但因缺乏相应的财政金融政策而无法实现，所以，只要我们改变政策就可大量增加劳动就业，缩小东西部地区之间的分配差距，同时使中西部地区的生态环境得到明显改善。

## 五、重建社会主义公有制

上面讲到，长期来被我们视为社会主义基础的生产资料公有制，并不符合马克思社会主义公有制理论的逻辑发展需要，而且它们在长期的实践中已经完全异化为少数官僚垄断集团攫取全国人民剩余的工具，所以必须对它们进行彻底改革，建立起符合社会主义和谐生态经济要求的新兴公有制。这种公有制，是以产品分配的公平化为导向，以产品和剩余产品的公有制为基础，以其他形式公有制为辅助的公有制。

根据这种要求，我国的公有制建设是非常落后的，如我国产品分配的公平化程度是世界上最低的国家之一，产品与剩余产品公有化的程度也不高，更主要的是，由国家权力收集的这部分产品绝大部分被用于少数利益集团，真正用于民生的比例很低；而生产资料经营与所有方面的所谓公有制，更是被少数人或利益集团用来盘剥全国人民。这些都说明，

① 据国家林业局：《10年来退耕还林达4.15亿亩》（中国新闻网，http：//www.sina.com.cn，2010年8月18日）一文报道：1999—2009年，全国累计实施退耕还林任务4.15亿亩，其中退耕地造林1.39亿亩，荒山荒地造林和封山育林2.76亿亩。工程范围涉及25个省区市和新疆生产建设兵团的2279个县、3200万农户、1.24亿农民。根据现有退耕还林政策标准和已完成任务测算，退耕还林中央总投入将达4300多亿元，其中到2009年底中央已投入2332亿元，2010—2021年中央还将继续投2000多亿元。国家将无偿向退耕户提供粮食、现金补助。粮食和现金补助标准为：长江流域及南方地区，每亩退耕地每年补助粮食（原粮）150公斤；黄河流域及北方地区，每亩退耕地每年补助粮食（原粮）100公斤。每亩退耕地每年补助现金20元。粮食和现金补助年限，还草补助按2年计算；还经济林补助按5年计算；还生态林补助暂按8年计算。补助粮食（原粮）的价款按每公斤1.4元折价计算。补助粮食（原粮）的价款和现金由中央财政承担；退耕还林、宜林荒山荒地造林的种苗和造林补助款按每亩50元标准，由国家提供。

我国虽然是以公有制为基础的社会主义，但实际的公有化程度却是非常低的，不仅远低于发达国家，而且低于许多远比我国后进的国家，这反映我国是个公有制建设非常薄弱的国家，所以，重建并加强我国的公有制，是十分必要的。

在这方面，在加强产品和剩余产品公有制建设，或者说提高它们的公有化程度方面，应特别加强整个社会产品分配公平化方面的建设，使基尼系数有一个持续性的下降。在经济发展到一个相当水平后，我们应该有这种能力。对生产资料经营与所有方面的公有制，则应根据市场经济的基本要求及其缺陷来进行合理的配置，如依照政府不与民争利的原则，政府及其经营的企业应该退出一切竞争性行业和已经能够进行市场化竞争的基础性行业，如汽车、钢铁、石油、交通运输等等领域，一方面为市场的有序竞争创造条件，另一方面破除日益强大的官僚垄断利益集团，在那些确实需要政府供给产品，如各种公益性产品等，也可通过政府买单企业供给的方式，以提高财政支出的效率。

## 六、改革农村土地制度

农村问题，可以说是我国目前诸多问题中最尖锐的问题之一，同时也是阻碍和谐生态经济建设最突出的问题之一，而这些问题的根源之一就是不合时宜的农村土地制度。因为土地是农业生产中最主要的生产资料，其制度的不完善必然会对农村经济造成严重的阻碍，所以，要推进农村的和谐生态经济社会建设，就必须对土地制度进行改革。

我国农村当前存在的问题主要有这些：小块土地造成的农业劳动生产率增长缓慢，远远低于其他产业劳动生产率的增长速度，从而造成一方面与国际市场相比的农产品价格高，另一方面则是与其他产业相比的农民收入增长缓慢，城乡之间、工农之间的收入分配差距从20世纪80年代后期以来一直在不断扩大。农民收入增长缓慢，必然造成农民消费的不足，这种不足不仅使农民的劳动力再生产难以满足经济发展的需要，而且会对其他产业的发展造成严重的阻碍，当前农民消费不足（或无能力消费）对经济的影响就非常明显。狭小的土地经营面积，促使人们在经营中采取外部不经济的方式，如大量使用农药等，同时也使农民无力抗拒其他人，如工矿企业等因采用外部不经济方式对农田的损害等。产权的不明确和承包期的有限，使得经营行为出现短期化，造成土地肥力不断下降，并使土地沙化盐碱化趋势不断加剧，水资源大量破坏，结果使农村生态环境不断恶化。土地经营面积狭小与经营期的有限，在农村劳动力严重过剩和机会成本极低的情况下，必然会出现普遍的以劳动替代资本的情况发生，从而阻碍农村资本积累。同时会严重阻碍农村资源的重新配置。不明晰的产权，造成农村各级政府向农民乱收费和乱摊派，加强农民负担，从而是造成农村干群关系紧张的根源之一。因为农民赖以谋生的土地所有权和控制权，被掌握在农村各级政府手中，这是各级农村政府向农民收取各种费用的基础，而农民却毫无抗拒的能力，这使得农村政府几乎可以毫无顾虑地向农民摊派，由此引发农村干群关系的紧张。这些问题都是现行的与市场经济要求和农民利益不相符合的土地制度造成的。

人们知道，我国现行的土地制度是计划经济的产物。虽然在改革中实行了土地所有权与使用权及部分经营权的分离，但土地所有权与控制权却基本未变，同时20多年来，土地分配与使用的方式，即按原有人口平均分配使用土地及按土地面积向农民提取各种费用的政策也基本未变。这种政策不可避免地会造成上面提到的一系列弊端。虽然最近延长了土地的承包权，从而部分缓解了土地经营中的行为短期化问题，但它并没有解决长期存在的经营规模小，资本积累低，劳动生产率不高，从而农民收入提高缓慢，农村干群关系紧张等这些关系农村经济发展的根本问题，所以，长期以来存在的农村问题依然如故。这些情况说明，要从根本上解决农村问题，就必须解决土地问题。因为土地是农业生产中最重要的生产资料，土地所有制形式决定了农业的生产方式。在现代市场经济下，只有经营者自身掌握土地的产权，才能根据社会需要不断地进行生产要素的重新组合，实现资源的优化配置。在农业生产中要取得资源的优化配置，同样要求农民掌握土地的产权。但在20多年的改革中，在对其他方面的产权进行了比较彻底改革的同时，却不对农业生产中的土地产权进行变革，仍保留为建立计划经济体制而设计的土地制度，这不可避免地造成土地制度与社会主义市场经济要求之间的尖锐矛盾，由此产生上面提到的一系列问题。在这方面，人们忽视了，在计划经济的土地制度上，是不可能建立起社会主义农村市场经济制度的，结果必然导致我国社会主义市场经济制度的不完善，阻碍经济的正常运行。所以，只有改革现行的土地制度，建立起与社会主义市场经济要求相一致的土地制度，也就是由农民自己掌握所用土地产权的土地制度，或者说“耕者有其田”这种共产党在长期的土地革命中奉行的正确的土地制度，才能从根本上解决我国的农业和农村问题。只有在这种基础上，农业生产要素才能不断地进行重新组合，经营规模才能在人们的分化和行业间的转换中不断扩大，资本积累才能以不断扩大的规模进行，技术进步速度才会加快，土地的肥力和生态环境才可能得到保护和改善，农业劳动生产率才可在此基础上不断提高，农民的相对收入才可能由此增加，从而形成一个不断扩大的农村市场，成为推动我国经济增长的一个力量；农村各级政府向农民乱摊派的基础才会丧失，干群关系才可能得到改善。

我国之所以在对其他各种生产要素的产权进行改革的同时，却仍维持计划经济的土地制度，同样是受传统公有制观念束缚的结果，怕由此失去农村社会主义性质。但通过上面的分析已经知道，放弃这种公有制，不仅不会削弱，反而会加强我国农村的社会主义性质。因为继续保持这种公有制，将阻碍农村生产力的进步，妨碍我国和谐生态经济社会建设目标的实现，会导致农民的相对甚至绝对的贫困化，会恶化农村干群关系等，从而与社会主义是解放生产力和完善生产关系的目标相背离，所以，只有改革这种所有制，才能为农村的生产力解放和生产关系的完善开辟道路，才能真正地促进我国农村社会主义建设。实行由经营者自己掌握土地产权的土地制度，不仅是建设社会主义市场经济的要求，是从根本上解决我国农村问题的关键，而且也是共产党在实行计划经济之前长期奉行并得到广大农民拥护的正确政策。目前，是重新向农民兑现这项政策的时候了，它是我国建立社会主义市场经济，促进农村生产力发展和完善农村生产方式的必然要求。自然，为了防止新兴地主阶级的出现和土地的不合理使用等，应在法律上明确规定，不从事农业经营的人不得拥有耕地和不允许土地的任意撂荒等。

## 七、按产业性质改革国营企业

企业是现代社会的生产组织者和财富的生产者，因此企业的效率和创新精神如何，是决定一个社会可持续经济发展的重要因素。我国企业，尤其是国营企业效率低下，如它在国民经济中的比重只占1/3左右的比重，但却占用了国民储蓄或者银行贷款的极大部分（70%—80%），它们像个无底洞一样，吞噬了绝大部分的积累，而在一个宏观资金使用效率低下的社会，是不可能实现经济的持续高速增长的，它们资金利用上的低效率已成为阻碍我国经济持续发展的重要因素。

改革以来，建立政企分离的企业制度就一直是我国企业改革的目标，但实际的结果却难尽人意。之所以会发生这种结果，是因为人们忽视了国营企业是不能实行政企分离的，同时在现所有制基础上也是做不到政企分离的。因为从理论上说，政府之所以要举办国营企业，是由于市场经济存在着一些它自身无法克服的弊端，需要政府通过国营企业这种形式来解决，国营企业因此执行了一种特殊的政府职能。如果对国营企业实行政企分离，国营企业的行动由企业行为支配，那么就失去了政府举办国营企业的目的，政府就没有必要兴办国营企业，所以，国营企业是不能实行政企分离的，而必须实行政企合一，尤其是在国营企业的经营目标和经营方向上，政府必须对国营企业实行严格的控制，但在具体管理上可以实行企业化经营，以提高国营企业的效率。国营企业不能实行政企分离，同时在公有制基础上也做不到政企分离。因为，在现代，公有制的利益代表是由政府来承担的，为了维护所有制的利益，政府必然要对企业的经营管理进行干预，否则就失去了其作为所有制法人代表的作用，所以，只要所有制形式不变或政府作为公有制利益代表的身份不变，不管国营企业采取何种资产管理形式，如原来的承包制，还是现在的股份制，都避免不了政府对国营企业的干预与管理。

国营企业不能实行政企分离，但我国的国营企业又必须实行政企分离。因为如上面讲到的，我国国营企业效率太低，严重阻碍了经济发展，同时其范围太宽，远远超过了执行政府职能的需要，所以，必须对它们进行改革，对那些不属于执行政府职能的国营企业实行彻底的政企分离。这样就产生了一方面国营企业不能实行政企分离；另一方面又必须对大部分国营企业实行分离的矛盾。解决这个矛盾的唯一办法就是根据国营企业的产业性质，对它们实行不同性质的改革。对那些执行政府职能的公益性事业企业和具有垄断性质的基础性产业，同时无法进行市场化动作的企业，仍保留其政企合一的国营企业性质；对那些不属于这个范围的竞争性行业企业和那些具有一定甚至较强垄断性，但有较强替代性和内部竞争性的基础性国营企业，则将它们转为民营，这样就能够解决国营企业不能实行政企分离，而我国的大部分国营企业又必须实行政企分离的矛盾，从而能够实现政府不在市场上与民争利的原则。

这里需要反复强调的是，生产资料公有制虽然是公有制体系中的一个组成部分，但却是层次最低、作用最小的公有制，因此绝对不能以这种性质的公有制作为我国社会主义的基础，当它在实际中成为阻碍社会经济发展的力量时，就必须放弃甚至打碎它。国家权力高于公有制权力以及公有制的多层次性，决定了一个社会完全可以在生产资料私有制的基础上建立起高度发达的公有制。

## 八、加强政府建设

日益明显的两极分化、本应为全国人民谋福利的公有制和国营企业实际上却转化为对全国人民巧取豪夺的工具等情况说明，我国的政府是没有很好地履行基本职责的，所以，加强政府建设，是我国建设和谐生态经济社会的重要保证。

我国政府在执行职能中的一个明显错位，就是该管的没有管好，不该管的管得过多，后者如产业结构调整、国营企业经营等等，效果自然是南辕北辙。在很多方面，政府已经成为少数利益集团的保驾护航者，如以行业管理为标准设置的政府机构，基本上是充当行业利益的保护者，而不是市场竞争秩序的维护者。如电信管理局、航空管理局等政府部委对各自所属企业利益的维护，使政府成为市场垄断最主要的维护者和制造者，它们极力反对市场竞争，反对其他行业尤其是民营企业进入所管辖的领域，从而成为阻碍技术进步和效率提高的最主要因素。最近不断出现的所谓不同行业和地区的振兴规划，就带有明显的为利益集团服务的痕迹。因为政府在产业发展方面的一个基本职责，除了极小数关系国家安全和发展战略发展的产业外，就是保证各产业之间发展环境的相对公平，同时保证政策的稳定性，而不是如我国目前这样的朝令夕改和厚此薄彼。实际上，世界各国的实践证明，几乎所有产业政策的效果，不是失败就是效果不明显。如我国的汽车战略、钢铁战略、计算机战略等等，都被证明是失败的。作为实现社会公平，协调区域发展，对少数落后和民族地区实行一定的倾斜性政策是必要的，但如目前遍及全国几乎所有地区的振兴规划，则不知其意义何在？实践证明，除了极个别地区因特殊政策和特殊环境而获得特殊发展机遇外，绝大部分地区的发展及其差异都不是政府规划的结果，而是自然选择的结果。在这方面，政府应将主要力量转到维护社会公平公正上，着力解决日益明显的两极分化问题，加强环境建设和监管，满足社会公共产品的供给等；在产业发展及其进入标准方面，政府不应该设立规模和企业性质的限制，而只应是环境标准和公共安全的监管。

政府机构庞大，行政效率低下，腐败严重等也是亟待解决的问题之一，由此产生的行政成本高昂，是我国的财政收入难以为民所用的重要原因之一。数万人追逐一个公务员职位，本身就是政府腐败的体现，它反映政府为自身员工安排了远远超过其他行业员工太多的福利，每年数千亿元的公款消费支出、汽车支出，优厚的住房和医疗保障，加之规模更加宏大的灰色收入等，都反映了政府的系统性腐败。所以，精简政府机构，改革政府权责，规范政府行为和收入福利等，是建设和谐生态经济社会的重要内容，也是其成败的关键之一。

## 九、加强人力资本建设

当代世界经济的一个主要矛盾，就是生态环境保护与国家竞争对人口数量的要求之间存在着尖锐的冲突。从生态环境保护的角度考虑，应限制甚至大幅度减少人口增长，因为当前人类社会面临的最大问题之一，就是人口数量与生态系统承载能力之间的矛盾，而缓解这种矛盾最有效的方法之一，就是大幅度减少人口增长，甚至绝对地减少人口数量；但为满足国家之间竞争和经济增长的利益，则又需要各国保持一定的人口数量增长，否则，国家竞争力就会因此下降（人口增长率下降的日本、俄罗斯、德国等国在国际竞争中地位的相对下降就反映了这点），而追求国家之间的相对优势竞争力，是当今各国追求的共同目标，所以在这方面，生态环境保护与国家利益之间存在着尖锐的矛盾。如何协调这方面的矛盾，实现社会经济的持续发展，成为考验世界各国人民智慧高低的重要标准。

我国人口建设方面同样面临生态环境保护与经济发展和社会稳定之间的严重矛盾。从生态环境与人口数量的关系看，我国生态环境的承载能力十分沉重，因此限制人口增长成为十分迫切的任务，但我国同时又面临人口老龄化的沉重负担，如果延续目前的独生子女政策，那么十几年后的老龄化问题将十分突出，不仅每个适龄劳动人口的负担将非常沉重①，而且还会产生一系列极其严重的社会问题，同时从国家之间竞争的角度看，对我国经济的持续发展和国家竞争力等都会造成十分严重的不利结果，所以，从这个角度看，适度增加人口数量，放松生育管制等就显得十分迫切。实际上，从某个角度看，我国农村地区和城市民工的超生现象，是对我国人口生产的重大贡献，但从人力资本等方面的角度看，这种状况则对我国经济的持续发展十分不利。因为受家庭生活同一性和城乡差别等方面的影响，这些家庭出身人口的平均质量是较低的，这种情况发展下去，必将严重影响我国整体的人口素质，其产生的社会后果也十分严重（其中的相当部分新增人口在现行政策下会处于社会边缘），所以，目前这种城市紧、乡村松；高级劳动力紧，低级劳动力松的人口生育政策，对我国的人口总量和结构发展、人力资本积累等都是十分不利的。改变这种政策，适当放松人口生育管理政策的同时，节制乡村和流动人口的过度生育行为是十分必要的。

在调整人口生育政策的同时，加强教育建设，如尽快将 9 年制义务教育提高 12 年，加强对低收入层次大学生的资助力度，对不同层次劳动力开展全方位的培训和再培训，着力提高劳动力的平均质量，是我们建设和谐生态经济的最根本保证。

显然，要使一定的人力资本投入能够取得较好的效果，对现有的死记硬背的应试式教育体制和教育方法进行改革是十分必要的。中国人很聪明也很勤奋，但国内却培养不出有世界影响的科学家和工程技术人才，对当代社会的科学技术进步罕有贡献，根本原因就是教育体制和教育方式落后②，所以，改革教育体制和教育方式，培养创新型人才，是我们实

① 两年前，笔者曾询问一个任某房地产公司总裁的同学关于房价走势的问题，他回答中国的房地产要不了十年，就会进入持续衰退的过程，原因之一就是届时每个现有城市居民中的未成年人可继承四五套房子。

② 国内大学，尤其是名牌大学热衷于各种大学排名，我国政府也提出要建设世界一流大学。然而，现代大学（之鼎）是由“大学自治、教授治校、学术自由”三足支撑，根据这个标准，可以得出“中国无大学”的结论。中国的高等院校，只是“高等学衔”，而不是真正意义上的“大学”。连可比性都没有，又如何排名？排名的意义何在？没有大学，如何能出“大师”和培养出一流人才？

现和谐生态经济建设社会的重要任务。

和谐生态经济建设，作为一项系统工程，除了加强上面提到的各种建设外，还必须加强生产方式转换、科技进步、外贸体制、政治体系、社会文化工程等等方面的建设，同时保证各项建设之间的相互协调等等。总之，和谐生态经济建设是一项庞大而复杂的系统工程，要完成这项任务，就必须开展同样复杂的系统工程，从各方面协同推进和谐生态经济建设事业。

# 参考文献

1. ［奥］陶在朴：《生态包袱与生态足迹——可持续发展的重量及面积观念》，经济科学出版社 2003 年版。

2. ［德］马克思：《资本论》，人民出版社 1975 年版。

3. ［德］马克思和恩格斯：《马克思恩格斯选集》，人民出版社 1972 年版。

4. ［法］弗雷德里克·巴师夏：《和谐经济论》，中国社会科学出版社 1995 年版。

5. ［美］A. 迈里克·弗里曼：《环境与资源价值评估——理论与方法》，中国人民大学出版社 2002 年版。

6. ［美］保罗·霍肯：《商业生态学——可持续发展的宣言》，上海译文出版社 2001 年版。

7. ［美］丹尼尔·A. 科尔曼：《生态政治——建设一个绿色社会》，上海译文出版社 2002 年版。

8. ［美］D. 梅多斯等：《增长的极限》，商务印书馆 1984 年版。

9. ［美］房龙：《人类的家园——我们生活的这个世界的故事》，东方出版社 1998 年版。

10. ［美］赫尔曼·E. 戴利：《超越增长——可持续发展的经济学》，上海译文出版社 2001 年版。

11. ［美］加勒特·哈丁：《生活在极限之内——生态学、经济学和人口禁忌》，上海译文出版社 2001 年版。

12. [美] 罗伯特·艾尔斯:《转折点——增长范式的终结》，上海译文出版社2001年版。

13. [美] 莱斯特·布朗:《环境经济革命》，中国财政经济出版社1999年版。

14. [美] 莱斯特·R. 布朗:《生态经济——有利于地球的经济构思》，东方出版社2002年版。

15. [美] 莱斯特·R. 布朗:《B模式》，东方出版社2003年版。

16. [美] 米海娄·梅萨罗维克、爱德华·佩斯特尔:《人类处于转折点》，生活、读书、新知三联书店1987年版。

17. [美] 诺曼·迈尔斯:《最终的安全——政治稳定的环境基础》，上海译文出版社2001年版。

18. [美] 杰瑞米·里夫金:《氢经济》，海南出版社2003年版。

19. [美] 唐纳德·沃斯特:《自然的经济体系——生态思想史》，商务印书馆1999年版。

20. [美] 唐奈德·H. 梅多斯、丹尼斯·L. 梅多斯、约恩·兰德斯:《超越极限——正视全球性崩溃，展望可持续的未来》，上海译文出版社2001年版。

21. [美] 威廉·福格特:《生存之路》，商务印书馆1988年版。

22. [美] 詹姆斯·格莱克:《混沌:开创新科学》，上海译文出版社1990年版。

23. [日] 大茂男:《可持续经济发展的道路》，中国农业出版社2000年版。

24. [日] 堺屋太一:《知识价值革命》，东方出版社1986年版。

25. [日] 岩佐茂:《环境的思想》，中央编译出版社1997年版。

26. [英] 埃里克·诺伊迈耶:《强与弱——两种对立的可持续性范式》，上海译文出版社2001年版。

27. [英] 大卫·皮尔斯、阿尼尔·马肯亚:《绿色经济的蓝图(1)》，北京师范大学出版社1996年版。

28. ［英］大卫·皮尔斯：《绿色经济的蓝图（2）》，北京师范大学出版社1997年版。

29. ［英］大卫·皮尔斯：《绿色经济的蓝图（3）》，北京师范大学出版社1997年版。

30. ［英］大卫·皮尔斯：《绿色经济的蓝图（4）》，北京师范大学出版社1997年版。

31. ［英］大卫·皮尔斯、杰瑞米·沃福德：《世界无末日——经济学、环境与可持续发展》，中国财政经济出版社1996年版。

32. ［英］琼·罗宾逊：《论马克思主义经济学》，商务印书馆1962年版。

33. ［英］琼·罗宾逊：《马克思、马歇尔和凯恩斯》，商务印书馆1963年版。

34. ［英］庇古：《福利经济学》，华夏出版社2007年版。

35. ［英］威廉·汤普逊：《最能促进人类幸福的财富分配理论的研究》，商务印书馆1986年版。

36. ［英］伊恩·莫法特：《可持续发展——原则、分析和政策》，经济科学出版社2002年版。

37. ［英］亚当·斯密：《国民财富的性质和原因的研究》，商务印书馆1981年版。

38. ［英］约翰·伊特韦尔等：《新帕尔格雷夫经济学大辞典》，经济科学出版社1996年版。

39. ［英］朱利安·罗威、大卫·路易士：《环境管理经济学》，贵州人民出版社1985年版。

40. 克尼斯等：《经济学与环境——物质平衡方法》，三联书店1991年版。

41. Pa，ul B. Downing：《环境经济学与政策》，联经出版事业公司民国77年版。

42. 世界环境与发展委员会：《我们共同的未来》，世界知识出版社

1989 年版。

43. 世界银行：《1992 年世界发展报告——发展与环境》，中国财政经济出版社 1992 年版。

44. 世界银行：《2000/2001 年世界发展报告：与贫困作斗争》，中国财政经济出版社 2001 年版。

46. 世界银行环境局 J. 迪克逊等：《扩展衡量财富的手段》，中国环境科学出版社 1998 年版。

47. 约翰·A. 狄克逊等：《开发项目环境影响的经济分析》，中国环境科学出版社 1999 年版。

48. 陈大夫：《环境与资源经济学》，经济科学出版社 2001 年版。

49. 陈鸿清：《生存的忧患》，中国国际广播出版社 2000 年版。

50. 陈天乙：《生态学基础教程》，南开大学出版社 1995 年版。

51. 蔡拓：《可持续发展——新的文明观》，山西教育出版社 1999 年版。

52. 刁晶辉、王淑芬：《生物圈：生命的呼救》，辽宁人民出版社 1991 年版。

53. 董锁成：《中国百年资源、环境与发展报告——1950—2050 资源、环境与经济演变和对策》，湖北科学技术出版社 2002 年版。

54. 范金：《可持续发展下的最优经济增长》，经济管理出版社 2002 年版。

55. 国家环境保护局自然保护司：《中国生态问题报告》，中国环境科学出版社，1999 年版。

56. 何强等：《环境学导论》（第 2 版），清华大学出版社 1994 年版。

57. 洪银兴：《可持续发展经济学》，商务印书馆 2000 年版。

58. 黄娟：《生态经济协调发展思想研究》，中国社会科学出版社 2008 年版。

59. 黄正夫：《可持续发展与生态经济学》，中国环境科学出版社 2000 年版。

60. 韩强：《绿色城市——人类生存环境与重建家园》，广东人民出版社 1998 年版。

61. 吴季松：《循环经济——全面建设小康社会的必由之路》，北京出版社 2003 年版。

62. 可持续发展指标课题组：《中国城市环境可持续发展指标体系研究手册》，中国环境科学出版社 1998 年版。

63. 李金昌：《我国资源与环境》，新华出版社 1998 年版。

64. 李京文：《迎接知识经济新时代》，上海远东出版社 1999 年版。

65. 李欣广：《可持续区域经济发展论》，中国环境科学出版社 2002 年版。

66. 李云才：《塑造未来——中国 21 世纪可持续发展之路》，气象出版社 1997 年版。

67. 刘传江等：《经济可持续发展的制度创新》，中国环境科学出版社 2002 年版。

68. 刘大椿、岩佐茂：《基于中国传统与现实的回应》，中国人民大学出版社 1998 年版。

69. 刘培哲等：《可持续发展理论与中国 21 世纪议程》，气象出版社 2001 年版。

70. 刘仁胜：《生态马克思主义概论》，中央编译出版社 2007 年版。

71. 刘思华：《企业经济可持续发展论》，中国环境科学出版社 2002 年版。

72. 刘思华：《理论生态经济学若干问题研究》，广西人民出版社 1989 年版。

73. 刘思华：《当代中国的绿色道路——市场经济条件下的生态经济协调发展论》，湖北人民出版社 1994 年版。

74. 刘思华：《可持续发展经济学》，湖北人民出版社 1997 年版。

74. 刘思华：《刘思华选集》，广西人民出版社 2000 年版。

75. 刘思华：《绿色经济论——经济发展理论变革与中国经济再造》，

中国财政经济出版社 2001 年版。

76. 刘思华：《刘思华文集》，湖北人民出版社 2003 年版。

77. 刘思华：《刘思华文集——可持续经济文集》，中国财政经济出版社 2007 年版。

78. 刘思华：《生态马克思主义经济学原理》，人民出版社 2006 年版。

79. 刘燕华、李秀彬：《脆弱生态环境与可持续发展》，商务印书馆 2001 年版。

80. 刘燕华、周宏春：《中国资源环境形势与可持续发展》，经济科学出版社 2001 年版。

81. 凌亢：《中国城市可持续发展评价理论与实践》，中国财政经济出版社 2000 年版。

82. 林培英等：《环境问题案例教程》，中国环境科学出版社 2002 年版。

83. 林娅：《环境哲学概论》，中国政法大学出版社 2000 年版。

84. 林卿：《农地制度与农业可持续发展》，中国环境科学出版社 2000 年版。

85. 林卿等：《可持续农业经济发展论》，中国环境科学出版社 2002 年版。

86. 林卿：《世贸组织框架下闽台农业资源整合与优化配置》，中国农业出版社 2004 年版。

87. 林卿：《农地利用问题研究》，中国农业出版社 2003 年版。

88. 柳欣：《资本理论——价值、分配与增长理论》，陕西人民出版社 1994 年版。

89. 柳欣：《资本理论——有效需求与货币理论》人民出版社 2002 年版。

90. 柳杨青：《生态需要的经济学分析》，中国财政经济出版社 2004 年版。

91. 雷毅：《深层生态学思想研究》，清华大学出版社2001年版。

92. 廖福霖：《生态文明建设理论与实践》，中国林业出版社2001年版。

93. 赖德胜：《关注浪费》，中国财政经济出版社2001年版。

94. 绿色工作室：《绿色消费》，民族出版社1999年版。

95. 马传栋：《可持续发展经济学》，山东人民出版社2002年版。

96. 马传栋：《资源生态经济学》，山东人民出版社1995年版。

97. 马传栋：《城市生态经济学》，山东人民出版社1989年版。

98. 马传栋：《可持续发展城市经济发展论》，中国环境科学出版社2002年版。

99. 贾华强、翁天真：《经济可持续发展的人力资源开发》，中国环境科学出版社2002年版。

100. 贾华强：《可持续发展经济学导论》，知识出版社1996年版。

101. 牛文元：《2000中国可持续发展战略报告》，科学出版社2000年版。

102. 牛文元：《持续发展导论》，科学出版社1997年版。

103. 聂晓阳：《保卫21世纪——关于自然与人的笔记》，四川人民出版社2000年版。

104. 欧阳志远：《生态化——第三次产业革命的实质与方向》，中国人民大学出版社1994年版。

105. 潘家华：《持续发展的经济学分析》，中国人民大学出版社1997年版。

106. 潘云：《中国大地的压力》，山西经济出版社1996年版。

107. 钱存瑞、丁勋民：《世纪之光》，京华出版社1998年版。

108. 钱阔等：《自然资源资产化管理——可持续发展的理想选择》，经济管理出版社1996年版。

109. 钱易、唐孝炎：《环境保护与可持续发展》，高等教育出版社2000年版。

110. 沈满洪等：《经济可持续发展的科技创新》，中国环境科学出版社2002年版。

111. 沈满洪：《生态经济学》，中国环境科学出版社2008年版。

112. 沈满洪：《资源与环境经济学》，中国环境科学出版社2007年版。

113. 沈国明：《国外环保概览》，四川人民出版社2002年版。

114. 苏志平、徐淳厚：《消费经济学》，中国财政经济出版社1997年版。

115. 孙怀智：《生态经济与持续发展》，中国统计出版社1992年版。

116. 佘正荣：《生态智慧论》，中国社会科学出版社1996年版。

117. 石士钧等：《可持续国际经济发展论》，中国环境科学出版社2002年版。

118. 肖序：《环境成本论》，中国财政经济出版社2002年版。

119. 滕藤主编：《中国可持续发展研究》，经济管理出版社2001年版。

120. 魏全平、童适平等：《日本的循环经济》，上海人民出版社2006年版。

121. 王冰冰等：《循环经济：企业运行与管理》，企业管理出版社2005年版。

122. 王丽红、龙保正：《沉疴：中国生存的悲歌》，中华工商联合出版社1999年版。

123. 王克敏：《经济伦理与可持续发展》，社会科学文献出版社2000年版。

124. 王民：《环境意识及测评方法研究》，中国环境科学出版社1999年版。

125. 王松霈：《走向21世纪的生态经济管理》，中国环境科学出版社1997年版。

126. 王沅等：《黑色绿色的岔口》，山西经济出版社1996年版。

127. 许春先：《走向未来之路——可持续发展的理论与实践》，中国广播电视出版社 2002 年版。

128. 许晓峰等：《资源资产化管理与可持续发展》，社会科学文献出版社 1999 年版。

129. 许涤新：《生态经济学》，浙江人民出版社 1987 年版。

130. 徐恒醇：《生态美学》，陕西人民教育出版社 2000 年版。

131. 徐长乐、罗祖德：《灾害论》，浙江教育出版社 1990 年版。

132. 晓章、刘兰：《社会圈：文明的疾患》，辽宁人民出版社 1991 年版。

133. 俞海山：《可持续消费模式论》，经济科学出版社 2002 年版。

134. 余谋昌：《生态哲学》，陕西人民教育出版社 2000 年版。

135. 余谋昌：《生态文化论》，河北教育出版社 2001 年版。

136. 尹世杰：《消费力经济学》，中国财政经济出版社 2001 年版。

137. 尹世杰、蔡德容：《消费经济学原理》，经济科学出版社 2000 年版。

138. 尹世杰：《消费需要论》，湖南人民出版社 1993 年版。

139. 严立冬：《经济可持续发展的生态创新》，中国环境科学出版社 2002 年版。

140. 严立冬等：《绿色农业导论》，人民出版社 2008 年版。

141. 亚立冬等：《绿色农业生态发展论》，人民出版社 2008 年版。

142. 严行方：《和谐经济》，中华工商联合出版社 2008 年版。

143. 杨家栋、秦兴方：《可持续消费引论》，中国经济出版社 2000 年版。

144. 杨德才：《忧患中国》，长江文艺出版社 2000 年版。

145. 杨文进：《经济可持续发展论》，中国环境科学出版社 2002 年版。

146. 杨文进：《投资经济学》，中国财政经济出版社 1998 年版。

147. 杨文进：《论马克思的宏观经济学》，中国财政经济出版社 2004

年版。

148. 杨文进：《持续发展经济学教程》，中国环境科学出版社2005年版。

149. 杨文进：《政治经济学批判导论》，中国财政经济出版社2006年版。

150. 杨云彦：《人口、资源与环境经济学》，中国经济出版社1999年版。

151. 姚愉芳、贺菊煌：《中国经济增长与可持续发展——理论、模型与应用》，社会科学文献出版社1998年版。

152. 中华人民共和国政府：《中国21世纪议程——中国21世纪人口、环境与发展白皮书》，中国环境科学出版社1994年版。

153. 中国科学院可持续发展研究组：《2002中国可持续发展报告》，科学出版社2002年版。

154. 中国科学院可持续发展研究组：《2003中国可持续发展战略报告》，科学出版社2003年版。

155. 中国21世纪议程管理中心、中国科学院地理科学与资源研究所：《可持续发展指标体系的理论与实践》，社会科学文献出版社2004年版。

156. 中关村国际环保产业促进中心：《循环经济：国际趋势与中国实践》，人民出版社2005年版。

157. 周长城：《中国生活质量：现状与评价》，社会科学文献出版社2003年版。

158. 周宏春、刘燕华：《循环经济学》，中国发展出版社2005年版。

159. 周毅：《中国经济与可持续发展》，吉林教育出版社1998年版。

160. 周海林、谢高地：《人类生存困境》，社会科学文献出版社2003年版。

161. 周穗明：《智力圈——人与自然关系新论》，科学出版社1991年版。

162. 朱启贵：《可持续发展评估》，上海财经大学出版社 1999 年版。

163. 朱其训：《和谐经济论》，人民出版社 2007 年版。

164. 朱幼棣、胡若隐：《我们家园的紧急报告》，时代出版社 2000 年版。

165. 白玲：《环境核算体系研究》，中国财政经济出版社 2003 年版。

166. 张兵生：《绿色经济学探索》，中国环境科学出版社 2005 年版。

167. 张帆：《环境与自然资源经济学》，上海人民出版社 1998 年版。

168. 张华峰、张伟：《第 3 类探索——绿之战》，中国对外翻译出版公司 2000 年版。

169. 张坤民：《可持续发展论》，中国环境科学出版社 1997 年版。

170. 张耀辉：《消耗经济学——中国工业化过程中的消耗战略》，经济管理出版社 2002 年版。

171. 赵营波：《大协调学》，浙江教育出版社 1990 年版。

172. 张春霞：《绿色经济发展论》，中国林业出版社 2002 年版。

173. 臧立：《绿色浪潮——中国企业面临环境挑战》，广东人民出版社 1998 年版。

174. 陈南岳：《城市生态贫困研究》，《中国煤炭经济学院学报》2002 年第 5 期。

175. 陈南岳：《我国农村生态贫困研究》，《科学·经济·社会》2002 年第 1 期。

176. 陈建辉：《论生态文明与可持续发展的关系》，《林业经济问题》2002 年第 2 期。

177. 陈建国：《生态经济和知识经济》，《江西社会科学》2000 年第 7 期。

178. 陈少英、苏世康：《论生态文明与绿色精神文明》，《江海学刊》2002 年第 5 期。

179. 陈晓东：《社会市场经济与和谐发展：中德市场竞争政策》，《中国工业经济》2008 年第 8 期。

180. 高长江：《生态文明：21世纪文明发展观的新维度》，《长白学刊》2000第1期。

181. 胡鞍钢、王亚华：《从生态赤字到生态建设：全球化条件下中国的资源和环境政策》，《中国软科学》2000年第1期。

182. 胡鞍钢：《“十五”计划和2010年规划可持续发展战略的目标和政策建议》，《经济研究参考》2000年第97期。

183. 江小娟：《中国经济发展进入新阶段：挑战与战略》，《经济研究》2004年第10期。

184. 孟昭元：《关注：生态文明与经济发展的良性互动》，《辽宁师范大学学报（社会科学版）》2000年第2期。

185. 刘思华：《我国经济和社会发展战略目标理论的新发展》，《生态经济》1986年第2期。

186. 刘思华：《生态经济价值问题初探》，《学术月刊》1987年第11期。

187. 刘思华：《论生态经济需求》，《经济研究》1988年第4期。

188. 刘思华：《论可持续发展的客观依据与深层逻辑》，《生态经济》1999年第2期。

189. 刘思华：《中国经济的可持续发展道路——论社会主义市场经济与生态环境协调》，《中南财经大学学报》1995年第4期。

190. 刘思华：《生态文明与可持续发展问题的再探讨》，《东南学术》2002年第6期。

191. 刘思华：《马克思再生产理论与可持续经济发展》，《马克思主义研究》1999年第3期。

192. 刘思华：《中国经济的可持续发展道路》，《中南财经大学学报》1995年第4期。

193. 李金昌：《试论资源可持续利用的评价指标》，《中国人口、资源与环境》1997年第3期。

194. 李成勋：《可持续发展理论的先声——马克思论人与自然之间

的物质变换》，《当代经济研究》2000 年第 11 期。

195. 梁琦：《构建生态消费经济观——兼评我国适度消费理论》，《经济学家》1997 年第 3 期。

196. 蒲勇健：《可持续发展指标的一种理论构造方法》，《数量经济技术经济研究》1998 年第 4 期。

197. 阮敏：《和谐社会的经济学解释》，《当代经济管理》2008 年第 5 期。

198. [苏] 包洛夫斯基赫：《经济学中的生态问题》，《生态经济》1986 年第 4 期。

199. 苏贤贵：《生态危机与西方文化的价值转变》，《北京大学学报》1998 年第 1 期。

200. 司金銮：《生态需要新论》，《现代经济探讨》2000 年第 12 期。

201. 司金銮：《论生态需要与可持续发展问题——中国可持续发展消费模式理论的一个需要命题探究》，《经济体制改革》2001 年第 3 期。

202. 孙彦泉：《儒家生态伦理思想的现代价值》，《前沿》2002 年第 2 期。

201. 王泽应：《生态经济伦理学论纲》，《江苏社会科学》2001 年第 2 期。

202. 向玉乔：《生态经济伦理导论》，《湖南师范大学学报（社会科学版）》2001 年第 1 期。

203. 叶文虎、仝川：《联合国可持续发展指标体系述评》，《中国人口、资源与环境》1997 年第 3 期。

204. 尹世杰：《论生态需要与生态产业》，《湖南师范大学学报（社会科学版）》1998 年第 5 期。

205. 尹世杰：《生态需要与后工业社会》，《求索》1998 年第 2 期。

206. 尹世杰：《论知识经济与生态消费》，《经济评论》1999 年第 6 期。

207. 尹世杰：《略论生态文明与构建和谐社会》，《湖南商学院学报》

2008 年第 5 期。

208. 尹德洪：《和谐社会的经济学分析》，《东华理工大学学报（社会科学版）》2008 年第 3 期。

209. 杨文进：《生态经济学的现状及发展对策》，《生态经济》2001 年第 3 期。

210. 杨文进：《关于资本本质与内涵的一种解说》，《经济评论》2003 年第 2 期。

211. 杨文进：《论宏观公平与效率的关系》，《当代财经》1997 年第 6 期

212. 杨文进：《人口再生产的经济行为分析》，《当代财经》1998 年第 3 期。

213. 杨志：《对循环经济研究的理论思考》，《教学与研究》2007 年第 11 期。

214. 赵蔷：《马克思主义文明观新探》，《湖北社会科学》2002 年第 2 期。

215. 赵云君、文启湘：《我国发展循环经济的理论研究综述》，《经济学动态》2006 年第 1 期。

216. 朱力：《对“和谐社会”的社会学解读》，《社会学研究》2005 年第 1 期。

217. 张明国：《技术哲学视阈中的生态文明》，《自然辩证法研究》2008 年 10 期。

# 后　记

对笔者来说，这是一部特别难写的书。因为要在一部著作或一个体系中，兼容数个性质与内容不完全一致的主题，即和谐经济、生态（绿色）经济、经济增长、市场经济、公平与效率等，加之本丛书主编刘思华先生又对本书提出了一些特别的要求，如必须提出一种能够兼顾和谐经济、绿色经济与经济发展，同时又要有现实性和可操作性的“发展模式”等，在这样的基础上，要做到逻辑的一致性是极其困难的，而追求逻辑严谨又是笔者学术研究的一个最基本要求，在这种既要兼容多性质主体又要保持逻辑严谨的两难面前，使笔者在很长一个时期感到束手无策，以致接受（被硬性摊派的）任务后，数度提笔而最终又不得不搁笔，直到经两年长考而有所感悟后，才在今年暑期到一山区小镇将自己彻底封闭起来，迫使自己完成就要到期的任务，竭尽全力才得以勉强完成任务，所以对笔者来说，这是一个特别吃力不讨好的任务。虽尽了努力，并且尽可能做到形式上的逻辑一致，但作为一部探索性且包容多个性质不完全相同主题的著作，要做到在一个体系内完全相安无事是极其困难的，因此不可避免地会存在许多不足，为此欢迎各位专家和广大读者批评指正。

本书在写作中得到刘思华先生多方面的帮助；《中国地质大学学报（社会科学版）》的朱蓓博士，指定题目向我约了几篇与本书性质相关的文章（它们构成本书第7章的大部分内容），写作这些文章，对完成本书起了很大的帮助；浙江工商大学经济学院的同事为我的写作提供了诸多便利；我的家人更是给了我足够的理解和支持，在此向他们表示衷心感谢！当然，本书的一切责任由笔者承担。

杨文进

2011年8月31日于书斋